Aus der Serie »Erfolgreich in China«
Einer der auszog, um reich zu werden
Band 1 »Die Kaiserin von Suzhou«

Alle Chinesen essen Hunde und Katzen!
Franz, ein deutscher Geschäftsmann, der geschäftlich und privat in China Fuß fassen möchte, räumt auf humorvolle Art mit Irrtümern über China auf. Das Land wird den Europäern und der westlichen Welt in einer Weise näher gebracht, wie es kein Reiseführer schafft.
Der Alltag mit seiner Frau Hong und ihrer Familie wartet mit spannenden Geschichten auf und das eine oder andere Fettnäpfchen lässt sich trotz aller Warnungen nicht umgehen.
Die Ehe der beiden ist alles andere als harmonisch, denn immer wieder prallen die verschiedenen Kulturen aufeinander, aber für beide ist das kein Grund aufzugeben. Ihr Leben ist angefüllt mit Gedanken und Gesprächsstoff über Geld, Glück, Intrigen, Liebe, Macht, Sex und Business.

Softcover mit 368 Seiten.
ISBN 978-3-939366-24-9

Für meinen lieben Sohn Adrian

Bibliografische Information:
Die Deutsche Bibliothek verzeichnet diese Publikation in der Deutschen Nationalbibliografie, siehe http://dnb.ddb.de.

Dieses Werk ist urheberrechtlich geschützt. Alle Rechte, auch die der Übersetzung, des Nachdruckes und der Vervielfältigung des Buches oder Teilen daraus, sind vorbehalten. Kein Teil des Werkes darf ohne schriftliche Genehmigung des Verlages in irgendeiner Form (Fotokopie, Mikrofilm oder ein anderes Verfahren), auch nicht für Zwecke der Unterrichtsgestaltung, reproduziert oder unter Verwendung elektronischer Systeme verarbeitet, vervielfältigt oder verbreitet werden.

Der Verlag weist ausdrücklich darauf hin, dass im Text enthaltene externe Links nur bis zum Zeitpunkt der Buchveröffentlichung eingesehen werden konnten. Auf spätere Veränderungen hat der Verlag keinen Einfluss. Eine Haftung für externe Links ist stets ausgeschlossen.

Copyright© der Originalausgabe 2018
beim GTEC Verlag,
96277 Beikheim, Bayern, Deutschland.
Illustrationen, Grafiken: GTEC Verlag
Cover-Gestaltung: Claudia Speckmann
Redaktion: Manuela Lohse

© 2018 GTEC Verlag Shanghai
Internet: www.gtec.asia

Der Autor

KangHan YUAN, geboren in Deutschland, leitete verschiedene internationale Projekte bei namhaften Originalherstellern in Europa, Amerika und Asien. Seit über 20 Jahren berät, trainiert und unterstützt er Unternehmen bei deren Qualitätssicherungs-, Einkaufs- und Verhandlungsaktivitäten in Asien, hauptsächlich in den Bereichen Automobilbau, Maschinenbau, Elektrik und Elektronik. Durch seine beruflichen Tätigkeiten in Japan, Korea, China, Malaysia, Vietnam und Indien zählt der Umgang mit der asiatischen Kultur und der chinesischen Mentalität zu seinen Stärken. Seit 2005 arbeitet er als General Manager in China und hat seitdem sehr gute Kenntnisse in Recht, Personal und Compliance (Regeltreue) gewonnen. Seit 1999 hat er zahlreiche Vorträge gehalten und erfolgreich Veröffentlichungen auf Deutsch und Englisch als Buch, E-Book und Hörbuch umgesetzt.
Kontakt zum Autor über Email: contact@gtec.asia

Vorwort

Franz und Hong – ein Deutscher, eine Chinesin, ein gemeinsames Leben … Kann das gut gehen?
Kulturelle Unterschiede sind gerade zwischen Europa und Asien recht groß, viele Vorurteile machen ein Miteinander schwer und der Tritt ins berühmte Fettnäpfchen ist nahezu unausweichlich.
Aber es gibt auch die Beispiele, bei denen es funktioniert. Das gibt Hoffnung. Auch Franz will es wagen und vor allem sich selbst beweisen, dass alles möglich ist. Er ist ruhig und gelassen, ein Arbeitstier, will sein Glück im Geld finden, ist aber manchmal etwas zu naiv, um es zu behalten. Er liebt die Wärme, gewürztes Essen und hübsche Frauen.
Nun zu Hong, sie hat einen hohen IQ. Sie ist unberechenbar, aufbrausend und permanent auf Provokation getrimmt. Sie liebt die Kälte, süßes Essen und sich selbst. Zudem ist sie misstrauisch und gut als Detektivin. So entdeckt sie nach und nach die Geheimnisse ihres Ehemannes.

Bei all diesen Unterschieden gibt es zwei Gemeinsamkeiten: Beide sind egoistisch und dominant.

Tauchen Sie ein in humorvolle und spannende Geschichten um Geld, Glück, Intrigen, Liebe, Macht, Sex und Business. Lassen Sie sich von einem interkulturellen und aktionsreichen Leben zwischen Ost und West mitreißen und lernen Sie alles, was Sie wissen müssen, um sämtliche Hürden im privaten und beruflichen Alltag in China geschickt zu umschiffen.

Natürlich sind alle Personen- und Firmennamen sowie einige Orte frei erfunden und Ähnlichkeiten mit lebenden oder verstorbenen Personen sowie mit Namen von chinesischen oder deutschen Firmen rein zufällig und nicht beabsichtigt.

Shanghai, im Frühjahr 2018
KangHan YUAN

Yuan Kanghan: Einer der auszog, um reich zu werden, Band 1 Die Kaiserin von Suzhou

Alle Provinzen sowie die wichtigsten Gebirge in China und die Meere von China (Quelle: GTEC Verlag):

Alle wichtigsten Städte und Flüsse in China(Quelle: GTEC Verlag):

Inhaltsverzeichnis

Der Autor 4
Vorwort 4
Inhaltsverzeichnis 8
Eine Brust am Morgen vertreibt alle Sorgen 9
Hast du einen Ladyboy in den Taschen, hast du immer was zum Naschen........................... 59
Duschen zu zweit spart Wasser und Zeit 111
Wer zuletzt lacht, denkt zu langsam 169
Es gibt auch ein Leben nach dem Geburtstag 199
Der Auftrag aus dem Land des Exportweltmeisters .. 220
Auf die Dauer hilft nur Power................. 284
Der Kampf mit dem Bauträger 328
Danksagung 354
Aufzählung der Stichworte zur Chinesischen Kultur und zu Chinesische Traditionen 356
Empfohlene GTEC Ebooks 360

Eine Brust am Morgen vertreibt alle Sorgen

Mein Wecker zeigt ein Uhr morgens im Januar 2014. Trotz der frühen Stunde fühle ich mich wohl, denn eine heiße Plastikwärmflasche wärmt meine Füße und meine Frau Hong liegt neben mir.

»Hong« bedeutet »Rot«. Viel hat mir Hong über ihre Geburt bisher nicht erzählt, aber die Farbe Rot war zum damaligen Zeitpunkt, als ihre Eltern noch als Beamte und Parteimitglieder für die chinesische Regierung gearbeitet hatten, sehr bedeutend und wurde daher mit dem Namen ihrer Tochter verewigt.

Hong ist mit ihren 1,60 Metern Körpergröße fast zwanzig Zentimeter kleiner als ich, hat eine gute Figur und ihre Stimme klingt etwas tiefer als die der meisten Chinesinnen. Aber sie verwahrt sich dagegen, dass es sich um eine Raucherstimme handelt, denn sie hat nie geraucht. Ihre Erklärung ist ungleich interessanter, denn sie führt die stimmliche Rauheit auf ihre Kindheit zurück, in der sie tagsüber von ihrer Mutter getrennt bei Verwandten gewesen war, da ihre Eltern während der Kulturrevolution unzählige Stunden auf dem Feld gearbeitet und lange Wege dorthin zurückgelegt hatten. Offenbar fehlte Hong die mütterliche Zuneigung, was sie durch andauerndes Schreien unmissverständlich kund tat und so Heiserkeit provozierte.

Glücklich zu sein ist das Wichtigste, habe ich gestern Abend noch zu meiner Frau gesagt. Und das versuche ich täglich umzusetzen. Ich lebe seit Mitte des letzten Jahres in Taicang, einer kleineren chinesischen Stadt im Norden von Shanghai. Je nach Tageszeit kann man die Metropole mit dem Auto in ein oder zwei Stunden Fahrtzeit erreichen. Trotzdem war ich in den vergangenen drei Tagen nicht zuhause, denn ich bin zurzeit beruflich sehr eingespannt. Zwei Tage lang habe ich meine Lieferanten besucht, ihre Werke besichtigt und dabei Verbesserungsvorschläge gemacht, Wichtiges notiert und Vorlagen ausgefüllt. Zudem war ich gestern noch im Büro der Asienzentrale in Shanghai.

Heute wird es nicht besser, denn ich muss schnellstens die Kosten

von Einkaufsteilen kalkulieren und die Entscheidungsfindung für die anstehenden Vorstandssitzungen in der deutschen Hauptniederlassung vorbereiten. Hierzu arbeite ich mit den leitenden Einkäufern der einzelnen Warengruppen zusammen.
Im Moment bin ich als Kostenreduzierer im Einkauf bei der Firma Schluckauf eingestellt, die in Shanghai, Taicang und Anting agiert, und habe einen üblichen lokalen Arbeitsvertrag wie die hier lebenden Chinesen auch. Aber ich war clever und habe neben der Übernahme der Wohnungsmiete auch einen Mittelklassedienstwagen von Shanghai-Volkswagen mit Chauffeur herausgehandelt, mit der Begründung, mich dann besser auf meine Arbeit konzentrieren zu können. Um selbst in China ein Fahrzeug lenken zu dürfen, muss man extra einen chinesischen Führerschein machen, denn weder der deutsche noch ein internationaler Führerschein gelten hier. Für Chinesen in Deutschland ist das wesentlich einfacher, zumindest für das erste halbe Jahr, denn hierfür genügt ein vom Notar beglaubigter chinesischer Führerschein. Da sag noch einer, die Deutschen wären bürokratisch.
Da ich vor sechs Jahren den chinesischen Führerschein gemacht habe – bei Vorlage des deutschen Führerscheins wird übrigens nur die Theorie-Prüfung verlangt –, weiß ich, dass die Prüfungsfragen den deutschen sehr ähnlich sind, aber dennoch unterscheiden sich die Verkehrsregeln. Den Arbeitgebern ist das bewusst, und da sie ihre Mitarbeiter lieber bei der Arbeit in ihren Firmen als bei langwierigen Diskussionen mit den chinesischen Behörden sehen, akzeptieren sie solche extravaganten Wünsche. Als Ausländer in China muss man wissen, dass man nicht nur bei einem Unfall, sondern auch bei generellem Kontakt mit der Polizei meist auf sich alleine gestellt ist, was sich durch sprachliche Hürden oft als sehr zeitintensiv erweist. Das musste ich bereits mehrfach am eigenen Leib erfahren, so zum Beispiel in meiner früheren Firma, für die ich ab 2008 in Shanghai und Suzhou gearbeitet hatte, aber ich will noch nicht zu viel verraten, erst einmal der Reihe nach.
In meiner jetzigen Firma habe ich zwei Büros, eins in Shanghai und eins im Produktionswerk in Taicang. Da ich neu bin, sind mir

meine Aufgaben und die Prozessabläufe noch nicht ganz klar. Vor allem weiß ich nicht, welchen Nutzen ich für die einzelnen Chefeinkäufer eigentlich habe, denn mein Team und ich werden erst spät in den Arbeitsablauf eingebunden. Ob absichtlich oder nicht sei einmal dahingestellt, doch so gerate ich unter Druck, rechtzeitig gute Arbeitsqualität an die Zentrale zu liefern.
Als Hong vor ein paar Tagen zu ihren Eltern nach Suzhou gefahren war, war ich noch unterwegs gewesen. Die Stadt Suzhou mit ihren etwa zehn Millionen Einwohnern liegt ungefähr zwei Busstunden westlich von Taicang in der Nähe des drittgrößten Binnensees der Volksrepublik mit dem Namen Tai-See und wird wegen ihrer vielen Kanäle auch liebevoll »Venedig des Ostens« genannt. Die gute Anbindung durch Schnellzüge, Autobahn und Kaiserkanal lässt Suzhou in der Riege der schnellwachsenden Städte des modernen Chinas, den sogenannten Boomtowns, mitspielen. Auch im Ranking um die ältesten Städte im Yangtze-Becken steht diese Stadt mit ihrer mehr als zweitausendfünfhundertjährigen Geschichte recht weit oben und gilt als Wiege der Wu-Kultur, die mit der Gründung der Stadt durch den legendären König Helu von Wu begann. Gern erinnere ich mich an die fantasievolle Geschichte, die meine Frau mir mal erzählt hat, denn ihr Familienname ist Wu und sie nimmt diese Zusammegehörigkeit als Anlass, sich als Kaiserin von Suzhou zu bezeichnen. In einem kleinen Ort im Bereich Suzhou trugen alle den Nachnamen Wu und einst wurde Jingniang Wu, ein von dort verschlepptes Mädchen, von Kaiser Song, einem tapferen, mutigen Krieger, gerettet. Der Weg zurück zum Dorf war weit und die beiden hatten während der Reise eine Affäre, aus der ein Baby hervorging ... Hongs Ur-Großmutter. Glücklicherweise weigerte sich Kaiser Song trotz der Drohungen des Vaters, Jingniang Wu zu heiraten, und so behielt dieser Familienzweig den Nachnamen Wu. Allerdings haben sich Kaiser Songs Gene, besonders die kämpferischen Erbanteile, auch ohne Namensänderung durchgesetzt und machen mir bisweilen zu schaffen.
Nun zurück zur wahren Geschichte der Stadt. Seit Urzeiten als Zentrum von Handwerk und Handel bekannt bekam Suzhou einen

besonderen Aufschwung mit der Fertigstellung des Kaiserkanals, der längsten von Menschenhand erbauten Wasserstraße der Welt, die auf diesem Weg Bejing mit Hangzhou über etwa zweitausend Kilometer miteinander verbindet. So gelang es Suzhou, sich als »Seidenhauptstadt« durchzusetzen, aber auch neben der Seidenproduktion die Fortschritte der Hightech-Industrie bis in die heutige Zeit nicht zu vernachlässigen. Touristen zieht es eher in die sehenswerte, Wolkenkratzer freie Altstadt, denn hier ist die maximale Bauhöhe von Gebäuden noch immer auf vierundzwanzig Meter beschränkt. Einige Stadtparks haben es sogar geschafft, ins UNESCO-Weltkulturerbe aufgenommen zu werden. Das große Los ist ein hùkǒu aus dieser Altstadt, ein »eingetragener ständiger Wohnsitz« von unschätzbarem Wert, den kein Inhaber wie die beneidenswerte Hong jemals aufgeben würde, auch bei einem Umzug nicht. In Deutschland hängt man eher nicht an einem Hauptwohnsitz und lässt sich als Student mit Gutschein gespickten kleinen Gefälligkeiten auch gern mal von einem Wechsel überzeugen.

Im Suzhous Norden haben Hongs Eltern vor einigen Jahren zu erschwinglichen Preisen ein Reihenhaus gekauft und sind dort eingezogen. Seit der Eröffnung einer Metrostation im letzten Jahr ganz in der Nähe sind die Immobilienpreise drastisch gestiegen. Wertsteigerung par excellence – welch Glück für die Familie.

Die Zeit ohne mich war Hong wohl zu einsam, daher machte sie sich auf den Weg zu ihren Eltern. Wobei die Sehnsucht wohl mehr am elterlichen Verwöhnprogramm und nicht so sehr an meiner Abwesenheit lag. »Der Vorteil des Daseins als Einzelkind liegt darin, dass die Eltern einen von morgens bis abends mit Essen und Trinken verwöhnen«, erzählte mir Hong in ihrer unverblümten Art. Im elterlichen Heim gehört Hong ein Arbeits- und Schlafbereich in ruhiger Lage in den obersten Stockwerken, getrennt von ihren Eltern, die sich meist im Wohnzimmer und der Küche aufhalten. Aufgrund der Lage im Inneren der Wohnsiedlung ist es besonders nachts recht ruhig und es lässt sich gut leben. Ein paar Pflanzen schmücken die Treppe zur Terrasse, mehr Garten gibt es nicht. Über die Terrasse, die ein kleiner Hund namens »bingjiling«

bewacht, und die Bewohner freudig bellend begrüßt, erreicht man durch die Eingangstür direkt das Wohnzimmer. Meine Schwiegeeltern haben ihren Hund auf Deutsch Eiscreme genannt, weil er so gerne das kalte Element schleckt, und gut erzogen, so daß er auch ins Haus darf.

Kaum hat man das Haus betreten, tauscht man Straßenschuhe gegen Hauspantoffeln, denn Schmutz und Dreck sind auch in einem chinesischen Haushalt nicht gern gesehen. In Deutschland befänden wir uns nun im Erdgeschoss, aber in China hat man diese Etage einfach übersprungen und betritt durch die Eingangstür grundsätzlich den ersten Stock. Dann wird wie auch in Deutschland üblich aufwärts gezählt und in den höheren Ebenen finden wir die Küche, das elterliche Schlafzimmer und Hongs Räume, die seit unserer Heirat auch irgendwie auch mir gehören. Li Gengnan, mein Schwiegervater, leistet sich neben dem Schlafzimmer einen Kalligrafie-Raum, in dem er, wie der Name vermuten lässt, seinem Hobby der Kalligrafie frönt. Allerdings gleicht dieser Raum trotz Schreibtisch und Bürostuhl mehr einem Atelier als einem schnöden Büro, denn ursprünglich war er ein Balkon, der durch Überdachung und Rundumverglasung zum Wohnraum umfunktioniert wurde. Statt Computer, Drucker, Tastatur und Maus ist der Schreibtisch mit Schreibpinsel, Stangentusche, Reibstein und Papier bestückt, um der seit Jahrtausenden geltenden chinesisches Tradition gerecht zu werden. Ein paar Lehrbücher runden das künstlerische Ambiente ab.

Hong und ich lernten uns vor zwei Jahren in Suzhou kennen, als ich von Shanghai beruflich dorthin umziehen musste. Der deutsche Pfarrer in Shanghai hatte zwischen uns vermittelt, damit ich bei der Wohnungssuche nicht allein auf weiter Flur stand. Damals hatte sie noch bei ihren Eltern gewohnt, an der Universität Suzhou Rechtswissenschaften unterrichtet und die Professoren unterstützt. Die Arbeit wurde relativ schlecht bezahlt, sie bekam 5.000 RMB im Monat, einschließlich aller Versicherungen und Steuern bei zwei Tagen Anwesenheit pro Woche. Renminbi mit der Abkürzung RMB ist die chinesische Volkswährung und wird auch Yuan genannt. Die fünftausend RMB sind umgerechnet knapp sechshundertfünfzig Euro, was man nicht gerade als großzügiges Einkommen ansehen kann. Allgemein werden Beamte im Vergleich zu Angestellten in der Privatwirtschaft schlechter bezahlt, wen wundert es da, dass einige auf Korruption zurückgreifen.

Trotz des geringen Verdienstes drängten Hongs Eltern darauf, diese Stelle nicht aufzugeben, um den Pensionsanspruch aufrechtzuerhalten, denn die Pensionen für Staatsbedienstete werden in China wiederum gut bezahlt. Um mich bei meinem Vorhaben unterstützen zu können, hat Hong auf Antrag eine unbefristete Pause an der Universität genehmigt bekommen.

Nach den Lieferantenbesuchen und einer Unterhaltung am Mittag mit meinem Chef im Büro habe ich mich von meinen Schwiegereltern bewirten lassen und bin dann mit Hong nach Hause gefahren.

Meine Schwiegermutter Wu Meilan hatte die Vermittlung unserer Doppelhaushälfte übernommen und Li Gengnan hatte den Kontakt zum Makler hergestellt. Bei dieser Aktion wurde mir klar, dass ich ohne Beziehungen in China nicht weit komme oder für jede Kleinigkeit teuer zahlen muss.

Auch in punkto Benennung spart man nicht, denn während in Deutschland doch eher pompöse ausladende Gebäude als Villen bezeichnet werden, gibt es in China neben freistehenden Villen auch Doppelhaus- und Reihenhausvillen.

Unser gemietetes Haus liegt wie sieben weitere Villen in einer kleinen, ruhigen Wohnanlage mit Pförtner abseits der Hauptstraße, hat einen kleinen Garten und ist erst acht Jahre alt.

Das sind schon alle Vorteile, denn die Fenster sind nur einfach verglast und eine Fußbodenheizung wie im Haus meiner Schwiegereltern sucht man hier vergebens. Übrigens ist es südlich des Changjiang-Flusses, im Westen als Yangtze bekannt, nicht üblich, dass Häuser mit Heizungen ausgestattet sind, denn aufgrund von Sparmaßnahmen und der Tatsache, dass in dieser Region selten Temperaturen unter null Grad Celsius herrschen, hat die chinesische Regierung in den 1950er Jahren dies so festgelegt. Aber jeder weiß, dass selbst zehn Grad plus nicht besonders

kuschelig sind. Also gibt es drei Möglichkeiten. Nummer 1: frieren – nicht erstrebenswert. Nummer 2: Fußbodenheizung, wenn man es sich leisten kann wie Hongs Eltern. Nummer 3: Klimaanlagen, die auch heizen können.
Glücklicherweise haben wir Nummer 3 in unserem Haus zur Verfügung, was Hong am gestrigen Abend gleich ausnutzte, als wir im kalten Inneren unserer Behausung angekommen waren. Während sie zusätzlich noch Tee kochte, trug ich meine Reisetasche in mein Arbeitszimmer im dritten Stock. Die Teezubereitung ist eine Kunst und wird manchmal regelrecht zelebriert. Traditionell wird Tee durch einen Aufguss aus Blättern der Teepflanze hergestellt, aber Hongs Eltern verwenden zusätzlich auch andere Pflanzenteile wie Knospen, Blüten, Früchte und dergleichen. Während ich Grünen oder Kräutertees bevorzuge, liebt Hong Früchtetees. Interessanterweise wird Schwarzer Tee in China als Roter Tee bezeichnet. Sogar Gelber Tee ist ein Bestandteil der Teelisten, allerdings hat er den Weg in den Großhandel noch nicht gefunden, da er lange Zeit nur im Geheimen auf kleinen Inseln hergestellt wurde.
Vor Weihnachten flogen Hong und ich nach Deutschland, wobei ich eine Woche unserer Reise nutzte, um in der Zentrale von Schluckauf in Ingolstadt zu arbeiten. Jeden Morgen joggten wir gemeinsam vor dem Frühstück durch die Stadt und auf beleuchteten Wegen in Parkanlagen. Dabei stellten wir fest, dass die frische und kalte reine Luft eine Wohltat im Gegensatz zu der Luft in China war. Anschließend fuhren wir zu meinem Vater und meiner Schwester nach Oberfranken in den nördlichsten Zipfel Bayerns, um dort ein paar Tage zu bleiben, Hong evangelisch taufen zu lassen und kirchlich getraut zu werden.
Im Juni 2013 sind wir auf dem chinesischen Standesamt in Nanjing getraut worden und haben auch dort alle notwendigen Unterlagen bekommen. Hong war es wichtig, zu unserer ausladenden Hochzeitsfeier in China ihre ganze Verwandtschaft einladen zu können und somit das Gesicht zu wahren, daher feierten wir letzten Oktober im großen und teuren Stil in Suzhou. Die Wortwahl ist hier ernst zu nehmen, da über dreihundert Gäste geladen waren

und alle in Hotels untergebracht und kaiserlich bewirtet wurden. Ich bin meinen Schwiegereltern noch immer dankbar, dass sie die komplette Finanzierung übernommen haben, denn das hätten Hong und ich uns niemals leisten können. Natürlich musste ich auch sämtlichen Anverwandten vorgestellt werden, da bot die Feier eine sehr gute Gelegenheit. Ich hielt eine Rede auf Chinesisch, für die ich lange vorher geübt hatte. Mein amerikanischer Chef von Schluckauf und ein reiselustiges befreundetes Ehepaar aus Deutschland, die ich eingeladen hatte, waren sichtlich beeindruckt. Da meiner Verwandtschaft die Reise nach China zu strapaziös war, versprach ich, auch in Deutschland eine Feier zu geben. Obwohl ich schon seit fünf Jahren in China lebe und arbeite und vorher einige Volkshochschulkurse besucht hatte, reichen meine Chinesisch-Kenntnisse noch immer nicht, um mich mit allen fließend unterhalten zu können. Zudem gibt es in China, wie in Deutschland auch, viele Dialekte, und der Suzhou-Dialekt meiner Verwandtschaft ist für mich gänzlich unverständlich.

Zwischen den Jahren trafen Hong und ich uns mit meinem Sohn Daniel aus erster Ehe und mit einigen alten Freunden, da mir die Verbindung zu diesen Menschen in Deutschland wichtig ist. Silvester feierten wir in Bietigheim, einer Kleinstadt in der Nähe von Stuttgart, wo ich seit Jahren ein Apartment vermiete. So nutzten wir gleich die Gelegenheit, die Mieter zu besuchen und am traditionellen Silvesterlauf durch die Stadt teilzunehmen.

Als ich vor vielen Jahren dort in einer französischen Firma als Lieferantenentwickler arbeitete, schloss ich mich einer Laufgruppe an, die für Zehn-Kilometer- bis Halbmarathon-Läufe trainiert. Obwohl ich die Teammitglieder nur einmal im Jahr sehe, haben wir noch guten Kontakt. Zum Glück konnte ich Hong von den gesundheitlichen Vorteilen dieses Sports überzeugen. Da sie früher in der Schule Staffel gelaufen ist und darin auch gut war, wie sie mir erzählte, war das auch nicht allzu schwierig.

So ein gedanklicher Ausflug lenkt sehr schön von den alltäglichen Notwendigkeiten ab. Gestern musste ich mich dazu zwingen, endlich mein Büro aufräumen, um gut gewappnet ins neue

Arbeitsjahr zu starten. Zur Belohnung schaltete ich später am Abend den Fernseher ein und stellte mit einigem Verdruss fest, dass kein einziges Programm zu sehen war. Etwas hilflos wandte ich mich an meine Frau, die mir ohne Umschweife erklärte, dass es nicht sinnvoll sei, die monatliche Fernsehgebühr zu zahlen, wenn man im Ausland unterwegs ist und kein chinesisches Fernsehen empfangen kann. Hongs Logik ist manchmal sehr speziell. Einem Deutschen würde nie einfallen, seinen Fernsehanschluss bei vorübergehender Abwesenheit zu kündigen, wobei das in Deutschland ohnehin schwierig sein dürfte. Aber bei allem Unverständnis bin ich doch stolz auf meine Frau, die mitdenkt und unnötige Kosten vermeiden möchte.

Doch gestern Abend war die Fernsehrechnung immer noch nicht bezahlt, also blieb uns nichts anderes übrig, als eine alte DVD anzusehen. Dazu tranken wir einen speziellen Tata-Tee, eine pulvrige Mischung mit natürlichem Geschmack verschiedener Kräuter wie Tulsi (indischer Basilikum), Brahmi (Feenkraut), Kardamon und Ingwer, den ich letztes Jahr von einer Dienstreise aus Indien mitgebracht hatte.

Hong ist sehr impulsiv und wechselt oft unvermittelt die Themen, so dass es mir manchmal schwerfällt, ihren Gedankengängen zu folgen. Vielleicht liegt es auch daran, dass sie etwa zwanzig Jahre jünger ist als ich. Auch in diesem Augenblick blieb sie sich treu, als sie während des Films plötzlich fragte: »Was sind deiner Meinung nach die häufigsten Geschenke, die männliche Chinesen einander schenken?«

Ich wunderte mich nicht über diese weithergeholte Frage und tippte auf Wein, Bücher und Tee. Doch ich lag falsch.

»Wein, Armbanduhren und Reisen«, korrigierte mich Hong.

Bei den Frauen war ich nicht besser dran. Meine Vermutung war Essen, Reisen und DVDs, doch meine Frau belehrte mich eines Besseren und nannte Blumen, Armbanduhren und Wein. Gut, zur Kenntnis genommen.

Wir schauten weiter den Film »Der Teufel trägt Prada« und – passend dazu – begann eine kurze Diskussion über Geld und Reichtum, die mit Hongs nicht sehr geistreichem Statement

»Lieber reich und gesund als arm und krank« endete.
Trotz der nächtlichen Stunde begab ich mich ins Arbeitszimmer, um meinen Laptop einzurichten und meine E-Mails zu lesen. Eine Nachricht sprang mir ins Auge: Eine Bank sandte mir Übersichten zu meinen Investmentfonds und zu meinem Entsetzen erkannte ich, dass eine der Geldanlagen deutliche Wertverluste erlitten hatte. Ich erinnerte mich an die E-Mail eines Verwalters aus Australien vor einiger Zeit, der mich darüber informierte, dass eine Firma Konkurs angemeldet hatte und er nun mit der Prozessabwicklung beauftragt worden war. Natürlich hatte ich mich daraufhin gleich bei meinen beiden britischen Finanzberatern Alan und Michael aus Shanghai gemeldet, aber sie schickten eine Entwarnung: Meine Geldanlage sei nicht betroffen.
Hong kam zur Tür herein und stocherte ein bisschen herum, frage dies und das, suchte wohl das Gespräch. Ich nutzte die Chance und bat sie um Rechtsberatung.
»Meine australischen Fonds sind ins Bodenlose gefallen, aber meine Finanzberater versicherten mir, die Geldanlage sei gegen Wertverluste geschützt. Das heißt, wenn im schlimmsten Fall kein Geld erwirtschaftet werden sollte, bekäme ich zumindest mein angelegtes Kapital zurück. Da der Fond von der Deutschen Bank verwaltet und von einer der ältesten australischen Fondsgesellschaften aufgelegt wird, könne ich auch weiterhin Vertrauen haben. Aber nach der heutigen Nachricht traue ich dem nicht mehr.«
»Falls die Firma in Australien doch pleitegehen sollte, könntest du zumindest die Finanzberater-Firma in Shanghai verklagen. Doch zuvor müsstest du dich nach einem anderen Berater umsehen, der die Verwaltung der Fonds offiziell übernimmt. Privatpersonen dürfen nicht unmittelbar Geschäfte mit Finanzinstituten abwickeln«, klärte mich Hong auf und bot mir weitere Hilfe an, wenn ich alle relevanten Unterlagen zusammengesucht hätte. Mit der Deutschen Bank hatte sie schon ihre Erfahrungen gemacht, denn als Hong in Deutschland gelebt hatte und eines Tages Geld bei eben diesem Kreditinstitut abheben wollte, erklärte man ihr anhand ihrer Kontoauszüge, das kein Geld mehr verfügbar wäre.

Hong war sich sicher, ihr Konto nicht bis zum letzten Cent geleert zu haben, und ihr Kampfgeist war geweckt. Akribisch wie ein Detektiv agierte sie und deckte letztendlich alles auf. Teilnahmelisten bestätigten, dass Hong die Abhebung in Frankfurt nicht hatte durchführen können, weil sie nachweislich im Unterricht in Bonn gesessen hatte, um für die Zugangsprüfung zur Erlangung der Hochschulreife zu büffeln. Zum damaligen Zeitpunkt hatte sie in einer WG mit zwei Arabern und einer Chinesin gewohnt. Die Chinesin, die natürlich die chinesischen Schriftzeichen perfekt beherrschte, hatte Hongs Daten kopiert und so mit Hilfe der gefälschten Unterschrift ihre Identität am Schalter in der Frankfurter Filiale vorgetäuscht. Wie für Asiaten Europäer alle gleich aussehen, fällt Deutschen bei asiatischen Menschen eine Unterscheidung schwer, so dass der Schwindel nicht aufflog. Da Hong keine Unterstützung seitens der Deutschen erfuhr, musste sie sich alles allein erarbeiten und erreichte tatsächlich die Erstattung des gestohlenen Geldes. Zudem war sie nun so gut vorbereitet, dass sie problemlos die Zulassungsprüfung bestand.

Bevor ich meiner Frau ins Bett folgte, musste ich mich noch schnell über die aktuellen Aktienkurse informieren. Momentan laufen die Kurse noch bis Mitternacht über den Ticker. Alles im Minus. Ich hörte die Worte meiner Finanzberater: Kein Grund zur Besorgnis, das kann ja mal passieren, ich brauchte nur etwas Geduld und müsste warten, bis sich das Blatt wendete. Ich ging auch ins Bett, doch so leicht wollte sich kein Schlaf einstellen.

Hong dreht mir den Rücken zu. Mit meiner Linken umfasse ich ihre linke Brust, die genau in meine Hand hinein passt.
Schon in meiner Hochzeitsrede in Deutschland nach der kirchlichen Trauung habe ich klargemacht, dass es mir gar nicht so wichtig ist, ob chinesische Frauen der Statistik nach die kleinsten Brüste auf der Welt haben. Im Gegenteil: Wie bereits erwähnt passt die Brust meiner Frau genau in meine Hand und so fühle ich mich am wohlsten, etwas anderes möchte ich gar nicht.
Mit den Brüsten meiner Frau in den Händen überlege ich, was in China alles anders ist als in Deutschland. Wenn ich das

Gartenschloss links herum drehe, schließt es zu, rechts herum geht es auf. Will ich warm duschen, muss ich blau aufdrehen, bei kalt rot. Für Weihnachten werden die Kirchen gelb geschmückt, in Deutschland weiß. Bei Konferenzen zwischen Beamten und Firmenvertretern wird in China viel geschmeichelt und umgarnt, in Deutschland eher über Zahlen, Daten und Fakten geredet. In China sind WeChat und Weibo in, im Westen Twitter und Instagram. Wenn die Börse rot zeigt, steigen die Kurse, bei Grün geht es bergab.

Mittlerweile ist es sechs Uhr morgens. Draußen zwitschern schon die Vögel. Ich glaube, so etwas wie »Gib mir Schokolade« zu verstehen. Das geht eine ganze Zeit so. Muss das eine Nacht gewesen sein! Was hat der Vogel nur getrieben? Daraufhin zwitschert ein anderer Vogel. Es klingt nach »Fladenbrot ...«

Hong hat sich wohl erkältet, denn sie hat in der Nacht stark gehustet, jetzt schläft sie still. Draußen herrschen Temperaturen um die zehn Grad Celsius. Dank der Einfachverglasung und den dünnen Wänden ist es innen auch nicht wärmer. Meine sparsame Hong hat die Klimaanlage nicht über Nacht laufen lassen. Zudem haben Küche und Bad keine Klimaanlage. Beste Voraussetzungen für eine Erkältung.

Aber Hong dementierte das mit folgender Erklärung: »Als ich noch klein war, hatten wir im Haus meiner Eltern gar keine Heizung, da war ich abgehärtet, denn im Kalten zu leben und zu arbeiten und mit dem Wintermantel auf der Couch zu sitzen, ist bei uns ganz normal. Aber nach einem vierjährigen Aufenthalt in Deutschland vor einigen Jahren war ich nicht mehr abgehärtet genug gegen die schmutzige Luft und habe mir gleich eine Lungenentzündung zugezogen, kaum dass ich wieder in China war. Der Arzt hat sie noch vorgestern beim Abhören identifizieren können.«

Hong hat in Deutschland sehr gutes Deutsch gelernt. Zudem beherrscht sie die Fachausdrücke für Beschimpfungen und Gossensprache nahezu perfekt. Daher unterhalten wir uns mehr auf Deutsch als auf Englisch oder Chinesisch. Sehr zu meinem Leidwesen, denn ich hätte mich lieber auf Chinesisch unterhalten.

Doch dazu fehlt mir die Praxis und Hong die Geduld. Als ich sie einmal fragte, woher sie die saloppe deutsche Umgangssprache kannte, meinte sie, sie hätte täglich die Bildzeitung gelesen, die wäre in Deutschland am billigsten. Ein Grinsen stahl sich auf mein Gesicht: Ob es wohl in China auch ein Pendant zur deutschen Bildzeitung gab?

In meinem Arbeitsumfeld benötige ich kein Chinesisch und für den privaten Alltag habe ich Hong, daher ist der Druck, diese doch etwas kompliziertere Sprache zu erlernen, nicht besonders hoch. Arbeitsalltag ... mit einem Mal muss ich an meine zurückliegende, anstrengende Arbeitswoche denken. Noch gestern Mittag saß ich im Büro meines amerikanischen Chefs in Shanghai und habe mit ihm Pläne für die Verbesserung der Headcount-Situation geschmiedet. Mein Chef beklagte sich, man habe ihm das Budget drastisch gekürzt und das Geld anderen zugeschoben. Er wüsste nicht einmal mehr, wie er die Löhne zahlen sollte, von den Kosten für Headhunter, die alte und erfahrene Hasen mit ins Boot holen sollen, ganz zu schweigen. Und was würde aus den Stipendien für begabte chinesische Studenten, die man nach ihrem Studium einstellen möchte?

»Ja dann ...«, meinte er schließlich resigniert, »... dann müssen wir wohl alle dieses Jahr den Gürtel etwas enger schnallen«.

Einen Tag davor war ich zum »Global Sourcing Board«, einer Telefonkonferenz mit der Zentrale in Deutschland, eingeladen worden. Leider hatte man vergessen, mich im Voraus darüber zu informieren, so dass ich nur noch eilig das Nötigste zusammengetragen konnte und nachts im Hotel eine Kalkulation erstellen musste. Zum Glück wurde ich rechtzeitig fertig, obwohl die an mich geschickten Lieferscheine alle auf Chinesisch waren. Hier kamen mir meine fachlichen Chinesisch-Kenntnisse zugute.

Kurz darauf erhielt ich eine Mail auf Deutsch mit der Bitte um rechtzeitige Übersetzung derjenigen ins Englische und Chinesische. Ein deutscher Manager würde bereits am folgenden Tag zu einem chinesischen Lieferanten reisen und brauchte Unterstützung, um notwendige Daten für die anschließende Kostenkalkulation auf Englisch und Chinesisch zu erfragen. Ich leitete die Mail gleich zum Übersetzen an eine deutschsprechende chinesische Mitarbeiterin im Shanghai-Büro weiter, stellte jedoch auf der gestrigen Autofahrt zum Büro fest – nochmal zur Erinnerung, ich fahre nicht selbst, ich habe einen Chauffeur –, dass dies nicht erledigt worden war. Mir blieb daher nichts anderes übrig, als die Mail selbst zu übersetzen. Das ging auch aus meiner Sicht ganz gut, denn mein Fachvokabular beherrsche ich auf Englisch und auch leidlich auf Chinesisch.

Allerdings konnte ich die Datei nicht im Auto absenden und musste warten, bis ich im Büro war. Es war schon nach neun Uhr morgens. Zum Glück hatte sich keiner beschwert. Ich wunderte mich ein weiteres Mal darüber, warum hier alles immer auf den letzten Drücker geschehen musste. Man konnte schließlich davon ausgehen, dass die Reiseplanungen nicht erst seit vorgestern feststanden. Und warum sprechen die deutschen Manager eigentlich kein Englisch? Schließlich sind wir doch ein internationales Unternehmen. Oder sind sie einfach zu faul und wollen die Arbeit von anderen erledigt haben? Als ich mich bei einem anderen deutschen Kollegen im Büro darüber aufregte, meinte der nur, dass sowieso alle Mails immer auf Deutsch geschrieben würden. »Warum sollen sich auch Deutsche auf Englisch unterhalten? Einmal hat ein neuer Kollege genau dies versucht durchzusetzen. Er war unter den Deutschen nicht sehr beliebt und hat nach kurzem die Firma wieder verlassen«, erzählte er noch.

Ein weiteres Thema bei meinem amerikanischen Chef war die kostensparende Zusammenlegung mehrere Büros in einem höhergelegenen Stockwerk. Hierdurch könnte eine ganze Etage aufgegeben werden, aber mein Büro würde dann komplett gestrichen werden. Ich benötigte das ja nicht, klärte mich mein Chef auf, denn ich sei sowieso die meiste Zeit außer Haus, bei Lieferanten oder bei Treffen mit Einkäufern in meinem Büro in unserem Fertigungswerk in Taicang.

Ich machte ihn darauf aufmerksam, dass das Management-Team schwerlich zusammenhalten und an einem Strang ziehen könnte, wenn ich weitab in Taicang säße und auch an den

Teambesprechungen, die meinem Chef so am Herzen lagen, nicht mehr teilnehmen könnte. Wenige Stunden später hatte ich mein Büro in Shanghai wieder.

Meine Frau war stolz auf mich, weil ich für meine Sache gekämpft hatte. Als ob ich sonst nicht kämpfen würde ... Ich tue alles, um Fuß zu fassen. Auch morgen ist wieder Arbeit angesagt. Es ist zwar Sonntag, aber aufgrund der Feiertags-Politik in China wurde dieser Sonntag als offizieller Arbeitstag festgelegt. Generell arbeiten die Büroangestellten wie in Deutschland von Montag bis Freitag, die Arbeitszeiten sind gesetzlich geregelt und dürfen vierundvierzig Stunden in der Woche nicht überschreiten. In Ausnahmefällen kann auch an Wochenenden und Feiertagen gearbeitet werden, mit dem Unterschied, dass Überstunden mit mindestens hundertfünfzig Prozent des Lohnes vergütet werden müssen. Sollte Arbeit an Wochenenden nötig sein und nicht anderweitig ausgeglichen werden können, dann steigt der Zuschlag auf mindestens zweihundert Prozent. Bei Arbeit an Feiertagen müssen sogar mindestens dreihundert Prozent gezahlt werden.[1] Inwieweit das auch so gehandhabt oder durch Sonderregelungen umgangen wird, bleibt allerdings offen.

Zu den elf gesetzlichen Feiertagen kommen je Dauer der Betriebszugehörigkeit noch fünf bis fünfzehn Urlaubstage, die wie im Westen zeitlich frei gewählt werden können. Feiertage, die auf ein Wochenende fallen, werden sozusagen nachgeholt, was wie in diesem Jahr zu einer erheblichen Verlängerung der freien Zeit führen kann. Nächstes Wochenende beginnt das Chinese New Year, gern auch mit CNY abgekürzt, das neue Jahr nach dem chinesischen Mondkalender. Normalerweise gibt es hierfür drei gesetzliche Feiertage, aber da das Fest direkt an einem Wochenende liegt, wurden diese beiden Tage hinten dran gehängt. Um diese zusammenhängende Zeit noch etwas zu verlängern, wurden der morgige Sonntag und der erste Februarsamstag kurzerhand vom Staat als Arbeitstage festgelegt und aus drei

---

[1] Quelle: http://www.chinas-recht.de/940705b.htm (16.01.2017)

Feiertagen werden sieben. So kann man auch bequem die langen Entfernungen in China überwinden, um ein paar Tage mit der Familie verbringen zu können.

Mir ist der Arbeitssonntag ganz recht, denn ich selbst habe die Einkäufer unter Druck gesetzt und Einladungen zu Meetings rausgeschickt.

Rückblickend waren die ersten Wochen des noch nicht sehr alten Neuen Jahres sehr stressig, denn nicht nur beruflich, auch privat war einiges los. Vor ein paar Tagen waren Hong und ich beim monatlichen AHK-Treffen, dem Treffen der deutschen Auslandshandelskammer, in Shanghai. Dort habe ich zum ersten Mal die neue evangelische Pastorin getroffen, die nun für den Großraum Shanghai zuständig ist. Die Metropole hat ihr eine kleine Kirche im westlichen Qingpu-Distrikt zugeteilt – daher nenne ich sie Qingpu-Kirche –, in der sie die Gottesdienste der chinesischen evangelischen »Drei Selbst Kirche«, so die offizielle Bezeichnung, abhält. Interessanterweise ist Religion, egal welcher Art, in China ein heikles Thema, da sie sich nicht so gut mit der staatlichen Philosophie verträgt. Mittlerweile gibt es offiziell anerkannte Religionen, die allerdings strikten Anweisungen des Staates unterliegen, dazu gehören Katholizismus, Protestantismus, Buddhismus, Taoismus und Islam. Anhänger anderer Religionen werden auch heute noch verfolgt.

Bereits im 13. und 14. Jahrhundert hatten Katholiken erste Versuche der Missionierung angestrengt, sind aber gescheitert. Vor etwa zweihundert Jahren kamen die ersten protestantischen Missionare nach China und hatten mäßigen Erfolg, aber einige ließen sich doch überzeugen, so dass die Mitgliederzahl, wenn auch anfangs sehr langsam, aber stetig wuchs. Fünf Jahre nach Gründung der Volksrepublik China wurde allem zum Trotz die jetzige evangelische Kirche unter dem Namen »Drei Selbst Kirche« gegründet.

»Wie ist dieser Name zustande gekommen?«, wollte ich von Hong wissen.

»Während der Kulturrevolution hat jeder seine Religion verheimlicht, auch Buddhas wurden vernichtet und stattdessen

Mao-Bilder aufgehängt. Wenn du überleben möchtest, musst du mit der kommunistischen Partei kooperieren. So hatte die evangelische Kirche nur die Möglichkeit, sich von der westlichen Organisation zu lösen und sich nicht mehr davon beeinflussen zu lassen. Die Kirche bekam Kirchengebäude und hauptamtliche Mitarbeiter, allesamt Parteimitglieder. Selbst entscheiden, selbst finanzieren, selbst ausbreiten – das ergibt die drei Selbst im Namen der Kirche.«

Die aktuellen Mitgliederzahlen sind schwer zu erfassen, da es neben den staatlich anerkannten Kirchen auch unzählige nicht registrierte Gemeinden gibt. Man geht davon aus, dass etwa ein bis sechs Prozent der chinesischen Bevölkerung Christen sind.[2] Im Gegensatz zu Deutschland mit fast sechzig Prozent im Jahr 2013 – Katholiken und Protestanten halten sich hier in etwa die Waage – ist das doch ein sehr geringer Anteil der Gesamtbevölkerung.[3] Dabei darf man allerdings nicht vergessen, dass Deutschland im Vergleich zu China eine sehr geringe Einwohnerzahl hat. Legt man

---

[2] Seite „Christentum in China". In: Wikipedia, Die freie Enzyklopädie. Bearbeitungsstand: 31. Dezember 2016, 22:37 UTC.
URL: https://de.wikipedia.org/w/index.php?title=Christentum_in_China&oldid=161144551 (Abgerufen: 19. November 2017, 11:25 UTC); Seite „Protestantismus in China". In: Wikipedia, Die freie Enzyklopädie. Bearbeitungsstand: 20. Dezember 2014, 16:17 UTC.
URL: https://de.wikipedia.org/w/index.php?title=Protestantismus_in_China&oldid=136956581 (Abgerufen: 19. November 2017, 11:26 UTC)
[3] Seite „Mitgliederentwicklung in den Religionsgemeinschaften". In: Wikipedia, Die freie Enzyklopädie. Bearbeitungsstand: 12. Januar 2017, 21:03 UTC.
URL: https://de.wikipedia.org/w/index.php?title=Mitgliederentwicklung_in_den_Religionsgemeinschaften&oldid=161577057 (Abgerufen: 19. November 2017, 11:27 UTC)

die angenommenen sechs Prozent chinesischer Christen zugrunde, deckt sich diese Anzahl mit der Gesamtbevölkerung Deutschlands ... Also doch kein so kleiner Anteil.

Auch den katholischen Pastor Peter Kreuz, den wir von früher kennen, haben wir beim AHK-Treffen getroffen. Die katholische Kirche heißt »CCPA, Chinese Catholic Patriotic Association«. Diese musste sich vom Papst lossagen, um in China offiziell anerkannt zu werden. Das ist bei diesem Glauben, der den Papst als sein kirchliches Oberhaupt ansieht, nicht gerade eine Kleinigkeit.[4]

Peter Kreuz arbeitet nun in Anton Rebes Unternehmen und hatte diese Firma auf seiner Visitenkarte stehen. Er hatte sich hierzu nicht äußern wollen. Ich weiß jedoch, dass ausländische Priester in China keine Arbeitserlaubnis und somit kein langfristiges Visum bekommen, weil sie nicht für die chinesischen Kirche arbeiten. Sie müssen bei einer legalen Firma in China angestellt sein und tragen aus Dank und für Werbezwecke deren Visitenkarte mit sich herum.

Hong hat CNY schon durchgeplant, sie möchte es mit ihrer ganzen Verwandtschaft verbringen. Natürlich werde ich mich dann auch wieder auf Chinesisch oder besser gesagt auf Suzhounesisch mit der ganzen Familie unterhalten, wobei das für mich sehr anstrengend werden wird, da sie zwar mein Chinesisch verstehen, ich aber ihr Suzhounesisch nicht. Trotzdem freue ich mich immer wieder, dass ich als Laowai, die chinesische Bezeichnung für Ausländer, so herzlich in der Familie aufgenommen worden bin. Das ist in China keine Selbstverständlichkeit, da die chinesische Gesellschaft Fremden gegenüber generell misstrauisch gesinnt ist. Die Geschichte lehrt uns, dass sie dazu leider auch allen Grund hat.

---

[4] Seite „Römisch-katholische Kirche in China". In: Wikipedia, Die freie Enzyklopädie. Bearbeitungsstand: 12. Januar 2017, 15:13 UTC.
URL: https://de.wikipedia.org/w/index.php?title=R%C3%B6misch-katholische_Kirche_in_China&oldid=161566866
(Abgerufen: 19. November 2017, 11:28 UTC)

Jeder wollte ein Stück vom chinesischen Grund und Boden, was dem einen mehr, dem anderen weniger gut gelang. Die Quintessenz des 1. Opiumkriegs Mitte des 19. Jahrhunderts war die Abtretung Hongkongs an Großbritannien, beim 2. Opiumkrieg wenige Jahre später mischte zusätzlich Frankreich mit und letzten Endes wurde der Opiumhandel legalisiert und China konnte sich nicht mehr gegen internationale Handelsbeziehungen wehren. Chinas Wirtschaft brach ein und mit der Vormachtstellung in Asien war es vorbei, aber auch das war den Großmächten nicht genug. Nun standen Großbritannien, Russland, Japan, Frankreich und Deutschland im Wettstreit miteinander um die größten Bissen bei der Aufteilung Chinas.

Zu jener Zeit befand sich die Qing-Regierung in einer schweren finanziellen Krise. Da ihre Jahresbruttoeinnahmen bei Weitem nicht ausreichten, die Ausgaben zu decken, sah sie sich gezwungen, Geld bei den westlichen Ländern zu leihen und ihre Seezolleinkünfte zu verpfänden. Dadurch gewannen die Großmächte die Kontrolle über Chinas Finanzen, gründeten Bankniederlassungen, über die sie ihre Kapitalexporte abwickelten und Banknoten ausgaben. So konnten sie die chinesische Finanzwirtschaft manipulieren. Allein in den fünf Jahren nach 1895 bauten sie in China knapp eintausend Fabriken. Sie dominierten den Eisenbahnbau, den Schiffstransport und den Bergbau.

Erstaunlicherweise spielten die USA bis Ende des 19. Jahrhunderts überhaupt keine Rolle bei Eroberung Chinas, doch das sollte sich ändern. Der Vorschlag der USA, der amerikanischen Großmacht gleiche Vorteile und Chancen auf dem chinesischen Markt einzuräumen, wurde unblutig akzeptiert und so setzten sich auch die Amerikaner in China immer mehr fest.

In den 1930er Jahren konnte China in Widerstandskämpfen gegen Japan endlich punkten und Japan musste einsehen, dass es mit der Alleinherrschaft über Asien nicht klappte. Im zweiten Weltkrieg verbündete sich China mit den Alliierten und gemeinsam zwangen sie Deutschland, Italien und Japan in die Knie.[5]

Nun genug der Unannehmlichkeiten. Die bevorstehenden Feiertage nehme ich zum Anlass, wieder mehr Chinesisch üben zu wollen, am besten auf dem Notebook, das ich Hong zu Weihnachten geschenkt habe. Ach herrje, bald ist ja auch wieder Valentinstag ... Als hätte sie meine Gedanken gelesen, ist Hong aufgewacht und kommt zu mir gekrochen. Um das Haus herum pfeift der Wind bei etwa 14 Grad, drinnen wie draußen. Vor ein paar Tagen war es schon mal kälter. Hong hustet wieder, vielleicht sollte ich ihr zu einem Arztbesuch raten.

Das neue chinesische Jahr steht im Zeichen des Pferdes. Um den Ursprung der zwölf Tierkreiszeichen ranken sich viele Legenden und Volkssagen, wobei die heute mehrheitlich verwendete Tierauswahl und deren Reihenfolge gerade bei vielen ethnischen Minderheiten Chinas nicht übernommen wurde. In einer weitverbreiteten Legende ließ Kaiser Xuanyuan unter allen Tieren verlauten, dass zwölf Tiere seine kaiserliche Leibwache bilden sollten. Da es sich um einen begehrten Posten handelte, setzten die Tiere teils rabiate Mittel ein, um andere auszustechen und sich so den besten Platz zu sichern. Dieser unfaire Kampf legte letztendlich die Reihenfolge der Tiere fest. Laut einer anderen Legende wurde ein Tag in Zwei-Stunden-Zyklen unterteilt und die Auswahl und Rangfolge der Tiere ergab sich aus deren aktivster Zeit während dieser Zyklen.[6].

---

[5] Seite „Geschichte Chinas". In: Wikipedia, Die freie Enzyklopädie. Bearbeitungsstand: 6. Januar 2017, 18:36 UTC. URL: https://de.wikipedia.org/w/index.php?title=Geschichte_Chinas&oldid=161364081 (Abgerufen: 19. November 2017, 11:31 UTC); http://www.china-guide.de/auslaendische-aggressionen-und-imperialistische-aufteilung-chinas.html (09.01.2017)

[6] Quelle: http://german.china.org.cn/german/de-12sx/matter.htm (06.02.2017)

Hong ist in einem Pferdejahr, das sich alle zwölf Jahre wiederholt, geboren, daher trägt sie jetzt rote Unterwäsche, denn nach chinesischem Glauben soll das die bösen Geister vertreiben oder zumindest milde stimmen. Ein chinesischer Freund hat mir einmal erzählt, dass das Jahr des Pferdes kein gutes Jahr wäre, da nur halb so viele Kinder geboren würden wie im Jahr des Drachen. Ob das wirklich stimmt, weiß ich nicht. Ich erzähle Hong besser nichts davon.

Aber in gewissem Sinne ist das nachvollziehbar, denn dem Pferdgeborenen wird Ruhelosigkeit, Bewegungsdrang und die Suche nach Abenteuern nachgesagt. Das Jahr des Pferdes wird demnach aufregend, quirlig, bisweilen wahrscheinlich auch stressig und hektisch und in der Liebe abwechslungsreich und überaschend. Daher scheint die Gelegenheit, sich längerfristig festzulegen, in diesem Jahr nicht gegeben zu sein. Aber da ich meine Frau ja bereits etwas länger kenne, bin ich daran gewöhnt. Ich muss nur darauf achten, ihr den Freiraum zu geben, den sie benötigt, und sie nicht einzuengen, denn Zügle lässt sie sich definitiv nicht anlegen. Da ich im Geiste ein moderner Mensch bin, sollte mir das nicht allzu schwerfallen. Wichtig für mich ist die Tatsache, dass das Pferd auch für finanzielle Sicherheit steht, denn die ist leider essenziell, auch wenn man das Materielle eher nicht auf die obersten Stufen seiner Lebenspyramide stellen sollte.

»Weißt du, dass viele Regierungschefs im Pferdejahr geboren sind: Merkel, Cameron, Hollande sowie auch der türkische Minister.«

Ich erwidere fröhlich, dass sie dann ja gute Chancen hätte, Premierministerin oder Regierungschefin zu werden.

»Aber nein, ein weiblicher Premierminister in China?«, rief sie. »Das ist unmöglich, also zumindest bis jetzt. In unserer Geschichte gab es ja auch nur männliche Kaiser. Bis auf die Kaiserin Wu Zhao, die aber beschuldigt wurde, ihren Gatten vergiftet zu haben, um an die Macht zu kommen.«

Nach dem Aufstehen jogge ich am Fluss entlang. Die Sonne schafft es nicht, sich durch die dicken Smogwolken hindurch zu kämpfen, und so sehe ich nur eine einzige graue Masse vor mir. Der Smog ist in den Wintermonaten am Schlimmsten. Was gibt es

Bedrückenderes als China im Winter?, schießt es mir unwillkürlich durch den Kopf. Die mir entgegenkommenden Passanten schauen mich ungläubig an. Ob es daran liegt, dass ich Ausländer bin, oder daran, dass nur ein Wahnsinniger bei diesem Smog laufen würde? Wahrscheinlich an beidem. In diesem Augenblick beschließe ich, nach dem Chinesischen Neujahrsfest mit Hong zur Erholung nach Thailand zu fliegen.

Nach der Dusche im eiskalten Badezimmer gibt es Brunch. Dann werden Neujahrsgrüße verschickt und die E-Mails auf den Visitenkarten vom AHK-Treffen in LinkedIn, einer internationalen Networking-Website für Geschäftsleute, eingegeben. Man weiß ja schließlich nie, wofür diese Kontakte noch nützlich sein können. Abends gehen wir zur Apotheke, um Hustensaft und Tabletten zu kaufen und um nebenan Nudelsuppe zu essen. Da es unzählige Variationen von Nudeln gibt und der Geschmack auch sehr unterschiedlich ist, wird es nie langweilig und man könnte jeden Tag Nudeln essen. Sie schonen auch den Geldbeutel und machen lange satt. Einziger Wehrmutstropfen für mich ist die überall stark verbreitete Verwendung von Glutamat zur Geschmacksverstärkung, das ich als Europäer nur schlecht vertrage und Sodbrennen bei mir verursacht. Viele Restaurants wärmen nur gelieferte, vorgekochte Waren auf, so dass ich meinen Sonderwunsch „ohne Glutamat" nur in Restaurants erfüllt bekomme, die ihre Speisen frisch zubereiten und so Einfluss auf die Zutaten nehmen können.

Nach unserem Nudelmahl bestehe ich darauf, in der Bäckerei noch ein paar Alkohol gefüllte Leckereien zu kaufen. Die werden zur Hälfte gleich zuhause verspeist, während ich einen neuen Film in den DVD-Player lege und Hong im Internet surft. Sie erzählt mir ein paar chinesische Witze auf Deutsch, die ich aber nicht witzig finde oder nicht verstehe.

Mit Nudeln und Nachtisch im Magen gehen wir ins Bett. Ich vergesse nicht, noch schnell ein Schnapsglas von meinem Kräuterwasser zu trinken, das mir Li Gengnan geschenkt hat. Nach TCM, der traditionellen chinesischen Medizin, stärkt das Getränk sowohl die Gesundheit als auch die Potenz des Mannes beträchtlich, man muss nur fest daran glauben. Hierzu werden sehr teure Zutaten wie zum Beispiel der Penis eines Hirsches oder besser der eines Schneehundes aus den Bergen verwendet. Aus diesen wird ein hochprozentiger Schnaps gewonnen und dann genüsslich getrunken. Einfach herrlich, diese traditionelle Medizin. Frauen dürfen da natürlich nicht ran, zu gefährlich, wegen der Potenz.

Die TMC insbesondere in Form von Akupunktur hat schon viele meiner Wehwehchen kuriert, an denen die Schulmedizin gescheitert ist. Auch Meditationsübungen wie Qigong habe ich mir angeeignet, um mein Qi in Einklang mit meinem Körper zu bringen und entspannter durchs Leben zu gehen. Daher bevorzuge ich die Atemübungen statt der Kampfsportarten, die auch den Qi-Fluss regulieren können.

Am 30. Januar, einem Donnerstag, komme ich wie gewohnt erst gegen sieben Uhr abends von der Arbeit nach Hause. Hong hat bereits ein hervorragendes chinesisches Abendessen mit westlichen Kräutern gezaubert.
»Du könntest ein Restaurant aufmachen!«, schmeichle ich ihr und gebe ihr einen Kuss.
»Ach ja, wo denn?«, fragt sie mich.
»Natürlich hier in China! Chinesisches Essen schmeckt den Chinesen sowieso am besten. Natürlich aber mit westlichen Kräutern, damit du dich von der Konkurrenz abhebst.«
Im Fernsehen läuft der Film »Australia«. Dieser ist noch lange nicht zu Ende, als wir beide schon aufgegessen haben. Hong steht auf, trägt die Teller in die Küche und spült ab. Ich mixe mir derweilen einen Cocktail und schaue den Film weiter.
»Heute müssen wir noch im ersten Stock sauber machen!«, ruft sie plötzlich aus der Küche. »Ich hab schon ewig für den zweiten gebraucht!«
Ich seufze, jetzt ist es wohl vorbei mit dem entspannten Abend. Nach chinesischer Tradition muss ein Haus am Tag vor Neujahr gefegt und geputzt werden, um sich selbst von den Lasten des alten Jahres zu befreien.

Ich füge mich, helfe ihr, die Stühle hochzustellen, und frage sie, ob sie noch einen zweiten Besen hätte. Darauf meint sie nur, ich käme eh immer erst, wenn die meiste Arbeit schon gemacht sei. Ich gehe leicht beleidigt wieder ins Wohnzimmer, doch der Film ist schon vorbei.

So begebe ich mich in mein Arbeitszimmer, mache meine Steuererklärung für das letzte Jahr fertig und schaue mir meine Aktienkurse an. Immer wenn ich auf steigende Aktien setze, habe ich das Gefühl, die Aktien gehen nach unten und umgekehrt. Werde ich das jemals begreifen?

Nun ja, morgen ist Silvester genauer gesagt CNY. Wir wollen noch heute eine preiswerte Urlaubsreise nach Thailand buchen oder sie zumindest besprechen, dann packen und morgen gleich nach meiner Arbeit zu Hongs Eltern fahren, um dort gemeinsam zu Abend zu essen. So will es die Tradition. Wir werden erwartet und alles ist für unsere Übernachtung vorbereitet. Das Neujahrsfest hat in China einen ähnlich hohen Stellenwert wie bei uns in Deutschland Weihnachten und gilt als das wichtigste Fest des Jahres.

Am folgenden Nachmittag verlassen wir unsere Wohnanlage in Taicang und verteilen Hongbaos als Neujahrsgeschenke. Hongbao setzt sich zusammen aus Hong für Rot, wie wir bereits wissen, und Bao für Tasche. In China ist es üblich, diese roten Taschen mit Geldscheinen zu füllen und zu verschenken, auch zu Geburtstagen und Hochzeiten. Hong erzählte mir einmal von einem Wanderarbeiter mit einer großen Familie, die ihn sehr oft zu Festivitäten einlädt. Von seinen sechzigtausend Renminbi Jahresverdienst hat er fünfzigtausend allein für Hongbaos ausgegeben. Tja, Familienfeiern in China können teuer werden und mit einer Absage kann sich niemand aus der Affäre ziehen, denn gezahlt werden muss trotzdem.

Der Pförtner unseres Compounds, wie Wohnanlagen in China genannt werden, bekommt einen Hongbao sowie auch mein chinesischer Fahrer, dem wir das Auto abnehmen, denn Hong will selbst fahren.

Als wir später alle in Suzhou am üppig gedeckten Tisch zusammensitzen, frage ich nach den Speisen, von denen mir einige unbekannt sind. Ich bin zwar schon einige Jahre in China, doch an einem so üppig gedeckten Tisch habe ich noch nie gesessen. Meistens bin ich mit Freundinnen über CNY in den Süden geflogen, um die Sonne und das Meer zu genießen, zuletzt 2012 mit Jasmine nach Bali, 2011 mit Fangfang auf die Philippinen, 2010 mit Shuming nach Malaysia und 2009 nach Yunnan mit meiner chinesisch Lehrerin, deren Namen ich bereits vergessen habe, aber ich kann mich noch gut daran erinnern, dass sie große Mengen Schnaps vertragen hatte. Auch die Jahre vorher war ich nach China gekommen, um Geschäftsleute während CNY zu treffen, denn das ist die beste Zeit für Geschäfte, da alle während der Feiertage viel Zeit haben.

Ich habe die Reisen damals bezahlt und dafür Spaß gehabt, aber seit ich Hong kennengelernt und geheiratet habe, bin ich fest in das chinesische Familienleben eingebunden. Das hat viele Vorteile, zum Beispiel wird zuhause gesünder gekocht als im Restaurant. In Restaurantküchen werden mehr billiges Öl und künstliche Geschmacksverstärker benutzt, auch wird Fleisch gefälscht, um damit mehr Geld zu verdienen. Hierzu wird zum Beispiel Schweinefleisch nach dem Schlachten „chemisch mariniert" und als teureres Rindfleisch verkauft, um gute Renditen einzufahren[7]. Am heimischen Herd dagegen werden wertvolle Kräuter und Gewürze benutzt, alles ist echt und wird mit Liebe und viel Zeit zubereitet. Li Gengnan steht immer mehrere Stunden in der Küche und zaubert ein tolles Mahl, da geht es nicht um Kostenreduzierung, sondern um Geschmack.

Nun ist Zeit, ein paar Worte über meine Schwiegereltern zu verlieren. Beide sind pensioniert und genießen das Leben. Aufgrund ihrer gesunden, frischen Ernährung sind beide recht schlank, was für Wu Meilan von Vorteil ist, da sie ihre

---

[7] Quelle: http://www.my-chinese.ch/fake-food-counterfeit.htm (14.4.2017)

Zuckerkrankheit somit gut im Griff hat, obwohl sie in den letzten Jahrzehnten keinen Sport mehr getrieben hat. Li Gengnan dagegenen hat Gymnastik und Yoga in seinen alltäglichen Ablauf eingebunden, so dass er einen 1,75 Meter großen, muskulösen Körper vorweisen kann. Wu Meilan ist wie ihre Tochter etwa fünfzehn Zentimeter kleiner als der Mann im Haus.

Gespannt lausche ich Hongs Erklärungen zur Bedeutung der verschiedenen traditionellen chinesischen Gerichte auf dem Tisch.

»Der Fisch hier heißt Li Yu. Yu wird zwar Yü gesprochen, aber Yu geschrieben, bedeutet Fisch und klingt auf Chinesisch wie ›übrig‹, das heißt, im neuen Jahr wirst du viel übrig haben. Du wirst also reich werden.«

Das freut mich natürlich sehr, hoffentlich wird es wahr.

Nun deutet sie auf einen kleinen Kuchen aus Reis.

»Das ist Nian Gao. ›Nian‹ bedeutet ›Jahr‹ und ›gao‹ bedeutet ›Kuchen‹, aber auch ›hoch‹, was man auf das Gehalt beziehen kann. Du wirst also noch reicher.«

Ich liebe chinesisches Essen zu CNY.

Hong fährt fort: »Auch die mit Hackfleisch gefüllten Eier, die wir Dan Jiao nennen, tragen zur Vermehrung deines Reichtums bei, wenn du viele davon isst. Man sagt, man bekommt dann viele ›Jin Yuan Bao‹, das war unsere Währung während der Jin-Dynastie.«

Jetzt wird es mir langsam unheimlich, wohin mit dem vielen Geld?

Hong deutet auf eine mit gelben Bohnensprossen gefüllte Schüssel, deren Form an »Ru Yi« erinnere, einen Glücksbringer für Gesundheit. Na den werde ich nach dem üppigen Mahl sicher brauchen.

»Die kennst du aber doch, oder?«, stellt mich meine Frau mich auf die Probe. Ich folge ihrem Finger und erkenne »Rou Yuan«. Diese Fleischbällchen sind ein Zeichen für die Zusammenkunft der Familie am Frühlingsfest, ein weiterer Name für das chinesische Neujahr.

Ich bediene mich großzügig, doch Wu Meilan ermuntert mich, noch mehr zu essen, und befördert ungeniert immer mehr der Reichtum bringenden Speisen in meine Reisschüssel. Es gibt zwar unzählige Sorten Reis, doch in China wird immer der Klebereis verwendet, der mit Wasser in Reiskochern zubereitet wird. Während des Abendessens dreht sich das Gespräch um die alljährlichen Familienfeierlichkeiten und um die Massenwanderung der Chinesen, die zu diesem Zeitpunkt einsetzt. Es gibt sogar eine eigene Bezeichnung hierfür: »Chun Yun«. »Chun« bedeutet Frühling, »Yun« steht für Transport, nicht sehr poetisch, aber es drückt genau das aus, was es ist. Während der Tage vor und nach dem chinesischen Neujahrstag drängeln sich um die achthundert Millionen Menschen in Chinas Züge, um in ihre meist weit entfernten Heimatstädte und Dörfer zurückzukehren. Für die Koordination und die Logistik ist das eine wahre Herausforderung.

Fahrkarten für diese Zeiten sind online schon innerhalb weniger Sekunden nach Erscheinen ausverkauft, so dass Wanderarbeiter ohne Internetzugang meist schlechte Chancen auf ein Ticket haben. Manche ergattern noch offizielle Fahrkarten ohne Sitzplatz, aber man sollte die Entfernungen hier nicht unterschätzen, die um ein Vielfaches größer als in Deutschland sind. Da kann eine Zugfahrt auch mal vierzig Stunden dauern, was ohne Sitzplatz nicht besonders bequem sein dürfte. Aber zum Glück blüht auch hier der Schwarzmarkt und die sogenannte »Gelbe-Ochsen-Gruppe« bietet Restfahrkarten an, allerdings zu überteuerten Preisen, aber was tut man nicht alles für die Familie.

Nach dem Frühlingsfest entspannt sich die Preispolitik um die Fahrkarten wieder, trotzdem bleibt die Lage während der Stoßzeiten vor allem für die vielen Leute mit wenig Geld dramatisch. Sie kommen meist nicht rechtzeitig heim, um mit der Familie zu Abend zu essen, und schaffen es auch nicht, wieder rechtzeitig zurück in die Stadt, in der sie arbeiten.

Nach dem Festessen bekommen Hong und ich von ihren Eltern ein kleines Goldstück mit einem Pferdekopf geschenkt, mit dem Hinweis, auch Hongs Kinder würden einmal so ein Goldstück erhalten. Es scheint ein Lockmittel zu sein, damit wir doch endlich Nachwuchs zeugen mögen und Hongs Eltern Enkelkinder großziehen können. Hong hat ihren Eltern vor einiger Zeit erzählt, dass Kinder bei dieser Luftverschmutzung nicht gesund aufwachsen könnten und sie lieber im Ausland Kinder haben möchte. War das der Grund für die neue Lockmittelstrategie ihrer Eltern?

Am ersten Neujahrstag bleiben die Chinesen meist zuhause, denn der Aberglaube behauptet, wer andere Familien besucht, dem fließt das Geld ab und geht zu diesen über. Und wer gibt schon gern Geld an andere ab? Bleibt man dagegen zuhause, wird das »Shou Cai« genannt, das Vermögen schützen und halten.
Trotzdem fahren Hong und ich mit der neuen Metrolinie, die zur Wertsteigerung des elterlichen Hauses beigetragen hat, in die Stadt, um dort im herrlichen Sonnenschein am Fluss spazieren zu gehen. Der Weg am Fluss ist eine Fußgängerzone, nur Einheimische fahren dort mit dem Elektro-Moped oder dem Auto in den engen Gassen. Die Bauern verkaufen ihre Waren hauptsächlich an Touristen, aber bei den kleinen Straßenständen können Hong und ich nicht widerstehen und gönnen uns Tofu-Suppe, gegrilltes Lammfleisch am Spies und Fladenbrot. Auf dem Rückweg fahren wir mit dem Boot durch den Kanal, nehmen die Metro und kommen so rechtzeitig wieder heim, wo wir von Hongs Eltern schon zum Abendessen erwarten werden.
Nach einer weiteren Übernachtung bei den Schwiegereltern besuchen Hong und ich ihre sehr alten Großeltern und die Kinder der Cousinen und Cousins und übereichen jedem einen Hongbao, denn es ist Tradition, dass Paare den Verwandten mit Kindern Geld schenken. Zum Glück wohnen alle in der Nähe und es sind nicht viele Besuche, denn die Wohnungen sind ungemütlich kalt.
Hongs Eltern haben bereits die Verwandten väterlicherseits, die bei unserer großen Hochzeitsfeier in China natürlich auch dabei gewesen waren, mit Hongbaos beschenkt, so können wir uns entspannt zurücklehnen. Hong knüpft an den Wink ihrer Eltern an und meint in ihrer überaus hervorstechenden Logik, solange wir keine Kinder hätten, gäben wir nur Geld aus, wenn wir aber welche hätten, bekämen wir auch wieder welches zurück.
Der zweite Neujahrstag hat noch eine weitere Bedeutung: Schwiegersohn-Tag. An diesem Tag sollte ich die Familie meiner

Frau besuchen. Glücklicherweise bin ich ja bereits da, so dass dieser Punkt ohne größeren Aufwand schon abgehakt ist.
Am dritten Neujahrstag fährt Hong morgens mit mir und ihren Eltern zum Wetland Park am Taihu Lake. Wir gehen dort wandern und machen eine Bootsfahrt. Es regnet nicht, aber es hängt schwerer, kalter Nebel in der Luft. Nichtsdestotrotz wollen wir unseren Ausflug genießen und fahren weiter zu den heißen Quellen. Dort sind verschiedene Quellen unter einer riesigen beheizten Kuppel untergebracht und man kann in ihnen baden. Wir begeben uns zum Empfang, doch unsere Pechsträhne will nicht abreißen, denn wir erfahren, dass wir ohne Reservierung keine heißen Quellen zu sehen bekommen. Ich schaue meine Begleiter an ... wer hatte diese nutzlose Idee?
Uns bleibt nichts anders übrig, als nach Hause zu fahren, ohne das warme Wasser genießen zu können. Aber mir ist das ganz recht, schließlich ist es sehr voll hier und Hong ist auch noch erkältet.
Auf der Rückfahrt am Nachmittag läuft plötzlich ein Hund auf die Straße vor unser Auto. Hong kann diesem Vierbeiner trotz roter Unterwäsche nicht mehr ausweichen und überfährt ihn. Das sei schon der zweite Hund in ihrem Leben, den sie auf dem Gewissen habe, jammert sie. Ihren eigenen Hund hatte sie damals nicht angeleint, deshalb war er weggelaufen und überfahren worden.
»Das kann kein gutes Jahr werden, wenn uns schon kurz nach CNY solch ein Unglück passiert! Wir sollten in diesem Jahr lieber keine Kinder bekommen!«, bemerkt sie mit einem Stirnrunzeln.
Ich muss ein Schmunzeln unterdrücken und werfe einen Seitenblick auf Hongs Mutter, die neben mir auf der Rückbank sitzt. Sie ist sichtlich nicht begeistert.
Wir stellen fest, dass die Plastikteile und Lampen an der Frontseite des Autos stark beschädigt wurden. Hoffentlich übernimmt die Versicherung den Schaden.

Normalerweise stehen in China wie auch auf der ganzen Welt die Frauen in der Küche. In Hongs Elternhaus sind die Rollen seit Jahrzehnten umgekehrt verteilt: Wie immer kocht Li Gengnan ein leckeres chinesisches Abendessen. Nach der Tradition dürfen dabei die kleinen runden Reiskuchen – der aufmerksame Leser kennt sie als Nian Gao – nicht fehlen.

Anschließend skype ich mit Daniel, denn ich habe Fragen zum Erstellen einer Homepage, die Daniel aus dem Stegreif beantworten kann. Sollte er auch, denn er studiert Medieninformatik in Augsburg und hat zwischen den Semestern für eine deutschen Firma Webseiten erstellt. Dieses Wissen kommt mir jetzt zugute. Ich nutze die Gelegenheit und frage nach einem gemeinsamen Urlaub in Thailand, den mein Sohn dankend ablehnt, es sei zu gefährlich dort, liest man ja überall. Hong meint dazu, Daniel sei mit der Welt verbunden und kenne sich aus. Im Gegensatz zu mir als Deutschem kritisieren Chinesen keine anderen Leute, sondern umschreiben alles positiv, um die Harmonie der Beziehungen aufrecht zu erhalten.

Ich bin anderer Meinung als Daniel, sage aber nichts. Mein Aufenthalt auf einer Ferien-Insel in Thailand vor ein paar Jahren war sehr schön und ich fühlte mich nicht gefährdet.

Ich habe mir ein Ziel ausgesucht und versuche, Hong davon zu überzeugen: »Was hältst du von einem Strandurlaub in Pattaya, einem großen Touristenort für Ausländer, zwei Autostunden südlich von Bangkok? Ich habe vor Jahren über Alan und Michael eine Wohnung dort angezahlt, doch das Projekt geht schon ewig nicht vorwärts. Wir erholen uns am Strand und machen einen Ausflug dorthin, damit ich mal nach dem Rechten schauen kann. Es lohnt sich auch für dich, denn die Wohnanlage liegt auf einem Berg mit Blick zum Meer.«

Hong ist mit meinem Vorschlag einverstanden, denn sie will auch sehen, wo ich mein Geld angelegt habe, und bucht nachts trotz Daniels Warnung den Urlaub in Thailand über ein chinesisches Reisebüro. Sie holt ihre Kreditkarte, um die Reisekosten zu überweisen, doch die Bezahlung klappt nicht. Hong schlägt wütend mit der Faust auf die Tastatur, als ob das ihr Problem lösen würde ... Interessanterweise tut es das tatsächlich, denn beim erneuten Versuch läuft alles reibungslos. Ich nehme mir für diesen Urlaub die zehn Tage frei, die mir die Firma nach dem gesetzlichen Arbeitsgesetz für meine Heirat gegeben hat.

Eigentlich hätte ich nur drei Tage bekommen dürfen, da ich schon einmal verheiratet war. Vielen Dank an die Personalabteilung, die das nicht bemerkt hat. In diesem Bereich sind die Chinesen sehr großzügig mit zusätzlich geschenkten Urlaubstagen, in Deutschland bekommt man im Allgemeinen einen Tag Sonderurlaub für die Hochzeit, den Rest muss man von seinem Jahreskontingent bestreiten. Aber der Staat macht das natürlich nicht ganz ohne Hintergedanken. Er erhofft sich davon, dass die Leute früh heiraten und Kinder zeugen, denn diese braucht China wegen der leeren Rentenkasse dringend.

Als ich am nächsten Morgen aufwache, muss ich an den chinesischen Kaiser im deutschen Dietfurt, nahe Eichstätt in Bayern, denken. Manchmal kommen mir solche spontanen Gedanken und ich erzähle Hong die Geschichte, wie sich die Dietfurter Bevölkerung unter der Mauer versteckt hat, als der Bischof von Eichstätt Steuern eintreiben wollte. „Feige wie die Chinesen", schimpfte da der Bischof und seither regiert dort zum Spaß ein chinesischer Kaiser mit Konkubinen und Kutsche, nicht nur zum jährlichen Karneval.[8]

Draußen ist es jetzt kalt und nass, morgen soll es laut Wetterbericht wieder einmal schneien. Ich will eine Bank aufsuchen, um mein Erspartes zinsbringend anzulegen. Obwohl die chinesischen Banken auch an Feiertagen geöffnet haben, rät mir Hong von einem Bankbesuch vor dem ersten offiziellen Arbeitstag nach CNY ab, da die Zinsen erst ab diesem Tag berechnet werden.

Im nächsten Augenblick zieht sie schmerzvoll das Gesicht zusammen. Während ihrer Regel, die heute eingesetzt hat, leidet sie immer unter schweren Bauschmerzen. Aber sie steckt das gut weg und holt ihr Handy hervor, um mir eine neue App zu präsentieren, die angibt, wann die beste Zeit fürs Kinderzeugen ist … oder wann man besser vorsichtig sein sollte, wenn man noch nicht bereit für Kinder ist. Sie ist vollauf begeistert, da die

---

[8] Quelle: http://www.dietfurt.de/bayrisch-china/ (09.02.2017)

Eintragungen in der App genau mit ihren Daten übereinstimmen. Schon wieder dieses leidige Thema, schießt es mir durch den Kopf. Sie meinte doch, dieses Pferdejahr wäre nach dem Unfall mit dem Hund kein gutes Jahr zum Kinderkriegen! Zudem ist es verwunderlich, dass Hong nun doch über Kinder nachzudenken scheint, weil sie ja in China keine Kinder großziehen will. Ich werde herausfinden, ob meine Schwiegereltern dahinterstecken oder ob es ihr eigener Wunsch ist. Vielleicht fragt ja auch mal jemand mich …

In der Nacht zum fünften Tag nach Neujahr beginnt wieder ein ohrenbetäubendes Pfeifen der noch übrig gebliebenen Feuerwerkskörper zu Ehren des Gottes des Vermögens, um gebührend in dessen Geburtstag reinzufeiern. Als Europäer dürfte man sich jetzt über diese Gottverehrung wundern, da Religionen in China ja eher nicht so gern gesehen sind. Tatsächlich glauben viele Chinesen an Buddha und den Taoismus, in dem es viele verschiedene Götter gibt. Neben dem bereits erwähnten Gott des Vermögens kann man zum Beispiel auch einem Heiratsgott huldigen und der Guanyin-Pusa-Göttin[9], die Kinder schenkt, zur Welt bringt und betreut.
In diesem Jahr fällt der Geburtstag meines Schwiegervaters genau auf diesen Tag, so dass wir zwei Fliegen mit einer Klappe schlagen können, wie man so schön sagt. Welch ein Glück. Von Hong erfahre ich, dass jeder Chinese grundsätzlich entsprechend des Mondkalenders an CNY ein Jahr älter wird. So gesehen hat jeder Chinese zwei Geburtstage, aber bei der älteren Generation werden erst ab einem Alter von vierzig Jahren runde Geburtstage gefeiert. Die Jüngeren richten sich nach dem westlichen Kalender und begehen diesen Tag jedes Jahr am selben Datum.
Irgendwann stehe ich auf und checke meine E-Mails. Tatsächlich wurde mir am Neujahrstag aus Deutschland eine Nachricht mit der

---

[9] Quelle: http://www.seelenzeichen.de/kwan1.htm (14.4.2017)

Bitte um eine Kalkulation geschickt und gestern kam eine Nachfrage, ob diese Kalkulation gemacht sei. Wer lesen kann, ist klar im Vorteil, denn ich habe den Abwesenheits-Assistenten meines E-Mail-Programms mit der Bemerkung gefüttert, dass ich bis zum siebten Februar abwesend sein werde.

Meine Frau erscheint etwas verschlafen an der Tür und erinnert mich an den Geburtstag ihres Vaters, für den sie noch Blumen kaufen möchte. Natürlich fragt sie, welches Geschenk ich denn für meinen Schwiegerpapa hätte. Ich muss nachdenken, denn wenn ich ehrlich bin, habe ich das irgendwie verschwitzt. Dann fällt mir die graue Jacke aus Deutschland ein, die ich nicht mag, und will von Hong wissen, ob die es auch tun würde. Eigentlich braucht Li Gengnan eine Eieruhr und Eierbecher für die Küche, auch Flaschenverschlüsse fehlen. Das alles an diesem Feiertag noch zu besorgen, wäre an sich kein Problem, da in China gerade an Feiertagen viele Geschäfte geöffnet haben. Das wird von den Chinesen gern ausgenutzt, jedoch haben wir dafür keine Zeit mehr, denn die Geburtstagsfeier beginnt schon um elf Uhr mit einem gemeinsamen Mittagstisch. Widerwillig werfe ich mich in Schale, die aus meinem Geschäftsanzug mit Krawatte besteht, und fahre mit Hong zum Blumenladen um die Ecke. Nebelschwaden und die Reste der explodierten Knallkörper von der Nacht hängen noch in der Luft.

Als wir wieder bei den Schwiegereltern ankommen, sitzen schon einige Gäste im Wohnzimmer auf der Couch. Hong steckt mir noch schnell die roten Umschläge mit den Geldscheinen zu, die ich an die Kinder übergebe. Alle bedanken sich brav, dann fährt die Autokarawane los. Das Restaurant ist zwar gleich um die Ecke, aber man nimmt ja Rücksicht auf die älteren Leuten. Dass die Bequemlichkeit der restlichen Verwandtschaft auch keine geringe Rolle spielt, wird natürlich dezent verschwiegen. Hong und ich überreichen direkt im Restaurant den Blumenstrauß und die graue Jacke, denn es sollen ja alle mitbekommen, was wir schenken. Wie überall auf der Welt sind die Geschenke auch hier nicht an Regeln gebunden und hängen vom Vermögen ab. So freut sich ein Kind in ärmeren Familien über Stifte oder ein Buch, während die

Geschenke in vermögenderen Familien preislich höher ausfallen. Ich setze mich meist über die übliche Vorgehensweise, die Geschenke erst auszupacken, wenn die Gäste gegangen sind, hinweg und frage, ob ich gleich hineinschauen darf. Ich finde es persönlicher, sich per Handschlag und nicht per Telefongespräch zu bedanken.

Es gibt eine weitere Regel, die uns Europäern befremdlich erscheint. In China ist traditionell jeder, der eingeladen wird, dazu verpflichtet ein Geschenk zu überreichen, auch wenn er nicht zu der Feier kommen kann. Vorsorglich wird insbesondere bei Geschenken an Kinder die Quittung mit dem Preis beigelegt, denn so können wir sicher gehen, dass wir, wenn wir später Kinder haben, ein Geschenk im selben Wert erhalten.

Drei Stunden lang spielen und schreien die Kinder, die Erwachsenen tanzen und singen leidenschaftlich Karaoke, was die mitgebrachten Flaschen Reisschnaps, die nun größtenteils geleert sind, sehr erleichtern. Die Reste des Essens werden eingepackt und mit nach Hause genommen.

Am Abend nutzen wir den Besuch von anderen Verwandten und Freunden, um weiter essen zu können. Im Anschluss spielen Hong, ihr Vater und zwei seiner Bekannten Mahjong, auf Chinesisch übrigens májiàng.

»Es ist verwunderlich, dass es ein Spiel für 4 Personen ist. Ist 4 nicht die Todeszahl, die man in China immer versucht zu vermeiden?«, frage ich Hong

»Es geht nur darum, dass nur eine gerade Anzahl von Personen spielen kann.«

Ich bin aus zwei Gründen Zaungast: Ich kenne die Regeln nicht und fünf sind einer zu viel bei diesem Spiel. Wang, einer der Bekannten, ist ein alter Armeefreund Li Gengnans aus der Zeit, als beide noch in Nordchina gedient haben. Er wohnt jetzt im Tempel in Suzhou, also ganz in der Nähe, und arbeitet als Fahrer in einer deutschen Firma, die ich auch kenne. Er ist Buddhist, isst also kein Fleisch, und lebt mit den Mönchen zusammen.

»Der einzige Unterschied zwischen Wang und einem Mönch sind die Haare. Der Mönch hat keine mehr«, bemerkt Hong belustigt.

Als Li Gengnan sich ein neues Bier aufmachen will, entdeckt er, dass es schimmlig ist. Der Grund ist schnell gefunden, denn eine Fliege wurde mit abgefüllt. Mit dem deutschen Reinheitsgebot wäre das nicht passiert!
Da das Zuschauen langsam langweilig wird, gehe ich ins Wohnzimmer und schaue mir die vielen Geburtstagsgeschenke an. Etwas ungewöhnlich für einen Deutschen, denn es gibt Kiwis, Äpfel und andere Obstsorten. Nüsse sind auch dabei, alles sehr hochwertig, teuer und hübsch verpackt. Ein zweiter Blumenstrauß ist auch dabei.
Hong gesellt sich zu mir und macht mich darauf aufmerksam, dass jetzt ein guter Zeitpunkt wäre, ihr das richtige Rückwärtseinparken am Bordstein beizubringen. Ich habe mir abgewöhnt, mich über Hongs Sprunghaftigkeit zu wundern und so gehen wir zusammen in die kalte Nacht hinaus und setzen uns in den alten VW Jetta von Li Gengnan. Ich erkläre ihr die einzelnen Schritte und es klappt gleich beim ersten Versuch. Hong ist begeistert und meint, ich könne Fahrlehrer werden.
»Ja klar, aber nur um schönen Frauen das Einparken beizubringen. Hey, was denkst du? Ist das eine Marktlücke?«, necke ich sie.
Sie stößt mich verärgert in die Seite, beginnt dann aber auch zu lachen und gibt mir einen Kuss.
Perfekt, denke ich, jetzt muss ich ihr nur noch Billardspielen und Tanzen beibringen!

Die Nacht war wieder sehr kalt. Am Morgen unter der Dusche warte ich vergeblich auf warmes Wasser. Dann dämmert es mir langsam. Wie auch im Westen steht die Farbe »rot« für warm, die Farbe »blau« für kalt. Das habe ich in meiner Schlaftrunkenheit nicht bemerkt, ich bin einfach noch nicht wach genug. Trotz allem gönne ich mir einen gedanklichen Ausflug in die Farbengeschichte Chinas. Bereits vor etwa zweitausend Jahren v. Chr. entstand im Daoismus die Theorie der Fünf Elemente, zu denen Holz, Feuer, Metall, Wasser und Erde zählen, wobei die Bedeutung dieser Elemente einem dynamische Wandlungsprozess unterliegen und so immer wieder anderen Merkmalen oder Eigenschaften zugeordnet werden. Zur Geburt der Theorie wurden die Elemente mit Himmelsrichtungen verknüpft und da es nur vier Himmelsrichtungen gibt, erhielt die Mitte auch einen Platz. Bis heute folgten unendlich viele Zuordnungen wie Formen, Jahreszeiten, der Mittsommer darf hier als Nummer fünf mitmischen, Planeten, Tiere und eben Farben. Sogar Geschmacksrichtungen sowie Lautäußerungen und Körperflüssigkeiten werden berücksichtigt. Aber nun zu den Farben. Feuer mit rot und Metall mit weiß/grau sind da für Europäer noch die logischen Verbindungen. Gelb als Erde ist noch halbwegs nachvollziehbar, bei Wasser mit schwarz und Holz mit (grün-)blau wird es da schon schwieriger. Die rote Farbe, wie wir ja bereits wissen, steht für Reichtum und Freude, daher findet die Regierung wohl auch Gefallen daran und nutzt sie ausgiebig. Auch Grün wird mit Reichtum assoziiert, aber auch mit Harmonie und Gesundheit, was uns Europäern nicht so weit hergeholt erscheint. Allerdings ist Vorsicht geboten, wenn ein grüner Hut ins Spiel kommt, denn der symbolisiert Seitensprung, Treulosigkeit und einen betrogenen Ehemann. Gelb steht für Neutralität und Glück und gilt als schönste und prestigeträchtigste Farbe, daher sind des Kaisers neue Kleider, und auch Paläste, Altäre und Tempel, nicht unsichtbar sondern gelb. Schwarz ist die Farbe des nördlichen Himmels und wurde als Farbe der Könige und als beständige Farbe verehrt. Neben Helligkeit und Reinheit wird Weiß auch mit Tod und Leiden in Verbindung gebracht und hauptsächlich bei Beerdigungen getragen.[10]

---

[10] Color in Chinese culture. (2017, September 12). In Wikipedia, The Free Encyclopedia. Retrieved 11:33, November 19, 2017, from https://en.wikipedia.org/w/index.php?title=Color_in_Chinese_culture&oldid=800299743; Seite „Fünf-Elemente-Lehre". In: Wikipedia, Die freie Enzyklopädie. Bearbeitungsstand: 6. März 2017, 23:52 UTC.

Zum Frühstück wartet »yan wo« auf mich, eine teure Spezialität der traditionellen chinesischen Medizin, in Deutschland unter dem Begriff „Schwalbennester" bekannt. Wenn man bedenkt, dass es sich hierbei um getrockneten Schleim von Vögeln handelt, der mit heißem Wasser aufgegossen wird, wird man unweigerlich daran erinnert, dass gute Medizin angeblich nicht schmeckt. Der Preis schwankt abhängig von der Qualität, bei dem chinesischen Online-Auktionshaus Taobao werden fünf Gramm für knapp einhundertneunzig RMB, rund fünfundzwanzig Euro, angeboten. Ob es hilft, bleibt abzuwarten.

Aus einer Nachbarwohnung dröhnt laute Musik. Das Verhältnis meiner Schwiegereltern zu den Anwohnern ist recht gut. Die meisten sind Rentner oder Frauen, die zuhause arbeiten, man sieht und hört sich regelmäßig. Auch meine Frau hat hier viele Jahre gelebt und dadurch ebenso gute Beziehungen aufgebaut.

Am Frühstückstisch diskutieren wir gerade das Thema „Neuer CEO bei Microsoft". Da es sich um einen Inder handelt, glauben die Chinesen, Indien habe nun das Silicon Valley erobert. Eins kommt zum anderen und auch der Kauf von neun Roboterfirmen durch Google wird angesprochen. Hong meint, Roboter werden in Zukunft auch kochen, putzen und sogar Kinder betreuen.

Ich zucke zusammen, denn das Wort „Kinder" könnte bei meinen Schwiegereltern wieder eine neue Tirade zum Objekt ihrer Begierde namens „Enkelkinder" heraufbeschwören. Bis zum Abendessen halten sie stillschweigend durch, dann bahnt es sich einen Weg an die Oberfläche. Aber diesmal bin ich gar nicht so böse darüber, denn ich erfahre etwas mehr aus der Lebensgeschichte meiner Frau. Hongs Entstehung war alles andere als ein romantischer Akt. Li Gengnan war beim Militär, so die altbekannte Geschichte, und als er einen Monat auf Heimaturlaub war, heiratete er ohne viel Federlesen. Kurz darauf war Wu Meilan

---

URL: https://de.wikipedia.org/w/index.php?title=F%C3%BCnf-Elemente-Lehre&oldid=163343410 (Abgerufen: 8. November 2017, 10:32 UTC)

mit Hong schwanger. Ganz genau genommen verdankt sie ihr Leben dem Parteiführer Mao Zedong, denn er sagte die Eroberung Taiwans kurz vor der Bestürmung ab und rief damit das Kriegsende aus. Alle, die sich bis dahin durchgekämpft hatten, blieben am Leben und so konnte sich Hongs Großvater um Nachwuchs kümmern. Aber damit waren die Glücksmomente der Familie noch nicht beendet, denn kurz bevor Hongs Eltern Ende 1970 geheiratet hatten, war Li Gengnan an der Grenze zu Russland stationiert und stand mit Tausenden anderen kurz vor einem Krieg mit Russland. Zur Erleichterung aller wurde der Konflikt durch Verhandlungen gelöst und auch er konnte der Tradition folgen, eine eigene Familie zu gründen.

Auch die Ein-Kind-Politik wird nicht unter den Tisch gekehrt, denn sie hat verhindert, dass Hong Geschwister bekam. Zum Glück ist das mittlerweile etwas aufgelockert worden. Die allgemein bekannte Tatsache, dass Mädchen nicht unbedingt auf dem Zeugungswunschzettel stehen, liegt in der chinesischen Kultur begründet. Im Gegensatz zu Deutschland, wo mittlerweile auch der Name der Frau als Familienname angenommen werden kann, geben in China allein die Männer den Namen weiter. Zudem werden Grundstücke und Felder durch die Gemeinde nur an sie verteilt. Traditionell haben Mädchen kein Erbrecht und sämtliches Vermögen bekommen die Söhne, obwohl das Gesetz inzwischen etwas anderes sagt. Mit all diesem Wissen bin ich meinen Schwiegereltern sehr dankbar, dass sie schon damals moderne Ansichten vertraten und mit den weit verbreiteten Praktiken zur Geschlechterselektion gebrochen hatten.

Am letzten Urlaubstag fahren wir beide nach Taicang, schauen aber vor der Rückkehr in unser Haus noch bei der lokalen Bank of Suzhou vorbei. Vielleicht lohnt es sich ja, ein Konto zu eröffnen und mein Gehalt, dass in den letzten Monaten auf dem Girokonto der ICBC Bank eingegangen war, hier als Festgeld mit gutem Zinssatz anzulegen, doch wir haben die Bürokratie der chinesischen Bank unterschätzt. Für die Kontoeröffnung muss ich mehrere Dokumente ausfüllen und handschriftlich in Chinesisch bestätigen, dass ich das Kleingedruckte zur Kenntnis genommen habe. Die Bankangestellte erklärt uns anschließend, dass Geldeinzüge von anderen chinesischen Banken mit ausländischem Namen von dieser Bank aus nicht so einfach getätigt werden können, da die Apparate nicht darauf ausgelegt seien. Besser wäre es doch, das Geld bei der anderen Bank im Gebäude nebenan abzuheben und hier in bar einzuzahlen. Ich erinnere mich daran, dass ich dies doch schon mal vor zwanzig Jahren so gemacht habe. Damals war eine Online-Überweisung nicht möglich. Hat sich die Welt seither nicht weitergedreht?

Mir ist das Ganze zu aufwendig, doch Hong erklärt mir, Bargeld von der einen Bank abzuheben und bei der anderen Bank einzuzahlen, ist hier noch gang und gäbe, um Überweisungskosten zu sparen und Bürokratie zu vermeiden. Mittlerweile ist es kurz nach drei Uhr und die Bankangestellte weist uns darauf hin, dass die anderen Banken schon geschlossen sind. An Geldautomaten gibt es eine Höchstgrenze von 20.000 RMB, was in etwa 2.750 Euro entspricht, also verwerfe ich diese Idee gleich wieder.

Jetzt bleibt mir nur noch die Online-Überweisung, doch auch diese Möglichkeit ist mir verwehrt, denn alle Online-Überweisungen in China laufen über eine Zentralstelle der Bank of China in der Hauptstadt Beijing und die sind ausgerechnet heute noch alle im Urlaub.

Hong sieht es gelassen und versteht mein Problem nicht. »Morgen ist der erste offizielle Arbeitstag nach dem CNY, da kannst du die Überweisung ausführen.«

Draußen ist es immer noch kalt. Da wir außer den harten chinesischen Kiwis, die Hongs Eltern uns mitgegeben hatten, nichts weiter zu essen zuhause haben, gehen wir zum chinesischen Grill, einem BBQ-Restaurant. In solchen Restaurants herrscht immer großer Andrang und wir müssen wie üblich eine Nummer ziehen, um einen Sitzplatz zu bekommen. Auf der Toilette treffe ich einen Chinesen, der mir erzählt, er wohne in Australien und sei extra zum chinesischen Neujahrsfest hergekommen. Manchen sind Traditionen offenbar sehr heilig.

Als ich den rohen Fisch auf die Grillplatte legen will, nimmt Hong mir das Besteck samt Fisch aus der Hand und meint, nur Frauen beherrschten diese Arbeit, Männer könnten nur essen, saufen und schlafen. Hong will mich wieder einmal provozieren, denn sie sollte es besser wissen, da in ihrem Elternhaus immer ihr Vater in der Küche steht.

Ich murmle vor mich hin: »Ein Fisch am Morgen vertreibt Kummer und Sorgen, aber ein Fisch am Abend …«

Hong hat es gehört und dichtet zu Ende: »… dann schläft man gut«. Es reimt sich nicht und ergibt keinen Sinn, aber das macht Hong überhaupt nichts aus.

Ich zahle mit Bankkarte und gebe am Tisch meine Geheimzahl ein. Hong rügt mich dafür, dass die Bedienung die Geheimzahl erkennen konnte.

»Na und?«, erwidere ich.

»Vielleicht hast du schon mal davon gehört, dass Bankkarten gefälscht werden?«, kontert sie schnippisch. »Jetzt kennt die Kellnerin deine Kontodaten und die PIN. Wenn die dein Konto leerräumen, siehst du das Geld nie wieder!«

»Soll ich jetzt zur Bank gehen und die Geheimzahl ändern lassen? Sollte das mittlerweile nicht online möglich sein?«, frage ich genervt zurück. Bei meiner Bank in Deutschland gibt es diese Option im Online-Banking. Mir wird klar, dass das nicht geht, weil ich noch kein funktionierendes Online-Bankkonto habe. Bisher hat Hong alle notwendigen Überweisungen von ihrem Onlinekonto getätigt, daher habe ich mich noch nicht um ein eigenes Onlinebanking gekümmert. Der Aufwand mit der Bank ist mir zu viel und das Essen ist so lecker, dass ich die Angelegenheit einfach vergesse.

Eine Steuerquittung, in China Fapiao genannt, gibt es heute noch nicht. Erst in zwei Wochen, denn das Restaurant ist brandneu und die Lizenz der Behörden steht noch aus. Das ist zwar illegal, aber in China nimmt das niemand so genau. Glück für uns, so müssen wir nicht hungrig ins Bett gehen.

Als wir nach Hause kommen, ist die Wohnung wieder ziemlich ausgekühlt, weil Hong die Klimaanlage ausgeschaltet hat. Ich frage mich, was wohl günstiger wäre: die Wohnung jetzt wieder von

13 Grad auf 20 Grad hochzuheizen oder das Gerät einfach bei 20 Grad laufen zu lassen.
Hong sieht das pragmatisch: »Ist doch klar: Die Heizung anderthalb Stunden für umsonst laufen zu lassen, ist auf jeden Fall viel teurer! Du kannst von uns Chinesen noch viel über das Sparen lernen«. Chinesen seien echte Sparkünstler, referiert Hong weiter, sogar heißes Abwasser würde verkauft, es könne direkt bei den Fabriken wie Stahlwerken, die Wasser zur Kühlung ihrer Maschinen nutzen, bestellt werden. Das so erwärmte Wasser würde mit LKWs zu den Kunden, meist öffentliche Badeanstalten, transportiert und alle profitierten davon. Mich erstaunt, dass Kaufpreis und Transportkosten offenbar unter den Heizkosten für das Wasser liegen und sich das Ganze tatsächlich rentiert.
So viel zur Wasserqualität! Ich überlege unwillkürlich, wie oft ich in China schon in diesem Brackwasser gebadet habe. Ist es vielleicht sogar radioaktiv?
Mit einer noch absurderen Sparidee reißt mich Hong aus den Gedanken: »Wenn du richtig Geld sparen willst, dann mach die Heizung aus und zieh warme Kleidung an.«
Frauen haben doch sowieso immer das letzte Wort, in China erst recht. Wir werden uns wahrscheinlich noch oft über dieses Thema streiten, die Mentalitäten sind einfach zu verschieden. Ich möchte zwar auch sparen, aber doch nicht auf Kosten unserer Gesundheit.
In der Nacht können wir beide vor lauter Sodbrennen nicht schlafen. Entweder haben wir viel zu viel gegessen oder in dem Grillgewürz war mal wieder zu viel Glutamat. Die Wahrscheinlichkeit, dass beides zutrifft, ist sehr hoch.

Am nächsten Morgen, dem ersten Arbeitstag nach dem chinesischen Neujahrsfest, haben wir immer noch Sodbrennen. Auch das Wetter sympathisiert mit uns, denn es regnet in Strömen. Leider muss ich heute nach draußen, denn ich habe mich von meiner Frau überreden lassen, den umständlichen Weg für den Geldtransfer zu gehen. Hong holt unseren Fahrer ab, sie wechseln die Sitzplätze und wir machen uns auf den Weg. Pünktlich zur Schalteröffnung halb neun heben wir zwei große Bündel

Geldscheine ab und zahlen es bei der anderen Bank ein. Die Zählmaschine scheint auch noch im Urlaub zu sein, denn sie hat sich verrechnet. Der Bankangestellte zählt nun die Scheine solange von Hand nach, bis alles stimmt. Danach folgt der obligatorische Formularkrieg. Ich staune immer wieder, wie viele Formulare man unterschreiben muss, um etwas Geld einzuzahlen, da unterscheidet sich China nicht von Deutschland. Immerhin fallen die Zinsen für Neukunden heute ein kleines bisschen höher aus als in den letzten Tagen.

Nach dem Stress in der Bank muss Hong schnell weiter in das thailändische Konsulat in Shanghai, um ein Visum für den gemeinsamen Urlaub zu beantragen. Als Deutscher darf ich visumfrei in Thailand einreisen, wenn ich bei der Einreise ein gültiges Rückreiseticket vorweisen kann. Da die Vertretung bereits halb zwölf mittags die Tore schließt, ist Eile geboten. Ich fahre ein Stückchen bis zur Firma mit und dann lasse ich Hong mit dem Fahrer allein.

Als ich gegen halb elf im Büro im zweiundzwanzigsten Stock ankomme, ist es kalt. Von meinen Kollegen erfahre ich, dass die Zentralheizung im Gebäude noch ausgeschaltet und die Kantine im fünften Stock auch geschlossen ist. Die Verwaltung will wohl nur Miete kassieren, aber die Betriebskosten sparen! Die meisten Angestellten kommen erst am nächsten Montag oder einfach nur etwas später zur Arbeit. Mein amerikanischer Chef ist auch da und wir unterhalten uns über das Budget und die weiteren Kostenreduzierungsmaßnahmen. Mittags laufen wir ins Restaurant nebenan und er bezahlt. Er hat den typischen Gang eines Seemannes und bringt mich damit immer zum Schmunzeln. Anschließend habe ich bis sechs Uhr abends ein Meeting mit meinem Mitarbeiter Dr. Zhang, um die Kalkulationstermine der Unternehmenszentrale in Deutschland zu erfüllen.

Zuhause erzähle ich Hong von meinem Mittagessen im Restaurant mit meinen Geschäftsfreunden. Als ich dort erwähnte, dass ich nur E-Mail und Skype zur Online-Kommunikation benutzen würde, haben sie mich ausgelacht. Ich sei »out«, denn heute hat doch jeder das chinesische WeChat oder WhatsApp.

Hong hat natürlich beides auf ihrem Handy. »Du bist sowieso immer zu beschäftigt, um dich darum zu kümmern. Wusstest du, dass es zum guten Ton gehört, eine WhatsApp-Nachricht innerhalb von vier Minuten zu beantworten? Bei manchen Unternehmen sind Service und Vertrieb ohne WhatsApp gar nicht mehr denkbar. Wenn du eine Firma hast, brauchst du jemanden, der sich in Vollzeit darum kümmert.«
Ich staune und nehme mir vor, mich etwas näher damit zu beschäftigen. Aber heute nicht mehr.
Meine Frau erwähnt noch, dass sie sich heute Morgen mit meinem Fahrer über den Unfall mit dem Hund unterhalten hat. Der Fahrer gab zu bedenken, dass die Versicherung unbedingt über den Schaden informiert werden müsse, da die Leasingfirma sonst nicht für den Schaden aufkommen werde. Also einigten sie sich kurzerhand darauf, am kommenden Sonntag einen kleinen Unfall für die Polizei in Szene zu setzen, damit die Reparatur während unseres Thailand-Urlaubes, der in acht Tagen beginnt, auf Kosten der Versicherung durchgeführt werden kann.

Der sechste Tag der Woche ist ein Samstag. Logisch, denkt jetzt jeder Europäer, aber in China ist das nur bedingt logisch, denn hier werden die Wochentage einfach von Montag bis Samstag durchgezählt, also Montag ist die 1, Dienstag die 2 und so weiter. Der Sonntag heißt sowohl Sonnentag als auch Himmelstag. Obwohl der heutige Tag aufgrund der staatlichen Vorgaben zum Ausgleich für den zusätzlichen Feiertag an CNY ein offizieller Arbeitstag in China ist, fehlt noch immer ein Großteil der Belegschaft. Um ein paar Arbeiten abzuschließen, verzichte ich kurzerhand auf das Mittagessen. So schaffe ich einiges und kann früher als sonst nach Hause gehen.
Hong duscht gerade im kalten Bad, als ich das Haus betrete. Der Gedanke, jetzt an ihrer Stelle zu sein, lässt mich frösteln. Offenbar ist sie wieder genauso abgehärtet wie früher. Beim Abendessen erzählt sie mir, dass sie auch nichts zu Mittag gegessen hat, weil es wichtigere Dinge zu erledigen gab. Übrigens sei auch kein Trinkwasser mehr da, wirft sie wie nebenbei ein.

Ich verstehe den Wink und laufe noch schnell in einen Supermarkt, um ein paar Flaschen zu kaufen. Danach mache ich es mir auf dem Sofa gemütlich und schaue mir den Film »Die Bourne Identität« an. Dabei wird mir sofort klar: Was der amerikanische Geheimdienst alles kann, kann der chinesische schon lange. Schließlich kann ich mich noch gut an die Zeit erinnern, als ich vor zwanzig Jahren zum ersten Mal nach China kam. Alle Autos und sämtliche Hotelzimmer waren verwanzt und jedes Telefongespräch wurde ungeniert abgehört. Unterkünfte und Fahrzeuge samt Fahrer wurden einem zugewiesen. Westlichen Ausländern stand man damals noch viel misstrauischer gegenüber als heute. Nun stellt sich mir die Frage: Arbeitet der Geheimdienst heute moderner und noch geheimer oder haben sie es aufgegeben und man wird wirklich nicht mehr beobachtet?

Mir macht die Kälte mal wieder zu schaffen, also schütte ich den Rest meines chinesischen Reisweins in einen Topf und erhitze ihn. Da dieser Wein eine gelbe Farbe hat, wird er in China auch »Gelber Wein« genannt. Reiswein gibt es in auch in Japan, dort heißt er Sake, und in Korea mit Namen Magoli, diese Weine sind jedoch fast klar und nicht gelb gefärbt.

Nachdem die Wärme des Weins meinen Ansprüchen genügt, gieße ich ihn in ein Glas und begebe mich in mein Büro im dritten Stock unseres Hauses.

Plötzlich stürzt Hong in mein Büro und schimpft wie ein Rohrspatz: »Das ganze Haus stinkt nach Gelbem Wein, hast du dich erbrochen?«

Das Weinglas vor meinen Mund haltend, schaue ich sie verwirrt an. »Nein, ich hab mir den nur heiß gemacht.«

»Säufst du etwa die ganze Flasche?«

»Beruhige dich doch, es ist ja nur ein Glas«, versuche ich sie zu beschwichtigen.

»Deine Spermien sind trotzdem besoffen, schwimmen irgendwohin, finden das Ziel aber nicht. Kinder kommen besoffen zur Welt, wenn der Vater so viel trinkt.«

Hong scheint mit ihrem Kinderwunsch oder Nichtkinderwunsch sehr wankelmütig zu sein. Was will sie denn nun wirklich?

Weshalb regt sie sich so auf? Im Reiswein ist weitaus weniger Alkohol als im Schnaps.

Sie zitiert mich in ihr Büro ein Stockwerk tiefer und ich befürchte schon Schlimmstes, aber es geht um ein völlig anderes Thema. Sie hat im Internet eine Immobilie gefunden, die der lokale Gerichtshof in Taicang verkauft. Ganz in der Nähe unseres jetzigen Mietshauses. Wie in Deutschland werden Objekte, deren Eigentümer zahlungsunfähig werden, veräußert, damit die Banken nicht darauf sitzen bleiben.

Ich überschlage die Zahlen und erkläre Hong, dass diese Eigentumswohnung zu teuer sei. Der Gerichtshof will verdienen, der Gläubiger auch.

»Das ist vermutlich auch nur der Einstiegspreis zum Verhandeln«, weiß ich aus Erfahrung. Trotz des hohen Einstiegspreises finde ich das Objekt interessant und schlage eine Wohnungsbesichtigung vor, doch dann bemerken wir, dass die Kaution für die Versteigerung stolze 300.000 RMB, rund 40.500 Euro, beträgt.

Ich überfliege das Kleingedruckte. »Hier steht, man bekommt später sein Geld zurück, aber die Frage ist wann. Solange die das Geld haben, können die Behörden und Banken damit arbeiten«, gebe ich zu bedenken.

Hong reagiert aufgebracht: »Das ist chinesische Kriminalität, gedeckt und initiiert vom Staat. Lassen wir lieber Finger davon, denn es ist wie bei einem Hund, dem du ein Stück Fleisch gibst, du bekommst es nie mehr zurück.« Sie muss es ja wissen, sie hatte schließlich mal einen Hund gehabt.

Am Sonntagmorgen fängt es an, leicht zu schneien. Da Hong weiterschlafen will, jogge ich allein. Danach rufe ich meinen Fahrer an, um mit seiner Hilfe eine Polizeistation in Taicang zu finden, die die Geschichte von dem Autounfall mit dem Hund glaubt. Hong bekommt ein Formular zum Ausfüllen für die Versicherung des Autos. Zum Dank überreiche ich dem Fahrer ein Geschenk, das ich zu diesem Zweck von zuhause mitgenommen hatte. Dieses Geschenk hatte ich vor zwei Tagen von der Bank für meine Geldanlage erhalten. Alles läuft wie geschmiert.

Während des Tages räume ich mein Büro auf, sortiere Papiere in Ordner oder schreddere sie. Hong zieht mit zu mir nach oben, so dass wir nur noch ein Büro heizen müssen und Geld sparen können. Sie arbeitet an ihrem Laptop gegenüber und ermahnt mich mehrmals, jedes Papier vor dem Schreddern gründlich zu überprüfen. Nun frage ich mich, ob es ihr tatsächlich ums Geldsparen geht oder ob sie mir nur kontrollieren möchte.
Nach dem Abendessen telefoniere ich mit Daniel in Deutschland und Hong mit ihrer Mutter. Wir gehen diesmal früher als sonst ins Bett. Die Wärmflasche ist schon mit heißem Wasser gefüllt.

Am Mittwoch fährt Hong zum monatlichen DUSA-Treffen nach Suzhou, um alte Bekannte und Arbeitskollegen zu treffen und um Neuigkeiten auszutauschen. DUSA – European Business Association – wurde vor zwölf Jahren von mehreren deutschen Unternehmen gegründet, um kleineren und mittleren deutschen Unternehmen die Geschäftsanbahnung in China durch Informationsveranstaltungen, Workshops und Trainings zu erleichtern[11]. Hong hat über ihre Rechtsanwaltskanzlei in Suzhou, für die sie neben ihrer Tätigkeit an der Uni als freiberufliche Rechtanwältin arbeitet, eine Mitgliedskarte bekommen und hat so einige Vergünstigungen, die sie gerne ausnutzt.
Währenddessen mache ich mich mit dem Flugzeug vom Shanghaier Inland-Flughafen Hongqiao auf den Weg, um einen Lieferanten im etwa fünfhundert Kilometer entfernten Qingdao in der Shandong-Provinz zu besuchen. Der Businesstrip soll zwei Tage dauern und ich habe Hong versprochen, morgen Abend wieder zurück zu sein. Wie in China üblich werden mein Kollege, ein chinesischer Einkäufer, und ich mit einer Limousine abgeholt, um in das Werk des Lieferanten außerhalb der Stadt gebracht zu werden.
Zu meinem Leidwesen muss ich feststellen, dass die von uns beauftragte Platte wesentlich dicker ist als die der Konkurrenz.

---

[11] Quelle: https://www.dusa-eu.cn/about-us/ (18.01.2017)

Weiterhin bemängele ich, dass das Material auf der Zeichnung nicht für Drehteile geeignet sei. Mein Kollege lenkt ein, es liege an den Standardisierungsbestrebungen der Firma. Ich bin jedoch der Meinung, dass bei dem Materialkostenanteil am Produkt der Verlust wesentlich höher sei als jedwede Einsparung durch Standardisierung. Außerdem produziere das Drehteil lange Späne und bei diesem neuen Material müsste ein Arbeiter diese Abfälle alle paar Sekunden entfernen, sonst würden sie sich um die Drehmeißel wickeln und das könnte richtig gefährlich werden. Mein Einkäufer sagt mir, deren Vorgaben kämen vom Headquarter, die chinesischen Konstrukteure hätten keine Erlaubnis irgendetwas zu ändern.
Ich verdrehe die Augen. Das alte »Copy-&-paste-Verfahren«. Aber warum beschützt der Einkäufer den Lieferanten, anstatt mir bei der Argumentation zu helfen? Mir wird klar, dass er die gute Beziehung, die er in den letzten Jahren aufgebaut hat, nicht gefährden und so ein angenehmes Arbeiten ohne Stress haben will.
Nach der Besprechung werden wir vom Lieferanten zum Abendessen eingeladen. Wir sitzen an einem runden Tisch im vorbestellten und vorgeheizten Nebenraum eines traditionellen Restaurants. Ich verlange einen warmen Gelben Wein. Der hat weniger Alkohol als Rotwein und Schnaps, macht deshalb nicht so schnell beschwipst und erhält die Denkfähigkeit länger. Seine Wärme tut in dieser kalten Jahreszeit ebenso gut. Ich gebe der Bedienung den Fotoapparat, damit sie von der ganzen Gruppe ein Bild zum Andenken knipst.
Im Hotelzimmer angekommen beginnt das Sodbrennen und dauert bis in den Morgen. Ich bin mir sicher, dass im gestrigen Essen sehr viele künstliche Geschmacksverstärker enthalten gewesen sein müssen. Die sind immer die Ursache für mein Sodbrennen.
Beim gemeinsamen Frühstück pflichtet mir mein Kollege bei: »Glutamat ist eine chinesische Tradition, verursacht bei Chinesen jedoch keine Probleme. Chinesische Mägen haben sich seit Jahrhunderten an diesen Stoff gewöhnt, dein Magen verträgt das nicht so gut.«
Draußen lassen die chinesischen Fahrer die Autos in der Kälte

warm laufen, damit die Gäste und der Fahrer nicht frieren. Mir ist die dadurch entstehende Umweltverschmutzung zuwider. Kein Wunder, dass das Land solch hohe Feinstaubwerte erreicht. Jeder denkt hier nur an sich, nicht an die Umwelt. Über die Verschmutzung und den Smog wird nur geredet, keiner tut etwas dagegen.
Wir werden zu einem Unterlieferanten gebracht, bei dem ich die Daten vom Fertigungsprozess der Platte aufnehme und meine Ideen zur Kostenreduzierung diskutiere.
Am Nachmittag auf der Fahrt zum Flughafen unterhalten wir uns über die Kulturunterschiede zwischen Ost und West.
»Ich kenne da einige deutsche Unternehmen, die einfach nicht verhandeln wollen. Die kriegen keine Aufträge und machen schon seit ewigen Zeiten Verluste in China!«, regt sich mein Einkäufer auf.
Ich erwidere, dass es diesen Deutschen wohl am nötigen Knowhow fehle, wie in China Geschäfte gemacht würden. Oft behaupteten sie, sie hätten Vorgaben von der deutschen Zentrale, die sie nicht verändern dürften. Das werde sich nur ändern, wenn die Firma pleite sei und von anderen übernommen würde, die dann das Management austauschten. Ich weiß auch, dass die meisten Deutschen gleich mit dem Kopf durch die Wand wollen. Die Chinesen hingegen gehen um die Wand herum, sie sind pragmatischer und flexibler. Ich mache es mittlerweile genauso und bin nicht mehr so stur wie früher.
Am Flughafen kaufe ich noch eine Kleinigkeit für meine Frau. An Bord ist es wahnsinnig eng und ich muss meine langen Beine nach außen drehen, damit ich mich hinsetzen kann. Dummerweise habe ich die Essenseinladung vom Lieferanten ausgeschlagen, damit wir den Flug nicht verpassen. Unsere Firma finanziert auf dem eineinhalbstündigen Flug kein Essen, so dass ich Hunger leiden muss. Immer diese Sparmaßnahmen. Hoffentlich wartet zuhause ein leckeres Abendessen auf mich.
Hongs Eltern sind bereits in Taicang eingetroffen, um gemeinsam mit uns den Abschluss des fünfzehntägigen Frühlingsfestes mit dem Laternenfestival gebührend zu feiern. Wu Meilan hat das

Haus mit vielen hübschen Lampions verziert, um den Geistern den Weg nach Hause zu erleichtern. Auch Kerzen werden zu diesem Zweck draußen angezündet und viele Menschen tragen kleine Laternen die Straßen entlang. Kulinarisch gibt es natürlich auch etwas zu bieten. Was dem Deutschen sein Berliner Pfannkuchen in der Karnelvalszeit ist dem Chinesen sein Tāngyuán, ein Klößchen aus klebrigem Reismehl mit süßer Füllung, zum Laternenfest.

Da es gerade so schön festlich it, überreiche ich Hong fröhlich meine Geschenke zum morgigen Valentinstag, einen Regenschirm und eine Delikatesse aus Qingdao, Guotie genannt. Das sind leicht geröstete Teigtaschen mit Fleisch- oder Gemüsefüllung.

Während Li Gengnan das Abendessen vorbereitet, gönnen Hong und ich uns noch eine Joggingrunde. Dabei erzählt sie mir von früheren Zeiten.

»Frauen aus reichen Familien durften aus Sicherheitsgründen ein Leben lang das Haus nicht verlassen. Die Tradition, Frauen zu kleine Schuhe aufzuzwingen, entstand nur dadurch, dass Männer der Meinung waren, wenn Frauen nicht laufen könnten, dann blieben sie auch zuhause und seien treu. Nur am Laternenfest erlaubten die reichen Eltern ihren Töchtern mit den kleinen, zusammengebundenen Füßchen auf der Straße spazieren zu gehen. Das war der einzige Tag im Jahr, an dem sie mit Männern flirten konnten. Diese furchtbare Tradition der Qing-Dynastie wurde erst 1919 aufgehoben, wobei das Laternenfest noch immer zur Brautschau und Ehestiftung genutzt wirf. Bis heute ist es noch üblich, dass nur Frauen und Männer aus der gleichen Gesellschaftsschicht heiraten dürfen.«

In diesem Jahr fällt der Valentinstag auf einen Freitag. Aus meinem Versprechen, spätestens sieben Uhr abends von der Arbeit zurück zu sein, wurde leider nichts. Ich war schon spät dran und dann haben mir noch die vollen Straßen einen Strich durch die eh schon knappe Rechnung gemacht. Chinesen nehmen es mit der Pünktlichkeit zwar nicht so genau, aber meine eineinhalbstündige Verspätung ist selbst für Hong zu viel.

Da wir nun alle Hunger haben, gehen wir vor unserem Urlaub

gemeinsam huǒguō, chinesischen Feuertopf, essen. Das Essen ist günstig. Für fünfzig Renminbi pro Person, was etwa 6,50 Euro entspricht, können wir drei Stunden lang essen und trinken, so viel wir wollen.

Wie nebenbei klärt mich Hong darüber auf, was es bei Geschenken in China unbedingt zu beachten gibt. »Es gibt drei Geschenke, die du in China unbedingt vermeiden musst! Regenschirme, Standuhren und Birnen.«

Der Regenschirm macht mich ehrlich nervös und ich frage nach dem Warum.

Hong malt mir die Schriftzeichen auf und erklärt, dass »Standuhr« leicht zu verwechseln ist mit »enden«, »Birne« sich anhört wie »scheiden lassen« und die Aussprache für das Wort »Regenschirm« genauso klingt wie das Wort »trennen«.

Oh je, dann war mein gestriges Geschenk an meine Frau nicht gerade beziehungsfördernd, aber meine chinesische Familie hat geflissentlich darüber hinweggesehen und meinen Fehlgriff offenbar nicht so tragisch genommen.

Bei »Äpfeln« ist es anders, denn eine Silbe ähnelt »Frieden«, daher schenken sich vor allem Liebespaare gerne Äpfel.

Klingt abergläubisch ... oder war das jetzt ein Wink mit dem Zaunpfahl? Als Deutscher muss ich mich besser vorher informieren, bevor ich hier Geschenke verteile.

Hast du einen Ladyboy in den Taschen, hast du immer was zum Naschen

An unserem ersten Urlaubstag brechen wir gleich frühmorgens zum Flughafen auf mit dem Reiseziel Pattaya in Thailand. Hongs Erkältung ist trotz Abgehärtetsein nicht besser geworden und sie sehnt den Urlaub herbei. Ich hoffe sehr, dass die Wärme ihr gut tun und sie sich schnell in der klaren Luft erholen wird.
Ganz entspannt trete ich den Urlaub nicht an, denn mich interessiert brennend, weshalb mir der Bauträger und der Finanzberater noch nichts über den Baufortschritt sagen konnten? Der ganze Finanzierungsprozess hatte so einfach begonnen. Ich musste nur über die HSBC Bank in Hongkong mein Geld in Thai-Baht umtauschen und auf ein Konto in Thailand überweisen. Postwendend bekam ich die Bestätigung der Anzahlung und die unterschriebenen Vertragsunterlagen zurück. Jetzt will ich mir selbst ein Bild machen.
Aus Kostengründen besteht Hong auf einem Billigflug ... keine Lounge, kein Essen, sitzen wie in einer Sardinenbüchse und kein Entertainment-System an Bord. Nachdem wir mit einer Stunde Verspätung in Bangkok angekommen sind, geht es im Reisebus weiter gen Süden. Der Bus bietet gegenüber dem Flugzeug einigen Komfort, er ist modern und gut klimatisiert: Außentemperatur 27 Grad, innen sind es angenehme 17. Doch des einen Freud ist des anderen Leid, denn Hongs Husten wird schlimmer.
Leider ist die Bequemlichkeit des Busses der einzige Vorteil, denn die Behauptung des Reisebüros, der Bus hielte am Hotel, war eine glatte Lüge. Ich hatte schon länger das Gefühl, dass chinesische Reisebüros ihren Kunden das Blaue vom Himmel versprechen, nur um schnell eine Buchung abschließen zu können. Meine Frau reagiert genervt und will sich beim Direktor des Reisebüros beschweren. Nach den vielen hungrigen Reisestunden geht es mir ähnlich und ich wäre jetzt liebend gern in unserem Hotel beim Abendessen. Für gewöhnlich werden Beschwerden abgewimmelt, aber mit viel Ausdauer bekommt Hong vielleicht eine

Entschädigung.
Uns bleibt nichts anderes übrig, als an einer Haltestelle an der Hauptstraße auszusteigen und zu hoffen, dass es nicht mehr weit bis zum Hotel ist. Glücklicherweise steht eine Garküche neben der Haltestelle und wir essen uns erst einmal satt. Wir nutzen die Gelegenheit und erkundigen uns nach einem Taxi, denn die Entfernung zum Hotel ist mit dem Gepäck als Ballast zu groß zum Laufen. Der Besitzer kennt einen Fahrer, doch der lässt uns noch eine ganze Stunde warten, so dass wir am späten Abend endlich im Hotel in Nord-Pattaya eintreffen. In ein paar Tagen werden wir in ein Hotel im Süden der Stadt umziehen, damit wir so bequem die ganze Stadt erkunden können. Das zweite Hotel ist zwar etwas teurer, aber von dort können wir den gesamten Strand überblicken. Hong ist wirklich eine tolle Reiseplanerin.

Am nächsten Morgen hat sich die Landschaft stark verändert, denn die nächtliche Flut hat den Strand verschluckt, so dass an unseren geplanten Joggingausflug am Ufer nicht zu denken ist. Auch ist das Wasser im Meer etwas schmutzig. Vielleicht liegt es daran, dass ein Container-Hafen in Sichtweite liegt. Zum Glück oder vielleicht gerade deshalb gibt es einen Hotelpool, den wir nun jeden Morgen und Abend zum Schwimmen benutzen.
Bei meiner Erkundungstour durch das Hotel entdecke ich im Garten einen Billardtisch. Endlich kann ich Hong Billardspielen beibringen, das wollte sie schon immer lernen. Aber dabei gibt es ein Problem: Hong verliert nicht gern. Also versuche ich, strategisch vorzugehen und zeige ihr erst einmal, wie man den Queue hält und damit richtig anvisiert. Doch nach einer Weile wird Hong ungeduldig und widmet sich lieber ihrem WeChat.
So erfährt sie, dass der britische Autohersteller Aston Martin in China eine Fehlinvestition getätigt hat, was sie gleich ausführlich an mich weiterreicht: »Die Einkäufer wollten die Einkaufskosten für ein bestimmtes Teil unbedingt von 800 Renminbi auf 200 drücken. Doch die Rechnung ging nicht auf und die Briten mussten eine Rückrufaktion starten.«
»Der Einkäufer hat den Wareneingang wahrscheinlich nicht

kontrolliert, sondern sich einfach auf die Angaben des Lieferanten verlassen. In China ist das ein schwerwiegender Fehler«, weiß ich aus eigener Erfahrung zu berichten.
In diesem Zusammenhang erzählt Hong mir, dass immer mehr Ausländer in chinesischen Unternehmen arbeiten. »Doch immer wieder scheitern sie aufgrund kultureller Unterschiede. Das hat mit unterschiedlicher Führungskultur zu tun. China ist ein konfuzianisch geprägtes Land. Autorität und Respekt gegenüber Vorgesetzten haben einen hohen Stellenwert. Im Umgang mit chinesischen Chefs solltest du dich unauffällig verhalten. Am besten ist es, wenn du einfach nur zuhörst.«
Sie spielt weiter auf ihrem Handy herum und sprudelt plötzlich eine chinesischen Weisheit heraus: »Was bedeutet es, wenn du nur ein kleines Vögelchen bist und jemand auf dich scheißt?« Ohne eine Antwort abzuwarten plappert sie weiter: »Merke, nicht jeder, der auf dich scheißt, ist dein Feind. Stell dir nur mal vor, du würdest gerade erfrieren und plötzlich kommt eine Kuh, die einen Fladen auf dich niedersausen lässt. So bleibst du immerhin warm. Aber was wäre, wenn stattdessen ein Adler vorbeifliegt, deinen fröhlichen Gesang hört und dich frisst?«
Aha, denke ich mir. Ich bin zwar kein Vogel, aber ich weiß immerhin, dass man besser den Kopf unten halten sollte.
Meine Frau ist wieder auf WeChat abgetaucht und weitere Neuigkeiten erreichen meine Ohren. »Ein Chinese muss durch unbedachte Nutzung seines Handys nun auf seine Villa verzichten, denn als er im Ausland unterwegs war, hatte sich sein Telefon automatisch mit dem Internet verbunden. Wieder zuhause erlebte der Arme sein blaues Wunder ...« Hong wird hektisch und bekommt es mit der Angst zu tun, denn sie hat einen offenen Auslandszugang, um mit ihren Eltern chatten zu können. Augenblicklich lässt sie ihn sperren, nur für alle Fälle. Dank WeChat ist sie jetzt ein Stückchen klüger.
Ich bin gelassener und glaube, dass schon nichts passieren wird. »Nur weil sich ein Handy mit dem Internet verbindet, verliert man ja nicht gleich Haus und Hof. Was hatte das automatische Verbinden zur Folge?«, will ich von Hong wissen.

»Ganz einfach, die Gebühren für das Ausland sind in China extrem hoch, willkürlich und nicht kontrollierbar. Zudem ist das von der Regierung so gewollt, um Reisen und Geschäfte mit dem Ausland und den Geldabfluss ins Ausland zu limitieren.«
Abends suchen wir wieder eine der einheimischen Garküchen auf, denn hier bekommt man in kurzer Zeit ein günstiges Essen. Allerdings muss man ein bisschen aufpassen, da manche Händler nur das schnelle Geld machen wollen und sich nicht darum kümmern, ob die Lebensmittel frisch und sauber sind. Als Faustregel gilt: Dort, wo viele Touristen und Thailänder essen gehen, ist es gut. Wenn ein Restaurant zur Abendzeit immer noch leer ist, sollte man es meiden. Dieselbe Regel gilt für ganz Asien.
Hong plagt wieder der Husten, wir müssen morgen unbedingt neuen Hustensaft kaufen.

Nach einem reichhaltigen Frühstück mit Reissuppe und Fisch – ungewöhnlich, aber auch das kann ein leckeres Essen zu dieser Tageszeit sein – fahren wir ins Zentrum von Pattaya. Nachdem wir Hongs Medizin besorgt haben, schauen wir uns den Strand und den Hafen an, machen ein paar Fotos und ruhen uns dann in einem Restaurant am Hafen aus. Durch das Fenster kann ich auf den Strand sehen und entdecke ein paar chinesische Touristen, die in einer Reisegruppe unterwegs sind und eine Bootsfahrt unternehmen wollen.
»Jetzt möchte ich endlich mal die Gelegenheit nutzen, die Eigentumswohnung anzusehen, die ich vor vier Jahren gekauft habe. Ich hatte damals eine erste Anzahlung geleistet, aber der Bau hat offenbar noch nicht begonnen.«
»Sollen wir zuerst zum Grundstück oder erst zum Bauträger fahren?«, fragt Hong.
»Natürlich zuerst zum Grundstück, dann können wir den Bauunternehmer vielleicht mit ein paar Fakten konfrontieren, wenn er noch nichts geleistet hat«, entscheide ich.
»Es ist sehr verwunderlich, dass du eine Eigentumswohnung kaufst, ohne jemals vorher dort gewesen zu sein. Zudem kann es sein, dass du als Ausländer überhaupt nichts kaufen darfst«,

wendet Hong ein.
»Ich will ja nicht dort wohnen, es ist eine reine Kapitalanlage mit guter Rendite. Sie wird über eine Servicefirma vermietet und mit der jährlichen Preissteigerung ergibt sich eine satte Rendite. Aber nur, wenn das Gebäude mit dem Schwimmbad auf dem Flachdach fertiggestellt wird. Zu deiner zweiten Frage: Nach dem Gesetz darf ein geringer Prozentsatz von Immobilien an Ausländern verkauft werden, ist also alles rechtmäßig.«
Nach ewig langer Suche finden wir dann das Grundstück, auf dem ein Gebäude stehen sollte, doch es liegt noch brach. Von Bauarbeiten keine Spur. Und was noch schlimmer ist: Auf dem Grundstück wohnen zahlreiche Menschen, die sich dort einfach wilde Behausungen gebaut haben. Kein Wunder, dass die noch nicht mit dem Bauen anfangen konnten. Wir gehen schnurstracks zum Bauträger, der uns den Schlamassel eingebrockt hat. Der Geschäftsführer ist ausgerechnet heute verreist. Wäre er auch verreist gewesen, wenn wir vorher einen Termin vereinbart hätten? Wir sind im Urlaub und haben Zeit, also vereinbaren wir bei seiner Sekretärin einen Termin. Gleichzeitig werden wir aber noch einen Rechtsanwalt einschalten, denn schließlich habe ich einen schriftlichen Vertrag geschlossen.
»Ich will diese Woche mein Geld zurück haben!«, poltere ich.
Aber Hong bremst mich: „Das ist bloß ein frommer Wunsch, das würde in Deutschland auch nicht so schnell funktionieren. Wenn das Grundstück brach liegt, hat der Bauträger keine Lizenz zum Bauen bekommen oder ist bereits pleite. Warum hast du nicht vorab einen Termin mit den Agenten oder dem Bauträger vereinbart? Als Investor hätten sie dich sogar vom Flughafen abgeholt. Wenn man im Ausland investiert hat und sich von einem Baufortschritt überzeugen will, fliegt man doch nicht einfach los, sondern macht vorher Termine oder klärt wenigstens, dass die entsprechenden Personen auch verfügbar sind.«
Zum Glück habe ich von den Chinesen gelernt, dass man sich beim Essen wunderbar entspannen kann. Also suchen wir uns in der Innenstadt ein Restaurant, genießen das leckere Thai-Essen und beobachten den Sonnenuntergang. Hong nutzt die Gelegenheit, um

mir eine neue Lektion in Sachen Geschäftsessen mit Chinesen zu erteilen. Mit seinen Lieferanten essen zu gehen, ist ungemein wichtig – so viel weiß ich schon. Obwohl ich seit fünf Jahren in China privat und geschäftlich unterwegs bin, glaubt Hong, ich habe von den Chinesen noch nicht viel gelernt, da sie alle Geheimnisse für sich behalten, um dem Ausländer gegenüber im Geschäftsleben im Vorteil zu sein.
Recht hat sie, denn ich bewege mich nicht in der chinesischen Kultur, spreche meist nur Englisch und verhalte mich deutsch. Also bin ich Hong dankbar, dass sie mir elementare Grundsätze beibringen möchte, auch wenn ich einige schon kenne.
»Mitarbeiter scheuen sich normalerweise, direkt neben dem Chef zu sitzen. Aber zu weit weg zu sein, ist auch nicht so gut. Wer sich neben den Chef setzt, wird vielleicht für einen Schleimer gehalten, wer zu weit weg sitzt, könnte in den Augen des Vorgesetzten desinteressiert wirken. Oder der Chef könnte dann glauben, der Mitarbeiter könne ihn nicht leiden.«
»Dann wird ja jeder versuchen, irgendwo in mittlerer Entfernung zu sitzen.« Das Gerangel stelle ich mir gerade bildlich vor. »Irgendjemand muss aber den Schwarzen Peter ziehen.«
Hong nickt und erklärt weiter: »Auch bei der Bestellung im Restaurant können Neulinge in China Fehler machen. Außergewöhnliche Speisen erregen immer Aufmerksamkeit und das ist gar nicht gut. Chinesen neigen mehr zum Understatement.«
»Also bloß nicht auffallen?«, folgere ich.
»Genau! Und solltest du zufällig auf die Idee kommen, Affenhirn zu bestellen, könnte man dich als gewalttätig einstufen, denn um an das Gehirn zu gelangen, schlägt der Koch einem lebendigen Affen den Schädel ein.«
Meine Gesichtsmuskeln verziehen sich schmerzhaft und angeekelt. »Danke für den Tipp, aber Affenhirn werde ich wohl zu Lebzeiten nicht probieren.«
Beim chinesischen Geschäftsessen läuft es folgendermaßen: Jeder bestellt eine Speise, die dann auf ein großes drehendes Rondell in der Mitte des Tisches gestellt wird. Üblicherweise ordert der Gastgeber ein Gericht mehr, als Gäste am Tisch sitzen, denn

niemand soll schließlich denken, der Chef sei ein Geizkragen.
»Und es ist höflich, von allem etwas zu probieren«, mahnt Hong. »Auf keinen Fall solltest du dich nur auf deine Leibspeise konzentrieren und alles andere links liegen lassen.«
Mein Gedankenkarusell ist aktiviert, denn schon des Öfteren habe ich bei Geschäftsessen nur das gegessen, was ich mag. Hoffentlich ist das keinem aufgefallen. Vielleicht bekommt man ja auch als Ausländer einen kleinen Nachsichtigkeitsbonus.
»So ein gemeinsames Essen mit der Firma ist natürlich auch eine gute Gelegenheit, mit dem Chef ein bisschen zu plaudern. Bei Fragen solltest du jedoch niemals zugeben, etwas nicht zu wissen, sondern einfach irgendeine plausibel klingende Antwort geben, auch wenn sie falsch ist. Chefs mögen vor allem Leute, die sich Zahlen, Daten und Fakten merken können.«
»Moment mal«, unterbreche ich meine Frau verwirrt. »Ich soll lieber falsche Antworten geben als gar keine?«
»Richtig«, bestätigt Hong, »denn die Antwort nicht zu kennen, wird man dir als Gesichtsverlust auslegen, und das ist immer peinlich. Wenn du fertig gegessen hast, alles stehenlassen und gehen. Der Gastgeber wird bestimmen, welche übrigen Speisen eingepackt und mitgenommen werden. Das Einpacken übernimmt die Bedienung. Das kennst du ja schon. Und dann ...« Der letzte Satz geht in Husten unter.
Das gefällt mir gar nicht und ich rate ihr, dringend etwas dagegen zu unternehmen, denn Dauerhusten kann zu chronischer Bronchitis und schließlich zu einer Lungenentzündung führen.
Hong hat momentan andere Probleme, denn sie schlägt sich mit Fliegen und Moskitos herum. Weil sie ihr Moskitospray vergessen hat, muss sie alle Viecher von Hand totschlagen.
Mich lassen diese Insekten in Ruhe, aber ich schreibe mir in Gedanken bereits eine Einkaufsliste für wichtige Dinge. Dabei trinke ich noch ein Glas Wein.
»Wein enthält viele Sulfite, aus denen werden Sulfate und daraus kann Krebs entstehen.«
Um ihre eigene Gesundheit macht sich Hong offenbar keine Sorgen, dafür umso mehr um meine. Seufzend gebe ich mich

geschlagen und bestelle einen Traubensaft. Chinesische Investoren kaufen immer mehr Weingüter auf der ganzen Welt auf, da bleiben in China noch viele Gelegenheiten für einen guten Tropfen.
Mein Magen schmerzt mal wieder. Das Sodbrennen nährt meinen Verdacht, dass auch in dem Thaiessen zu viel Zucker und künstliche Geschmacksverstärker verwendet worden sind. Sodbrennen führt zu Magengeschwüren und die können sich eines Tages ebenso zu Krebs weiterentwickeln, nehme ich Hongs Denkweise auf. In China kaufen viele Ausländer mittlerweile Obst und Gemüse frisch auf dem Markt und bereiten es zuhause selbst zu, das ist am gesündesten und am billigsten. Eigentlich müsste man nur kochen können und alle Probleme wären gelöst.
Mal wieder ohne Zusammenhang meint Hong, wir würden gut zusammen passen.
Da stimmt was nicht, ahne ich und sollte Recht behalten.
»Ich bin schnell, du bist langsam. Ich bin klug, du bist dumm. Ich bin reich, du bist arm, ich bin hübsch und du bist hässlich, ich bin hart und du bist weich, ich bin großzügig und du bist geizig. Außerdem bin ich stark und du bist schwach.«
»Ein tolles Team sind wir«, sage ich zum Spaß, da ich weiß, dass Widerspruch nur Ärger bringt.
Zwei Tage später steht der Umzug in das andere Hotel in Süd-Pattaya an, das mehr in der Natur und näher zur Stadtmitte liegt. Gestern haben wir uns einen Ausruhtag gegönnt, da Hong trotz des Hustensaftes immer noch stark hustet und sich erholen wollte. Ich habe mir etwas Bewegung in einem Tai-Chi-Kurs und im Swimmingpool verschafft.
Nun fahren wir mit dem kostenlosen Hoteltaxi auf der morgendlichen Route in die Stadtmitte. Da es leider nicht bis zu unserem Ziel fährt, gehen wir mit unseren rollenden Koffern die letzten paar Meter zum Krankenhaus zu Fuß, um den Husten endlich richtig behandeln zu lassen.
»Wäre es nicht sinnvoller gewesen, uns mit einem Taxi bis zum neuen Hotel fahren zu lassen, einzuchecken und die Koffer wenigstens abzustellen, statt mit Sack und Pack ins Krankenhaus zu gehen?« Hong schaut mich fast anklagend an.

Ich sehe das anders. »Das neue Hotel liegt im Süden, wir würden viel Zeit verlieren. Zudem können wir erst nach dem Mittagessen einchecken. Wir hätten uns direkt mit dem Taxi zum Krankenhaus fahren lassen können, aber das hätte wieder Geld gekostet und du willst ja nicht so viel ausgeben. Ich denke, wir haben den preiswertesten und schnellsten Weg gewählt.«
Unsere Diskussion hat zur Folge, dass wir schon in der Klinik angekommen sind. Die Untersuchung zeigt, dass Hong glücklicherweise noch keinen Lungenschaden hat. Sie bekommt einige Medikamente verschrieben und muss sich an die Anweisungen halten, wie die Tropfen und Tabletten einzunehmen sind. Zudem soll sie sich schonen und braucht nicht wiederzukommen, wenn eine Besserung eintritt. Sie bezahlt alles mit ihrer Kreditkarte.
Für die Fahrt zum Fünfsternehotel nutzen wir doch ein Taxi, da ein Spaziergang mit sämtlichem Gepäck sicher nicht zu Hongs Schonung beiträgt. Aber ganz so schlecht scheint es ihr nicht zu gehen, denn nach dem Einchecken wirft sie mir fast feindselig vor, die schwarzhaarige Thai-Dame in rotem Kleid an der Rezeption angelächelt zu haben, die sogar zurückgelächelt haben soll.
Das hatte ich weder bemerkt noch beabsichtigt. »Es ist im Tourismusbetrieb üblich, dass die Angestellten an der Hotelrezeption die Gäste mit einem Lächeln begrüßen und deren Angelegenheiten auch so regeln«, rechtfertige ich mich, denn ich will im Urlaub keinen Streit wegen Hongs übertriebener Eifersucht hervorrufen. Es gab schon mehrere solcher Fälle und ich glaube, sie beruhigt sich wieder, wenn ich den Ball flach halte.
Abends spazieren wir am Strand entlang und genießen ein gutes Essen. Doch Hong beklagt ihre Mückenstiche und beschwert sich bei mir: »Du liebst mich nicht, sonst hättest du an das Moskitospray gedacht«.
Ich habe anschließend gleich Moskitospray gekauft.
In der Nacht regnet es. Bevor wir uns dann auf den Weg zum Bauträger machen, mit dem ich am Morgen einen Termin vereinbart habe, schwimme ich ein paar Runden im Hotelpool. Der etwa fünfzigjährige Bauträger stammt aus Norwegen und weiß sich

zu kleiden. Er lebe hier schon seit zehn Jahren, versichert er mir, wohl um Vertrauen aufzubauen. Doch das ist mir egal und ich verlange mein Geld zurück, doch der Bauträger erklärt mir, dass dies nach thailändischem Gesetz nicht möglich sei. Er versucht, uns trotz der ausweglosen Situation zu beruhigen, denn wenn alle Investoren ihr Geld herausziehen würden, wäre er sofort pleite.

Hong ist wenig begeistert und bedroht den Bauträger mit einer Wasserflasche, da er sie beleidigt hätte. Wogenglätten meinerseits hat keinen Erfolg und erreicht eher das Gegenteil, denn Hong will das Gespräch mit dem Handy aufnehmen, aber der Bauträger verbietet es. Als sie ein paar Bilder von dem »Environmental Impact Agreement EIA« knipst, während der Bauträger und ich über Google Earth das Grundstück betrachten, läuft die Situation Gefahr zu eskalieren. Der Bauträger verlangt, dass diese Bilder wieder gelöscht werden, aber Hong weigert sich. Letzten Endes empfiehlt der Bauträger, das Apartment nach dem Bau zu verkaufen. Natürlich ist das nicht der Ausgang des Gesprächs, den ich mir erhofft hatte.

Direkt neben dem Showroom des Bauträgers entdecke ich ein Rechtsanwaltsbüro und da Hong sich mit thailändischen Immobiliengesetzen nicht auskennt, will ich von einem Insider meine Chancen offenlegen lassen. In ihrer impulsiven Art droht Hong mir nun mit der Scheidung, falls ich dort hingehen sollte, denn der Verdacht läge sehr nahe, dass der Bauträger und der Rechtsanwalt sich kennen und es zu keiner objektiven Beratung kommen würde. Wie um mir recht zu geben, beginnt es zu regnen, und da nur ich im Besitz eines Regenschirms bin, willigt Hong ein, mich in das Anwaltsbüro zu begleiten. Glücklicherweise verlangt der junge britische Rechtsanwalt für das Anfangsgespräch keine Gebühren und so erkläre ich ihm die Situation. Der Rechtsanwalt unterbreitet uns seinen Lösungsvorschlag: Zuerst sollte untersucht werden, ob der Vertrag zwischen mir und dem Bauträger überhaupt rechtskräftig ist. Zudem wäre es sinnvoll, Briefe immer über ihn laufen zu lassen, da der offizielle Charakter den Druck erhöhe. Nach einer aufschlussreichen Stunde verabschieden wir uns und beim Hinausgehen bemerkt Hong, dass der Rechtsanwalt auch Apartments und Wohnanlagen verkauft. Sie verlangt einige Prospekte von ausgewählten Objekten und eröffnet mir später, sie möchte eventuell in Pattaya eine Jugendherberge eröffnen. So hätten wir eine langfristige Einnahmequelle und könnten kostenlos hier wohnen. Um Personal zu sparen, müssten wir generell vor Ort sein, um alles herzurichten.

Wir laufen durch die Stadt, besorgen Tickets für die heutige Travestie-Show im Tiffanys und ergattern noch preiswerte T-Shirt und Jeans. Das erweist sich als kluger Schachzug, denn im Theater ist es kalt. Hongs Erkältung scheint sie noch fest im Griff zu haben, denn um sich zu wärmen, zieht sie alle gekauften Sachen übereinander an.

Während der Show wartet sie mit einer kuriosen Businessidee für den Veranstalter der Ladyboy-Show auf, um herauszufinden, wie gut die Show ankommt. Ein Gerät soll messen, bei welchem Prozentsatz der anwesenden Männer der Penis steht. Auf mein geschätztes Verhältnis von 99:1 will sie wissen, ob sich die 99 % auf einen erigierten Penis beziehen? Ich verneine, da der Show sämtliche Erotik fehlt. Als wir das Theater verlassen, ist es bereits Nacht. Wir fahren mit einem Baht-Bus, einem zum Personentransport zugelassenen umgebauten US-amerikanischen Pick-up, durch die Stadt, essen an der Straße Gemüsesuppe und laufen dann ins Hotel. Der Name Baht-Bus stammt aus der Zeit, als der Fahrpreis pro Person nur einen Baht betrug, allerdings müsste er mittlerweile 20-Baht-Bus heißen.

Völlig unerwartet bricht im Zimmer eine Beschwerdetirade über mich herein, denn Hong ist wütend auf mich und behauptet, ich würde versuchen, sie auszunutzen. Fast den ganzen Tag hätte wir mit meinen Immobilienproblemen zugebracht und wie Urlaub habe sich das nicht angefühlt, daher verlangt sie, dass ich die Gesamtkosten für unsere Reise trage.

Um die Urlaubsstimmung nicht zu vermiesen, schlage ich vor, dass ich alles zahlen würde, sollten wir mehr geschäftliche Angelegenheiten als private wahrnehmen. Damit erklärt sich Hong glücklicherweise einverstanden, so dass unser Streit rasch beigelegt ist. Als ich jedoch die Kostenteilung für zukünftige gemeinsame Urlaube anspreche, ist es mit der trauten Einigkeit wieder vorbei. Auch mein argumentatives Kompliment, Hong sei doch eine sehr moderne Frau, verfehlt seine Wirkung um Äonen. Sie droht mir mit Scheidung nach unserer Rückkehr, da sie weder von mir noch von anderen ausgenutzt werden möchte, und geht schlafen.

Am nächsten Morgen wird mir klar, dass der Streit gar nicht hauptsächlich ums Geld geht, sondern Hongs Eifersucht mal wieder die Oberhand gewonnen hat. Nach meinen üblichen Poolrunden erfahre ich, dass Hong mein Handy durchsucht hat, als ich im Wasser war. Sie erstaunt mich immer wieder, denn sie hat alle meine früheren SMS-Korrespondenzen mit ehemaligen Freundinnen notiert. Nun wirft sie mir vor, dass ich immer Backup-Lösungen suchte.
Was soll ein Mann darauf antworten? Ich versuche, das Beste daraus zu machen, und antworte ehrlich: »Ich habe dich geheiratet, um mit dir glücklich zu sein! Ich habe keine kleine Dritte und natürlich habe ich auch nicht vor, dich zu betrügen.«
Sie kontert in der ihr eigenen Logik. »In unserer Beziehung fühle ich mich oft wie ein Investor. Ich frage mich immer wieder, ob du ein gutes Objekt bist, in das es sich zu investieren lohnt. Immerhin sinkt dein Wert mit fortschreitendem Alter und mit deinem Machtverlust in der Firma. Wenn deine jetzige Firma dich nicht mehr braucht, bist du pleite und von mir abhängig«.
Manchmal frage ich mich wirklich, was in ihrem hübschen Köpfchen vorgeht. Ich habe schon für viele Firmen gearbeitet und es wird immer eine neue Firma geben, bei der ich einen Job finde. Ich bin da pragmatisch.
Da sie offenbar ihre Meinung zum Thema Eifersucht erschöpfend kundgetan hat, wechselt sie wieder zum Problemkind Geld, während wir uns auf dem Weg zum Anwaltsbüro machen, um noch Details zu klären. Hong ist noch immer der Meinung, sie zahle den gesamten Urlaub, und fühlt sich betrogen. Zudem seien wir schon wieder nur wegen meiner dummen Immobilie unterwegs. Wenn sie das vorher gewusst hätte, wäre sie niemals

mitgekommen.

In meiner Erinnerung steht das zwar anders geschrieben, denn sie hatte dem Urlaub mit Grundstückbesichtigung zugestimmt, aber ich bin lieber der Klügere, der nachgibt.

Zu allem Überfluss lässt sich der Anwalt nicht blicken und erklärt am Telefon freundlich, er verspäte sich eine Stunde. Um die Zeit zu überbrücken, erkunden wir die nähere Umgebung und finden uns auf einer Gay-Straße wieder. Im zweiten Stock eines Gebäudes entdecken wir ein Lokal, aus dem Livemusik auf die kleine Seitenstraße dringt, und beschließen, nach dem Treffen mit dem Anwalt dort einzukehren. Besagter Jurist lässt noch auf sich warten, aber letztendlich verläuft das Gespräch positiv, so dass ich den Vertrag unterzeichne. Während ich mir im Lokal zur Feier des Tages einen ganzen Liter Bier vom Fass gönne, begnügt sich Hong mit einem Saft und einer Rüge. Es sei lediglich ein Anwaltsvertrag zustande gekommen, der im Moment nur Geld verbrate und einen erfolgreichen Ausgang nicht garantiere.

Das Bier wird mit der Zeit warm und schmeckt nicht mehr. Ich fühle mich sogar etwas unwohl und möchte nur noch ins Bett.

Trotz der vielen Stunden Schlaf fühle ich mich am nächsten Morgen schlapp und in meinem Kopf hämmert es ganz gewaltig. Was war bloß in dem Bier gewesen? Hat da jemand reingepinkelt? Hong und ich hatten heute eigentlich einen Ausflug zu einer benachbarten Insel geplant, ziehen es nun aber doch vor, am Strand zu relaxen.

Am späten Nachmittag erkundige ich mich an der Hotelrezeption nach der nächstgelegenen Bank, da ich die Gebühren für den Rechtsanwalt aufgrund der geringeren Kosten gleich hier in Thailand mit meiner deutschen Kreditkarte überweisen möchte. Die Gebühren konnte ich nicht direkt beim Anwalt per Kreditkarte begleichen. Zudem zurück in China wird die Überweisung nach Pattaya bestimmt wesentlich teurer. Es gibt zwar Möglichkeiten, ohne Konto bei der gewählten Bank Geld zu überweisen, allerdings muss man dieses in bar dort einzahlen, was zum einen umständlich und zum anderen sehr kostenintensiv ist, da die nicht gerade geringen Gebühren noch abhängig von der Höhe des

Überweisungsbetrages sind. Macht auch nicht jede Bank, und wie sich das in Pattaya verhält, kann ich jetzt noch nicht sagen. Doch soviel Thai Baht als Bargeld hat Hong und ich nicht dabei. Wenn ich das Bargeld hätte, könnte ich es ja gleich zum Anwalt tragen.
Ich hoffe, das eine solche Transaktion über Kreditkarte möglich ist, ich bin Optimist. Und ob es sinnvoll ist, erst das Geld mit der Kreditkarte abzuheben und dann als Bargeld wieder einzuzahlen, um die Überweisung zu tätigen, ist auch fraglich.
Doch die Wegbeschreibung der Hotelrezeption stellt sich als falsch heraus, so dass wir uns durchfragen müssen. Nach einem Spießrutenlauf durch die Nachbarschaft teilt uns schließlich die Angestellte einer Wechselbude mit, dass sich die nächste Bank ein gutes Stück von hier entfernt befinde. Nach den ersten Schritten entlang der schmutzigen und stark befahrenen Hauptstraße entscheiden wir uns entnervt für ein Taxi. Nachdem ich mit dem Fahrer den Fahrpreis ausgehandelt habe und Hong zahlt, wirft sie mir einen kritischen Blick zu. »Du bist viel zu weich beim Verhandeln. Du wirst niemals reich werden!«
Ich ignoriere ihren Einwand und schaue schweigend aus dem Fenster. Der Geldtransfer mit der Kreditkarte erweist sich erstaunlicherweise als unproblematisch und ich überweise auch gleich etwas Geld an Hong, damit sie mir nicht mehr vorwerfen kann, sie zahle den Urlaub allein. Anschließend machen wir es uns bei einem leckeren Eis in einer Eisdiele gemütlich und besichtigen danach einen Nachtmarkt, wo mir ein Schild mit der Aufschrift »Traditionelle Thai-Massage« ins Auge springt. Meine Frau willigt nur unter der Bedingung ein, dass sie mich dabei fotografieren dürfe. Damit habe ich kein Problem, aber in dem kleinen, mit Ventilatoren und Aquarien vollgestellten Laden teilt uns eine hübsche Thai-Dame am Empfang mit, dass keine Kameras erlaubt seien. Als ich nach einer Stunde wieder am Empfang stehe, fühle ich mich gute zehn Jahre jünger, doch dieses Gefühl wird schlagartig zunichte gemacht, als ich feststelle, dass ich meine Geldbörse im Hotel vergessen habe. Das fällt mir jetzt erst auf, denn meine Kreditkarte steckt ja immer in meiner Brusttasche, Hong hat immer bezahlt, so daß ich mein Portemonnaie nicht

brauchte.

Hong weigert sich, meine Rechnung aus unserer gemeinsamen Reisekasse zu begleichen. Ihre Begründung, sie hätte schließlich nichts von der Massage gehabt, da sie eine ganze Stunde lang das Wandbild gegenüber der Sitzbank anschauen musste, ist nicht von der Hand zu weisen. Aber dass sie nicht wisse, was oben im ersten Stock vor sich gegangen wäre und dass ich vielleicht mit der Dame Sex gehabt hätte, ist an Absurdität nicht zu überbieten.

»Das ist doch lächerlich«, entgegne ich. »Jetzt komm schon, ich habe kein eigenes Geld dabei. Außerdem hättest du dir auch eine Massage gönnen können.«

Mein treuer Hundeblick verfehlt leider seine Wirkung, denn Hong empfiehlt mir trotzig: »Dann arbeite deine Schulden doch als Putzmann ab!«

Eigentlich ist diese Vorstellung sehr witzig, aber ich halte mich mit meiner Erheiterung zurück, um ihren Unmut nicht noch zu schüren, und bitte sie nochmals, meine Schulden zu zahlen. Endlich gibt sie nach.

Auf der Straße essen wir eine Portion Shrimps und kaufen Tee und Früchte, bevor wir mit dem Baht-Bus zurück zum Hotel fahren.

Der Sonntagmorgen begrüßt uns mit einem strahlendblauen Himmel – schade, dass wir heute abreisen. Ich gönne mir vor dem Frühstück die letzten Runden im Pool, bevor die anderen Hotelgäste meine Bahnen blockieren.

Ich habe mich daran gewöhnt, vom Hotelpersonal mit »Dobroe utro« begrüßt zu werden, und grüße fröhlich zurück, als sei ich einer der vielen Russen, die uns im Hotel und in der Stadt begegnet sind. Wir setzen uns an einen Tisch auf der Terrasse mit Blick auf das Meer.

Während ich entspannt das sanfte Spiel der Wellen beobachte, versorgt mich Hong mit weitausschweifenden Informationen, die sie bei Gesprächen mit den russischen Hotelgästen erfahren hat. Ich dränge zum frühzeitigen Aufbruch, denn ich möchte am Flughafen noch die Mehrwertsteuer für unsere Souvenirs zurückerstattet bekommen. Dafür müssen wir etwas Zeit

einplanen, da wir uns in mindestens zwei Schlangen einreihen müssen. Auf der Taxifahrt zur Busstation ziehe ich die gestern gekauften Früchte aus meiner Tasche und stelle mit Schrecken fest, dass diese von Ameisen übersät sind. Auch auf meinem Laptop krabbeln die verdammten Viecher herum. Angewidert und verärgert werfe ich wie in Thailand üblich die Tüte aus dem Fenster und wische meinen Laptop ab.
Um Hong die Möglichkeit zu geben, mit ihrem Wissen zu glänzen und sie dadurch auch zu besänftigen, nehme ich mir vor, sie ganz oft über solche Dinge auszufragen, doch sie bremst mich erst einmal aus, indem sie mich darauf hinweist, dass sie noch im Urlaub sei. Daher dürfe ich erst wieder Fragen stellen, wenn wir in China sind. Während ich noch überlege, ob das gleich nach Überfliegen der chinesischen Grenze der Fall ist oder ob sie doch eher an Zuhause gedacht hat, begrenzt sie die Anzahl der Fragen auf eine pro Tag. Ab der zweiten Frage sei alles kostenpflichtig.
»Ein deutscher Ehemann ist dann ja ein gutes Business für Chinesinnen«, bemerke ich ironisch. Aus ihrem mit einem Lächeln behafteten Nicken kann ich nicht erkennen, ob sie meiner Aussage voll zustimmt oder die Ironie erkannt hat.
»Um reich zu werden, müssen wir einfach etwas Außergewöhnliches machen«, sagt sie schließlich.
»Wir könnten eine App entwickeln und die dann teuer verkaufen«, schlage ich scherzhaft vor, denn auf diesem Gebiet kennen wir uns beide nicht aus.
Doch Hong hat eine andere, bessere Idee. »Künstliche Organe. Die meisten Chinesen ernähren sich unvernünftig und brauchen sicherlich irgendwann das eine oder andere Organ. In China ist es bereits im letzten Jahr gelungen, eine funktionstüchtige lebende Niere mittels Bio-Tinte und 3D-Druck herzustellen.«
Ich meine, das gäbe es auch schon im Westen und treibe die Herumspinnerei weiter: »Diese chinesische Niere beinhaltet weder Venen noch Blutkanäle und hat nur eine viermonatige Lebensdauer, da ist noch viel Entwicklungsarbeit notwendig und ob die Qualität dann ausreicht, sei dahingestellt. Um selbst einen Prototypen für künstliche Organe herzustellen, musst du

beispielsweise für Professoren an Universitäten Geld zahlen, damit sie für dich einen Prototypen bauen.«
»Die Professoren werden nichts machen und nur das Geld nehmen. Die meisten Veröffentlichungen der chinesischen Professoren sind nur Übersetzungen aus dem Westen, die sie als ihre eigenen verkaufen. Den Prototypen muss ich schon selber bauen und dafür muss ich einen 3D-Drucker und das entsprechende Material kaufen«, antwortet Hong.
Ich schüttle mit dem Kopf. »Von diesem Business habe ich keine Ahnung. Ich weiß nur, wie man gesund lebt und Krankheiten vorbeugt. Außerdem ist allgemein bekannt, dass Hingerichteten in China auch ohne deren Zustimmung die Organe entnommen werden. Sogar Deutsche mit genügend Kleingeld reisen nach China, um sich ein Organ quasi auf Bestellung transplantieren zu lassen. Bei diesem Thema läuft mir immer ein Schauer über den Rücken.«
Der Refund am Flughafen, die Rückzahlung der Steuern, klappt gut. Beim Check-in erfahren wir, dass unser Gepäck die Obergrenze tangiert, aber nicht überschreitet. Das ist nicht dem Glück allein zu verdanken, denn ich habe meinen Trolley nicht ganz auf das Band gelegt, unser mitgebrachtes Essen hinter meinen Rücken versteckt und so viele Klamotten wie möglich übereinander angezogen. In meinem Übermut mache ich der Schalterdame den Vorschlag, doch auch die Personen zu wiegen und eine Obergrenze von einhundert Kilogramm zu setzen. So könnten schlanke Personen mehr mitnehmen, Dicke entsprechend weniger. Das wäre in meinen Augen viel gerechter und für das Flugzeug mache es keinen Unterschied, ob das zusätzliche Gewicht im Passagierraum oder beim Gepäck mitfliegt.
Die Dame versteht natürlich nicht, was ich meine und schaut mich verwirrt an. Da nur ihr Schalter geöffnet ist und die Schlange hinter mir stetig wächst, wird sie nervös. Leider ist sie trotz allem aufmerksam genug, das Essen hinter meinem Rücken zu entdecken, und fordert mich auf, es auf das Band zu legen. Dem »Cost Cutting« verdanke ich, dass es doch nicht dazu kommt, denn die kleinen Papierstreifen für die Koffer kommen gerade aus dem

Drucker und so erhalte ich rasch meine Papiere zurück und werde hastig weiter gewinkt, damit der Nächsten abgefertigt werden kann.

Da wir am Gate noch etwas Zeit haben, checke ich an einem Internet-Terminal meine Mails. Die Verbindung ist allerdings sehr langsam, so dass ich nicht viel erreicht habe, als unser Flug aufgerufen wird. Ich versuche, mich auszuloggen, doch als ich meinen Account erneut aufrufe, lande ich direkt in meinem Postfach. Ich werde nervös, vor allem da Hong zum Boarding drängt. Kurzerhand ziehe ich den Stecker und hoffe, dass mich niemand beobachtet hat.

Im Flugzeug ist der Platz sehr knapp, ich kann meine Füße nicht ausstrecken, geschweige denn am Laptop arbeiten. Jedes Mal wenn der Trolley der Stewardess ohne Vorwarnung vorbeikommt, stößt er mit meinem Arm zusammen, der im Gang hängt. An Schlafen ist auch nicht zu denken, da sich Chinesen lautstark unterhalten und Kinder herumschreien und den Gang auf und ab laufen. Eine Frau versucht, sich etwas Ruhe zu verschaffen, indem sie ein Tuch über den Kopf stülpt und ihn samt Tuch auf dem Klapptisch ablegt. Sieht nicht sehr bequem aus und wird an den Umgebungsgeräuschen wohl kaum etwas ändern. Ich sehne mir Ohrstöpsel und eine Schlafmaske herbei, als mir auch noch mein Rücken durch Schmerzen mitteilt, dass eine starre Haltung in nicht verstellbaren Sitzen nicht zu bevorzugen ist. Die Leichtigkeit, die ich nach meiner Massage verspürt habe, ist nun endgültig dahin. Billigflieger haben eben doch ihren Preis.

Ein Unterhaltungsprogramm fehlt gänzlich und außer Arbeiten fällt mir nichts ein, was ich machen könnte. Hong findet das Flugmagazin und erklärt mir aus Langeweile den neuen achtsitzigen französischen Privatjet Falcon 5x der französischen Firma Dassault mit viel »Raum für Business«.

Ich gebe zu bedenken, dass nun nur noch das richtige Business dazu fehle, um den Kaufpreis, den Unterhalt und die drei Crewmitglieder zu bezahlen. Dann hängt wieder jeder seinen Gedanken nach und wünscht sich nach Hause.

Später erzählt mir Hong, dass die thailändische Königsfamilie gerade abseits vom Trubel in ihrer Sommerresidenz in Hua Hin Urlaub macht. Dieser Ort liegt von Pattaya aus gesehen auf der anderen Seite des Golfs von Thailand und ist das älteste Seebad dieses Landes. »Das wollen die Chinesen auch, deshalb boomt dort das High-End-Immobiliengeschäft und in der Umgebung gibt es mittlerweile schon elf Golfplätze. Hua Hin ist zudem von Shanghai aus in nur einem Tag zu erreichen.«

»Dann sollten wir wohl Golf lernen und bald mit unserer nagelneuen Falcon 5x nach Hua Hin jetten«, scherze ich.

Wie erwartet ist Shanghai immer noch sehr kalt. Punkt Mitternacht hält das Taxi vor unserer Wohnanlage in Taicang. Bevor ich mich schlafen lege, genehmige ich mir ein Gläschen des Aufwärmkräuterschnapses meines Schwiegervaters und ändere das Passwort für meinen E-Mail-Account.

Alles im Griff auf dem sinkenden Schiff

Am folgenden Tag regnet es, weshalb wir erst später aufstehen. Wir kochen Mittagessen und packen unsere Sachen aus. Dann nutze ich das schlechte Wetter, um eine Präsentation für die kommende Woche vorzubereiten und E-Mails zu beantworten. Da der Online-Geldtransfer meiner britischen HSBC Bank von Hongkong nach Shanghai blockiert ist, muss ich mich auch darum kümmern und eine E-Mail schreiben. Währenddessen arbeitet Hong weiter an der Übersetzung unseres Ehevertrages vom Chinesischen ins Deutsche, damit ich ihren Vertragsentwurf verstehen kann. Sie möchte unabhängig von mir leben und ihren Reichtum, den sie von ihren Eltern erben wird, nicht mit mir teilen müssen. Ich frage mich, was passiert, wenn ich mit Hongs Vorschlägen nicht einverstanden bin und nicht unterzeichne, immerhin sind wir bereits verheiratet und da gelten die Regeln ohne Vertrag, zumindest in Deutschland. Hong hat den Vorteil, sich bei den chinesischen Gesetzen auszukennen. Das wird noch ein spannender und vermutlich langer Kampf werden.

Da sich der Zinssatz bei den Banken erhöht hat, möchte ich keinen Tag verschenken und besuche gleich am nächsten Tag die lokale Filiale der Bank of Suzhou in Taicang, um endlich ein Festgeldkonto zu eröffnen und mein Geld aus der ICBC Bank dorthin umzubuchen. Leider kann ich kein neues Geld als Festgeld anlegen, weil meine Finanzlage das nicht zulässt.

Dann fahren wir zum Headquarter meiner Firma nach Shanghai. Dort habe ich einen Termin mit meinem Chef, um über das Ende meiner Probezeit und über meine Bewertung zu sprechen. Ich erwarte kein großes Lob, aber auch keine nennenswerten Probleme. Am Abend wollen Hong und ich beim AHK-Treffen im German Center sein.

Offenbar ist meine Abteilung während meines Urlaubs zwei Stockwerke höher gezogen. Ein bisschen verärgert bin ich, dass niemand mein Equipment mitgenommen hat, also erledige ich das jetzt und checke noch meine E-Mails, bevor ich ins Meeting gehe.

Dort warten schon die Leiterin der Personalabteilung und mein Chef. Er sieht mich mit einem seltsamen Blick an und kommt ohne Umschweife zu den Ergebnissen meiner Bewertung. Sowohl meine chinesischen als auch die deutschen Chefs sowie weitere Mitarbeiter seien befragt worden und niemand sei mit meiner Leistung zufrieden.

Ich schlucke schwer und mir wird abwechselnd heiß und schlecht, als ich wie durch einen Nebel höre, dass mein Vertrag nach den internen Richtlinien beendet werden müsse. Als Beweis erhalte ich die Zusammenfassung der Bewertung. Mit zitternden Fingern starre ich auf das Blatt Papier, das mich meinen Job kostet.

Ohne einen Funken von Mitleid rechnet mir die Personalleiterin meine restlichen Urlaubstage vor, die vom laufenden Monat abgezogen werden. Entsetzt wird mir klar, dass demnach heute mein letzter Arbeitstag ist. Ich verlasse das Meeting und kann mir eine Drohung nicht verkneifen: »Wir sehen uns bei Gericht!«

Was zum Teufel ist hier los? Warum werde ich vor die Tür gesetzt? Wie in Trance räume ich meinen eben bestückten Schreibtisch leer. Ein Mann vom Sicherheitsdienst verlangt von mir Laptop, Ausweis und Handy, mein Chef begleitet mich zum Aufzug und verabschiedet sich von mir. Ich zittere am ganzen Körper und bin immer noch verwirrt. Alles ging so verdammt schnell. Erst als ich mit dem Aufzug nach unten fahre, begreife ich, was gerade passiert ist.

Hong arbeitet an ihrem Laptop in der Lobby. Verstört und mit hängenden Schultern setzte ich mich neben sie und erzähle, was vorgefallen ist.

Jeder normale Mensch hätte etwas Mitleid gezeigt oder wenigstens geheuchelt. Nicht so Hong. Mit gleichgültigem Gesicht und sehr rational klärt sie mich auf: »Ganz ehrlich, das überrascht mich wenig, denn du bist für die Firma zu teuer. Es gibt Chinesen, die den gleichen Job zu niedrigeren Gehältern machen.«

»Aber meine Erfahrung ...«, will ich meine Verteidigung aufbauen, aber meine Ehefrau unterbricht mich gnadenlos.

»Ach, Erfahrung«, winkt sie ab. »Cost Cutting ist wichtiger als Erfahrung. Ich wusste eh schon, dass du entlassen wirst.«

Ich horche auf, denn das überrascht mich doch sehr, und mein fragender Blick fordert eine Erklärung ihrerseits, mit der sie auch nicht lang hinter dem Berg hält.
»Ich habe gleich gesehen, dass dein Fahrer das Auto während unseres Urlaubs nicht wie vereinbart reparieren lassen hat, und habe ihn darauf angesprochen. Er wird uns ab Monatsende nicht mehr fahren und dann muss sich seine Firma um die Reparatur kümmern, da sie den Wagen ja weiter vermieten möchte. Polizei und Versicherung sind informiert und bereiten ihm und der Leasingfirma keine Probleme.«
Einerseits wundert es mich nicht, dass der Fahrer bereits Bescheid wusste, denn Chauffeure bekommen viel mehr mit, als man ahnt. Andererseits bin ich enttäuscht, dass Hong mich nicht in ihre Gedankengängen und Vermutungen eingeweiht hat, um mich zu warnen, schließlich haben Frauen oft eine feinfühligere Antenne als Männer. Ich rege mich aber nicht auf, da ich im Moment nicht auch noch einen Streit mit meiner Frau brauche. Ich war noch halb in Urlaubsstimmung, so dass ich gar nicht auf den Wagen geachtet und auch den Fahrer nicht nach der Reparatur gefragt hatte.
In der Firma wird man mich genauso durch einen Chinesen ersetzen, wie den General Manager für Asien, der kurz vor Weihnachten nach Deutschland zurückversetzt worden war. Von einer Freundin, die früher bei meiner Firma gearbeitet hatte, hat Hong gehört, dass wohl der gesamte Bereich aufgelöst werden soll.
»Es ist immer so, dass zuerst der Chef die Mitarbeiter entlassen muss, um am Ende selbst auch zu gehen. Mach dir keine Sorgen, ich unterstütze dich«, verspricht meine Frau.
Ich traue dem nicht so, denn nicht zum ersten Mal ändert sie ihrer Meinung Schlag auf Schlag. Noch im Urlaub hat sie mich niedergemacht, weil sie angeblich alles finanzieren musste.
»Ich bin ja Rechtsanwältin, notfalls bekommst du von mir kostenlosen Rechtsbeistand.«
Gut zu wissen, denn meine Firma schuldet mir noch das Geld vieler Spesenrechnungen. Zudem muss ich auch noch das Büro in Taicang ausräumen, hoffentlich gibt es da keinen Ärger.

Auf dem Weg zum AHK-Treffen stehen wir im Stau und kommen verspätet an, doch der zwanglose Plauderteil ist noch im vollen Gange. Ich verteile nicht wie üblich die Businesskarten meiner Firma, bei der heute mein letzter Arbeitstag war. Stattdessen bringe ich Visitenkarten meiner Firma, die ich vor ein paar Jahren in Deutschland gegründet habe, unter die Leute. Diese Firma bietet Service, Beratungen und Schulungen an. Hong hat sich eigene Karten drucken lassen, denn ohne Visitenkarten ist man in China ein Niemand. Firmenname und Logo haben wir im letzten Jahr bereits als Trademark in China registrieren lassen. Die Homepage ist zwar noch nicht fertig, doch nun scheint es, als ob diese eigene Firma ein Strohhalm ist, an den wir uns beide klammern können. Sowohl ich als auch Hong brauchen im nächsten Monat wieder Einnahmen.

Auf dem Heimweg bekomme ich einen Anruf von meiner britischen HSBC Bank aus Shanghai, die meine Nachricht von der Hongkong-Filiale bekommen hat. Der Geldtransfer wurde nicht durchgeführt, da meine Post zurückgekommen war. Ich hatte doch glatt vergessen, der Bank meine neue Anschrift mitzuteilen. Seit meinem Umzug nach Taicang vor einem halben Jahr hat die Bank nur über E-Mails mit mir kommuniziert, daher frage ich mich, welche Nachricht den offiziellen Postweg gehen musste. Hier merke ich wieder den Unterschied zu Deutschland, wo die Bank auf Kosten des Kontoinhabers einfach die neue Anschrift beim Einwohnermeldeamt erfragt und nicht gleich das Konto gesperrt hätte. Britische Banken in China sind da wohl weniger kunden-, sondern mehr sicherheitsorientiert.

Höflich bedanke ich mich für die Information und möchte wissen, ob ich gleich telefonisch meine Adresse ändern lassen könnte. Der Banker verweist mich wieder auf die Hotline und das System dreht sich im bürokratischen Kreis. Dieser nicht vorhandene Service veranlasst mich, eine Kündigung in Betracht zu ziehen, sobald ich bei der chinesischen Bank Fuß gefasst habe.

Am späten Abend betreiben wir gemeinsam am Esstisch Brainstorming, um zu überlegen, wie es weitergehen könnte. Trotz der momentanen Situation kann Hong es sich nicht verkneifen, das

Thema Kinder fallen zu lassen. Sie sollen in den USA, Deutschland oder einem Land aufwachsen, in dem es warm ist. Zudem ist eine Promotion auf dem Gebiet der Rechtswissenschaften noch immer in ihren Zukunftsplänen enthalten.
Wie immer denke ich pragmatisch und weise sie darauf hin, dass es erst einmal sinnvoll wäre, eine sichere Einnahmequelle aufzubauen, denn sonst würden unsere Kinder in Armut aufwachsen, was sicher nicht in ihrem Interesse sei. Daher schlage ich vor, meine deutsche Firma in China registrieren zu lassen und diese publik zu machen.
Obwohl es vielleicht etwas unpassend ist, mache ich einen Scherz: »Ich könnte auch am Strand liegen, Krabben essen und Bücher schreiben.«
»Oder Frauen jagen«, fügt Hong hinzu.
Wieder weiß ich nicht, ob diese Aussage spaßig gemeint ist oder die Eifersucht aus ihr spricht. Offenbar habe ich diesmal Glück, denn sie erzählt mir die Geschichte eines Mannes, der auch einen Job sucht, aber immer wieder entlassen wird, bis er eines Tages sein Talent entdeckt und reich wird. Hong vergleicht es mit einem Feld, auf dem nur ganz bestimmte Pflanzen wachsen, andere dagegen stets eingehen. Ihr Fazit: Ich müsse solange Jobs ausprobieren, bis ich erfolgreich werde.
Nach einem spärlichen Frühstück aus Haferbrei mit Wasser – unser Kühlschrank war leer –, erreiche ich bei der Hotline meiner britischen Bank, dass sie mich für die Onlineeingabe meiner neuen Anschrift und meiner Mobilnummer freischaltet. Allerdings kann ich den Geldtransfer noch immer nicht durchführen und werde auf nächste Woche vertröstet. Hong macht sich auf den Weg, um Gemüse zu kaufen, ich räume mein Büro auf und sortiere die Unterlagen, die sich während unseres Urlaubs angesammelt haben. In die Stille schleichen sich die Worte meines Ex-Chefs: »Dann müssen wir wohl alle den Gürtel etwas enger schnallen!«

Tags darauf ist mein Zorn etwas verraucht, so dass ich meinem Ex-Chef in einer E-Mail rational und sachlich die Punkte auflisten

kann, die aus meiner Sicht noch offen sind: Erstattung der noch nicht beglichenen Reisekosten, meine Bücher im Taicang-Büro und die variablen Gehaltsanteile. Meiner Meinung nach habe ich gute Arbeit geleistet und ein Recht auf diese leistungsabhängige Vergütung. Ich kann mir die schlechten Bewertungen noch immer nicht erklären und frage mich, warum niemand eher meine Arbeitsweise kritisiert hat, denn dann hätte ich eine faire Chance gehabt, etwas daran zu ändern. Wie sich mein Empfinden mit den gesetzlichen Regelungen vereinbart, weiß ich allerdings nicht, aber Forderungen stellen ist ja legitim.
Trotz Hongs Warnung, dass für heute hohe Smog-Werte gemeldet worden sind, jogge ich am Fluss entlang. Danach bereite ich meine Rede für das am Nachmittag stattfindende AHK-Event vor, auf dem ich meine neue Firma vorstellen möchte: »Vielen hier bin ich bereits bekannt, mein Name ist Franz Übermut und ich bin seit mehr als zwanzig Jahren im Chinageschäft tätig. Ich greife auf vierzig Jahre Berufserfahrung in mehreren namhaften internationalen Firmen zurück und bewege mich beruflich seit etwa fünf Jahren im asiatisch-pazifischen Raum. Nun ist es Zeit, einen neuen Weg einzuschlagen. Meine Frau Hong und ich werden in Suzhou die Service-, Beratungs- und Trainingsfirma ›ECOCUT‹ eröffnen. ECOCUT steht für ›Efficient Cost Cutting‹. Wir sind unter anderem darauf spezialisiert, Firmen aus der Industrie auf dem Gebiet der Kostenreduzierung zu unterstützen, zum Beispiel bei Preisverhandlungen mit Lieferanten oder beim Verkaufsgespräch mit Kunden. Erfolg kommt durch Mut und Selbstvertrauen. Nicht nur beim Weg in die Selbständigkeit, sondern auch beim Knüpfen der richtigen Kontakte. Deshalb tauschen Sie noch heute Ihre Visitenkarte mit mir. Sie werden überrascht sein, welches Potential in Ihnen steckt und um wie viel Sie Ihren Profit steigern können. Wir sitzen links vorne. Vielen Dank.«
Mir ist die Ironie, selber »Opfer« von Cost Cutting geworden zu sein und sie hier noch weiter zu propagieren, sehr wohl bewusst, doch hier geht es ums Geschäft und nicht um Rücksichtnahme.
Gegen zwei Uhr nachmittags fahren wir nach Shanghai, um uns

dort wie vereinbart mit meinem Freund Liu Meng im Stadtteil Pudong zu treffen und gemeinsam zum AHK-Treffen ins Hotel Shangri-La zu fahren. Liu Meng ist genauso alt wie ich, hat in China studiert und in Deutschland bei Daimler gearbeitet, bevor er wieder zurück nach China ging, um sich mit einem Handelsunternehmen mit Import-Export-Lizenz selbstständig zu machen. Im Hotel-Café erzählt er, dass er seine Geschäfte in den letzten Jahren ausschließlich über seinen Freundeskreis und ohne Verträge abgewickelt hat. Das lässt mich vermuten, dass sein Verdienst eher gering sein wird, und bestärkt mich darin, wie bisher an deutschen detailliert ausgearbeiteten Verträgen festzuhalten.

Ein deutscher Geschäftsmann, den Hong und ich letzten Dienstag getroffen haben, läuft zufällig an uns vorbei. Ich stelle Liu Meng und sein Instandhaltungsbusiness vor und erkläre ihm die Gemeinsamkeiten zu seinem eigenen Geschäft. Beide verkaufen »Fasteners«, so bezeichnet man Schrauben und andere Kleinteile, mit denen man verschiedene Objekte miteinander verbinden kann, jedoch mit hohem Qualitätsanspruch für die Industrie.

»Sarkozy hat 2009 ein Antidumping-Gesetz eingeführt, das es ermöglicht, Fasteners aus China mit achtzig Prozent Einfuhrzöllen in Europa zu verkaufen. Die chinesische Regierung war stinksauer und hat daraufhin europäische Fasteners mit einem Durchmesser von mehr als sechs Millimetern mit knapp dreißig Prozent Strafzoll belegt.« Liu Meng ist die Verärgerung darüber anzusehen, denn das Geschäft meiner beiden Gesprächspartner war davon stark betroffen und leidet noch heute darunter.

Wir verabschieden uns und ich begleiche die Rechnung für die Getränke aus der gemeinsamen Kasse. Als Hong und ich beim AHK-Event eintreffen, warten schon viele Gäste auf den Einlass. Der heutige Hauptredner, der Luxemburger Rupert Hoogewerf, hat einen sogenannten »Hurun-Report« über alle reichen Chinesen veröffentlicht. Hong lässt sich ein Buch von ihm signieren und ich knipse ein Bild von den beiden. Nachdem ich den Eintritt für uns beide bezahlt habe, begeben wir uns zum Büffet. Ich starte mit dem Nachtisch, denn dort ist noch keine Warteschlange, dann folgt

die Hauptspeise und zum Schluss gönne ich mir die Vorspeise. Nachdem ich mich sattgegessen habe, verspüre ich keine Lust mehr, mich auf die Bühne zu quälen und meinen Text vorzutragen.
»Das nächste Mal«, flüstere ich Hong zu. Mich irritiert, dass Hong hier keine Widerworte hervorbringt. Schließlich beschwert sie sich ja immer, dass ich zu wenig für meinen Erfolg tue. Wahrscheinlich kommt die Rüge zuhause, wo sie frei von der Leber reden kann.
Als der Hauptredner seine Rede beendet hat, stellt Hong ihre vorbereiteten Fragen und bekommt dafür Applaus. Mit ihrem neuen Bekanntheitsgrad im deutschen Wirtschaftskreis in Shanghai fällt es uns nicht schwer, unsere neuen Businesskarten zu verteilen und zu erklären, was unsere Firma leisten kann. Dafür ernten wir Lob, aber auch Zweifel am Erfolg. Ein Professor einer berühmten europäisch-chinesischen EMBA-Schule meint sogar, ohne »EMBA-Wissen« käme man da nicht weit.
Hong glaubt, er wolle nur Werbung für seine teure Schule machen. Aber wir erfahren, dass die meisten reichen Chinesen Teilnehmer an EMBA-Kursen waren. Seit Jahren unterstützen sie sich gegenseitig im Business.
Hongs Zitat hierzu: »Reich wird man auch, wenn man verrückte Ideen hat sowie den Mut, diese auch umzusetzen.«

Mit Schwermut denke ich an die Sonnenaufgänge in Thailand, wenn ich durch die geschlossenen Fenster die Regenströme sehe. Im Internet lese ich, dass die chinesische Handelskammer ihre erste Filiale in Europa und zwar in Berlin eröffnet hat. Sie vertritt alle chinesischen Firmen, die in Deutschland gegründet worden sind. Der Präsident dieser neuen Handelskammer ist der General Manager der chinesischen ICBC Bank, der größten Bank der Welt. Als ich gerade einen Artikel über den Ukrainekonflikt auf der Halbinsel Krim überfliege, stapft Hong mit wütendem Gesichtsausdruck ins Zimmer.
»Die gefährlichsten Leute sind die, die dir am nächsten stehen. Die Leute, die dich gut kennen, können dich verarschen. Alle, die weit weg sind, können dir nicht schaden!«, legt sie los.
»Was ist denn los?«

»Ich habe gerade erfahren, dass all die Übersetzungsarbeiten, die ich letztes Jahr für die Kanzlei übernommen habe, nicht bezahlt werden! Einfach nicht bezahlt! Ich habe praktisch das letzte Jahr für die fast umsonst gearbeitet. Alles für die Katz. Dabei habe ich auf den Freund vertraut, der mir diese Arbeiten vermittelt hat«, rief sie mit Tränen in den Augen, »ich brauche eine neue Arbeitsstelle. Die paar tausend RMB von der Suzhou Universität reichen nicht, aber ich kann auch nicht Vollzeit in einem Unternehmen arbeiten, denn dann verliere ich meinen Pensionsanspruch an der Uni. Was soll ich nur machen?«

Ich lege meinen Arm um sie und versuche, sie aufzumuntern. »Das bisschen Geld kannst du woanders leicht reinholen. Du bist ein freier Mensch! Du kannst arbeiten und leben wo du möchtest. Du kannst auch ins Ausland gehen, denn deine Eltern sind noch nicht so alt, dass sie in den nächsten Jahren intensive Betreuung benötigten. Und sie können sich gegenseitig unterstützen.«

Doch Hong sieht mich nur traurig an. »Solange meine Mutter lebt, kann ich diesen Schritt nicht machen. Sie bestimmt in der Familie, was zu tun und zu lassen ist. Solange ich nicht das Familienoberhaupt bin, muss ich gehorchen, das ist und bleibt ein ungeschriebenes Gesetz in chinesischen Familien. Sollte ich die Uni verlassen, würde sie mich enterben. Sollte ich ihr nicht wenigstens ein Enkelkind schenken, droht mir das gleiche.«

Manchmal irritiert mich die Widersprüchlichkeit meiner Frau, denn oft schon hat sie auch im Familienkreis angesprochen, dass sie gern im Ausland leben und Kinder definitiv nicht in China großziehen möchte. Versucht sie mit diesen Äußerungen, ihre Mutter zu provozieren? Oder lotet sie aus, wie weit sie gehen kann und wo ihre Mutter tatsächlich die Grenzen zieht? Eine deutsche Frau in Hongs Alter hat normalerweise diese Phase lange hinter sich, aber zumindest bei meiner Frau scheint der Abnabelungsprozess noch in vollem Gange zu sein.

Beschweren kann Hong sich sicher nicht, denn ihre Eltern haben ihr viel ermöglicht. Wie nahezu jedes chinesische Kind hat Hong den Schulalltag mit Grundschule, Mittelschule, chinesisch Chu-Zhong, und die Oberstufe Gao-Zhong durchlaufen und die härteste

Abschlussprüfung, Gao Kao genannt, die gleichzeitig die Zulassung zur Hochschule bedeutete, bestanden. Nach ihrem vierjährigen Jurastudium an der Universität Peking erlaubten Li Gengnan und Wu Meilan ihrer Tochter ein aufbauendes Studium im deutschen Bonn, wo sie nebenbei bei Starbucks etwas Geld verdiente. Nach ihrer einjährigen Unterstützung einer Frankfurter Kanzlei als Rechtsanwältin kehrte sie für ein halbes Jahr nach Suzhou zurück, um eine schwere Lungenkrankheit auszukurieren. Doch Hongs Wissensdurst war noch nicht gestillt, ebenso wenig ihr Fernweh. So studierte sie im schweizerischen Genf an einer Dolmetscherschule und konzentrierte sich auf Übersetzungen für die Sprachen Englisch, Chinesisch und Deutsch. Die Beamtenstelle als Lehrerin an der Berufshochschule in Suzhou hatten Li Gengnan und Wu Meilan ihrer Tochter vermittelt, doch sie kam mit dem Regime nicht zurecht, da ihre Verbesserungen nicht anerkannt wurden. Nach der bestandenen Prüfung für die chinesische Rechtsanwaltlizenz arbeitete Hong als Praktikantin bei einer Rechtsanwaltskanzlei in Shanghai, bis sie sich für eine freiberufliche Tätigkeit in der Rechtsanwaltskanzlei in Suzhou entschied, die sie nun nach Strich und Faden betrogen hat.

Anhand ihres Lebenslaufes kann man Hongs Zielstrebigkeit, aber auch ihre Zerissenheit erkennen. Sie beendet alles, was sie begonnen hat mit Erfolg, aber sie fährt auch verschiedene Linien, da sie sich offenbar nicht festlegen kann oder will.

Leider lässt sie mich nicht in ihr Innersten schauen, so dass ich ihren Eifersüchteleien und Wutausbrüchen hilflos ausgeliefert bin. Ihr hoher Anspruch an sich selbst und ihre starken, teils sehr leidenschaftlichen Gefühle führen zu großen inneren Spannungen und münden in einen immerwährenden inneren Kampf. Ihre strengen Wertvorstellungen und ihr nahezu pedantischer Perfektionismus hat sie sicher von Wu Meilan übernommen, die ihr darin in nichts nachsteht.

Ich vertraue ihrem Ehrgeiz und ihrem Durchhaltevermögen und weiß, dass ich mit ihr an meiner Seite alles schaffen kann. Auch wenn mir ihr stetiger Informationsrausch manchmal auf die Nerven geht, zeigt das nur, wie interessiert sie an ihrer Umwelt ist und wie gründlich sie versucht, alles zu verstehen. Dabei wird ihr sicher oft nicht bewusst, wie sehr sie einem Kontrollzwang unterliegt, auch Macht einsetzt, um andere zu unterdrücken, und ab und zu auch sehr boshaft und heimtückisch erscheint. Ich glaube, dass diese Hartnäckigkeit und der fast fanatische Eifer ihr manchmal im Weg stehen und verhindern, dass sie einfach nur lebt und glücklich ist, aber wenn sie all diese Eigenschaften begraben würde, wäre sie nicht mehr die Frau, die ich liebe.

Als ich bei der Everbright Bank mein dort angelegtes Festgeld für ein paar Monate verlängern möchte, erklärt mir die Finanzberaterin, dass das Geld trotz heutiger Fälligkeit noch nicht verfügbar sei und erst morgen verlängert werden könne. Ich hoffe, dass alles klappt, denn im Moment bietet die Bank gute Zinssätze für diesen Zeitraum. Vorteil von längeren Laufzeiten sind lukrativere Zinssätze, Nachteile ergeben sich, wenn man Geld benötigt, denn diese Anlagen erlauben keinen vorzeitigen Zugriff.
Beim Vergleich der Konditionen verschiedener Banken stelle ich fest, dass mein Angebot nicht das Beste ist. Zum Glück habe ich ja noch eine Chance, das Geld morgen abzuziehen und woanders gewinnbringender anzulegen. Auf meiner inneren Merkliste notiere ich, dass ich mich in Zukunft erst informiere und dann zuschlage, um unnötigen Mehraufwand und Enttäuschungen zu vermeiden.
Im Hotel Shanghai Hilton haben wir einen Termin mit einem Geschäftsmann aus Hongkong, den ich auf LinkedIn kennengelernt habe. Ich schöpfe aus dem Vollen und schildere auf Englisch meinen Automotive-Hintergrund und mein Fachwissen über die von ihm vertriebenen Produkte. Anhand meiner vielen Fachfragen wird Mr. Chong klar, dass ich nicht hochstaple, sondern tatsächlich Ahnung von der Materie habe, und er hofft, dass mit meiner Hilfe der Automotive-Zweig seiner Firma ausgebaut werden könne. Nachdem wir uns über meine Provision einig geworden sind, lädt er uns zum Abendessen ein. Als Hong erklärt, sie hätte keinen Hunger und möchte heimfahren, bin ich verwirrt, da sie normalerweise mehr Hunger als ich hat. Aber ich halte mich

zurück, wir verabschieden uns von Mr. Chong und vereinbaren ein Wiedersehen in Hongkong.
Während der Taxifahrt zur Laowai Jie 101, einer Fußgängerzone mit überwiegend internationaler Gastronomie im Straßenviertel Hongmei Lu, spreche ich meine Frau auf ihre Ablehnung des Geschäftsessens an.
»Seine Einladung war nur pure Höflichkeit, doch unsere Umgangsformen verbietet es, diese Einladung anzunehmen. Das gilt immer für das erste Treffen, wenn noch keine gemeinsamen Geschäfte abgeschlossen wurden, denn du würdest auf Kosten des Geschäftspartners essen, ohne etwas dafür getan zu haben. Daher ist eine Notlüge erlaubt. Außerdem wäre das Abendessen auch nicht umsonst gewesen. Wie in chinesischen Geschäftskreisen üblich, wären wir verpflichtet gewesen, ihn das nächste Mal einzuladen«, erklärt sie mir und gesteht, auch einen Bärenhunger zu haben.
In der »Ausländerstraße« angekommen entscheiden wir uns für chinesisches Essen, obwohl es recht teuer ist. Während wir essen, bemerken wir, wie sich ein Gast mit Sohn beschwert, dass er seine Bestellung nicht bekommen habe, und wie einige junge Gäste mit Zigaretten im Mund nach einem Blick in die Speisekarte gleich wieder gehen. Glücklicherweise blieben die Raucher nicht lange, denn das wäre Gift für Hongs Husten gewesen. Ich wünschte, hier in China gäbe es auch ein Nichtraucherschutzgesetz in Gaststätten wie in Europa.
Wir haben wieder einmal viel zu viel bestellt und lassen den Rest einpacken. Beim Bezahlen flüstert Hong mir zu, dass wir in Taicang und Suzhou für diese Summe zweimal hätten essen können und die Qualität des Essens wesentlich besser gewesen wäre.
Auf dem Nachhauseweg diskutieren wir über weitere Ideen, die eventuell Geld einbringen könnten.
Mir fallen die hohen Gagen von Politikern ein. »Toni Blair hat 2007 in Dongguan bei einer Immobiliengesellschaft für 330.000 USD gesprochen, hingegen hat Bill Clinton fünf Jahre zuvor in Shenzhen bei einem Bauträger nur 250.000 USD

erhalten.«
Hong erwidert in ihrer Leichtigkeit: »Siehst du, du musst nur berühmt sein und gut quatschen können.«
»Bei mir liegt weder das eine noch das andere vor. Zudem quatscht Bill nur, um seinen Charité-Fund aufzufüllen.«
Hong kramt wieder eine ihrer Geschichten hervor: »Ein Tierarzt untersuchte einen irischen Wolfshund, der an Krebs litt. Nachts blieb die gesamte Familie bei ihm, damit er nicht allein war. Als der Hund friedlich einschlief, war der Jüngste nicht traurig und meinte zu wissen, warum das Leben von Haustieren kurz sei. Hunde genössen ihr Leben vom ersten Tag an, sie versteckten ihre Gefühle nicht und heuchelten nie. Deshalb reiche den Tieren ein kurzes Leben. Menschen dagegen müssten lange leben, um zu erfahren, wie sie ein schönes Leben führen könnten.«
Ich war gerührt. Eine schöne Moral, die man im Alltag leider meist vergisst.
Während ich noch in meiner Ergriffenheit schwelge, wechselt Hong wieder abrupt das Thema. »Wir sollten eine Gegenüberstellung entwerfen. Wo auf der Welt kann man am günstigsten leben? In welchem Land ist die Lebensqualität am höchsten? Wo sollen unsere Kinder aufwachsen?«
»An verregneten Tagen wie heute muss ich immer an die traumhaften Sonnenaufgänge in Thailand denken, daher möchte ich in den warmen Süden ziehen. Ja, warm muss es sein. Das ist auch für deinen Husten am besten.«
Zuhause schreibe auch ich eine Zusammenstellung ... über mein Vermögen. Wie lange reicht das Geld noch ohne Einnahmen? Wie lange muss ich meinen Sohn noch unterhalten? Kann ich weiterhin die Schulden bei diversen Banken abtragen?
Hong schaut mir über die Schulter und fragt lächelnd: »Müssen meine Eltern und ich dich bald aushalten?«
Wieder wird mir die Sprunghaftigkeit meiner Frau bewusst, denn noch vor wenigen Tagen hat sie mir wegen des Geldes die Hölle heiß gemacht und nun ist sie beim selben Thema sehr freundlich gestimmt.
»Nein!«, rufe ich energisch. »Ich habe Ziele ... Wir haben Ziele.

Wir schaffen das. Niemand geht hier pleite!«

Die Toilette ist Hongs Örtchen, um sich über das Weltgeschehen zu informieren. Samstagmorgen kommt sie mit einer brisanten Nachricht zu mir ins Schlafzimmer. »Die Russen sind in die Ukraine einmarschiert!«
Ich bin schlagartig hellwach, da ich den Wertverlust meiner Aktien förmlich spüren kann. Ich springe auf, um meine Aktien sofort auf Verkaufen zu setzen, denn sobald die Börse in Europa öffnet, werden die Aktienkurse rapide fallen. In der Zwischenzeit durchstöbert Hong das Internet und informiert sich, wo man am besten Immobilien kaufen kann, denn wir wollen ihren Eltern beim nächsten Treffen unbedingt eine Lösung für unser finanzielles Problem unterbreiten.
Mir ist nicht klar, wie ich durch den Kauf einer Immobilie mit Geld, dass ich nicht habe, meine finanziellen Probleme lösen kann, aber meine Frau erklärt mir ihre Herangehensweise. Statt mein Festgeld aufs Neue anzulegen, solle ich es lieber in eine kleine Wohnung investieren, die ich dann vermieten könne. Wenn die Immobilienpreise steigen, dann verkaufe ich die Wohnung teuer und erziele einen höheren Profit als durch Festanlagen. Sie und ihre Eltern haben mit dieser Strategie nur gute Erfahrungen gemacht und in Immobilien investiertes Geld sei bei Inflation sicher.
Das funktioniert natürlich nicht ohne gute Beziehungen zu Bankangestellten, die einen mit guten Investments und preiswerten Wohnungen auf dem Laufenden halten. Durch Geldanlagen direkt am Schalter haben Hongs Eltern sogar ihren Hausstand aufgebessert, denn man bekommt die verschiedensten Dinge wie Toilettenpapier, Tücher, Seife, Eierkocher, Reiskocher, Eieruhr ... alles, was man halt so benötigt.
Nach diesen schockierenden Nachrichten brauche ich erst einmal eine Runde Joggen. Nach meiner Rückkehr fühle ich mich erholt und berichte Hong von der nach dem Regen so angenehm frischen und kalten Luft. »Ich konnte mit einem flussaufwärtsfahrenden Lastkahn mitjoggen. Der Kahn hat mich zwar nicht überholt, aber

am Ende hat er doch mit seinem Durchhaltevermögen gesiegt. Viele Kähne liegen am Ufer vor Anker. Ich denke, das ist ein Zeichen dafür, dass die chinesische Wirtschaft nicht mehr richtig brummt.«
Wir setzen uns zusammen, essen Haferbrei, Eier und den alten Fisch von gestern. Hong erzählt mir von einem Bericht, den sie gelesen hat. »Das meiste Essen in China ist nicht mehr natürlich. Alles ist auf schnellstmögliches Wachstum und größtmöglichen Gewinn ausgerichtet. Dank Hormonbehandlung wachsen die Tiere rasend schnell, das Gemüse wird in Gift ertränkt und durch Gene optimiert. Freilaufende Hühner halten die meisten hier für einen Mythos, denn Platz ist in China viel zu kostbar dafür.«
Mich interessiert, ob Hong glaubt, dass der Boden in unserem Garten für den intensiven Gemüseanbau geeignet ist. Im Moment liegt er brach, da der Vermieter ihn vernachlässigt hat. Hong ist sich trotz fehlender Bodenuntersuchung sicher, dass die meisten Böden in China mit Schwermetallen verschmutzt sind. Aber nichtsdestotrotz würden wir das Gemüse essen.
Nach eineinhalb Jahren bekomme ich per E-Mail endlich das Arbeitszeugnis meiner früheren Firma Boiler zugesandt, die ich bereits im September 2012 verlassen hatte. Wenn ich nicht ständig nachgefragt und gedrängelt hätte, wäre ich wahrscheinlich komplett vergessen worden und das nach fünfeinhalb Jahren treuen Dienstes. Der Geburtsort ist falsch ... Ich lächle wehmütig und frage mich, was aus den verlässlichen, präzise und effizient arbeitenden deutschen Firmen geworden ist.
Da chinesische Banken am Samstag und Sonntag von acht Uhr morgens bis mindestens vier Uhr nachmittags geöffnet sind, will ich gleich heute das fällige Festgeld statt bei der Everbright Bank bei der staatlichen ICBC Bank anlegen. Hong warnt davor, das Geld wie in China üblich bar abzuheben und über die Straße zu tragen, um es bei der nächsten Bank wieder einzuzahlen. Das sei lebensgefährlich. In China würden oftmals Leute erschossen, nur weil sie so verdammt naiv seien. Es gäbe so viele Kriminelle, die nur auf eine Gelegenheit warteten, einen Unglücklichen wie mich von der Last seines Geldes zu befreien. Da kann ich nur hoffen,

dass die neue Bank neben einem höheren Zinssatz auch ein funktionierendes Abbuchungsgerät besitzt, damit das Geld direkt von einer Bank zur anderen gebucht werden kann.
Als wir schließlich die Bank mit müden Füßen und schweren Beinen erreichen, stehen wir vor verschlossenen Türen und ich muss mir eingestehen, dass ein Anruf oder ein Blick ins Internet diesen sinnlosen Weg erspart hätte.
Um uns zu trösten, gehen wir ins Kino. Schließlich ist Wochenende und wir können nicht immer nur arbeiten. Wir entscheiden uns für Robocop auf Englisch. Es tut gut, dem unzerstörbaren Helden bei der Arbeit zuzusehen und der zuweilen doch recht eintönigen und zermürbenden Realität für ein paar Augenblicke zu entfliehen. Noch ganz gefangen in der spannenden Welt des Robocops essen wir zu Abend und machen uns auf den Heimweg. Erst als Hong mit ihrer Mutter telefoniert und ihr von meiner Entlassung und den nun einzuleitenden Aktionen berichtet, lande ich – etwas holprig – wieder auf dem Boden der Tatsachen. Eine dieser Aktionen wird der Kampf um die Kaution und die im Voraus zu viel bezahlte Miete sein, die uns die Vermieterin abgeknöpft hat.
»Die Landlady ist wie ein Hund. Wenn sie das Fleisch erstmal geschluckt hat, siehst du es nie wieder«, erklärt Hong bissig.
»So wie es aussieht, müssen wir dann wohl wieder klagen, um die uns zustehende Rückzahlung der Kaution zu bekommen«, resümiere ich seufzend.

Leider erfüllt sich meine Hoffnung nicht, denn der Mitarbeiter der ICBC Bank rät mir wie üblich, meinem Geld einen Spaziergang quer durch die Stadt zu gönnen, natürlich ohne Begleitschutz. Da mir das Risiko gerade nach Hongs gestriger Warnung zu groß ist, verlängere ich mein Festgeld trotz des geringeren Zinssatzes bei der Everbright Bank. Zeit ist Geld, oder etwa nicht? Anschließend gehen Hong und ich in ein Café und lassen es uns bei Kaffee und Kuchen gut gehen.
Zuhause ist es mit der Gemütlichkeit vorbei, denn Hong rechnet mir vor, dass unsere Stromkosten in den letzten zwei Monaten bei

über zweitausend RMB lagen, was etwa 135 Euro pro Monat entspricht.
»Das liegt am Winter«, murmle ich. »Normalerweise sind Heizungen unabhängig vom Stromverbrauch und Heizgas und Heizöl sind wesentlich preiswerter. Aber da Wohnungen mit Heizung in China eine Marktlücke darstellen, müssen wir mit der stromfressenden Klimaanlage auch das Haus heizen, was die Stromkosten in die Höhe treibt. In Deutschland kann man seine Nebenkosten sogar noch reduzieren, indem man mittels Photovoltaik- oder Solaranlagen Strom ins Netz speist und Geld dafür bekommt. China scheint für diese Methode noch keine gute Lösung gefunden zu haben.«
Daniel hat gerade vorlesungsfreie Zeit und ich gratuliere ihm zu seinen bestandenen Prüfungen. Ich möchte in die App-Erstellung einsteigen und erkundige mich deshalb über die Vorgehensweise und die hierzu benötigten Werkzeuge. Mein Studium beinhaltete auch das Programmieren, daher glaube ich, dass ich nur ein wenig Einarbeitung benötige, um auf diesem Gebiet fit zu sein. Daniel weist mich daraufhin, dass die App-Entwicklung ein hart umkämpfter Markt ist und sich damit nur schwer Geld verdienen lässt, aber er erklärt mir trotzdem, was man benötigt und worauf man achten muss. Nun bin ich mir doch nicht mehr ganz so sicher, dass ich das nebenbei erlernen kann und verschiebe die Realisierung dieses Luftschlosses auf später.

Am folgenden Tag begleitet Hong mich zu meinem Termin bei einem AHK-Ausbildungszentrum für Werkzeugmacher und Mechatroniker in Taicang. Wir fahren mit dem Stadtbus, der praktischerweise direkt vor unserem Haus abfährt. Ich spreche mit dem Ausbildungsleiter über eine mögliche Zusammenarbeit in den Bereichen Werkstoffe und Kostenkalkulation von Werkzeugen. Wir einigen uns darauf, dass wir die Unterrichtsräume an den freien Samstage nutzen dürfen und die Teilnehmer über die deutsche Auslandshandelskammer AHK akquirieren. Vorab soll ich ihm für die Gebührenberechnung eine E-Mail mit den Anforderungen schicken. Daraufhin ist ein Gespräch mit dem

AHK-Chef notwendig, um das Marketing für meine neue Profit Growth Academy anzukurbeln. Ich behalte lieber für mich, dass die Prospekte, die Website mit Online-Anmeldung und die Trainingsunterlagen noch nicht fertig sind. Ich denke, das kann ich bestimmt zwischendurch erledigen.

Vom Ausbildungsleiter erfahren Hong und ich, dass am Nachmittag in einem Hotel ganz in der Nähe eine Veranstaltung stattfinde, die ausländische Investoren anlocken soll. Harald Müller aus Suzhou, der deutsche Vizepräsident von DUSA, den wir beide gut kennen, sei für einen Vortrag angereist. Wir nehmen die Einladung des Ausbildungsleiters spontan an und er informiert die Organisationsleitung über unser Erscheinen.

Als wir zu dritt den Saal betreten, erwarten uns schwarz-weiß gestriegelte Männer und schicke Frauen auf hohen Absätzen. Gläser klirren und wir klauen ein paar edle Häppchen von silbernen Tabletts, bevor wir Harald finden und ihn aufs Herzlichste begrüßen. Das chinesische Fernsehen steht für Filmaufnahmen schon bereit und Haralds Halbglatze blitzt einladend im Scheinwerferlicht.

Auf der Agenda steht ein Film über die Stadt Yancheng im Norden der Jiangsu-Provinz. Darauf folgen langatmige Reden, unter anderem vom Bürgermeister dieser Stadt. Am Ende wird sich vielmals gegenseitige Unterstützung zugesichert. Unmengen von Visitenkarten wechseln den Besitzer, dann wird endlich zum Abendessen eingeladen. Mir knurrt der Magen. Hong und ich wandern umher und finden schließlich unsere Namenskarten auf einem der runden Tische. Wir essen, trinken und unterhalten uns mit Chinesen und ausländischen Gästen. Wir diskutieren darüber, ob es sich lohnt, in Yancheng zu leben und Geschäfte aufzubauen.

»Diese Gegend ist nicht ohne Grund so billig. Geringe Löhne, geringe Quadratmeterpreise«, wirft Hong ein. »Man sagt, die Leute dort seien faul, genössen das Leben. Und es wäre kälter als hier im Süden. Soweit ich weiß, gibt es dort keine Ausländer und keinerlei Industrie und der Hafen sowie mögliche Zugverbindungen in größere Städte wie Shanghai oder Suzhou liegen weit entfernt. Der Lebensstandard dort wird für die nächsten zehn bis zwanzig Jahre

so bleiben, wie er ist. Somit ist der einzige Vorteil das frische und saubere Wasser, das auch in den nächsten Jahren seine Qualität behalten wird.«
Damit hat Hong für sich geklärt, dass wir dort keine Geschäfte machen werden, wobei sie einem Besuch in dieser Stadt nicht abgeneigt ist.
Mein nächtliches Studium der Aktienkurse bestätigen meine Vermutungen. Viele Aktien sind wegen des drohenden Krieges in der Ukraine gefallen und verkauft worden. Natürlich zu weitaus niedrigeren Preisen als geplant. Bei einer so schlechten Lage müsste ich erst mal einen Käufer an der Börse finden, der auf einen solchen Deal eingeht. Allerdings ist nun auch mein Gewinn sehr viel schlechter als erhofft. Bevor ich auch nur irgendwas unternehmen kann, schnellen die Aktien und der DAX plötzlich in die Höhe. Den Grund hierfür kann ich nur vermuten, denn für Insiderinformationen bin ich ein zu kleines Licht am Börsenhimmel. Wahrscheinlich hat sich die befürchtete Eskalation in der Ukraine nicht bewahrheitet, aber bei hohen Werten sollte man nicht kaufen, denke ich und gehe schlafen.

Hongs Eltern bringen uns früh morgens ihr Auto und fahren nach einem gemeinsamen Frühstück mit dem Bus nach Suzhou zurück. Hong und ich nutzen Park-and-ride aufgrund des erhöhten Verkehrsaufkommens in der Innenstadt und der schwierigen Parkplatzlage und fahren das letzte Stück mit der Metro. Vor ein paar Monaten hatte sich ein neuer Finanzberater bei Hong gemeldet und beide hatten den heutigen Termin vereinbart. Er erklärt mir ausführlich meine missliche Situation: Viele meiner Investment-Anlagen seien bankrott, eingefroren oder durch lange Vertragszeiten vom Verkauf ausgeschlossen. Zudem habe ich nicht regelmäßig eingezahlt, müsse aber dennoch die Gebühren für die Fonds zahlen, so dass Verluste anstatt satte Gewinne entstanden sind. Ich glaube, ich bin nicht besonders geeignet für diese Art von Geschäften. Meine bisherigen Finanzberater wohl auch nicht. Etwas traurig und sauer überlasse ich meine finanziellen Angelegenheiten dem neuen Finanzberater und hoffe, dass er

besser arbeitet und berät. Ich möchte die beiden britischen Finanzberater Alan und Michael zur Rechenschaft ziehen, denn ich fühle mich betrogen. Im Gespräch mit meinem neuen Berater erfahre einiges über den chaotischen Finanzmarkt in China. Es gibt so gut wie keine Gesetze zum Schutz von Privatanlegern. Ausländer haben kein Recht zu klagen. Die Berater können machen und betrügen, wie es ihnen gefällt.
Anschließend suchen wir meine ausländische HSBC Bank auf, denn in Hongkong existiert noch Geld in chinesischer Währung für den Kauf der Immobilie in Pattaya. Meine Hoffnung auf die Lösung der Online-Probleme war vergebens. Bisher wird eine Überweisung meines Geldes von Hongkong nach China durch eine Fehlermeldung blockiert. Nun wird mir erklärt, dass nur die chinesische Version des Online-Bankings funktioniert. Irritiert frage ich mich, weshalb die englische dann überhaupt angeboten wird. Neuer Versuch: Umwandlung meines Geldes in Hongkong-Dollar. Hierfür benötige ich einen gültigen Arbeitsvertrag und eine Arbeitserlaubnis. Bin ich froh, dass ich trotz Aufforderung des alten Arbeitgebers die Arbeitserlaubnis noch nicht zurückgegeben habe, sonst könnte ich dieses Geld nicht mehr nach China holen. Dummerweise schließt der Schalter vier Uhr nachmittags, so dass nur ein Teil des Geldes überwiesen werden kann und ich später wiederkommen muss. Es stellt sich auch heraus, dass meine Adresse noch immer nicht aktualisiert worden ist. Natürlich gibt es wieder mal Probleme mit dem Umlaut in meinem Nachnamen. Anstelle Ue hat sich die Bank in Hongkong kurzerhand für ein U entschieden und prompt kann ich mich nicht im Hongkong-System identifizieren. Ich hoffe, dass ich in den nächsten Tagen mehr Erfolg haben werde. Immerhin muss ich bald den Kredit zurückzahlen, den ich zum Tilgen der Kosten für mein Apartment in Shanghai bei der HSBC Bank aufgenommen habe. Die achtzig Quadratmeter große Eigentumswohnung liegt im Westen von Shanghai in der Nähe des Hongqiao-Flughafens. Sie liegt im zweiten Stock und hat eine große Terasse. Um dieses Apartment einmal gewinnbringend veräußern zu können, habe ich bei den Kreditverhandlungen darauf bestanden, den Kredit nach einer

festgelegten Laufzeit auch als Einmalzahlung abgelten zu können. Daher versuche ich momentan, mein Geld kurzfristig zu möglichst hohen Zinssätzen anzulegen und alles verfügbare Geld zusammenzusammeln, damit mir die Rückzahlung gelingt und ich das Apartment frei von Belastungen zum Kauf anbieten kann.

Die Bank of China und andere chinesische Banken können bestimmte ausländische Währungen verwalten, so dass mir nach dem Umzug meines gesamten Geldes auf eine dieser Banken zukünftige bürokratische Hürden erspart bleiben und auch die Kosten für Überweisungen und die Kontogebühren wesentlich geringer ausfallen werden.

Gegen fünf Uhr verlassen Hong und ich die Bank und gehen in der beginnenden Dämmerung noch Kaffee trinken und Kuchen essen, bevor wir gestärkt zur Metro laufen. Der Bahnsteig ist voller Menschen und uns wird bewusst, dass wir mitten in die Rushhour geraten sind und die Metro keinen Platz für Zusteiger bietet, da kaum jemand aussteigt. Bei der nächsten Bahn gehen wir nicht mehr so rücksichtsvoll vor und quetschen uns fluchend durch die Tür. Die Freude über unseren Sieg lässt schnell nach, denn wir stehen eingekeilt in der Menschenmasse, in der es weder vor noch zurückgeht. Ich rieche das mit unangenehmen Umgebungsdüften behaftete Haar der kleinen Frau schräg neben mir und identifiziere viele kleine weiße Schüppchen in ihren schwarzen Locken. Der Mann auf der anderen Seite pustet mir seinen warmen Atem ins Gesicht und ich erkenne, dass er vor nicht langer Zeit Hühnchen gegessen hat. Hinter mir schmatzt mir jemand seinen Kaugummi direkt ins Ohr. Jemand anderes niest und ich spüre, wie sich kleine Tropfen Spucke und Schleim auf meinem Nacken verteilen. Während ich versuche, Ruhe zu bewahren, zählt mir Hong die Vorteile der Metro auf. Einer davon ist der höhere Kalorienverbrauch beim vielen Stehen und der damit verbundene Gewichtsverlust. Meine Frau schafft es immer wieder, mich doch noch in Erstaunen zu versetzen, denn sie entdeckt in jeder dunklen bedrohlichen Wolke einen silbernen Hoffnungsfaden. Der Kaffee und der Kuchen scheinen trotz der stehenden Belastung noch nicht vollständig verbraucht worden zu sein, denn als wir endlich zuhause ankommen, verspüren wir beiden keinen Hunger und lassen das Abendessen ausfallen.

Um Heizkosten zu sparen, haben Hong und ich unsere Büros im zweiten Stock zusammengelegt. Dabei hält mir Hong einen Vortrag über reiche Chinesen und deren Verhalten. »Wenn reiche Chinesen ihren Wohnort ins Ausland verlegen, schicken sie zwar Frau und Kind dorthin, verlagern aber ihre Einnahmequelle nicht. Ihre Unternehmen produzieren weiter in China, da sie hier Steuern sparen, nicht allzu viel von ihrem Gewinn abgeben müssen und ihre Arbeitnehmer werden nur sehr unzureichend von einem Betriebsrat geschützt.«
Völlig überraschend wartet Hong mit neuen Plänen für ein Leben in Deutschland auf und informiert sich auf dem Berliner Arbeitsmarkt, da sie dort leben möchte, wo Ausländer nicht diskriminiert werden.
Zum einen glaube ich kaum, dass sie ein Fleckchen Erde finden wird, wo tatsächlich niemand etwas gegen Ausländer hat, zum anderen weise ich sie darauf hin, dass ihre Pläne der Aussage widersprechen, einen Umzug ins Ausland nicht zu wagen, solange ihre Mutter noch lebe, da sie ja gehorchen müsse. Da sie meinen Hinweis gekonnt ignoriert, erkläre ich ihr, dass Berlin nicht gerade ganz oben auf meiner Leben-in-Deutschland-Liste steht und versuche, ihr Frankfurt schmackhaft zu machen.
»Ich könnte im Rheingau Wohnungen vermieten und dort Wein anbauen«, gerate ich ins Schwärmen.
In ihrer liebenswürdig taktlosen Art holt sie mich augenblicklich von meiner Wolke herunter und stellt meine Zukunftspläne in Frage: »Wovon willst du denn die Wohnungen kaufen und warum auf einmal Weinanbau? Nur weil du vor Jahrzehnten während des Studiums dein Taschengeld als Weinberater aufgebessert hast und gern Wein trinkst? Was ist mit deiner App-Entwicklungsgeschichte? Deine Luftschlösser werden immer größer und werden sich bald in alle Winde zerstreuen.«
Während ich immer noch träumerisch über mein Weingut wandle, wirft Hong eine neue Frage in den Raum, die für mich mal wieder

in keinem Zusammenhang zum gerade Besprochenen steht: »Warum werden die Chinesen nicht von der westlichen Gesellschaft akzeptiert?«
Da ich darauf keine Antwort habe, fährt sie fort: »Einladungen werden nicht beantwortet. Sie kommen gar nicht oder bringen unangemeldet Freunde mit. Obwohl wir vom selben Planeten stammen, sind Chinesen für die Einheimischen im Westen offenbar wie Außerirdische, deren Benehmen und Sprache ein Rätsel ist.«
Damit hat sie nicht unrecht, denn mir erscheint sie auch manchmal wie eine Außerirdische.
Ihre Fragerei geht auch gleich in die nächste Runde: »Was ist der Unterschied zwischen armen und reichen Chinesen?«
Diesmal kann ich antworten: »Reiche Chinesen arbeiten viel, arme weniger.«
»Falsch!«, ruft sie und ich glaube, diebische Freude in ihrem Gesicht zu sehen. »Arme Leute kümmern sich um Demokratie, denn sie wollen mitreden und Entscheidungen treffen. Reiche Leute kümmern sich um Freiheit in der Wirtschaft, da sie so Steuern sparen können und nicht von der Regierung kontrolliert werden.«
»Aha«, meine ich nur und widme mich wieder meinem idyllischen Weingut.
Hong macht sich bei einer lokalen Umzugsfirma über die zu erwartenden Kosten schlau. Ich rate ihr, mindestens bei zwei Firmen anzufragen, die nach Besichtigung ein schriftliches Angebot abgeben müssen, damit es nicht wie beim letzten Mal zum Streit kommt.
Die letzte Meldung des Tages, Putin wäre wohl für den Friedensnobelpreis vorgeschlagen worden, strotzt vor Ironie und beschert uns einen langandauernden Lachanfall. Nur schwer können wir uns wieder beruhigen, aber es ist bereits zwei Uhr morgens, das Bett ruft und wir wollen den Rest der Nacht noch sinnvoll nutzen.

Bevor ich zum täglichen Joggen aufbreche, macht mich Hong

darauf aufmerksam, dass sie sehr hungrig sei und mit dem Frühstück nicht auf mich warten könne. Damit kann ich leben.
Verschwitzt und glücklich komme ich zurück. Ich rufe durchs Haus, dass ich schon wieder da bin, lasse das Duschen ausfallen und esse mit großem Appetit den Teller Jiaozi, die leckeren gefüllten Teigtaschen, leer. Dann suche ich Hong und frage, ob sie mich zur Post begleitet, um die Quittungen für die Rückerstattung an meinen ehemaligen Chef zu senden. Hong sagt zu, möchte aber vorher noch gemeinsam frühstücken.
Ich stutze und erkläre ihr ihr, dass ich bereits alles aufgegessen habe.
Eine Schimpftirade stürzt über mir ein. »Ich habe extra auf dich gewartet und jetzt ist der Teller leer. Du bist so egoistisch! Wenn ich die Nase voll habe, werde ich dich wegwerfen. Wenn du anderen nichts gönnst und immer alles für dich behältst, wirst du in China niemals erfolgreich werden.«
Ich versuche erst gar nicht, mich zu rechtfertigen, da das bei Hongs momentanem Zustand nichts bringt, und gehe alleine zur Post. Ich mache mir Gedanken, ob ein reines Beratungsgeschäft ausreicht, um in China Geld zu verdienen. Diese Branche ist bereits überlaufen, so dass ich meine Fühler weiter ausstrecken muss. Da meine finanzielle Situation größere Investitionen momentan nicht zulässt, bietet es sich an, im Bereich Kostenreduzierung Fuß zu fassen. Sobald diese Tätigkeit etwas Gewinn abwirft, kann ich in die Herstellung eigener Produkte einsteigen und mit verlässlicher deutscher Qualitätskontrolle fertigen. Das sollte für das Marketing ausreicht.
Um Hong zu beweisen, dass auch ich an andere Menschen denken kann, kaufe ich ihr auf dem Rückweg ein paar Äpfel und hoffe, damit wieder alles gutzumachen. Mein Plan scheint zunächst nicht aufzugehen, denn ohne ein Wort zu wechseln, arbeiten wir den Rest des Tages am Computer. Aber als es Abend wird, kocht Hong Essen für uns beide und die Stimmung wird gelöster.

Da wir noch das Auto von Hongs Eltern zur Verfügung haben, fahren wir am Samstagabend nach Shanghai und entscheiden uns wieder für Park-and-ride, um Autobahngebühren und die hohen Parkkosten in Shanghai zu vermeiden. Zudem ist nicht gesichert, dass wir überhaupt einen der begehrten Parkplätze ergattern können. Das Parkhaus an der nächsten Metrostation ist nur bis elf Uhr nachts geöffnet, so dass wir die Zeit im Auge behalten müssen, denn anders als in Deutschland kann man nach Schließung auch nicht mehr hinausfahren.

Seit Jahren bin ich Mitglied bei den Franken, die sich regelmäßig treffen, um Neuigkeiten auszutauschen. Leider betreten wir das Restaurant etwas zu spät, da ich mich mal wieder auf meinen untreuen Freund Google Maps verlassen habe und wir prompt bei der falschen Metrostation ausgestiegen sind. Wir treffen auf neue und altbekannte Gesichter, es gibt eine Menge zu erzählen und natürlich singen wir voller Inbrunst unser Frankenlied.

Hong schaut während unseres Gesangs verwirrt zwischen all den guten und mittelmäßigen Sängern hin und her, denn sie versteht nicht allzu viel und überlegte wohl fieberhaft, welche Sprache wir da von uns geben. Sie kann nur ungläubig Wortfetzen wiederholen: »... die fahrenden Scholaren ... mit fliegenden Standarten ... als räudig Schäflein traben ... bei einer Schnitt'rin stehen ... dass du dich hubst von hinnen?«

Ich erkläre ihr, worum es im Lied geht und dass in solche volkstümlichen Liedern oftmals Dialekte einfließen.

Die Suche nach einem freien Taxi ist nicht einfach, doch letztendlich schaffen wir es gerade noch so vor der Schließung des Parkhauses zum Auto. Nachdem wir die Ausfahrt passiert haben, seufze ich: »Das war knapp. Das nächste Mal müssen wir mehr Zeit einplanen.«

Beim sonntäglichen Frühstück erfährt Hong über WeChat, dass am frühen Morgen ein Flugzeug der Malaysia Airlines auf dem Weg von Kuala Lumpur nach Beijing plötzlich vom Radarschirm verschwand und ein Absturz nicht auszuschließen sei. Die Aufregung in China ist groß, da es sich wahrscheinlich um ein Attentat handelt. Die asiatischen Flughäfen und Fluggesellschaften gelten prinzipiell als besonders sicher, daher ist die Bevölkerung verunsichert.

Wir sind von Professor Huang, den wir in der Berufsschule in Taicang getroffen hatten, zu einer Firmeneröffnung mit anschließendem Mittagessen eingeladen worden. Wir lernen viele interessante Menschen kennen und tauschen jede Menge Visitenkarten aus. Ich interessiere mich besonders für die CNC-Maschinen, deren Genauigkeit bei der Fertigung und den Verkaufspreis. Beim Mittagessen bekommen wir eine Geschenkpackung mit grünem Tee überreicht.

Hong stellt fest, dass gestern ein besonderer Tag gewesen sein musste, da im Hotel nebenan mehr als zehn Hochzeitsfeiern gleichzeitig stattfanden. Später klärt sich diese Heiratswütigkeit durch ein Gespräch mit ihrer Mutter. Der 9. März im westlichen Kalender ist zugleich der 9. Februar nach dem diesjährigen Mondkalender und neun plus neun symbolisiert Ewigkeit. Es ist also ein gutes Zeichen für die an einem solchen Tag geschlossene Ehe, denn diese ist dazu bestimmt, für ewig zu bestehen.

Wie jeden Sonntagabend chatte ich mit Daniel über Skype. Da er dem Fliegen eher reserviert gegenüber steht, spreche ich das Flugzeugunglück vom Morgen nicht an, sondern lasse mir Tipps geben, wie die Homepage meiner neuen Firma zu verbessern wäre, um so eine Basis für meinen späteren Erfolg zu schaffen. Siedend heiß fällt mir ein, dass Daniel Geburtstag hat, und so kann ich noch pünktlich gratulieren. Sicherheitshalber habe ich neben dem monatlichen Unterhalt einen jährlichen Dauerauftrag eingerichtet, damit rechtzeitig ein Geldgeschenk eingeht. So kann mein Sohn selbst entscheiden, was er mit dem Geld macht und bekommt keine für ihn unnützen Geschenke.

So langsam müssen wir unsere Siebensachen packen, denn die Umzugsfirma ist bestellt, um einen Teil des Haushaltes nach Suzhou und einen kleineren Teil in die Wohnung nach Shanghai zu bringen. Wir wollen in Suzhou wohnen und die Wohnung in Shanghai möbliert vermieten.

Noch bevor Hong und ich überhaupt aufgestanden sind, klingeln Hongs Eltern an der Tür. Nachdem wir uns rasch fertiggemacht haben, besprechen wir mit ihnen, was zu tun ist. Li Gengnan und

Wu Meilan wollen zwei leerstehende Wohnungen verkaufen und mit dem Erlös zwei Wohnungen für Hong im Ausland kaufen, damit sie in einer der Wohnungen selbst leben und die andere vermieten kann. Obwohl Hong meine Idee noch vor wenigen Tagen als Hirngespinst abgetan hat, teilt sie offenbar meine Vorliebe für Weingüter, denn sie hat bereits ihre Beziehungen in Frankfurt am Main spielen lassen und Unterstützung ihrer damaligen Rechtsanwaltskanzlei zugesichert bekommen. Ihre ehemaligen Arbeitskollegen kennen sich mit Weingütern im Rheingau und Rheinhessen gut aus, was meinen Wunsch in etwas greifbarere Nähe rückt.

Per E-Mail weihe ich meinen Freund Friedhelm, den Organisator des monatlichen Frankentreffens, in meine Idee für einen Aprilscherz ein, damit aufgrund seiner guten Kontakte alles gelingt. Ich plane, von China aus über die Medien in Deutschland die Fränkische Unabhängigkeit auszurufen und Hong und mich als fränkisches Königspaar für das neu geschaffene Regierungsamt anzukündigen.

Friedhelm, ein kleiner Workaholic, schreibt zurück, kaum dass ich den Senden-Button gedrückt habe. Für die Finanzierung seien noch viele Bierkrüge zu verkaufen und dies erfordere eine Besprechung beim nächsten Frankentreffen, das leider erst nach dem 1. April stattfinde. Damit hat sich meine Scherz-Aktion für dieses Jahr wohl erledigt. Schade.

Die die Sonne scheint und ich gebe Hong einen dicken Guten-Morgen-Kuss.

Die Umzugsfirma kommt und Wu Meilan verhandelt, ohne den lokalen Preis zu kennen. Hong hat ihrer Mutter offenbar noch nichts von den drei Angeboten erzählt, von denen diese Firma das günstigste unterbreitet hat. War das vielleicht Absicht gewesen, um ihre Mutter in die Verhandlung zu schicken und so einen noch günstigeren als den vereinbarten Preis zu erzielen? Möglich wäre es, denn die Firma hat die Zeit und die benötigte Anzahl der Mitarbeiter nun einmal eingeplant und die Anfahrt ist ja bereits erledigt. Ich verstecke mich im Badezimmer, damit der führende

Mitarbeiter keinen Europäer zu Gesicht bekommt und noch einen Ausländerzuschlag berechnet. Dennoch gibt es Streit über den Preis und die Umzugsfirma verlässt wütend das Haus, sie lässt sich leider nicht unter Druck setzen.

Ich habe nicht viel von dem wütenden Gespräch verstanden, und Hong erklärt mir, dass sie keinen Vertrag mit der Umzugsfirma abgeschlossen habe und somit der Angebotspreis noch verhandelbar sei. Zudem habe keiner der drei Firmen, die sie kontaktiert hat, einen Blick auf die zu transportierenden Gegenstände geworfen, so dass die Angebotspreise sehr vage wären. Das ist China, wie es leibt und lebt, in Deutschland würde sich keine Firma auf einen solchen Kuhhandel einlassen und vorab alles konkret bestimmen.

Mein erster und bisher einziger selbst organisierter Umzug lief auch nicht problemlos ab. Durch den Umzug des Firmensitzes meines damaligen Arbeitgebers sah ich mich gezwungen, meinen Wohnsitz innerhalb von Shanghai von Pudong nach Puxi zu wechseln, um lange nervige Arbeitswege durch den Großstadtdschungel zu vermeiden. Ich verhandelte mit einer Umzugsfirma und bekam einen Preis sowie Umzugskartons, die ich fleißig befüllte. Als die acht Packer jedoch vor der Tür standen und im Vorfeld bereits eine Preiserhöhung ankündigte, bezahlte ich lediglich die Kartons und schickte alle wieder weg. Mein zweiter Anlauf glückte und der Umzug wurde rasch vollzogen.

Diesmal ist es leider gründlich schiefgelaufen, denn aufgrund der Kündigung meines Arbeitgebers müssen wir spätestens am Samstag aus unserer Wohnung raus sein. Ich möchte keinen weiteren Monat Miete zahlen, der unter Umständen sogar teurer sein kann, denn in China geht man grundsätzlich davon aus, dass Ausländer reich seien und daher auch mehr Geld zahlen könnten. Nun muss Wu Meilan ihre Beziehungen spielen lassen, damit der ihr bekannte Immobilienmakler aus Taicang mit seiner Umzugsfirma rechtzeitig bei uns sein kann. Die Firmen der Vergleichsangebote haben in den nächsten Tagen keine Termine frei, so dass wir auf den Immobilienmakler angewiesen sind. Allerdings wird der Preis höher ausfallen, da in China ein

Freundschaftsdienst Vorteile für den Auftragnehmer und nicht für den Auftraggeber hat. So unterstützt Hongs Familie den Firmeninhaber mit höheren Provisionen. Aber im Gegenzug wird der Immobilienmakler uns dabei helfen, die Rückzahlung der überschüssigen Miete und der Kaution einzufordern.
Mein Fazit: Immer schön auf der Beziehungsebene denken!
Da das Wetter schön ist, machen wir zu viert einen Ausflug mit dem Auto zum Hafen in Taicang. Der dortige Park bietet einen guten Ausgangspunkt für einen Spaziergang. Leider befindet sich gleich daneben eine Müllverbrennungsanlage, deren Größe alle meine Erwartungen übertrifft. Es raucht aus tausend Schloten und der Seewind treibt die giftigen Wolken Richtung Park und zu den dahinterliegenden Wohnhäusern. Während wir mutig eine Runde im Park drehen, werden wir vom stinkenden Nebel eingehüllt. Im Parkmuseum verschaffen wir uns anhand einer Landkarte einen Überblick über Südostasien, und ich stelle fest, dass es auch da schöne Fleckchen zum Leben gibt.
Nachdem sich Wu Meilan und Li Gengnan am Abend auf den Rückweg nach Suzhou gemacht haben, studiere ich die Unterlagen über mein verlorengegangenes Investment in Australien.

Draußen regnet es in Strömen. Ich bereite einen Kommissionsvertrag mit der Firma aus Hongkong vor, deren Vertreter Mr. Chong ich Ende Februar von meinen Qualifikationen im Automotiv-Bereich überzeugen konnte. Bei der Produktion gibt es Möglichkeiten für erhebliche Kostenreduzierung, die ich nach erfolgreichem Vertragsabschluss umsetzen soll. Gleichzeitig vereinbare ich einen Termin mit einem Freund, der solche Systeme in Deutschland herstellt, und hoffe, beide unter Vertrag zu bekommen, denn so kann ich beide Seiten fachmännisch unterstützen.
Ich entdecke die E-Mail eines Rechtsanwalts aus Bayreuth, adressiert an die Mitglieder des Frankenstammtisches in Shanghai. Er möchte chinesische Investoren für das Frankenland gewinnen und eine Reise nach Bayreuth organisieren.
Hong legt ihr Veto ein: »Das ist der falsche Weg. Rechtsanwälte,

egal ob einheimische oder ausländische, haben in China keinen guten Ruf, denn egal, ob sie für Firmen oder für Privatpersonen arbeiten, niemand ist am Ende mit dem Ergebnis zufrieden und jeder fühlt sich ausgenutzt. Ich kenne das aus eigener Erfahrung. Mit Regierungsvertreter hast du mehr Chancen, daher muss Werbung über die chinesische Regierung laufen. Privatpersonen um Hilfe zu bitten, um Investoren zu suchen, funktioniert in China nicht.«

Der Regen hat am nächsten Tag aufgehört, aber trotz Sonnenschein ist es immer noch kalt und windig. Beim morgendlichen Joggen, Hong begleitet mich heute, beobachten wir am Fluss eine dramatische Rettungsaktion. Ein Hund war von einem Lastkahn gefallen, der nun querdreht, damit sich der Hund retten kann. Zwei Frauen und ein Mann rufen dem Hund Mut zu, die Distanz von ungefähr fünfhundert Metern zu überwinden, doch allmählich geht sein Kopf unter. Die Gefahr wächst, da sich weitere Lastkähne schnell nähern und dabei hohe Wellen schlagen, die der Hund nicht überleben wird. In letzter Minute erreicht das erschöpfte Tier den Kahn seines Herrchens und schüttelt sich das Wasser aus dem Fell. Beim Beidrehen schwappt eine Woge über den Rand des mit Sand überladenen Bootes und verursacht einen größeren Tiefgang. Das Boot manövriert nun sehr vorsichtig, damit es nicht untergeht. Wir sind beide sehr froh, dass alles glimpflich ausgegangen ist, denn Hongs Unfall mit dem Hund vor unserem Urlaub ist noch nicht allzu lange her und steckt uns noch in den Gliedern.

Da Hong auch beim Joggen nicht lange still bleiben kann, erzählt sie mir von der verzweifelte Lage eines deutschen General Managers in China: »Das Headquarter möchte gute Zahlen sehen und gute Nachrichten hören, Probleme und kulturelle Unterschiede sind für sie nicht relevant. Unter der Leitung des General Managers arbeiten nur Chinesen, die eigene Interessen verfolgen und keine Details über ihre Arbeit und ihre Probleme nach oben melden, sondern alles für sich behalten. Ja, sie versuchen sogar, den General Manager schlecht zu machen, wenn dieser ihre Interessen nicht unterstützt oder ihre geheimen Machenschaften ans Licht bringt. Der General Manager hat nur dann eine Chance,

wenn er eigene Leute einstellt, denen er vertrauen kann und die ihm wahrheitsgetreu Bericht erstatten. Allein unter dieser Voraussetzung kann er vernünftige Entscheidungen treffen, die letztendlich zum Erfolg der Firma führen werden.«
Ich nicke zustimmend. »Das kommt mir bekannt vor. Ich meldete meine Probleme mit den chinesischen Einkäufern meinem amerikanischen Chef. Aber bei meinen Besuchen habe ich von den Lieferanten erfahren, dass ein Deal zwischen dem Käufer und dem Verkäufer besteht, bei dem der Lieferant einen neuen Auftrag als Ausgleich bekommt, wenn Kosten eines Teils reduziert werden müssen. Ich jedoch wollte den Lieferanten auf Halten setzen und nur dann neue Aufträge vergeben, wenn die Kostenstruktur des alten Teils stimmt. Der Chef sah das genauso, wollte jedoch die Umstrukturierung der Organisation abwarten. Ich hielt dagegen, dass inzwischen keine Einsparungen erzielt werden könnten, das Headquarter aber darauf wartete. Mein Chef beruhigte mich damals, aber damit gab er den Einkäufern und Lieferanten Zeit, sich über mich bei ihm zu beschweren und mich, den Störenfried, so auf elegante Weise loszuwerden. Nun stand mein Chef auf einmal nicht mehr hinter mir, ließ die Beschwerden und die Unzufriedenheit des Headquarters über die unzureichende Kosteneinsparung und die damit verbundenen geringeren Gewinne in seine Beurteilung über mich einfließen. So wurde ich entlassen, obwohl ich keine Fehler gemacht hatte.«
Hong war meiner Meinung. »Die Deutschen in China befinden sich wirklich in einer sehr unvorteilhaften Position zwischen den deutschen Headquarters und der chinesischen Seite. Sie können es den einen nicht recht machen, ohne die anderen zu verärgern.«
Während ich dusche, bereitet Hong das Frühstück vor. Dabei liest sie in einer meiner E-Mails, dass ich wieder Geld für meine Fund-Investments zahlen muss. Ich habe beim letzten Treffen mit dem neuen Finanzberater unterschrieben, dass ich regelmäßig entweder monatlich oder vierteljährlich einzahle.
Als ich erscheine, bestürmt sie mich mit einer Warnung. »Überlege gut, was du tust, denn wenn du am Ende pleite bist, muss ich dich ernähren. Darauf habe ich wirklich keine Lust! Natürlich möchte

ich dich auch schützen, aber du solltest dem Finanzberater nicht blind vertrauen, immerhin hast du auf finanzieller Ebene mit dieser Berufsgruppe bereits schlechte Erfahrungen gemacht.«

Der Tag verläuft ruhig und ohne aufregende Vorkommnisse. Da Hong keine Lust hat zu kochen, gönnen wir uns ein auswärtiges Abendessen. Mein bevorzugter italienischer Rotwein ist wie so oft ausverkauft, daher bestelle ich den teureren spanischen Wein aus dem Jahr 2012. Er schmeckt abscheulich, doch zusammen mit dem Essen wird es schon gehen. Während wir auf das Essen warten, blättere ich noch einmal in der Speisekarte. Zu meinem Ärgernis fällt mir auf, dass hier ein Glas mit einem Viertelliter angegeben ist, ich aber tatsächlich nur 0,2 Liter erhalten habe. Auch in Deutschland hatte ich des Öfteren dieses Problem. Dort führte eine sachliche Reklamation zu reichhaltigem Nachschenken unter vielen Entschuldigungen. Ich bezweifle jedoch, dass die chinesische Bedienung versteht, dass das Restaurant mit dieser Taktik Profit auf Kosten des Gastes macht. In einer Marktwirtschaft regulieren eben Angebot und Nachfrage den Preis und solange ich für diesen Wein bezahle, wird es diese Qualität weiterhin zu solchen Preisen auf der Speisekarte geben. Vielleicht sollte ich ein Restaurant eröffnen, das scheint sich echt zu lohnen, schmunzle ich.

Während ich geblättert habe, hat Hong einen Blick auf die Preise erhascht und macht mir nun unmissverständlich klar, dass sie meinen Luxus nicht finanzieren wird und ich den Wein gefälligst selbst zahlen soll.

An den anderen Tischen sitzen vereinzelt Ausländer, sehen fern, nippen an ihrer Bierflasche und rauchen. Ich frage mich, wie lange sie es wohl in China aushalten werden. Entweder kehren sie zurück nach Deutschland, sobald ihr Vertrag ausläuft, oder sie finden hier eine Frau. Bei meiner früheren Firma habe ich erlebt, dass die deutschen Ehefrauen so viel Druck ausgeübt haben, dass deren Männer vorzeitig zurückgekehrt waren und damit ihre Karrieren ruiniert hatten. Der Manager eines Automobilherstellers erzählte mir von einem seiner Kollegen, der sich kurz nach Vertragsabschluss eine chinesische Freundin anlachte. Seiner

deutschen Frau passte das natürlich überhaupt nicht und sie forderte den Chef ihres Mannes auf, diesem ein Ultimatum zu stellen. Entweder sollte der Mann nach Deutschland zurückkehren oder aber die Beziehung sofort beenden.
Ich war sehr überrascht, dass dieser Chef den Anweisungen der Ehefrau tatsächlich Folge leistete und sich damit in das Privatleben seines Angestellten einmischte und mit arbeitsrechtlichen Sanktionen drohte.
Für Hong scheint das nicht ungewöhnlich zu sein. »Nun, ganz einfach, Familienprobleme wirken sich direkt auf die Leistung des Mitarbeiters in der Firma aus, auch das Arbeitsumfeld mit Kollegen und Kolleginnen wird gestört und die Gerüchteküche brodelt. Ein Chef ist daran interessiert, dass alles läuft, und sorgt für Ordnung.«
Wie gut hab ich es mit Hong und wie schön ist doch eine feste und enge Liebesbeziehung.
Wieder Zuhause kaufe ich mich über meine Online-Plattform beim Deutschen Aktien Index DAX ein, da ich glaube, dass der DAX nicht so starken Schwankungen unterliegt und ich somit das Risiko auf starke Verluste minimieren kann. Falsch gedacht, denn gleich darauf fallen sowohl der DAX als auch der Hang Seng Index. Genauso ergeht es auch dem japanischen Nikkei Index, dem Aktienleitindex aus Toronto und vielen anderen. So viel zum Positiv-Denken! Als ob die Aktienkurse nur darauf gewartet hätten, dass ich wieder etwas mutiger werde! Offenbar bekomme ich hier in China nicht viel mit vom Tagesgeschehen. Ich hätte vor dem Kauf über das Internet prüfen sollen, wie die Kurse stehen, bevor ich eine Entscheidung treffe. Aber dafür benötige ich Hongs Hilfe, denn Google funktioniert hier nicht und das chinesische Baidu liefert in Englisch und Deutsch wenig Verwertbares.
»Du bist in China von der Außenwelt so gut wie abgeschnitten«, freut sich meine Frau fast zu sehr.
»Dann bist du wohl mein Rohr zur Außenwelt. Also bitte, halte mich auch über solche Nachrichten auf dem Laufenden und sag mir Bescheid, wenn so etwas passiert.«

Duschen zu zweit spart Wasser und Zeit

Die Umzugsfirma steht bereits in den frühen Morgenstunden in den Startlöchern und alles, was sich zu der einsamen Matratze in meinem Shanghaier Apartment gesellen soll, wird aufgeladen und abtransportiert. Dank Wu Meilan zahle ich einen guten Preis und gemeinsam folgen wir der Ladung über die Autobahn.
Im Oktober vergangenen Jahres fegte während der Taifunzeit Fitow mit unberechenbarer Kraft über den südostasiatischen Raum und richtete verheerende Verwüstungen an. Auch mein Apartment blieb leider nicht verschont und die Auswirkungen sind noch an Boden, Wänden und Türen zu erkennen, so dass wir um Reparaturen nicht herumkommen. Auch die einsame Matratze hat es erwischt, allerdings lässt diese sich im Gegensatz zu den anderen Schäden leicht entsorgen.
Für spätere Nachweise nehmen wir die Spuren des Wassereinfalls mit unserer Kamera auf, dann hilft mir Li Gengnan beim Aufbau des Bettes und der Regale. Mit dieser Ausstattung können wir das Apartment als Wohnbüro vermieten und wenn sich kein Mieter findet, was jedoch ein herber Rückschlag wäre, können Hong und ich selbst hier wohnen.
Nun müssen wir noch eine Kleinigkeit klären, denn durch den Gang zwischen Aufzug und Eingangstür, in dem der Durchlauferhitzer und die Klimaanlage angebracht sind, weht ständig ein frischer Wind, was im Sommer vielleicht noch ganz angenehm sein mag, aber im Winter sorgt er für Ungemütlichkeit und Dauererkältung. Daher hatten wir mit dem Hausverwalter vereinbart, auf unsere Kosten eine Glaswand anzubringen. Der Verwalter witterte wohl ein lukratives Geschäft, denn er verlangte doppelt so viel wie der Glaser. Natürlich wollten wir den Auftrag direkt über den Glaser abwickeln, doch nun stellt sich der Verwalter quer und behauptet, der Gang müsse gelüftet werden und damit sei die Installation einer Glaswand nicht zulässig. Dummerweise hat Wu Meilan statt einer Anzahlung von fünfzig Prozent als Anreiz gleich die gesamte Summe gezahlt und der

Glaser hat freudig die Scheibe zugeschnitten, die nun bei ihm herumliegt und auf ihren Einsatz wartet. Abgesehen von mir reden alle gleichzeitig auf den Verwalter ein, bis dieser endlich nachgibt und die Anbringung erlaubt. Hong erklärt mir, dass man hier in China mit Worten kämpfen müsse, wenn man gewinnen wolle.

Zur Feier des ersten erfolgreich abgeschlossenen Umzugstages gehen wir am frühen Nachmittag in der Nähe essen und Hongs Eltern stoßen aus Höflichkeit mit mir an. Da ich mit dem Suzhou-Dialekt so meine Probleme habe, unterhalten sie sich meist mit Hong. Ich unterstelle ihnen mal keine böse Absicht, denn wegen der Sprachbarriere könnte eine Unterhaltung mit mir nur an der Oberfläche bleiben. Ich sehe das positiv, denn so entstehen keine Missverständnisse, die vielleicht Ärger heraufbeschwören könnten. Mir ist bewusst, dass ich als Ausländer in einer chinesischen Familie immer Außenseiter bleiben werde.

Hongs Eltern sind wie immer nach ein paar Bissen bereits satt. Als treuer Buddhist meidet Li Gengnan Fleisch und nach dem Essen von Fisch und Meeresfrüchte bekommt er Schmerzen in den Fußzehen. Und Wu Meilan ist mit Mahlzeiten vorsichtig, denn sie hat neben ihrer Zuckerkrankheit auch noch Herzprobleme von der Verwandtschaft geerbt. Da wir unseren Glaser telefonisch nicht erreichen, um ihm die freudige Nachricht mitzuteilen, statten wir ihm nach dem Essen einen Besuch ab. Wie durch eine glückliche Fügung hat er gerade Zeit und macht sich mit uns und der Glasscheibe auf den Weg zur Wohnanlage. Ich nutze die Gelegenheit, ihm die vom Taifun Fitow gebeutelte Matratze als Geschenk aufzuschwatzen, denn er kann sie sicher noch für ein paar hundert RMB verkaufen. Nachdem wir die Wohnung noch gewischt haben und ich allen meinen Dank für die Hilfe ausgesprochen habe, fahren wir heim.

Unterwegs erhalte ich einen Anruf aus Deutschland. Eine Firma sucht einen Berater für eine Firmengründung sowie einen Controller als externen Dienstleister, der ein Auge auf den neuen chinesischen Geschäftsführer in Beijing hat. Unter anderem ist sich die Konzernleitung nicht sicher, ob die Forderungen des neuen Geschäftsführers, Leasing eines nagelneuen 5er BMWs sowie eine

Computerausstattung vom Feinsten, den gängigen Geschäftsgebaren in China entsprechen. Der geht ja gleich in die Vollen, schießt es mir durch den Kopf. Eine solche Ausstattung bekommen noch nicht einmal die Mitglieder der Konzernleitung. Ich verspreche, baldmöglichst ein Angebot zu schicken, und mache mich gleich daran, kaum dass wir zuhause sind. Um mein Interesse zu zeigen, vereinbare ich noch Besprechungstermine für die kommende Woche.

Hong signalisiert mir, dass sie jetzt erst einmal mit der Vorbereitung auf die Prüfung für die jährliche Erneuerung ihrer Rechtsanwaltslizenz beschäftigt sein wird. Da sie über E-Learning viele Video-Präsentationen durchgehen und Kontrollfragen beantworten muss, kann sie sich erst nach der Prüfung um meine Probleme kümmern und ich muss bis dahin allein klarkommen.

Viel früher als geplant steht die Umzugsfirma am Samstagmorgen vor der Tür und es bleibt wenig Zeit für ein Frühstück. Zudem müssen wir noch Bettwäsche und das restliche Geschirr in der Küche verpacken, damit wir alles nach Suzhou schaffen und die Wohnung übergeben können. Nicht nur die Packer beschweren sich über meine vielen Kartons. Hong wettert, dass ich Weltmeister im Müllsammeln wäre, und fordert, dass ich die vielen Bücher, die ich extra aus Deutschland mitgebracht habe, wegwerfe. Das stünde doch alles im Internet ...

In solchen Situationen wird mir bewusst, dass der Altersunterschied doch sehr groß ist, denn für mich sind echte Bücher kostbar und so vieles, das im Internet steht, erscheint mir wertlos. Hong dagegen ist mit dem Internet quasi großgeworden.

Als nach ein paar Stunden Arbeit endlich alles auf dem LKW verstaut und festgezurrt ist, tauscht der LKW seinen Platz mit der beeindruckenden Limousine des Vermieterpaares. Hong hatte unseren Auszugstermin gleich nach meiner Kündigung mit den beiden abgestimmt, so dass wir schnellstens die Mietkosten sparen können. Gemäß dem Ein-Jahres-Mietvertrag, den ich über den Immobilienmakler abgeschlossen habe, habe ich die Möglichkeit jederzeit zu kündigen, wobei hierfür allerdings eine Art Vertragsstrafe in Höhe einer halben Monatsmiete fällig wird.

Sollte bereits im Voraus Miete bezahlt worden sein, wird diese erstattet, jedoch stellen sich die Eigentümer nun stur und behaupten, davon nichts zu wissen. Hong erinnert mich an ihren Vergleich mit dem Hund, dem man ein Stück Fleisch gibt, das man nicht zurückbekommt. Es bricht ein fürchterlicher Streit aus. Die Parteien werden lauter, schreien sich an und werden letztendlich handgreiflich. Hong und ihr Papa sind wütend auf Landlady und Landlord und tun ihre Meinung lauthals kund, während Hongs Mama versucht, alle zu beschwichtigen. Schließlich brüllen sich Hong, Wu Meilan und Li Gengnan gegenseitig an, auch die Eigentümerin gerät mit ihrem Mann in Streit. Jeder schimpft mit jedem, es ist ein Riesenchaos. Als der Vermieter behauptet, das Haus sei beschädigt worden, bitte ich ihn, mir die entsprechende Stelle zu zeigen, doch er bewegt sich nicht vom Fleck. Die Landlady zieht sich mit Hongs Mutter zurück und sie einigen sich darauf, dass das zu viel gezahlte Geld zurückgegeben wird. Am Ende siegt immer das diplomatische Verhandlungsvermögen geschickter Frauen. Bewundernswert!

Auf der Rückfahrt nach Suzhou wird noch immer heftig über den Streit diskutiert und über den Hausbesitzer geschimpft. Hong meint, nur durch solch einen Streit könne man sein Recht bekommen, denn ein Streit über Gericht wäre zu zeitaufwendig und der Ausgang je nach Richter sehr ungewiss.

»Dieser Streit war echt, die Emotionen waren echt, keine Schauspielerei. Wir konnten unsere Wut loswerden und haben ein handfestes Resultat in der Tasche«, bestärke ich sie.

Hong seufzt: »Und wie immer ging es um nichts anderes, als dass du dein Geld zurückbekommst.«

Das sehe ich anders, es ging um Gerechtigkeit und ich bin stolz, dass wir derart auf unserem Recht bestanden haben. In Suzhou angekommen ist bereits die Mittagszeit vorbei. Hong besorgt etwas zu essen für uns und die Möbelpacker, die in der Zwischenzeit mit dem LKW eingetroffen sind. Anschließend wird abgeladen und die meisten Dinge in Hongs Räume im elterlichen Reihenhaus gebracht, wo wir ab sofort wohnen werden. Die Büroeinrichtung wird aufgebaut und Kartons werden ausgepackt. Der alte VW Jetta muss nun draußen übernachten und die Garage für eine Vielzahl meiner Kartons räumen. Als ich mich nach getaner Arbeit zufrieden und müde auf meinem Schreibtischstuhl in unserem neuen Büro niederlasse, überzieht mich ein kalter Schauer. Im Haus meiner Schwiegereltern herrschen dieselbe kalte Temperatur wie draußen.

Laute Knallerei reißt mich aus dem Schlaf. Wenig später wird mir bewusst: Heute ist Sonntag und sonntags wird geheiratet, natürlich nicht ohne Feuerwerk, denn das wäre hier keine Hochzeit. Beim Joggen komme ich an der Villa vorbei, deren Bewohner das Spektakel veranstalten. Vor dem Hauseingang ist ein Zelt aufgestellt worden, in dem die Gäste bewirtet werden. Wahrscheinlich werden mittags Speisen einer externen Cateringfirma aufgetischt und am Abend geht es zur großen Feier ins Hotel. Vielleicht wird am nächsten Tag nochmals zum Mittagessen eingeladen, das hängt von der Größe der zuständigen Geldbeutel ab. Ich bin bereits darüber aufgeklärt, dass es bei der ganzen Angelegenheit um die Ehre geht. Keiner möchte sein Gesicht verlieren, deshalb denkt bei einer Hochzeitsfeier niemand daran, Geld zu sparen. Alles ist pompös und großzügig bemessen, Essen und Getränke gibt es im Überfluss. Die Lage ist einmalig und das Programm hält für jeden Geschmack die richtige Unterhaltung bereit.
Heute hat eine Cousine von Hong die Verwandtschaft zum Abendessen eingeladen. Das bedeutet Stress für mich, denn Wu Meilan hat Angst, dass ich zu alt aussehe und unangenehme Fragen gestellt werden, zum Beispiel, ob ich noch in der Lage sei, Kinder zu zeugen. Die Verwandtschaft scheint äußerst feinfühlig zu sein, daher färbt Hong meine Schläfen, damit kein einziges graues Haar zu sehen ist. Als ich nach einer Stunde Wartezeit meine Haare auswasche, glänzen sie golden. Das verleitet mich zu einer humorvollen Bemerkung: »Nun brauchst du dir keine Sorgen mehr um unsere Zukunft machen. Ich bin jetzt dein Goldesel und ich muss noch nicht einmal scheißen für unser Glück. Mir wächst das Gold ganz einfach aus dem Kopf!«

Bis zum Abendessen nutze ich die Zeit, ein paar Dinge von meiner To-do-Liste abzuarbeiten. Als erstes kümmere ich mich um den Vortrag und die Vorbereitung für einen Workshop, für die ich Ende des Monats einen Termin mit einer deutschen Firma in Ningbo vereinbart habe. Danach aktualisiere ich meine Webseite, da ich die Wasserreinigungsmaschinen in der Kategorie »Umwelttechnik«, die ich für meinen chinesischen Freund Donghai Wang verkaufe, bei meiner Präsentation in den Vordergrund stellen möchte.

Dann wird mein Fleiß durch einen Streit mit Hong über den Auftrag der geplanten Firmenanmeldung für eine deutsche Firma unterbrochen. Ich habe dem Eigentümer versprochen, ihm eine Antwort bis nächste Woche zu geben, doch dabei brauche ich Hongs Unterstützung. Mein Angebot, Hong fünfzig Prozent des Gewinns nach Steuern für ihre Hilfe abzutreten, zieht leider nicht, denn sie hätte andere Pläne und Prioritäten. Stattdessen erinnert sie mich an meine frühere Schachpartnerin und Reisebegleiterin Pan Pan, die als Wirtschaftsprüferin arbeitet.

»Du solltest diese Dame einschalten, um den Fall zu lösen. Ich habe zumindest kein Interesse mehr, dir zu helfen. Ich bin reich genug, ich brauche keine Aufträge.«

Ich kann nicht behaupten, dass ich die Sprunghaftigkeit meiner Frau liebe, zumindest nicht in diesem Bereich. Es macht mich wieder einmal sprachlos, wie emotional meine Frau reagieren kann und ich finde ihr Verhalten ganz schön egoistisch.

Das Abendessen bei Hongs Cousine ist hervorragend. Es gibt Garnelen, Shrimps, Muscheln, Pilze, Gemüse und Fisch, dazu trinken wir Männer Schnaps und die Frauen Saft und Tee. Ich habe vorsichtshalber mein eigenes stilles Mineralwasser mitgebracht, denn es gibt in der Verwandtschaft nur kohlensäurehaltiges Wasser und das ungesunde Leitungswasser ist keine Alternative. Immer wieder werde ich aufgefordert, mit anzustoßen und auszutrinken. Obwohl ich nur nippe, um länger durchzuhalten, wird der Schnaps in meinem Glas weniger und kaum ist es halb leer, wird nachgeschenkt.

Ye Ye und Nai Nai, die Eltern von Hongs Vater, leben leider nicht mehr, aber Wu Meilans Eltern Wai Gong und Wai Puo haben sich auf den Weg zum Festschmaus gemacht. Nach zwei Stunden ausgiebigem Essen und Trinken werden die Reste zum Mitnehmen zusammengepackt und alle verabschieden sich.

Ich schlage vor, einen Stammbaum mit den Bildern von Hongs Verwandtschaft zusammenzustellen, damit ich den Überblick nicht verliere. Es gibt viele Cousinen mit Familienanhang, beispielsweise Jassica mit Ehemann Cai Xu und Sohn Bao Bao, Feng Shi mit ihrem Ehemann Huangyu Li und den Zwillingen Shuangbaotai und Fan Fan. Offenbar gefällt Hong meine Idee und sie möchte im Gegenzug einen Stammbaum von meiner Familie haben.

Hong ist im Nachrichten verbreiten unschlagbar, selbst wenn ich Chinesisch sehr gut verstünde, müsste ich keine Nachrichtensendungen sehen oder hören, denn Hong weiß bereits alles und erzählt es mir auch immer. Sie hat wohl auch ein Geheimforum, welches sie mir vorenthält.

»Du hast doch mal für eine chinesische Baufirma einen Arbeitsvertrag mit einem italienischen Geschäftsmann ausgearbeitet. Diese Firma ist mit zwei anderen staatlichen chinesischen Firmen am Bau des Kanals in Thailand beteiligt, der heute beginnt. So macht sich China unabhängig von den Amerikanern, die den Seeweg über die Straße von Malakka kontrollieren. Zudem verkürzt sich der Weg vom Westen nach China, Korea und Japan um etwa eintausend Kilometer, was eine erhebliche Kostenreduzierung nach sich zieht, denn so kann der Materialtransport nach China über die Stadt Kunming in der südchinesischen Provinz Yunnan direkt vom neuen Kanal aus auf Schienen erfolgen. Auch Länder wie Laos und Myanmar profitieren von dieser künstlichen Wasserstraße, die jedoch für andere Staaten, die am jetzigen Verkehrsweg liegen, einen Nachteil bedeutet, daher ist dieses Projekt politisch sehr umstritten. Diese Hintergründe wirst du nie im Internet lesen, sondern nur aus meinen geheimen Quellen erfahren.«

Es freut mich, dass mein Kunde gut im Geschäft ist, und ich hoffe insgeheim, dass vielleicht noch weitere Aufträge folgen werden.

Wie geplant eröffne ich ein Bankkonto bei der Bank of China in Suzhou, damit ich nach Tilgung meines Kredits für meine Eigentumswohnung in Shanghai das HSBC-Konto auflösen und das restliche Geld, sofern danach überhaupt noch etwas davon zur Verfügung steht, zur Bank of China transferieren kann. Denn diese Bank ist die einzige chinesische Bank, die mit allen Währungen handeln darf. Mit dem Schnellzug fahre ich nach Shanghai, um dort alle erforderlichen Unterlagen für den Geldumtausch vorzulegen und die Kredittilgung zu erledigen. Der kleine Restbetrag wird auf mein neues Konto überwiesen. Damit hab ich den größten Schuldenberg abgetragen.
Vor dem Abendessen gönne ich mir eine Joggingrunde, da ich heute früh nicht dazu gekommen bin. Später räume ich meinen Rucksack aus und stelle mit Entsetzen fest, dass all mein Geld und meine Bankkarten verschwunden sind. Offenbar hat jemand beobachtet, wie ich alles im obersten Fach meines Rucksacks verstaut habe, um es schnell erreichen zu können, und diesen Umstand im dichten Gedränge in der Metrostation ausgenutzt. Hätte ich bemerken können, dass jemand an meinem Rucksack herumfummelt? Wahrscheinlich waren das trainierte Diebe, bei denen auch absolute Aufmerksamkeit nichts nutzt, da sie sehr geschickt vorgehen. Vielleicht war ich auch zu sehr in Gedanken. Im Moment geht mir vieles durch den Kopf und ich bin dadurch leicht abgelenkt. Ich bitte Hong, meine Karten sofort sperren zu lassen, obwohl ich nicht viel Hoffnung habe, dass der Dieb noch etwas übriggelassen hat.
Natürlich belässt es Hong nicht dabei, dass ich mich sowieso schon elend fühle, sondern hackt noch auf mir herum. »So einen dummen Mann wie dich kann ich nicht gebrauchen! Immerhin gehört mir laut chinesischem Ehegesetz die Hälfte deines Geldes und damit wurde auch ich bestohlen! Ich kann dich jetzt nicht dafür belohnen, indem ich dir helfe. Sieh zu, wie du das allein hinkriegst.«
Mal wieder bleibe ich still und verzichte darauf, ihr zu erklären, dass sie noch mehr ihrer Hälfte meines Geldes verlieren könnte, wenn sie mich nach ihrer Art bestraft. Stattdessen gehe ich einfach

ohne ein weiteres Wort ins Bett.

Während ich noch über den Verlust meiner Bankkarten grüble, schneit ein junger Mann von einem Internetdienstleister herein. Wu Meilan hat ihn bestellt, um ein zusätzliches Empfangsgerät zu installieren, weil das Signal sehr schwach ist. Sehr fachmännisch wirken seine Aktivitäten nicht, eher wie die eines Hobbybastlers. Um das nicht weiter mit ansehen zu müssen und den Kopf frei zu bekommen, gehe ich joggen. Bei meiner Rückkehr empfängt mich Hong mit einer Beschwerde über das nun gar nicht mehr vorhandene Netz.

Ich bin dafür, den offenbar unqualifizierten Mann heimzuschicken und einen Profi zu engagieren. Wahrscheinlich wollte Wu Meilan nur Geld sparen und hat den billigsten Dienstleister zu uns geschickt. Leider gibt niemand zu, dass er das Problem nicht beheben kann und probiert solange herum, bis er durch Zufall die Lösung findet ... wenn man als Auftraggeber Glück hat. Wenn nicht, ist man viel Geld für Nichts los. Normalerweise müsste man als Auftraggeber noch Geld vom Dienstleister bekommen, wenn er durch diesen Auftrag an Erfahrungen gewonnen hat, denn diese setzt er, wenn er schlau ist, dann beim nächsten Kunden ein und brüstet sich damit, wie toll er doch ist. Letztendlich findet der „Bastler" tatsächlich eine Lösung, um das Internetsignal zu verstärken, und wir sind zufrieden.

Das Abendessen wird auf meinem Wunsch hin auf halb sechs vorverlegt, damit ich früher schlafen gehen kann, ohne dass mein Bauch sich beim Einschlafen so voll anfühlt. Mein Schwiegervater und ich trinken zum Essen ein Glas Schnaps, um dem Völlegefühl hoffentlich vorzubeugen. Nach dem Abendessen fahren Hong und ich mit der neuen Metrolinie vor unserer Haustür zum Hauptbahnhof, um Tickets für den Lieferantenbesuch in Kunshan am nächsten Morgen zu kaufen. Hong könnte die Tickets auch online buchen, doch ich als Ausländer darf das nach verschärften Gesetzen seit ein paar Jahren nicht mehr. Im Gegensatz zu Deutschland bekommt man hier nur personalisierte Fahrkarten, die nur nach Vorlage eines gültigen Passes ausgegeben werden. Noch

erstaunlicher ist für mich, dass man keine Folgezüge buchen kann. Alle Fahrkarten gelten nur für Fahrten, die auch in dem Bahnhof starten, in dem man die Tickets gekauft hat. Um einen Zug dann endlich auch betreten zu dürfen, durchläuft man das gleiche Prozedere wie an Flughäfen. Aber immerhin kann man sich absolut sicher fühlen und die Zugfahrt genießen, ohne einen Überfall befürchten zu müssen.
Nach der ewigen Warterei brauche ich einen Cocktail. Ich stöbere in den Umzugskartons in der Garage nach meiner Baileys-Flasche und mixe mir einen Drink. Da alle anderen dankend ablehnen, muss ich mein Glas allein leeren.
Für den morgigen Termin benötige ich einen Kommissionsvertrag in Chinesisch. Da ich bereits einen solchen Vertrag für einen anderen Lieferanten erstellt hatte, tausche ich einfach die Adressen aus. Hong schläft bereits, daher werde ich diesen Vertrag morgen mit ihr im Zug besprechen.

Es ist wieder kalt geworden und es regnet. Hong hat sich im Internet über Heiratspsychologie schlau gemacht und meint jetzt, ich hätte sie ausgewählt, um meinen Status in der Gesellschaft auszudrücken, genauso wie es auch der amerikanische Staatspräsident mit seiner Frau gemacht hat. Ich komme dabei wieder schlecht weg und Hong beschwert sich, dass ich sie nicht liebe, sondern nur brauche, um in China überleben zu können.
Diesmal gebe ich mich nicht gleich geschlagen und erkläre ihr, dass ich aufgrund der kulturellen Unterschiede immer jemanden brauche, der mich unterstützt, beruflich wie privat. Da ich sie liebe, bin ich in China geblieben, denn in Deutschland hätte sie in den ersten drei Jahren als meine Ehefrau nicht arbeiten dürfen und wäre sehr unzufrieden gewesen. Vielleicht hätten wir uns sogar sehr bald nach dem Umzug nach Deutschland getrennt.
Offenbar habe ich endlich einmal die richtigen Worte gefunden, denn Hong ist sprachlos.
Beim Lieferanten für Gusserzeugnisse in Kunshan begrüßt uns ein sehr junger Geschäftsführer und zeigt uns seine Firma. Um mich vorzustellen, picke ich die für ihn und sein Unternehmen wichtigen

Elemente aus meinem Werdegang heraus und schöpfe reichhaltig aus meinem Erfahrungsschatz, der einiges an Fachwissen rund um das Thema Gussteile bietet. Nicht kleckern, sondern klotzen, heißt das Motto, nur so kann ich mich als kompetenter Partner darstellen und derartige Aufträge an Land ziehen.

Dann lernen wir den jungen Eigentümer näher kennen, der Gusstechnik studiert hat und bereits als Einkäufer und Qualitätsingenieur tätig war. Auf diesen Gebieten kennt er sich aus und trotzdem scheint er auf keinen grünen Zweig zu kommen, denn trotz mehr als zwölf Stunden Arbeitszeit pro Tag, die auch seine Frau und seine Brüder tragen, können sie sich kein Gehalt auszahlen. Die kleine Gewinnmarge von zwei bis drei Prozent, die dazu gedacht ist, am Jahresende geteilt zu werden, frisst der Ausschuss von zehn Prozent auf. Für die Kundensuche ist ein Verkäufer zuständig und der Inhaber selbst beschäftigt sich mit Marketing. Von den sechs Maschinen, die er teilweise gekauft und teilweise geleast hat, sind nur zwei ausgelastet. Dem Geschäftsführer ist klar, dass das nicht effizient ist und ihm die steigenden Energie- und Lohnkosten zusammen mit den steigenden Fixkosten für Gebäude und Maschinen früher oder später das Genick brechen werden. Er selbst besitzt nicht das nötige Know-how, um hier eine Verbesserung zu bewirken, aber ihm fehlt auch das Geld für externe Berater. Er hat nur die Möglichkeit, sein Unternehmen durch einen raschen Zuwachs an Aufträgen zu stabilisieren, doch das chinesische Management vertraut nur auf das chinesische Netzwerk. Hier werden Aufträge über Freunde und das Internet akquiriert und die so wichtigen Messebesuche auf später verschoben. Wenn er weiterhin der Meinung bleibt, dass die vorgeschlagenen Prozessflussanalysen und das verbesserte Value-Stream-Design zur Reduzierung der laufenden Kosten erst gestartet werden sollen, wenn Geld da ist, ist das wie Holzhacken mit einer stumpfen Axt. Nimmt sich der Eigentümer nicht die Zeit, die sprichwörtliche Axt zu schärfen, nur weil er die Abarbeitung von Aufträgen und die Einhaltung von Terminen vorschiebt, wird er nicht weit kommen, denn die Konkurrenz schläft nicht.

Nach dem gemeinsamen Mittagessen in einem nahegelegenen Restaurant diskutieren wir über den Kommissionvertrag, Werkzeuge und Prozessverbesserungen. Der junge Unternehmer verspricht, den Vorschlag durchzugehen und sich zu melden.
Nach getaner Arbeit treffen wir in Suzhou einen deutschen Freund, den ich seit Jahren aus meiner Zeit in Shanghai kenne, aber selten sehe. Bis Andreas Kroppa im Restaurant eintrifft, fotografiere ich die schöne Speisekarte Seite für Seite. Hong kann sich nicht im Zaum halten und schimpft irgendetwas von Illegalität. Ich weiß nicht, was daran illegal sein soll, aber ihr Gezeter hat das Personal aufmerksam gemacht und keine Minute später verbietet mir die Geschäftsführerin das Fotografieren. Danke Hong!
Wir laden Andreas ein und sprechen über mögliche Geschäfte, doch er zeigt wenig Interesse, denn er genießt sein ruhiges Leben und ist mit seinem Job sehr zufrieden. Dennoch bieten wir ihm ein gemeinsames Abendessen mit seiner Freundin am kommenden Sonntag an. Andreas freut sich und verspricht, sich bald zu melden.

Nach dem Frühstück verdrücke ich mich im Büro und bearbeite verschiedene Dokumente, die morgen fällig sind.
Abends ist Hong als DUSA-Mitglied zur Jahresversammlung im Kempinski Hotel in Suzhou eingeladen. Hier begegnen wir alten Bekannten, unter anderem dem Vorstand Harald Müller, der auf unserer Hochzeit mit seiner Rede alle zum Lachen gebracht hat. Auch treffe ich den Geschäftsführer C. J. wieder, der mich als Redner zu einer seiner Veranstaltungen eingeladen hat. C. J. kommt aus Singapur und hat in Shanghai ein eigenes Beratungsbüro, um die Leistungen der Mitarbeiter durch Managementberatung zu steigern. Hong und ich lernen neue Leute kennen und stapelweise wechseln Visitenkarten ihre Besitzer. Natürlich wird auch der Magen mit Snacks zufriedengestellt. Nach deutscher Tradition startet pünktlich auf die Minute der Jahresbericht. Harald Müller wird zurück nach Deutschland gehen und im Vorstand durch einen österreichischen Geschäftsführer ersetzt. Nach der Veranstaltung unterhalte ich mich kurz mit dem

Österreicher und tausche Visitenkarten aus. Ich frage mich, wie viele Tonnen an Papier und Druckertinte wohl jährlich auf solchen Veranstaltungen verschwendet werden, wie viele Visitenkarten unbeachtet in Taschen, Mänteln und Mülleimern verschwinden und nie wieder angesehen werden. Trotzdem muss man bei dem ganzen pseudo-interessierten Getue und Getausche mitspielen, möchte man eine reale Chance haben, denn eine unter den Tausenden kann den Ausschlag für ein großes Geschäft geben. Oder vielleicht sollte ich einfach in die Herstellung von Visitenkarten investieren. Das scheint mir eine sichere Anlage zu sein.
Zuhause trinke ich meinen Cocktail und gehe ins Bett. Hong arbeitet noch im Büro und gesellt sich erst Stunden später zu mir unter die warme Bettdecke.

Am nächsten Morgen beschwert sich Hongs Mutter, dass der Heizkörper die ganze Nacht gelaufen ist. Sie verlangt Schadenersatz für die hohen Stromkosten, wenn das nochmals vorkommen sollte. Hong hatte vergessen ihn auszuschalten, bevor sie schlafen gegangen war.
Diese Situation macht mir wieder klar, dass Hong gar nichts dafür kann, dass sie so ist, wie sie ist. Sie hat das von ihrer Mutter vorgelebt bekommen und musste annehmen, dass die Welt so funktioniert.
Die Internetverbindung im Büro kommt nicht zustande, auch nicht nach mehrmaligem Neustart des Routers. Das ist ziemlich ärgerlich, denn so kann ich die geplante Übersetzung für meine Präsentation nicht erledigen.
Hong prüft alle Kabel, es könnte ja ein Wackelkontakt sein, schaltet den Strom aus und wieder ein und ruft den Helpdesk an. Dann kommt sie zurück und startet ihren Laptop neu, leider ohne Erfolg. Erneut geht sie zum Router, zieht alle Stecker ab und stöpselt sie wieder ein, dann haben wir endlich wieder Internet. Beharrlichkeit zahlt sich eben doch aus.
Bevor ich mit der Übersetzung beginne, muss Hong noch die neuesten Neuigkeiten loswerden. Eine Geschichte interessiert mich

mehr als die anderen, denn es geht um ein haarsträubendes Vorkommnis im Kindergarten nebenan. In der Hosentasche seines Sohnes fand ein Vater beim abendlichen Bettfertigmachen eine Tablette, die definitiv am Morgen noch nicht darin gewesen war, da er am Vorabend allerlei kleines Spielzeug und gesammelte Steinchen herausgefischt und die Taschen komplett gelehrt hatte. Sein Sohn verriet nicht, wie die Tablette in seine Hosentasche geraten war, und so schaltete der Vater die Polizei ein. Schnell wurde festgestellt, dass es sich bei der Tablette um ein Beruhigungsmittel handelte, dass den Kindern regelmäßig von den Erziehern verabreicht wurde, um mehr Zeit für sich zu haben und weniger Geschrei ertragen zu müssen. Ich bezweifle, dass sich diese Art der Arbeitserleichterung und Personalentlastung durchsetzen wird, zumal es Entlassungen der Erzieher nach sich zog. Schließung drohe wohl nur, wenn sich Todesfälle ereignet hätten ... Nicht gerade sehr beruhigend!

Im Suzhou International Expo Center findet in diesen Tagen eine Maschinenmesse statt, die wir natürlich nicht verpassen dürfen. Wir konzentrieren uns auf einheimische Firmen, bei denen die meisten Mitarbeiter kein Englisch sprechen können, denn ich hab ja meinen persönlichen Übersetzer dabei, auch wenn das Fachvokabular eine kleine Hürde darstellt. Wir sammeln Prospekte und Visitenkarten ein, um sie zuhause gründlich durchzusehen und zu überlegen, mit wem sich eine Kooperation anbietet.

Bevor wir uns in die vollgestopfte Metro quetschen, gönnen wir uns noch einen gemütlichen Plausch in einem Café. Wie gewohnt können wir uns zuhause gleich an den gedeckten Tisch setzen und das Abendessen zusammen mit meinen Schwiegereltern genießen. Ich muss mich weiter um meine Übersetzung kümmern, aber das Internet macht mir einen Strich durch die Rechnung, denn es funktioniert schon wieder nicht. Ich versuche, ruhig zu bleiben, aber trotz allem kann ich nicht verhindern, dass Ärger in mir hochsteigt. Klappt denn hier wieder gar nichts? Als ich einen verpassten Anruf aus Deutschland beantworten will, erscheint Hong neben mir und möchte mir etwas sagen. Da am anderen Ende der Leitung gerade jemand abnimmt, schiebe ich sie weg, damit

ich den Gesprächspartner verstehe. Dabei habe ich versehentlich Hongs Brille berührt, doch das wird mir in dem Moment gar nicht bewusst, weil ich mit dem Anruf beschäftigt bin. Erst als sie mir erklärt, dass sie mich deswegen nicht mehr bei meinen Arbeiten unterstützen wird und ab sofort streikt, kommt eine vage Erinnerung. Noch bevor ich eine Verteidigung aufbauen kann, wettert sie los.
»Meine Eltern haben keine Pflicht dich zu ernähren. Geh doch zurück zu einer deiner Ex-Freundinnen und sei zu denen so respektlos. Ich habe genug. So lasse ich mich nicht behandeln!«
Mal wieder verstehe ich die Welt nicht mehr. Manchmal zweifle ich an meiner Entscheidung, Hong geheiratet zu haben. Natürlich liebe ich sie, aber diese ständigen Ausbrüche und Überreaktionen wegen Nichtigkeiten nagen an mir. Nachts liege ich mit offenen Augen im Bett und überlege angestrengt, wie ich sie wieder besänftigen kann. Oder sollte ich mich besser von ihr trennen, nach Deutschland zurückgehen und nochmal ganz neu anfangen? Vielleicht ist am nächsten Morgen auch alles wieder gut, bei Hong kann man so etwas nie wissen. Während meine Gedanken sich im Kreis drehen, überwältigt mich der Schlaf.

Am Morgen fahre ich nach Shanghai zu dem schon seit langem vereinbarten und immer wieder verschobenen Mittagessen mit einer chinesischer Familie, die ich schon seit Jahren kenne. Sie habe keine Zeit, sagte Hong, aber ich glaube, dass doch noch nicht alles wieder gut ist. Zudem kenne sie das Ehepaar sowieso nicht.
Pünktlich erreiche ich das Restaurant und ziehe eine Wartenummer, da noch mehrere Menschen vor mir auf einen Tisch warten. Wenig später trifft auch die Familie ein und es gibt viel zu erzählen. Sun und seine Frau Amy sind mir vor etwa zwanzig Jahren in Shanghai bei einem Dinner meiner ehemaligen Akupunktur-Ärztin vorgestellt worden. Damals waren sie noch nicht verheiratet und hatten kein Kind. Ihre zwölfjährige Tochter Sarah macht mir bewusst, wie schnell die Zeit doch vergeht. Wir lachen und genießen das gute Essen und ich verspreche, die Familie das nächste Mal nach Suzhou einzuladen.

Meine Entspannung lässt leider viel zu schnell nach, als ich feststelle, dass das Internet zuhause immer noch nicht geht. Mein IMAP-Konto von Google fragt permanent nach einem Passwort, doch keines, das mir einfällt, passt. Da wird mir klar, dass das Internet sehr wohl funktioniert und das Problem bei meinem Google-Account liegt. Warum ist der Kopf nur immer so leer, wenn man Passwörter braucht?! Die Notizzettel habe ich natürlich auch nicht griffbereit, die schlummern bestimmt friedlich in einem der Umzugskartons in der Garage. Aus Frust schleudere ich die Sachen von meinem Schreibtisch auf den Boden. Meine Nerven liegen blank. Als ich schon nahe dran bin, den Computer aus dem Fenster zu werfen, kommt mir noch eine Idee. Ich setze das Passwort zurück und sowohl Google als auch mein Aktien- und Index-Trading funktionieren wieder, als wäre nichts gewesen.

Doch die Freude über den kleinen Erfolg hält nicht lange an, denn ich muss feststellen, dass Hong noch immer sauer ist. Meine leise Hoffnung, der Ärger hätte sich über Nacht verflüchtigt, verpufft sang- und klanglos in der Luft. Sie will ihre Verbindung zu mir auf LinkedIn lösen und erklärt, dass ich von ihr weder Unterstützung bei einer Übersetzung noch beim Dolmetschen bekommen werde.

Manchmal fühle ich mich wie im Kindergarten und ich frage mich, wie eine Rechtsanwältin von sechsunddreißig Jahren wegen Nichtigkeiten so kindisch reagieren kann. Im Job dürfte das sehr hinderlich sein. Zudem war ich immer der Meinung, die Firma gehöre uns beiden, immerhin streicht sie fünfzig Prozent des Gewinns ein, somit würde sie mit ihrer Weigerung ihr eigenes Unternehmen sabotieren. Allerdings betont sie ja oft genug, dass sie auf mein Geld nicht angewiesen sei, und so lebt sie ihre Emotionen rücksichtslos aus.

Trotz unserer Differenzen gehen wir beide vor der nächtlichen Bettruhe noch in der Wohnanlage spazieren. Als wäre es das Wichtigste der Welt, teilt Hong mir ihre Theorie über das verschwundene Flugzeug der Malaysia Airlines mit: »Der Pilot hat die Regierung erpressen wollen und als es nicht geklappt hat, hat er aus Verzweiflung das Flugzeug samt Passagiere versenkt.«

Ohne mir Zeit für eine Antwort zu geben, schwenkt sie zur Politik

in Europa um. Sie schimpft auf die deutsche Kanzlerin Merkel, weil sie Russland Probleme mache und dann im Winter ganz Europa frieren lasse, weil Putin daraufhin den Gashahn zudreht.
Ich sehe das ein bisschen anders, denn die Kanzlerin muss Stärke zeigen.
Hong widerspricht mir: »Merkel hat sich die Zähne nur von den USA ausgeliehen, sie hat keine eigene Zähne mehr.«
Ich finde es befremdlich, dass wir miteinander reden, als wäre der Streit gestern nicht gewesen. Wir schaffen es nicht, anständig mit unseren Problemen umzugehen. Entweder schreien wir uns an oder wir reden über belangloses Zeug, einen gesunden Mittelweg gibt es nicht. Vor nicht mal einem Tag habe ich über einen Neuanfang ohne Hong gegrübelt und jetzt diskutieren wir über Angela Merkel!

Am Tag darauf suche ich mein Handy. Im Schlafzimmer ist es nicht. Habe ich es gestern bei der Rückfahrt im Zug, als ich es in die Jackentasche stecken wollte, versehentlich auf den Boden fallen lassen und nichts davon mitbekommen? Das wäre eine Katastrophe, da ich noch keine Zeit für eine Datensicherung hatte. Alle neuen Verbindungen wären verloren! Ich bitte Hong um ihr Handy, damit ich wenigstens telefonieren kann, aber sie weigert sich, da es sie Geld kostet. Ich durchforste alle Räume und finde mein Handy auf dem Fußboden im Büro. Ich atme erleichtert auf, alles ist gut.
Am Nachmittag versuche ich, meinen Vater zu erreichen, um ihm zum Geburtstag zu gratulieren. Während ich darauf warte, dass er abnimmt, laufe ich umher und bemerke wieder einmal meine kalten Füße. Bei achtzehn Grad Innentemperatur und zwanzig Grad Außentemperatur nicht verwunderlich, und die Fußbodenheizung ist natürlich ausgeschaltet.
Mein Vater scheint nicht zuhause zu sein, also lege ich auf und schlage Hong vor, einen heizbaren Fußbodenteppich zu kaufen. Hong lehnt das aus Sicherheitsgründen ab, doch so leicht gebe ich nicht auf und erkläre, dass ich einen aus Deutschland mitbringen werde, denn die sind vom VDE und TÜV geprüft und genehmigt.

Für Hong ist das kein ausreichender Grund, denn die Teppiche seien bestimmt aus China importiert. Ich verzichte auf weitere Argumente, denn ich weiß, wann ich verloren habe.
Ich gönne mir einen Blick in meine E-Mails, die Nachrichten sind ernüchternd. Ich hatte nach Weingütern in Deutschland gesucht, aber die Preise sind exorbitant hoch. Auch Hong bestätigt, dass wir uns das nicht leisten können. Daraufhin kontaktiere ich eine weitere Adresse in Rhein-Hessen, von der ich mehr erhoffe.
Als ich mich zum Schlafen verabschiede, bemerkt Hong: »Du bist wirklich immer müde. Nur beim Schlafen, da scheint es zu gehen.«
Ich versuche nicht zu ergründen, ob sie einen Scherz gemacht hat oder es ernst meint. Bei ihrer nächsten Aussage gibt es keinen Zweifel über die Ernsthaftigkeit, denn nachdem ich alle meine Schlüssel, Bankkarten, Schreibstifte, Visitenkarten und meinen Personalausweis auf die Ablage gelegt habe, schimpft sie, dass das so nicht ordentlich sei und ich das noch aufräumen müsse. Um einem Streit vorzubeugen, komme ich dem nach und verziehe mich dann ins Schlafzimmer. Vor der Tür stolpere ich über den Wäschekorb.
Hongs Mutter hatte am Morgen unsere schmutzige Wäsche eingesammelt, gewaschen, zum Trocknen aufgehängt und nun vor der Schlafzimmertür abgestellt.

Zum Wochenbeginn geht es wieder einmal nach Shanghai. Beim AHK-Vortrag erfahre ich, dass die Programmierung von Apps Einzug in die Automobilherstellung hält. Ich fühle mich in meiner Idee der App-Entwicklung bestätigt und sollte das Thema schnellstmöglich in Angriff nehmen, um den Anschluss nicht zu verlieren, denn Apps sind die Zukunft.
Beim anschließenden Buffet treffe ich alte Bekannte und nutze die Gelegenheit, mein neues Business vorzustellen. Auf dem Nachhauseweg begegne ich im Nachtzug einem Chinesen, der sich mit mir geschäftlich unterhalten will. Meine nachbestellten Visitenkarten sind noch nicht eingetroffen, so dass ich seine Karte entgegennehme und verspreche, mich zu melden.
Hong holt mich vom Bahnhof ab und diesmal habe ich eine

Nachricht zu verkünden, die ich während des Buffets aufgeschnappt habe: »Ein Deutscher hat heute erzählt, dass ein technischer Fehler an dem Verschwinden der Malaysia-Airlines-Maschine schuld sein soll.«
Fast täglich gibt es neue Informationen zu diesem Thema, noch heute ging es darum, dass ein Soldat vor dem Radargerät eingeschlafen war oder es sogar ausgeschaltet hatte. Hong erklärt in ihrer Funktion als Rechtsanwältin, dass das Ausschalten strafbar sei. Ich nicke nur und erzähle ihr nicht, dass ich an Müdigkeit als Grund denke.
Auf meine Neuigkeit im Falle des Fluges 370 erwidert Hong: »Nur Leute mit so niedriger Intelligenz wie du denken an einen technischen Fehler. Oder der Deutsche ist Lieferant von Airbus und will Gerüchte streuen, um Boeing zu schaden. Chinesen denken eher an Hijacking.«
Um mir nicht den Triumph zu gönnen, auch mal etwas zu wissen, kramt sie die neueste Statistik in Europa hervor. In wenigen Jahren würden Deutschland, Frankreich, Belgien und die Niederlande mehr muslimische Einwohner als Einheimische aufweisen. Während Franzosen im Durchschnitt 0,8 Kinder produzierten, brachte es eine muslimische Frau in Frankreich auf über acht Kinder. Hong ist der Meinung, dass wir beide einen Ausgleich schaffen müssten.
»Aber vorher können wir für einen Euro die Malaysia Airlines übernehmen. Die ist nämlich jetzt pleite«, ergänzte sie lächelnd.
Am folgenden Tag favorisiert Hong politische Themen und erklärt: »In China dürfen Präsident und Premier nur zweimal gewählt werden, der Stuhl von Frau Merkel ist auch schon dünn.«
Hongs Aussage bringt mich zum Lachen. »Wenn du das so sagst, klingt das, als ob die arme Frau Durchfall hätte. Fidel Castro ist auch zurückgetreten und mir ist jetzt noch ganz schlecht.«
Darauf Hong sehr ernst: »Dieser Rücktritt ist schon Jahre her, also warum sollte dir das jetzt noch immer Unbehagen bereiten?«
Am Nachmittag starten wir einen zweiten Versuch, die heißen Quellen im Suzhou Taihu National Wetland Park zu besichtigen. Mittlerweile wissen wir ja, wie der Hase läuft, und so hat Hong

gestern reserviert.

Im Auto gibt es Streit, denn Li Gengnan will eine Abkürzung und nicht die neugebaute Schnellstraße fahren. Der Weg über die Dörfer dauert ewig und manchmal fühlt es sich an, als führen wir rückwärts. Aber mich stört das nicht. Ich sitze entspannt neben meiner Frau auf dem Rücksitz und habe immer etwas zu lesen und zu arbeiten dabei.

Den großen Parkplatz vor dem Wetland Park kennen wir bereits, aber nun dürfen wir uns auch hinter dem Einlass umschauen. Das weitläufige wasserreiche Gelände mit vielen Inseln kann man zu Fuß über zahlreiche Brücken oder im Boot erkunden. Neben einer ausgewogenen Flora gibt es viele Tiere, ein Highlight sind die drolligen Pandabären, deren Gehege durch eine Glasscheibe vom Touristentrubel abgeschirmt ist. Auch die die Wasserstadt Zhouzhuang mit der traditionellen chinesische Gondela und die Architektur aus der Ming- und der Qing-Dynastie beeindrucken uns. Nach einem kleinen Imbiss testen wir den Entspannungsgrad der einzelnen heißen Quellen und lassen uns im Wellenbad hin- und herschunkeln.

Auf dem Rückweg eskaliert die Situation erneut, da Li Gengnan das Navigationssystem ignoriert und fährt, wie er denkt. Daher muss er immer wieder umdrehen und verliert mehr Zeit und Kraftstoff, als er einsparen wollte. Als ich mich leise auf dem Rücksitz wundere, wie man sich in einer Stadt, in der man seit Jahrzehnten lebt, derart verfahren kann, klärt meine Frau mich auf. Ihr Vater fährt nur noch selten und das Straßennetz wird nahezu täglich baulich verändert, so dass selbst die Navigationssysteme mit der Aktualisierung nur schwer Schritt halten können.

Am Donnerstagmorgen fahre ich nach Shanghai zu einem Interview bei einer deutschen Firma, das ich gestern vorbereitet habe. Beim AHK-Treffen vor ein paar Tagen hatte ich den Kontakt zu der Firma geknüpft und er erweist sich als äußerst hilfreich, denn beim Gespräch stellt die Beraterfirma Geschäftsideen vor, die sich auch sehr gut für meine Firma eignen. Die vielen interessanten Aspekte lassen mich die Zeit vergessen und ich kehre erst abends

wieder nach Hause zurück.
So positiv der Tag auch war, der Abend wird es wohl nicht werden, denn unsere vor Tagen bestellten Visitenkarten, die wir morgen benötigen, sind noch nicht fertig. Der Inhaber hatte uns zugesichert, dass die Karten bereits am Folgetag nach der Bestellung fertig seien, aber nun haben mehrere Tage nicht gereicht. Ich bin sauer und setze den Mitarbeiter unter Druck, indem ich ihn wissen lasse, dass ich mich erst aus seinem Geschäft wegbewege, wenn ich meine Visitenkarten habe. Der Mitarbeiter teilt mir nach einem Anruf in der Druckerei mit, dass mein Auftrag noch gar nicht in Angriff genommen wurde und heute definitiv nicht fertig werden wird. Ich diskutiere solange, bis er sein „vielleicht morgen" in ein „unwiderruflich morgen früh" umgewandelt hat.

Die Visitenkarten sind tatsächlich pünktlich fertig, allerdings lässt die Qualität zu wünschen übrig, aber das liegt wahrscheinlich an dem zwanzig Prozent geringeren Preis gegenüber den bisherigen Karten. Zum Glück haben wir nur zweihundert Stück drucken lassen, die werden schnell aufgebraucht sein. Bei Professor Huang, der uns erneut eingeladen hat, können wir heute Abend die ersten Karten unters Volk bringen.
Auf dem Rückweg von der Druckerei möchte Hong wissen, was ich mir zum Geburtstag wünsche.
»Alles, was mit zi aufhört – Haizi, Fangzi, Touzi«, zähle ich scherzhaft Kinder, Haus und Investment auf Chinesisch auf. »Aber eigentlich nur eine Eieruhr für meine Schwiegereltern, denn die Eier sind immer hart gekocht, schmecken trocken und bleiben im Hals stecken. Ich brauche dringend cremige Drei-Minuten-Eier. Zudem einen chinesischen WeChat- und einen deutschen WhatsApp-Account.«
»Wenn dir deine Drei-Minuten-Eier so wichtig sind, könnest du sie ja kochen. Du kannst doch mit einer Uhr umgehen, also sollte es auch ohne Eieruhr klappen«, erwidert Hong spitz. »Und was die Accounts angeht, musst du dir nur fünf Minuten Zeit nehmen, denn mehr benötigst du nicht fürs Herunterladen und Einrichten. Dann

kannst du endlich auch mal Dinge rasch klären, statt immer mit E-Mails zu arbeiten.«
Nach unserem Besuch bei Professor Huang prüfe ich die Aktienkurse und stelle fest, dass der DAX steigt. Hong glaubt, das liege an den Einkäufen des chinesischen Präsidenten, der gerade in Europa weilt und heute von Frankreich nach Deutschland geflogen ist. Jetzt ginge es darum, sich gegenseitig möglichst viel zu loben.

Am Samstag fahre ich mit Hong zu einem Saloon-Treff, einer privaten Zusammenkunft geladener Gäste zum Thema Elektromobil, in einem Café und Restaurant in Shanghai. Wir kommen pünktlich an, essen zu Mittag und treffen sechs junge Leute, alle aus dem Elektrofahrzeug-Bereich der Automobilindustrie und der chinesischen Weltraumbehörde CNSA. Es gibt eine Präsentation und einen Überblick über die Themen des Abends. Anschließend startet ein reger Wissensaustausch, bei dem sich herauskristallisiert, dass keiner der Anwesenden viel weiß, aber jeder ein bisschen, und Experten benötigt werden, um die Praxis abzudecken und letzten Endes ein Fahrzeug mit den entsprechenden Anforderungen bauen zu können.
Die Toiletten befinden sich auf der Terrasse und ich werde auf den paar Metern patschnass, da es in Strömen regnet. Bei meiner Rückkehr ins Restaurant sind nur noch die sechs Leute und Hong im Raum. Nicht viele Kunden schaffen den Weg bis in den dritten Stock.
»Das Café hat trotz der vielen Stufen eine gute Lage. Sowas würde ich auch gerne mal haben«, flüstere ich Hong zu.
»Chinesen steigen nun mal nicht gerne Treppen. Das Erdgeschoss ist am begehrtesten, oben wird es billiger. Genau andersherum als in Deutschland.«
Ein kluger Mann hat mal gesagt: „Na und!"
Mit dem ersten Vogelzwitschern werde ich wach. Gut geschlafen habe ich aus zwei Gründen nicht. Punkt 1 ist Hongs Schnarchen. Mir ist schleierhaft, wie man auf dieser harten Matratze auf dem Rücken liegen kann. Ich wälze mich ständig herum und versuche,

auf der Seite zu schlafen, was allerdings Schmerzen in der Hüfte verursacht. Das ist Punkt 2, weshalb ich heute beim jährlichen Halbmarathon um den im Osten von Suzhou gelegenen Jingi-See auf halber Strecke schlapp machen werde.

Um etwas munterer zu werden und mich aufs Laufen vorzubereiten, mache ich meine Liegestütze und Qigong-Übungen und ziehe meine Joggingsachen an. Wir verlassen sehr früh das Haus, um uns ganz vorne bei den schnellen Läufern einreihen zu können. Am Start spuckt ein unachtsamer Fahnenträger aus Versehen auf Hongs Wange. Eine lästige Angewohnheit, dass Chinesen ständig irgendwohin spucken müssen. Hong lässt das nicht auf sich sitzen und in ihrer gewohnt aufbrausenden Art geigt sie ihm die Meinung. Er wird sehr blass und läuft schnell davon. Wäre er nicht zu früh gestartet, hätte er mit diesem Tempo vielleicht den Lauf gewinnen können.

Hong läuft nur fünf Kilometer, aber ich will unbedingt die elf Kilometer schaffen. Der frische Wind und der strahlend blaue Himmel geben mir Antrieb, so dass ich trotz der schlechten Nacht mein Ziel erreiche, doch für den kompletten Lauf um den See werde ich noch mehr trainieren müssen.

Unterwegs sehen wir kleine Drohnen, die über den Köpfen der Läufer ihre Kreise drehen. Hong geht ihre Laufstrecke entspannt an, macht gemütlich Fotos der kleinen Flieger und sendet sie per WeChat an ihre Freundinnen. Andere Läufer telefonieren in Ruhe, während ich mich ganz aufs Laufen konzentrieren muss. Am Ziel warten Mitarbeiter der Sponsorenbank und verteilen Medaillen und Wasserflaschen an die erfolgreichen Teilnehmer. Ich belohne Hong mit einem Kuss auf die Wange, doch sie meint lakonisch: »Das war die Wange mit der Spucke«.

Nach dem Essen, das zuhause bereits auf uns gewartet hat, mache ich mich an die Arbeit und baue meinen Expertenpool auf LinkedIn auf. LinkedIn ist eines der wenigen sozialen Netzwerke, das in China nicht gesperrt ist, so dass es sehr einfach ist, sich dort mit anderen zu vernetzen. Über Skype bespreche ich die Ideen mit meinem Sohn.

Danach kümmere ich mich mal wieder um meinen Schreibtisch,

auf dem sich einiges angesammelt hat. Während ich sortiere, abhefte und wegwerfe, schimpft Hong mal wieder mit mir: »Du sammelst zu viel Müll. Dabei bist du doch bloß wie ein Tropfen im Meer. Schon fünf Jahre nach deinem Tod werden sich die meisten Menschen nicht mehr an dich erinnern.«

Getreu dem Motto »Reden ist Silber, Schweigen ist Gold« halte ich einfach meine Klappe und vermeide damit eine unnötige Konfrontation. Im Stillen hoffe ich, dass Hong nicht zu diesen meisten Menschen gehören wird. Es macht mich etwas stutzig, dass sie meinen Tod erwähnt, so alt bin ich nun auch wieder nicht, dass ich mir darüber bereits Gedanken machen müsste.

Im Internet stößt Hong auf einen Blog mit Buddha-Bildern und lässt mich an ihrem neuen Wissen teilhaben: »Der Buddhismus ist sehr freizügig mit Sexualität, es gibt sehr viele erotische Darstellungen in den Tempeln und an die Tür werden oft Geschlechtsteile gemalt. Ursprünglich dienten diese Darstellungen Fruchtbarkeitskulten und der hohen Achtung des Weiblichen. Dennoch sind buddhistische Frauen, inklusive Nonnen, seit Jahrhunderten der Diskriminierung durch buddhistische Institutionen in Asien ausgesetzt. Der Grund dafür liegt in der Kultur und in den Schulen. Gleichheit der Frauen mit Männern bleibt ein ewiger Kampf in Asien.«

Weiterhin erfahre ich, dass im Mittelalter Formen von Sex entwickelt und erprobt wurden, die vieles, was heute extrem und gewagt erscheint, bei Weitem in den Schatten stellen. Menschen sind immer in der Lage, Lust und Genuss zu empfinden. So kann ein Liebespaar lange Zeit mit offenen Augen einander gegenüber sitzen und auf diese Weise das gegenseitige Verlangen steigern, ohne sich zu berühren oder überhaupt näherzukommen. Nicht zwangsläufig muss diese Meditationart zu Sex führen, denn man soll auf diesem Weg lernen zu akzeptieren, dass Sex nicht das Wichtigste ist. Erstaunlicherweise ist es wohl möglich, durch diese starke meditative Verbindung einen intensiven kosmischen Orgasmus zu erreichen, der den gesamten Körper erfasst und einem das Gefühl gibt, als ob Gott mit einem Liebe macht.

Endlich habe ich eine Einladung zu einem Vorstellungsgespräch in

Changzhou erhalten und stehe jetzt unter Druck, weil ich mit der Vorbereitung beginnen muss. Hong sieht sich wieder mit dem Thema »Kinder kriegen« konfrontiert, denn ihr Vater nervt sie beim Frühstück damit. Sie macht sich ein wenig Sorgen, dass ich während der Schwangerschaft fremdgehen könnte. Schließlich machen es alle Chinesen so, glaubt sie, denn viele chinesische Männer halten sich eine Konkubine, so war es früher, so ist es heute. Kein Wunder, dass Hong darüber nachdenkt.
»Ich bin doch kein Chinese«, entgegne ich entrüstet.
Hong scheint nicht überzeugt zu sein. »Eine Ehefrau ist wie der Hauptgang. Du brauchst sie zum Überleben. Eine Extra-Freundin ist wie das Dessert zum Schluss: Du wirst nicht satt davon, aber es schmeckt umso süßer!«
Auch der Hongsche Nachrichtendienst ist wieder aktiv und ich erfahre, dass alle Straßenpolizisten der Provinz Jiangsu mit Pistolen ausgerüstet werden, um die Sicherheit auf den Straßen zu erhöhen.
Ich werde zwar meinen Einwand los, dass dann wie in Amerika nur noch mehr Unschuldige erschossen werden, doch es entwickelt sich kein Gespräch darüber, da Hong längst zur nächsten Meldung übergegangen ist: »In Alaska haben schon mehr als dreißigtausend Menschen eine Petition unterschrieben, dass der Bundesstaat zurück an Russland gehen soll.«
»Das wird bestimmt nicht passieren, die Amerikaner brauchen doch die Erdölvorkommen!«, erwidere ich und lasse weitere Neuigkeiten über mich ergehen.
Am Abend hätten wir fast unser DUSA-Treffen verpasst. Um noch rechtzeitig anzukommen, schnappen wir uns das Auto von Hongs Eltern. Zum Glück sind wir nicht zu spät dran, sondern sogar die Ersten. Weil ich erkältet bin, bestelle ich erst einmal ein warmes Bier. Damit habe ich mal wieder unnötig die Aufmerksamkeit auf mich gelenkt, denn warmes Bier gibt es nicht in China. Tauchsieder sind auch unbekannt, zumindest in dieser Bar. Also beginne ich mit Apfelsaft, aber der ist schnell getrunken. Dann also doch ein kühles Bier. Eiskalt ist es, ich lasse es ein paar Minuten stehen und trinke langsam. Mit den anderen DUSA-Gästen

unterhalte ich mich über eine eigene DUSA-Mitgliedschaft, deren Gebühren, den Bewerbungsprozess und die üblichen Fallstricke auf dem chinesischen Markt. Außerdem möchte ich ein paar Workshops anbieten und solche Treffen sind immer gut, um das eigene Netzwerk zu erweitern.

Endlich wieder zuhause möchte ich das Fußballspiel Bayern München gegen Manchester United in Chinas Central Television Sport Kanal CCTV5 sehen. Es beginnt zwar erst um drei Uhr morgens, aber aufgrund der Zeitverschiebung von sechs Stunden geht es leider nicht anders. In Deutschland wird das Spiel übrigens nur vom Pay-TV Sky übertragen, während ich es kostenlos sehen kann.

Hongs Eltern »erlauben« mir, Fußball zu sehen, obwohl sie keinen Hehl daraus machen, dass ich eigentlich besser schlafen sollte. Weil ich etwas kränklich bin, fühlen sie sich für mich verantwortlich und bevormunden mich manchmal. Aber das ist alles nur freundlich gemeint. Meine Augen sind ja noch gesund, nur der Hals macht Probleme und den brauche ich nicht zum Fußball schauen. Als ich mir den Wecker stellen will, protestiert Hong aufs Heftigste, denn sie möchte nicht mitten in der Nacht geweckt werden. Ich wache erst weit nach drei Uhr auf und bleibe liegen, da ich das meiste schon verpasst habe. Vielleicht finde ich eine Wiederholung im Internet oder auf CCTV5. In Deutschland würde ich ja auf YouTube suchen, aber das ist in China gesperrt.

»Heute Nacht habe ich von Konfuzius geträumt« erzählt mir Hong am nächsten Morgen. »Er hat zu mir gesagt: Alle Männer sind von Geburt an wie eine Sau.«
»Du hättest etwas früher ins Bett gehen sollen, dann hättest du besser geträumt«, vermute ich.
»Nein, im Ernst. Wenn die Frauen die Wurst haben wollen, müssen sie gleich die ganze Sau mit nach Hause bringen. Das ist, wie wenn man die Katze im Sack kauft!«
Diesmal reduzieren wir unser Jogging auf nur zwei Runden um den Block – Hong hat immer noch Muskelkater vom Fünf-Kilometer-Lauf am letzten Sonntag und ich muss mich wegen

meiner Erkältung auch etwas zurücknehmen.
Zum Frühstück gibt es wieder ein großartiges chinesisches Mahl: bai mu'er sind traditionelle weiße Pilze, gui yuan gehört zur gleichen Pflanzenfamilie wie Litschis, die lian xin genannten Lotussamen und zao zi, zu Deutsch Datteln. Wenn alles gekocht und verrührt wird schmeckt es ein bisschen schleimig, aber lecker.
Im Fernsehen läuft nun endlich das Bayern-Spiel auf CCTV 5. Da ich der einzige in der Familie bin, der sich für Fußball interessiert, stelle ich den Fernseher leise. So kann ich wenigstens weiter an meiner Studie über Management-Methoden arbeiten, die in meinem Interview am Freitag eine Rolle spielen werden.
Hong erklärt mir unterdessen wieder die Welt. »In Chile gab es ein Erdbeben, das hat die Nachrichten über das verschwundene Flugzeug der Malaysia Airlines verdrängt«, liest sie aus der Zeitung vor.
»Journalisten finden es langweilig, immer nur die Wasseroberfläche zu beobachten, daher fliegen jetzt alle nach Chile. Das Land ist bekannt für seinen Rotwein. Sollten wir da nicht mal Urlaub machen?«, frage ich.
Hong ist weniger begeistert. »Jetzt? Das ist zu gefährlich! Es gibt sicher noch Nachbeben!«
»Na, wo sollen wir denn dann hinfliegen? Auf den Mond? Da ist es ziemlich karg und einen Badestrand suchst du dort vergebens. Auf dem Mars gibt es Sandstürme, in Chile Erdbeben und den asiatischen Piloten kann man auch nicht vertrauen.«
»Wie wäre es denn mit Dubai oder Saudi-Arabien?«, schlägt Hong vor.
»Saudi-Arabien? Was willst du denn da? Dort musst du dich von Kopf bis Fuß verschleiern und Auto fahren darfst du auch nicht. Ich bin ja mal gespannt, wie lange du es dort aushältst. Wein gibt es übrigens auch nicht, dafür aber Terroranschläge.«
»Na gut, dann eben Dubai. Da ist es wenigstens schön warm«, lenkt Hong ein.
»Das kommt darauf an«, bremse ich ihren Enthusiasmus. »Überall ist die Klimaanlage eingeschaltet: Im Auto, im Hotel, im Geschäft, in der Firma. Da holst du dir schneller eine Erkältung, als dir lieb

ist! Zudem glaube ich ehrlich gesagt nicht, dass wir uns eine Reise nach Dubai leisten können.«
»Aber Dubai ist ein sehr interessanter Ort zum Investieren. Immer mehr Chinesen bringen ihr Geld in arabische Länder, doch oft gehen sie einfach zu große Risiken ein. Es ist noch nicht lange her, da war China noch kommunistisch und die Menschen haben gar nichts von Geld verstanden. Heute machen viele immer noch Anfängerfehler.«
Ich erbitte Beispiele.
»Erstens: Chinesen kaufen sich ein Haus am Meer, aber die Wohnung ist nicht ausgestattet: Es gibt keine Heizung und die Mauern sind schlecht isoliert. Zweitens: Wenn am chinesischen Aktienmarkt Goldgräberstimmung herrscht, kaufen viele Anleger zu einem viel zu hohen Preis ein. Drittens: Die Banken ziehen ihre Kunden über den Tisch!«
»Das ist doch in Deutschland genauso«, erwidere ich.
»Stimmt, aber in China sind sie noch dreister. Sie versprechen für eine 28-Tage-Geldanlage einen hohen Zins, aber die Zinsen werden erst nach sieben Tagen gezahlt. Die Rendite sinkt also um ein Viertel.«
»Wer rechnen kann, ist klar im Vorteil.«
»Genau. Aber wie wäre es hiermit? Die Banken versprechen eine Geldanlage, aber in Wirklichkeit ist es eine Versicherung und der Kunde kommt so leicht nicht mehr an sein Geld. Ein weiteres Beispiel: Viele Chinesen investieren in Gold und Silber, aber das ist wie Zockerei, weil keiner die Preisentwicklung vorhersehen kann. Manche kaufen Edelmetalle über bestimmte Webseiten und wenn es die am nächsten Morgen nicht mehr gibt, ist das Geld auch weg.«
»Aber die haben doch Gold gekauft?«
Hong schüttelt den Kopf. »Nein, sie haben nur die Rechte am Gold des Webseitenbetreibers gekauft, aber wenn der pleitegeht, die Seite offline genommen wird oder es sich gar um einen Betrüger handelt, ist das Geld futsch!«
»Gibt es in China eigentlich auch Peer-to-peer-Kredite wie bei Auxmoney?« Das Kreditmodell, bei dem Privatpersonen Geld an

andere Privatpersonen verleihen, fand ich schon immer spannend.
»Ja, aber die versprechen hohe Renditen und können sie nicht liefern.«
Hong lässt mich für eine Weile allein und ich widme mich wieder dem Fußballspiel und meiner Studie. Dann stürmt sie auf ihre Art ins Zimmer und fragt zusammenhangslos nach dem Ausgang des Fußballspiels. Ich werte es mal als positiv, dass sie meine Vorlieben ernst zu nehmen scheint, obwohl es nicht ihr Ding ist.
»Eigentlich unentschieden.«
»Eigentlich?« Ihr Blick verrät Verwirrung.
»Bayern hat 1:1 gespielt, aber das war ein Auswärtsspiel. Das zählt wie ein Sieg. Aber im Rückspiel fehlen den Bayern drei Stammspieler, weil sie gelbe und rote Karten bekommen haben. Also ist Manchester wieder im Vorteil. Das nennt man die Dialektik des Fußballs.«
»Wovon redest du da?«, fragt Hong. »In Wahrheit argumentierst du doch nur so, wie du es gerade brauchst!«

Vier Tage nach dem Elf-Kilometer-Lauf rächt es sich nun, dass ich zum einen zu früh erschienen war und mich zum zweiten nicht den kühlen Temperaturen entsprechend warm genug angezogen hatte. Trotz heftigem Schnupfen muss ich einen klaren Kopf bewahren, da heute das Vorstellungsgespräch im nahe gelegenen Changzhou stattfindet. Hong begleitet mich, um sich die Stadt anzuschauen. Allerdings kommen wir nicht weit, denn am Bahnhof bemerke ich, dass ich mein Smartphone zuhause vergessen habe. Hong bittet ihren Vater, mir das Handy zu bringen, aber er verpasst unseren Zug in letzter Minute. Hong versichert mir, ihr Vater werde sauer sein, wenn wir zurückkommen.
Während ich von einem Fahrer der Firma abgeholt werde, bricht Hong zu ihrer Stadtbesichtigung auf. Das Interview und die Werksbesichtigung dauern zwei Stunden. Dann bitte ich die Sekretärin, meine Frau zu informieren, dass ich fertig bin. Hong trifft ein paar Minuten später am Bahnhof ein als ich. Ich frage mich, ob mein Missgeschick mit dem Smartphone Auswirkungen auf das Ergebnis des Interviews hatte und putze mir unzufrieden

die Nase.
Zuhause angekommen gibt es Abendessen. Für das am Wochenende stattfindende Qingming-Fest, ein chinesischer Feiertag zur Ehrung der Toten, wird eine Schüssel voller kleiner Wasserschnecken, in Suzhou »Luo si« genannt, aufgetischt. Die traditionelle Speise hat Hongs Vater im schmutzigen Fluss zusammengesammelt, um sie nun zwei Tage lang im klaren Wasser leben zu lassen und anschließend zu kochen. Das Fleisch wird aus dem Gehäuse gesaugt und die leere Hülle auf einem Abfallteller entsorgt. Luo si soll eine ähnliche Wirkung entfalten wie Ginseng im Winter, sagt Hong.
Spät abends stelle ich fest, dass sich mein kostbarer Tempotaschentuchvorrat dem Ende neigt. Nur noch ein paar vereinzelte Exemplare sind übrig und meine Nase läuft ohne Unterlass. Wir gehen in der Wohnanlage spazieren und stocken in einem neuen 24-Stunden-Laden meinen Vorrat auf. Jetzt fühle ich mich gut vorbereitet auf die kommenden Schleiminvasionen.
Eine Meldung in WeChat erreicht Hong: In Malaysia wurde eine Chinesin entführt und verkauft.
Hong reagiert abergläubisch und ängstlich. »Lieber reisen wir in meinem Pferde-Jahr nicht in ein Land, das die Silbe Ma im Namen hat.«
Ma ist das chinesische Wort für Pferd, so viel weiß ich schon.
In diesem Moment ruft Harald Müller an und möchte einen Termin zum Mittagessen mit Hong und mir vereinbaren und wünscht uns schöne Feiertage.
Hong hat mitgehört und nimmt mir das Telefon aus der Hand. »Harald, bei diesem Fest ist es verboten, schöne Feiertage zu wünschen«, rügt sie ihn. »Das ist etwas, was Ausländer meist nicht wissen. Auch, dass man in China keine rote Krawatte tragen darf und beim Anstoßen das Glas tiefer ansetzen sollte als der Trinkpartner, ist selten bekannt.«
Harald bedankt sich lachend für Hongs eifrige Ratschläge.

Lieber heimlich schlau als unheimlich dumm

Uns erreicht die Nachricht, dass eine jüngere Schwester von Hongs Opa im Alter von 84 Jahren verstorben ist. Hongs Mutter klagt darüber, dass Taufen, Hochzeiten und Beerdigungen in China so teuer sind. »Alle Verwandten sind angereist, übernachten bis zur Beisetzung in Suzhou und müssen von den engsten Angehörigen bewirtet werden.«
Ich wundere mich darüber, dass alle Verwandten sofort kommen konnten, obwohl doch gerade erst die Nachricht über den Tod verbreitet wurde. Muss keiner arbeiten? Gehen die Kinder nicht zur Schule?
Wie immer klärt meine Frau mich auf. »Privatleben geht vor Business, daher akzeptieren Arbeitgeber und Schule eine kurze Mitteilung über den Tod eines nahen Verwandten und man kann stehenden Fußes losdüsen.«
Unter der Matratze der Verstorbenen wurden achzigtausend Renminbi, stolze zehntausend Euro, gefunden, so dass die Verwandtschaft nicht zur Kasse gebeten werden muss. Warum lamentiert Wu Meilan dann so?
Der Ablauf einer Beerdigung unterscheidet sich deutlich von der in Deutschland, von der Schnelligkeit mal ganz abgesehen. Heute Abend sollen beispielsweise teure Zigaretten und Schnaps verteilt werden und morgen noch vor der Einäscherung findet ein großer Trauerschmaus im Restaurant statt. Anschließend erfolgt die Einäscherung, danach wird in einem eigens dafür aufgebautem Zelt ein paar Tage weitergefeiert. Allein die Einäscherung kostet über zwanzigtausend RMB, die Urnengrabstelle auf dem Friedhof je nach Größe weiteres Geld. Verbrennungsinstitute reißen sich um die Toten in den Krankenhäusern und haben überall ihre Spitzel positioniert, die unmittelbar nach dem Tod einer Person Bescheid geben, damit der Auftraggeber als Erster im Krankenhaus eintrifft, um den Leichnam abzuholen. Der Spitzel bekommt für seine Arbeit lediglich fünfhundert RMB, nicht ganz siebzig Euro. Ein makabrer und nicht gerade lukrativer Job, zumindest nicht für den

Spitzel.
»Der 4.4. ist doch ein schöner Tag zum Sterben, denn das Zahlwort für die Vier wird im Chinesischen ähnlich ausgesprochen wie Tod. Und dann auch noch einen Tag vor dem Totengedenkfest. Perfekter kann man das nicht planen«, resümiert Hong.
Ich kontere mit meiner Idee, die Marktlücke von Beerdigungsversicherungen und Sterbegeldversicherungen auszunutzen, die bei Tod einen bestimmten Betrag an die Verwandtschaft ausschütten. Sollte viel Geld gefunden werden, freut sich die Versicherung und muss nichts auszahlen, zumindest sollte das so in der Police vereinbart werden.
Hong hat einen besseren Vorschlag, denn sie hat herausgefunden, dass man in Beijing zwischen 37.000 bis 160.000 RMB, fünf- bis zwanzigtausend Euro, für einen Quadratmeter Grabstelle zahlen muss.
»Das reicht gerade mal aus, um eine Urne darauf zu stellen, obwohl das doppelt so teuer ist wie dieselbe Fläche in der besten Immobilienlage in Shanghai. Dies ist auch der Grund, weshalb die Friedhofaktien in China boomen und man investieren sollte. Friedhöfe in China gehören dem Staat, und der verkauft seine Grundstücke nur auf eine begrenzte Zeit. Firmen können also nur max. 40 Jahre und Privatleute können maximal 70 Jahre kaufen.«
»Warum sollte eine Firma Gräber mieten?«
»Letztes Jahr wurde in Hongkong eine private Investment-Firma gelistet, deren Name die Wörter Glück, langes Leben und Garten in genau dieser Reihenfolge beinhaltet. Sie kauft den Friedhof vom Staat auf Zeit für 40 Jahre und vermietet die Gräber mit erheblichem Gewinn.
» Das klingt alles sehr dubios und ist für mich generell unverständlich und ich finde leider auch im Internet nichts darüber. Was bedeutet „Grundstücke vermieten" bei Friedhöfen? Wird ein Friedhof verpachtet, und dann vom Pächter betrieben?«
»Genau, du hast es endlich begriffen. Das sage ich doch die ganze Zeit. Dieses Unternehmen mit staatlichem Hintergrund kauft Grundstücke für den Friedhof für weniger als zweihundert RMB pro Quadratmeter und verhökert sie dann für ein

Siebenhundertfaches pro Quadratmeter inklusive zwanzigjährigem Grabpflegeservice. Das nenne ich mal Profit in Reinkultur! Vor allem, wenn man bedenkt, wie viele Chinesen in den nächsten hundert Jahren sterben werden. Auch der Tod ist nur ein Geschäft!«

»Das heißt, der Friedhof ist staatlich und der Staat erlaubt, das private Investoren Friedhofsland vermieten. Aber ich frage mich, was ein Privatunternehmen mit staatlichem Hintergrund ist.«

»Das ist in China einfach: Leute mit Beziehungen zur lokalen Regierung, Freunde, Schulkameraden, Verwandtschaft.«

Hongs Telefon klingelt plötzlich, doch sie nimmt nicht ab. »Mein Handy mit der Betrugs-App ist doch klug«, meint sie. »Um die neuzig Leute haben bereits Betrug gemeldet, weil sie den Knopf gedrückt haben. Meistens sind es Verkäufer, die Versicherungen, Immobilien oder Finanzprodukte an den Mann oder Frau bringen wollen.«

»Woher weißt du, dass dies ein Betruganruf ist, wenn du nicht einmal auf das Handy schaust. Kannst du hellsehen?«

»Es poppt beim Anruf kurz eine Meldung auf, welche die Anzahl der Personen zeigt, die den Anrufer als Betrüger identifiziert haben.«

»Was passiert, wenn man den Anruf annimmt. Schließt man dann automatische eine Versicherung ab oder kauft damit eine Immobilie? Normalerweise läuft sowas doch nicht ohne Unterschrift.«

»Es passiert nichts, die Leute am Ende der anderen Leitung werden dich überzeugen wollen, ihre Produkte zu kaufen. Sie werden dir mindestens deine Zeit stehlen. Im Gegensatz zu Deutschland, wo es nicht erlaubt ist, beliebige Leute anzurufen, ist in China alles erlaubt. Auch SMS können an jedermann verschickt werden, du hast ja schon genügend bekommen.«

»Ja, viel Werbung von Banken und China Mobile. Was meinst du mit Knopf drücken?«

»Gehe einfach unter Details nach oben zu den drei Punkten und drücke Add to black list«, schult mich Hong abschließend.

Hong und ich fahren zum staatlichen neuen kleinen Auto Part Industrial Park im Norden von Suzhou und erkundigen uns über die Mietpreise für ein Verkaufs- und Verwaltungsbüro sowie über Unterstützung bei der Partnersuche. Wir bekommen ausreichend Antworten und Visitenkarten. Anschließend machen wir einen Spaziergang und stellen fest, dass die Luft in und rund um den Park nach Chemie stinkt, obwohl einige Firmen wegen der vorstehenden Feiertage bereits geschlossen sind. Anderen ist dies nicht möglich, da ein Abstellen von großen Maschinen und ein Hochfahren nach den Festivitäten gegen die Wirtschaftlichkeit spricht. Wie wird es hier erst stinken, wenn alle Firmen arbeiten und überall die Schlote rauchen? Hong meint, die Regierung schaue immer noch zu sehr auf Wachstum und schere sich einen Dreck um Umweltschutz. Sie hofft, dass sich das bald ändert, um zu retten, was noch zu retten ist.

Kaum haben wir die Kalorien des oppulenten Neujahrsfestes abtrainiert, steht schon der nächste Feiertag vor der Tür, das bereits erwähnte Totenfest Qingming Jie, auch Helles-Licht-Fest genannt. Mehr als tausend Jahre alt ist dieser Brauch, auch wenn er erst seit wenigen Jahren zu den offiziellen Feiertagen zählt. Die zugrundeliegende Geschichte handelt von einem Königssohn, der aufgrund von Intrigen fliehen und mehrere Jahre in den Bergen versteckt hungern musste. Einer seiner Gefolgsmänner rettete ihm das Leben, indem er ein großes Opfer brachte. Letztendlich wurde der Königssohn doch noch gekrönt und dankte allen, außer dem treuen Gefolgsmann, den hatte er schlichtweg vergessen. Als er sich seines Fehlers bewusst wurde, lud er ihn ein, doch dieser lehnte dankend ab. Darauf hätte man es ja beruhen lassen können, aber das sah der König dann doch nicht ein, denn er als Oberhaupt des Volkes hatte ja das Sagen. Also schickte er seine Männer los, um die Berge in Brand zu setzen und den undankbaren ehemaligen Gefolgsmann zu dieser Einladung zu zwingen. Der jedoch dachte nicht daran, sich des Königs Macht zu unterwerfen, und zog es vor zu verbrennen. Nun nagte wieder die Reue am königlichen Leib und er rief den Todesgedenktag ins Leben.

Diese Geschichte erklärt auch, warum am Tag vor und am Tag selbst nur kalte Speisen verzehrt werden, denn man ist bemüht, Feuer zu vermeiden. Fraglich ist nur, warum man sich brennenden Weihrauchs zur Beschleunigung des Gabentransfers an die Ahnen bedient. Aber erst einmal der Reihe nach.
Meine Schwiegereltern sind schon frühmorgens unterwegs, um auf der Straßenkreuzung Papiergeschenke und Totengeld zu verbrennen, um sie den Vorfahren zur Verfügung zu stellen und sie dadurch milde gegenüber den Nachfahren zu stimmen. Sie leiten schließlich die Geschicke der Nachkommen und da ist so eine kleine Aufmerksamkeit von Vorteil. Natürlich ruft das weniger andächtige Händler auf den Plan, die mit unechtem Papiergeld und Autos, Anzüge und Schuhe aus Papier ihre Profitgier befriedigen wollen. Im nahegelegenen Tempel werden Gräber gefegt und die bereits erwähnten Gaben wie Nahrungsmittel, Blumen und Gegenstände, die der Verstorbene zu Lebzeiten gemocht hat, vor die Gräber gelegt und Weihrauchstäbchen angezündet.
Die Temperaturen steigen weiter, der Frühling hält Einzug und erfreut uns mit einer farbenfrohen Blütenpracht, die zum Wandern einlädt. Aber Hong joggt heute trotzdem allein, denn ich kuriere meine Erkältung aus und nutze ihre Abwesenheit, um die Abrechnung des Verkaufs meiner Versicherungen zu kontrollieren. Ich bin mir sicher, dass ich das Geld, das ich zurückbekommen werde, gewinnbringender anlegen könnte als die Versicherungsgesellschaft selbst, da ich die Kosten für Verwaltung und Overhead sparen würde.
Zudem hat Hong meine Firma bei einer Ausschreibung von Innovationen in Nanjing angemeldet, so dass ich noch einen Vortrag vorbereiten muss und angestrengt überlege, was ich zeigen könnte. Hong meint, bei der 7th Nanjing Conference on International Exchange and Cooperation for Overseas Chinese Professionals zahle die Regierung alles. Sie sei an Know-how-Transfer und Geld interessiert.»Prinzipiell ist die Ausschreibung für Chinesen gedacht, da du mit mir verheiratet bist, gilt das glücklicherweise auch für dich. Noch ein Tipp für deinen Vortrag, du solltest oberflächlich bleiben und bloß keine Details

präsentieren, die die Regierung oder andere Teilnehmer klauen könnten.«

Mein Plan ist die Entwicklung eines Konzepts zum Bau von Elektrofahrzeugen speziell für den chinesischen Markt, denn aufgrund der Umweltverschmutzung gibt es hier viele Möglichkeiten der Unterstützung. China stellt andere Anforderungen als der Rest der Welt. Mit meiner Idee hoffe ich, den Innovationspreis zu gewinnen und die Förderungsumme von einer Million Renminbi vom chinesischen Staat zu erhalten. Im Gegenzug muss ich mich verpflichten, in Nanjing eine Firma zu gründen und Forschungen zum Thema zu betreiben. Nebenbei könnte ich meine Service-, Beratungs- und Trainingsfirma auf diesem Gebiet aufbauen.

Am Ende des Tages schreibe ich Hong eine E-Mail mit der Bitte, meine Präsentation ins Chinesische zu übersetzen.

Am letzten Feiertag des dreitägigen Qingming Festes arbeiten Hong und ich bei schönem Frühlingswetter. Ich schalte dennoch die elektrische Heizung ein, denn innen ist es immer noch kalt. Der Internetzugang zu westlichen Homepages ist viel langsamer als sonst. Hong möchte LinkedIn aufrufen und ich die Administration meiner Website öffnen, aber nichts funktioniert. Uns wird mal wieder bewusst, wie sehr man in diesem Land in seiner Freiheit eingeschränkt ist.

»Es scheint so, als ob die Regierung den Zugang zu ausländischen Informationsquellen erschweren will«, glaubt Hong. »Alle Server, die im Ausland stehen, sind nicht oder nur schwer erreichbar.«

Die chinesische Regierung hat offenbar Angst, dass über Facebook, Twitter, LinkedIn oder WeChat Informationen ausgetauscht werden und zu Demonstrationen aufgerufen wird. Die Regierung ist nicht dumm, erklärt Hong. Ich widerspreche, dass ich sie sogar ziemlich dumm finde.

Hong informiert mich über den Umgang ihrer letzten Firma mit dem chinesischen Arbeitsrecht. »Wenn Frauen nach der Schwangerschaftspause zurückkehren, behalten sie zwar Gehalt und Position auf demselben Niveau, werden aber an einem anderen Ort eingesetzt oder erhalten eine Stelle als Putzdienst oder in der

Nachtschicht. Damit verlieren sie das Gesicht und kündigen selbst. Die Firma hat gewonnen.«

Ich antworte, dass man das als Betroffene doch veröffentlichen könnte, so dass sich niemand mehr bei der Firma bewirbt. Hong erwidert, dass derjenige, der der Firma Probleme macht, auch nirgendwo sonst mehr einen Job bekommt, da keine Firma solch aufmüpfige Arbeitnehmer anstellen will.

In diesem Moment bekomme ich von einer deutschen Firma bestätigt, dass sie an einer Zusammenarbeit mit ECOCUT interessiert ist. Ich freue mich, denn ein kleiner Auftrag ist ein Anfang und mache mich gleich daran, den Abrechnungsprozess vorzubereiten, die Aufgaben an Hong zu verteilen und die erste Rechnung zu kalkulieren. Hong versteht die Aufgabe nicht, verweigert die Mitarbeit und verweist auf meine früheren Freundinnen, die sollen mir gefälligst helfen. »Ich habe meine eigenen Aufgaben zu erledigen und kann nicht für dich arbeiten.«

Sie räumt ihren Arbeitsplatz auf, sucht ihr Geld und fragt mich, ob sie es vielleicht mir gegeben hat. Ich kann mich nicht daran erinnern und überlege, wer von uns beiden Gedächtnisprobleme hat.

Ich skype mit Friedhelm, dem Freund aus Franken, den ich schon seit mehreren Jahren gut kenne. Friedhelm stellt mir den Raumenergiemotor vor, der jedoch noch nicht serienreif ist. Ich rechne aus, dass ich momentan noch zwanzig Geräte dieses Motors in der Größe eines Laserdruckers bräuchte, um ein Auto anzutreiben. Allerdings schadstofffrei.

Auch Friedhelm hat heute Schwierigkeiten mit dem Internet. Er meint, Big Brother sei daran schuld und hat damit wahrscheinlich sogar recht.

Ich schreibe die Chefs meiner früheren Firmen an, um nachzufragen, ob diese gute Referenzen für meine bisherigen und künftigen Bewerbungen abgeben können. Über LinkedIn verfasse ich einen Werbebrief über meine Aluminiumdruckguss-Aktivitäten, in der Hoffnung, dass diese in den nächsten Tagen gelesen und kommentiert werden.

Mit Hong spreche ich über gemeinsames Geldverdienen,

gegenseitiges Vertrauen und Unterstützung, positives Denken und aneinander Glauben, anstatt immer nur zu zweifeln. Ich erkläre ihr, dass ich die Arbeitszeit geregelt haben möchte, indem zwischen wichtig und eilig, wichtig und nicht eilig, nicht wichtig und eilig, und nicht wichtig und nicht eilig unterschieden wird. Ich hoffe, dass es mithilfe dieser Strategie keine Konflikte und keinen Streit mehr geben wird. Unerwartet gibt Hong mir ihre Zusage zur Unterstützung meines ersten Auftrages. Meine Worte müssen Wirkung gezeigt haben.

Ich unterschreibe, scanne und sende den Vertrag sowie die erste Rechnung an den Kunden.

Beim letzten DUSA-Treffen gab Harald Müller mir einen Tipp, wo ich mich bewerben könnte. Eine Firma in Suzhou wolle eine Einkaufsabteilung aufbauen. Ich schicke eine Bewerbung an den General-Manager dieser Firma und bitte um ein Vorstellungsgespräch.

Hong eröffnet mir, dass heute das letzte Update für Windows XP bereitgestellt wurde. Ich müsse mit Konsequenzen rechnen und gegebenenfalls neue Software installieren, wenn ich wie gewohnt weiterarbeiten möchte. Ich ignoriere ihre Warnung und glaube nicht an ein künftiges Kommunikationsproblem.

Am Nachmittag starten Hong und ich Richtung Shanghai. Dort findet am Abend ein Rotary-Club-Meeting statt. Dafür habe ich mich bereits letztes Jahr auf einer Expat-Messe in Shanghai interessiert und eine Einladung erhalten. Obwohl Hong in den letzten zwei Jahren als Rotary-Junior-Mitglied tätig war, ist sie als Chinesin nur als Gast eingeladen, denn die chinesische Regierung hat dem Club nicht erlaubt, Chinesen als Mitglieder aufzunehmen. Es gibt ein üppiges Buffet und einen langatmigen Vortrag. Ungefähr siebzig Leute stehen herum, lauschen halbherzig den Rednern und bedienen sich am Buffet. Wir tauschen eine Visitenkarte nach der anderen aus und Hong stellt mir einige Mitglieder vor, die sie von früher kennt. Auf dem Nachhauseweg im Zug diskutieren wir die weitere Vorgehensweise. Hong findet, die fünfhundert Renminbi Gebühren für diesen Abend können wir uns nicht jede Woche leisten, einmal im Monat reiche völlig. Ich

ergänze, einmal pro Woche DUSA, einmal AHK und einmal Rotary Club, da ist unser Terminkalender schon voll.
Im Büro checke ich meine E-Mails und stelle fest, dass die deutsche Firma bereits morgen eine Antwort auf die offenen Fragen benötigt, weil übermorgen eine wichtige Sitzung stattfindet. Ich hatte der Firma versprochen, die Antworten bis Sonntag zu liefern. Jetzt habe ich keine Zeit mehr, denn morgen wollen wir zu einer AHK-Sitzung nach Changzhou fahren und haben bereits gebucht. Hong verweigert mal wieder die Arbeit. Ihr Stundensatz als Rechtsanwältin in China betrüge dreihundert Euro und nicht wie mit der Firma vereinbart nur achtzig Euro. Ich solle mir die Nacht doch selbst um die Ohren schlagen oder einen externen Rechtsanwalt suchen oder meine Ex-Freundinnen einschalten. Sie für ihren Teil ließe sich von mir scheiden. Dann sei sie endlich frei und könne sich einen besser bezahlten Job suchen als den, den ich ihr anbiete. Zu allem Überfluss müsse sie die achtzig Euro ja auch noch mit mir teilen!
Ich lasse die Dame reden und recherchiere derweil im Internet nach möglichen Antworten. Zum Runterkommen schaue ich danach einen Film und gehe endlich schlafen.
Plötzlich platzt Hong ins Zimmer und beschimpft mich, ich hätte das Licht auf der Terrasse brennen lassen. Ich weiß nicht, wovon sie da redet, doch ich ahne, dass ich, als ich das Licht im Wohnzimmer ausschalten wollte, aus Versehen das Terrassenlicht eingeschaltet habe. Hong verlangt, dass ich aufstehe und das verdammte Licht sofort ausschalte. Träge komme ich ihrer Forderung nach. Ich bin zu müde zum Streiten und kenne sie gut genug, um zu wissen, dass sie nur darauf wartet, dass ich mich verteidige, damit sie Grund hat,so richtig auszurasten. Ich lebe nach dem chinesischen Grundsatz »Geduld und Freundlichkeit bringt Geld«, doch Hong bevorzugt Streit als Problemlöser und Erwerbsquelle, so wie sie es von ihrer Mutter gelernt hat.

Nach dem allmorgendlichen Fitnessprogramm und dem anschließenden Frühstück ruft Herr Helbrecht, Eigentümer der gleichnamigen Consultingfirma, an, um ein Treffen für den

morgigen Tag zu vereinbaren. Da ich allerdings heute noch nach Changzhou fahren und dort wegen der großen Entfernung übernachten muss, wird das Treffen auf unbestimmte Zeit verschoben.
Hong arbeitet an einer Aufgabenstellung der deutschen Firma Salomon. Sie steht unter Stress, da ihre E-Mail-Box in Outlook nicht funktioniert und wir Daten umständlich über einen USB-Stick übertragen müssen.
Danach dusche ich ausgiebig und ziehe mich an, damit wir in alter Frische mit Li Gengnans Auto nach Changzhou zu einem AHK-Event fahren können.
»Warum willst du unbedingt zu dem Treffen in Changzhou? Ist dir das Thema so wichtig?«, wettert Hong, deren Stresspegel offenbar noch nicht gesunken ist, obwohl sie gern Auto fährt. »Ich verstehe auch überhaupt nicht, warum du den Termin mit Herrn Helbrecht abgesagt hast. Unser Rückweg dauert nicht mal zwei Stunden und morgen Mittag solltest du wieder fit sein und hättest auch noch Zeit für Vorbereitungen gehabt. Dein Umgang mit potentiellen Kunden ärgert mich, denn du bist mehr daran interessiert, dir deinen Bauch bei irgendwelchen Treffen vollzuschlagen und Visitenkarten einzusammeln, als deine Auftragslage zu verbessen!«
Nach nur einem Kilometer auf der Hauptstraße schert Hong plötzlich von der Überholspur nach rechts aus. Ich schreie überrascht auf, da uns genau zu diesem Zeitpunkt ein Auto auf der rechten Spur überholen will. Hong bremst scharf ab, um einen Unfall zu vermeiden, fährt dann auf der Spur weiter, als sie völlig unerwartet erneut mit dem Auto ausbricht, nach links zieht, schräg gegen die Mauer rast, wieder zurückprallt und endlich stehenbleibt. Vom Schock wie gelähmt hocken wir beide starr auf unseren Sitzen. Nach ein paar Sekunden völliger Stille schaltet Hong die Warnblinkanlage ein und das Klicken der Blinker taktet unsere wirren Gedanken. Mein Schlüsselbein schmerzt vom Ruck des Gurtes beim Bremsen und es fällt mir schwer, den rechten Arm zu bewegen. Ein Stöhnen nur mühsam unterdrückend steige ich aus dem Wagen und stelle fest, dass der vordere linke Reifen platt ist.

Kein Wunder, dass Hong das Auto nicht mehr unter Kontrolle hatte. An eine Weiterfahrt ist nicht mehr zu denken.
Hong sitzt immer noch wie angewurzelt auf ihrem Platz und starrt ins Nichts. Ich öffne ihre Tür, berühre sie sanft an der Schulter und frage behutsam, ob es ihr gut geht. Sie nickt. Dann endlich erwacht sie aus ihrem Schockzustand, dreht ihren Kopf und schaut mich an. Ich kenne Hong gut genug, um zu wissen, dass sie jetzt zum Wesentlichen übergehen und die Sache möglichst effizient regeln wird. Schon hat sie ihr Handy in der Hand und ruft die Versicherung an, um den Schaden zu melden. Der zweite Anruf geht an ihren Vater, der wenig begeistert ist. Ich höre seine aufgebrachte Stimme durch den Lautsprecher schallen und wünsche mir, dass er wenigstens kurz nachfragt, ob wir unverletzt sind.
Der Versicherungsmann und Hongs Vater kommen nahezu gleichzeitig bei uns an. Ihr Vater kümmert sich nicht groß um uns, sondern übernimmt gleich die Verhandlungen. Hong und ich nutzen die Chance, nehmen unser Gepäck in die Hand und laufen nach Hause. Ich fühle mich völlig ausgelaugt und sehne mich nach nichts mehr als einem ruhigen Plätzchen auf meiner Coach und Zeit, das Geschehene zu verarbeiten.
Zu viele Fragen vernebeln meine Gedanken. Warum kam jemand von der Versicherung? Normalerweise benötigt man doch einen Abschleppwagen, der den Unfallort schnellstens räumt. Haben wir irgendein anderes Auto gerammt? Ist jemand verletzt worden? Muss die Polizei verständigt werden? Regelt Li Gengnan das auf dem sogenannten kleinen Dienstweg?
Um mich abzulenken und hoffentlich auch zu beruhigen, stürze ich mich auf die Arbeit an meinem Auftrag.
Gegen elf Uhr nachts ruft Herr Helbrecht aus Deutschland an und erkundigt sich, ob ich Interesse an einem Job hätte. Es wundert mich, dass er nicht über die Zeitverschiebung Bescheid weiß oder sie einfach vergessen hat. In Beijing sei eine Interim Management Position zu besetzen. Wir sprechen das Angebot durch und ich erläutere meine Vorstellungen. Offenbar habe ich nicht zu hoch gegriffen, denn der Mann verspricht, sich wieder zu melden.

Mein Wecker klingelt viertel vor drei Uhr morgens. Leise schimpfend dreht sich Hong auf die andere Seite, während ich mich gähnend vom Bett auf die Coach schleppe, um das Rückspiel von Bayern München gegen Manchester United anzusehen. Die erste Halbzeit ist langweilig und ich bin nicht wirklich an dem Hin- und Hergeschiebe interessiert, daher lese ich nebenbei ein Buch über die Börse und lerne Chinesisch mit meinen Karteikarten. Glücklicherweise ist die zweite Halbzeit spannender und endet sogar mit einem Sieg. Zufrieden gehe ich zurück ins Bett und schlafe durch bis elf Uhr mittags.

Beim Joggen in der Wohnanlage entdecke ich eine alte Frau, die mit ihrer Krücke unterm Arm und mit einer alten Hacke in der Hand den trockenen Boden umgräbt. Die meisten älteren Menschen waren früher einmal Bauern, doch durch die Ausdehnung der Stadt sind sie Städter geworden und wohnen jetzt in einem Reihenhaus. Die Enkelkinder sind wahrscheinlich schon groß oder zumindest in der Schule, daher gibt es nichts zu tun, außer, ein unbepflanztes öffentliches Grundstück zu suchen und es eigenhändig zu beackern.

Mein Schwiegervater ist ja ebenfalls pensioniert, aber durch die regelmäßigen Treffen mit seiner Arbeitsgruppe ist er Teil eines sozialen Netzwerkes, hat Freunde, eine Alltagsstruktur und bleibt auf dem Laufenden. Zudem lernt er zweimal die Woche in der Universität für Rentner Englisch und zeigt sein Können voller Stolz am Essenstisch, was immer alle zum Lachen bringt und für ein paar kostbare Minuten ausgelassener Stimmung sorgt.

Zum Mittagessen gibt es den bekannten Vogelschleim und eine Suppe mit Chinese Wolfberries, getrocknete Früchte, die in Deutschland als Goji-Beeren bekannt sind. Hongs Mutter erklärt stolz, dass beide Zutaten in der traditionellen chinesischen Medizin angewandt werden und sehr teuer sind. Die Suppe schmeckt dann auch wirklich sehr gesund und es fällt mir schwer, sie runterzukriegen.

Als ich am Nachmittag unter der Dusche stehe, mache ich Hong auf meine Nacktheit und die sich für sie daraus ergebenden

Chancen aufmerksam. Wie ich erwartet und gehofft hatte, lässt sie sich nicht lange bitten.

Hong klärt mich anschließend darüber auf, dass sie laut ihrer App momentan sehr empfänglich ist. Etwas zu überschwänglich freue ich mich darüber, denn so schlagen wir drei Fliegen mit einer Klappe: Hongs Eltern bekommen das längst ersehnte Enkel, Hong ihre Freiheit und ich hab meinen Spaß.

Hong bremst meinen Enthusiasmus ordentlich aus, denn sie glaubt, ich sage das nur, um keinen Streit mit ihr zu haben. Sie glaubt nicht daran, dass ich noch Kinder haben möchte, denn zum einen habe ich ja bereits einen erwachsenen Sohn und ich bin nun mal nicht mehr der Jüngste. Normalerweise hat man in meinem Alter die Familienplanung abgeschlossen, aber ich versichere ihr, dass ich mir ein komplettes zweites Leben mit meiner neuen Familie aufbauen möchte und dazu gehören ein eigener Hausstand und eben Kinder.

An Hongs Gesicht kann ich Zweifel erkennen, aber sie gibt mir einen Kuss und ich fühle mich gut.

Leider arbeiten wir noch an einem eigenen Hausstand und so gerate ich mit Wu Meilan aneinander, als ich ihr klarmache, dass ich schnelleres Internet möchte. Sie ist strikt anderer Meinung und mir wird klar, dass ich die Mehrkosten selbst tragen muss. Damit bin ich einverstanden, denn ständig vor dem Computer zu sitzen und immer nur warten und alles mehrmals versuchen zu müssen, das ist nervig und zerrt bereits an meinen Nerven. Ich bezahle gerne ein bisschen mehr für mein Seelenheil, denn ich habe keine Lust mehr, jeden Yuan dreimal umzudrehen. Ich will keineswegs verschwenderisch leben, sondern mir lediglich humane Arbeitsbedingungen schaffen und dazu gehört, dass ich nicht die vierfache Zeit benötige, um Informationen herunterzuladen oder ins Netz zu stellen. Am Ende würde sich das bisschen Geld, das ich in eine bessere Internetverbindung investiere, also deutlich rentieren.

Manchmal habe ich das Gefühl, Hong ist allein aus Prinzip anderer Meinung als ich. Das wird mir wieder bewusst, als sie nicht das Internet, sondern mein vollgestopftes Notebook für den Schuldigen

hält, und ich solle es doch in einer Computerwerkstatt säubern lassen, damit es schneller läuft.
Die Anmeldung unserer Firma für die Präsentation in Nanjing steht, aber nun bemerkt Hong, dass ich mit der Entwicklung zum Bau von Elektrofahrzeugen kein innovatives Produkt anzubieten habe, da es schon seit Jahrzehnten sehr viele ähnliche Produkte gibt.
Ich denke, eigentlich könnten wir gut zusammenarbeiten und bei meiner Firma an einem Strang ziehen. Nur auf das Produkt oder eine Dienstleistung müßten wir uns einigen. Doch Hong meint, dann gäbe es nur Streit, besser wäre, jeder hat sein eigenes Business. Zudem hätte ich schon mehrmals mit früheren Frauen eine Firma gegründet und nicht zum Erfolg gebracht.
»Du hast in Deutschland eine Service-Firma angemeldet, dann solltest du hier in China auch nicht Werbung für Produkte, sondern für Dienstleistungen betreiben. In Nanjing werden nur hochinnovative Ideen und Patente preisgekrönt. Deshalb ist es meiner Meinung nach schon sehr fraglich, warum du deine Firma präsentieren möchtest, wenn du noch gar nicht hierfür aufgestellt bist. Da hilft es auch nicht, wenn ich mir etwas für dich ausdenke. Dein Vorgehen erachte ich doch als sehr bedenklich und als reine Zeit- und Geldverschwendung. Dass wir beide nicht gut zusammenarbeiten können, hast du schon mehrfach bewiesen, du bist ein Träumer, wie er im Buche steht. Das grenzt schon an Naivität vom Feinsten. Ich hingeben bin Realist«, fällt Hong plötzlich ein und hält mir eine Standpauke.
»China hat noch keine gute Infrastruktur für Ladegeräte und braucht Elektrofahrzeuge mit Batterien mit langer Reichweite. Ich kenne die Lieferanten, ich muß nur noch konstruieren, zusammenbauen, testen, und Kunden finden. Ich starte mit Kinderfahrrädern, diese sind noch eine Marktlücke.«
Hong erfindet einen passenden Text. Ich entwerfe in der Zwischenzeit das entsprechende Werbeplakat dazu.
Als ich am Freitag im Schlafzimmer den Vorhang zurückziehe, ist es draußen bereits hell. Aber ich bin noch zu schläfrig, um den Sonnenschein zu genießen und lege mich wieder zu Hong ins Bett.

Sie mustert mein Gesicht ausgiebig und stellt dann fest, dass meine Nase krumm ist. Etwas enttäuscht bin ich schon, da ich mir ein paar liebe Worte gewünscht hätte. Aber langsam sollte ich wissen, dass ihre Zuneigung in Beleidigungen besteht.
Auf mein Lächeln fügt sie hinzu: »Du solltest dich einer Schönheitsoperation unterziehen. Hat dein Papa auch so eine krumme Nase?«
Ich schüttle den Kopf.
Hong ist manchmal sehr verletzend, aber sie hat auch eine unbeschreibliche Art, das indirekt wiedergutzumachen. Sie zeigt mir ihren kleinen Finger, der auch krumm ist. Ihr Vater hat wohl denselben krummen Finger, daher kann nur Vererbung dafür zuständig sein. »Dieser kleine krumme Finger hindert mich daran, gut Klavier zu spielen, da mir ein Zentimeter fehlt, um die nächste Taste zu erreichen.«
Ich kann mir keine ernste Aussage zu diesem Thema abringen und erwidere scherzhaft: »Wenn ich vom amerikanischen Geheimdienst CIA zum russischen KGB wechsle, wird meine Gesichtsoperation bezahlt. Meinst du, das wäre eine Option?«
»Da du kein Russisch sprichst, kommst du wahrscheinlich nicht in die engere Auswahl. Du kannst dich nur beim deutschen Geheimdienst in Pullach in der Nähe von München bewerben. Der ist so geheim, dass die Adresse im Telefonbuch steht. Die können dich bestimmt gut gebrauchen mit deiner schiefen Nase«, lacht sie und küsst mich auf die Nasenspitze.
Ich gönne mir ein paar Minuten, meine Frau ausgiebig zu betrachen. Hong ist nicht sehr schlank, aber wunderbar proportioniert, besonders ihr pralles Hinterteil und ihr Busen sind eine Augenweide. Durch den Laufsport in ihrer früheren Schule hat sie kräftige Oberschenkel und Waden. Ihr symmetrisches Gesicht zaubert das schönste Lächeln, weshalb es mich nicht wundert, dass Hong bei einem Schönheitswettbewerb während ihres Studiums in Deutschland sogar zur Endausscheidung nach Amsterdam eingeladen worden war. Leider saßen ihre Eltern am längeren Hebel und verboten Hong den Auftritt. Aus der Traum vom Model. Aber ich bin darüber nicht traurig, denn wer weiß, ob

wir uns sonst begegnet wären.
Nach dem Joggen spreche ich das Internet-Thema erneut an und spiele als Argument die Enkel-Karte aus, denn je mehr Zeit ich im Büro verbringe, desto seltener können wir uns um den ersehnten Nachwuchs kümmern. Ich hatte nicht gedacht, dass sich Wu Meilan so schnell davon überzeugen lässt, aber der Wunsch nach einem Enkelkind ist offenbar immens groß.
Nun wird es Zeit, sich wieder meinem Shanghaier Apartment und den dort herrschenden Schimmel- und Wasserproblemem zuzuwenden, damit wir es bald vermieten können und so eine Einnahmequelle haben. Hong telefoniert mit dem Handwerker in Shanghai und erkundigt sich nach der Reparatur der Türen, die sich durch das Wasser verzogen haben. Ihren Worten und ihren aufbrausenden Reaktionen entnehme ich, dass die Reparatur noch nicht eingeleitet worden ist, obwohl der Schlüssel bereits vor Wochen abgegeben wurde. Ich kann ein Lachen nicht unterdrücken, doch es wäre besser gewesen, denn nun muss ich mich vor Hongs Handy retten, das in hohem Bogen auf mich zufliegt. »Ich kümmere mich nicht mehr um deinen Scheiß, das soll doch bitte diejenige machen, die dir diese super Eigentumswohnung empfohlen hat!«
Ich kläre einige Fragen mit meiner HSBC Bank und erfahre, dass jeder Geldtransfer außerhalb von Shanghai nun einhundertzwanzig Renminbi kostet. Da sind nicht nur die höheren Transferkosten im Vergleich zu den chinesischen Banken, sondern auch der Zeitaufwand für Reise und am Schalter. Ich sollte schnellstens das Konto auflösen, da ich seit Wochen bereits ein Konto bei der Bank of China habe und meine Schulden für die Wohnung getilgt sind. Einzig die Urkunde für die Eigentumswohnung fehlt mir noch und ohne die gehört mir die Wohnung offiziell nicht. Der Rechtsanwalt der HSBC muss in den nächsten Tagen klären, wo sich die Urkunde befindet. Vermutlich hat die Regierung sie noch nicht an die Bank weitergeleitet.
»Du hast bereits Mitte März über eine Kontoauflösung nach Tilgung deines Kredits nachgedacht. In Finanzdingen und Geldsparen bist du nicht unbedingt ein Held.«

Hong und ich gehen mit einer befreundeten Familie zum Abendessen in ein italienisches Restaurant. Wir haben Miriam und Karlheinz das letzte Mal auf unserer Hochzeit gesehen und freuen uns zu erfahren, wie es den beiden in der Zwischenzeit ergangen ist. Karlheinz arbeitet als Verkaufsdirektor und sein Filter herstellendes Werk platzt aus allen Nähten. Da wittere ich doch meine Chancen und erkundige mich, ob eventuell grad eine gehobene Position frei ist. Von Freund zu Freund rät er mir, die Suche nach Backup-Lösungen zu beenden und mich endlich zu entscheiden, ob ich ein Angestelltenverhältnis oder die Selbständigkeit möchte. Sollte ich Letzteres wählen, dann müsse ich mich ordentlich reinknien und keine halben Sachen machen. Da mir langsam bewusst wird, dass ich nicht das nötige Kleingeld habe, um ein Unternehmen in einem fremden Land aufzuziehen, und mir familäre Zuwendung in dieser Hinsicht nicht gewährt wird, wäre mir ein fester Job lieber. Nachdem er nun meine Entscheidung kennt, erklärt mir Karlheinz, dass tatsächlich gerade ein Produktionsleiter in seinem Werk gesucht würde und er sich bei mir melden wird, sobald Näheres feststehe.

Deutsche müssen in der Fremde einfach zusammenhalten, freue ich mich und lausche den Erzählungen Miriams. Sie ist Chinesin mit australischer Staatsbürgerschaft und kümmert sich um die beiden schulpflichtigen Kinder. Allerdings würde sie gern zurück nach Australien gehen, da die Luft dort sauberer sei und das Leben ist nicht so hektisch wie in China.

Nachdem wir bezahlt haben, lädt uns Miriam für ein nächstes Treffen zu sich nach Hause ein und wir bedanken uns.

Da die Metro der Linie 2 auf dem Weg nach Hause an manchen Stellen oberirdisch fährt, fällt mein Blick auf ein Geschäft mit Ballkleidern und erinnert mich an den bald stattfindenden jährlichen DUSA-Ball. Ich tanze gern, Hong jedoch nicht. Aber ein Versuch ist es wert, daher spreche ich meine Frau darauf an.

»Ist es für die Anmeldung nicht schon viel zu spät«, fragt sie und ich sehe eine kleine Hoffnung in ihren Augen aufblitzen.

»Als du auf der Toilette warst, hat Miriam mir erzählt, dass sie Karten für zehn Personen gekauft hat, aber ein Paar aus persönlichen Gründen absagen musste. Das könnten unsere Karten sein.« Mit einem hoffentlich gewinnbringenden Lächeln versuche ich, Hong zu bezirzen. Ihr Argument, sie hätte kein passendes Kleid lasse ich nicht gelten. Schließlich sagt Hong zu und gibt dem Tag damit einen Höhepunkt, zumindest für mich.

Zuhause trinken wir noch ein Gläschen Wein mit Hongs Eltern und schauen »Gravity« auf Chinesisch. Da das Interesse von Hongs Eltern an diesem amerikanischen Spielfilm nicht sehr groß ist, gehen sie früh zu Bett. Hong nutzt die Gelegenheit, mich über die Beschwerde ihrer Mutter über meine Trinkgewohnheiten aufzuklären.

»Was soll ich dazu sagen? Ich kann nicht nur Tee und warmes Wasser trinken. Zwischendurch ein Gläschen Wein, Sekt, Schnaps, Bier oder Cocktail gehört zum Leben dazu. Und dein Vater trinkt doch auch gern mal ein Schlückchen«, verteidige ich mich.

»Mein Vater ist hier nicht von Bedeutung, denn was meine Eltern beunruhigt ist die Tatsache, dass der Alkohol nicht nur deine Sinne trübt, sondern auch die Qualität deiner Spermen beeinflusst und wir später nur dumme Kinder zur Welt bringen werden. Der Meinung bin ich übrigens auch.«

Ich schüttle den Kopf. »Das ist doch alles Aberglaube, denn die Wissenschaft hat das Gegenteil bewiesen. Mäßiger Alkoholgenuss hat keinen schädlichen Einfluss auf die männliche Zeugungsfähigkeit, während exzessives Trinken natürlich zu ausgeprägten DNA-Schäden beim Mann und seinem Nachwuchs führen kann.«

Hong fühlt sich von ihren Eltern unter Druck gesetzt, die immer wieder mit dem Enkelkinderwunsch nerven. Am liebsten möchte sie ausziehen, die Kinder in Deutschland großziehen und dort zur Schule schicken.

Ich bin der Letzte, der damit ein Problem hätte, und das verkünde ich lautstark: »Dann nichts wie los!«

»Das geht nicht. Weil du mir immer so viel Arbeit gibst, habe ich keine Zeit mich zu bewerben.«

Ich ziehe eine Augenbraue hoch. »Bisher hast du mir immer gesagt, du könntest nicht auswandern, solange deine Mutter noch lebt. Was stimmt denn nun?«
Hong weicht aus und wischt schmollend auf ihrem Smartphone herum. Ich resigniere, da ich weiß, dass das Thema damit beendet ist. Wenig später erklärt sie mir, dass es auf der zurzeit in Shanghai stattfindenden Sex-Messe nur aufblasbare Puppen gibt. Wir sind uns beide einig, dass das nicht unser Ding ist und wir die Messe ignorieren. Mir wären Roboterpuppen mit Intelligenz ganz recht und ich erkläre Hong, dass das eine gute Idee für Nanjing wäre.
»Es müssten Robotersoldaten oder Polizisten werden, denn dann hat die Regierung Interesse. Solche Arbeiten sind allerdings wegen der Ereignisse in Kunming sehr gefährlich geworden.«
Am Bahnhof von Kunming, der Hauptstadt von der Provinz Yunnan im Süden Chinas, sind vor knapp sechs Wochen neun uigurische Separatisten, darunter zwei Frauen, mit Messern auf Passanten losgegangen und haben neunundzwanzig Menschen getötet und über einhundertvierzig verletzt.[12] Der Anschlag ist wohl auf die Konflikte in der autonomen Region Xinjiang im Nordwesten Chinas zurückzuführen. Die einheimische Bevölkerung wähnt sich in einer Besatzungszone, während China die Meinung vertritt, dieses Gebiet sei seit Urzeiten Teil des Landes.[13]

---

[12] Seite „Massaker im Bahnhof Kunming". In: Wikipedia, Die freie Enzyklopädie. Bearbeitungsstand: 20. November 2016, 17:34 UTC.
URL: https://de.wikipedia.org/w/index.php?title=Massaker_im_Ba hnhof_Kunming&oldid=159892878 (Abgerufen: 19. November 2017, 11:36 UTC)
[13] Seite „Xinjiang-Konflikt". In: Wikipedia, Die freie Enzyklopädie. Bearbeitungsstand: 8. April 2017, 05:27 UTC.
URL: https://de.wikipedia.org/w/index.php?title=Xinjiang-Konflikt&oldid=164350879 (Abgerufen: 19. November 2017, 11:59 UTC)

Tags darauf regnet es in Strömen, weshalb wir uns hüten, vor die Tür zu gehen und uns stattdessen die Zeit am Computer vertreiben. In China herrscht Krieg zwischen der Bank of China und der China Banking Regulatory Commission, kurz CBRC, deren Aufgabe die Kontrolle alle Banken Chinas ist. Hong kennt den Grund: »Letztes Jahr gab es Probleme mit der Liquidität bei der chinesischen Bank. Die Bank of China hatte nicht reagiert, als sie dazu aufgefordert worden war, Geld zu drucken. Dadurch wollte sie erzwingen, dass Produkte mit hohem Risiko nicht mehr auf dem Markt angeboten werden, doch damit war die CBRC nicht einverstanden. Als eine britische Zeitung über diese internen Probleme der Behörden berichtete, wurde der verantwortliche Journalist des Landes verwiesen und das Büro der Zeitung in Beijing geschlossen.«

Später erzählt sie mir von einem Betrugsfall, der wie alle Betrügereien mit einer vielversprechenden Anlockmasche begann, die den deutschen Kaffeefahrten in nichts nachstand. »Ein junger Mann wurde zum Bewerbungsgespräch für eine Stelle als »Financial Analyst« bei der chinesischen Investmentfirma Sunny Star eingeladen. Um einhundert Singapur-Dollar, etwa fünfundsechzig Euro, Spesen zu kassieren, sollte er lediglich an einer Veranstaltung mit Vorträgen über die Finanzwelt teilnehmen. Ein Vortrag hatte es dem Mann angetan, denn er versprach hohe Renditen, und entgegen aller Vernunft investierte der Mann viel Geld. Ein paar Tage später prangte ihm von der Titelseite der Tageszeitung entgegen, dass eben diese Investmentfirma wegen Betrugs geschlossen wurde, der Inhaber sich aus dem Staub gemacht hat und alle Geldanlagen verloren waren.«

»Das kommt mir so bekannt vor«, murmle ich und versuche den Gedanken an meine verlorenen Geldanlagen zu verscheuchen.

»Davon einmal abgesehen hätte der Mann doch bereits bei der Erwähnung der Vorträge merken müssen, dass es sich nicht um ein Bewerbungsgespräch handelt.«

Dann lehrt mich Hong etwas über verdeckte Spielregeln in China: »Nur Firmen und arme Leute brauchen Rechtsanwälte. Reiche Leute rufen den Bürgermeister oder Polizeichef an und alles wird wunschgemäß erledigt. Chinesen glauben an persönliche Beziehungen, Guanxi genannt. Wenn ein Rechtanwalt gebraucht wird, so sind allein dessen Beziehungen wertvoll, die Fähigkeiten sind in China unbedeutend. Wenn Chinesen ein Geschäft eröffnen wollen, müssen sie einen Polizisten als stillen Gesellschafter mit ins Boot nehmen, der das Business schützt. Dasselbe gilt beim Immobilienkauf, denn wer keine guten Kontakte zur Polizei hat, muss viel zahlen. Aus irgendeinem Grund wird dann behauptet, dies und das sei so nicht korrekt und schon muss man entweder nachbessern oder zahlen, auf jeden Fall muss man tief in die Tasche greifen. Beispielsweise hat mein Vater einen Saloon eröffnet und vermietet. Der Mieter funktionierte ihn zu einem Badehaus um und irgendjemand meldete Prostitution. Nur mit der Hilfe meines Vaters als Polizist konnte der Mieter ohne Kosten wieder auf freien Fuß gesetzt werden. Auch vor Schulen macht diese Korruption nicht Halt, denn je mehr Geld die Eltern dem Lehrer zukommen lassen, desto besser wird das Kind betreut und gefördert. Bei über fünfzig Kindern pro Klasse ist das das entscheidende Kriterium. Ab und zu wird mal ein Lehrer oder ein Polizist wegen Korruption verhaftet. So passierte es auch dem Chef meines Vaters, der einen Regierungsbeamten deckte, der im betrunkenen Zustand einen Menschen überfahren hatte. Darauf steht in China die Totesstrafe. Sie beschließen einen Mitfahrer die Schuld zu geben, der anschließend mit dem Tod bestraft wurde. Er willigte ein, denn seine Familie wird vom Regierungsbeamten finanziert. Alle halten den Mund. Bis einige Jahre später eines Tages der Regierungsbeamte befördert wird, und die Beförderung öffentlich ausgeschrieben wird und jedermann kann dagegen sprechen. Tatsächlich bringt jemand den Verkehrsunfall ans Licht, und die anschließende Untersuchung bringt den Chef hinter Schloß und Riegel.

Nachdem er seine Haftstrafe abgesessen hatte, kaufte er mit Partnern eine Firma und ist jetzt noch reicher als zu seinen Zeiten als Polizeichef.«

»Da man offenbar in China wegen einer fahrlässigen Tötung mit dem Tod bestraft werden kann, was aus europäischer Sicht sehr

abwegig erscheint, ist es verwunderlich, dass der Mitfahrer freiwillig die Schuld auf sich nimmt. Zumindest habe ich das so verstanden«, werfe ich ein.
»Die Regel in China ist, wer einen Menschen tötet, wird getötet. Das ein Untergebener sich für seinen Chef opfert und damit finanziell seine Familie absichert, ist üblich«, erwidert Hong.
»Und warum sollte dessen Familie, die offenbar für ihr Schweigen bezahlt wurde, sich nicht erst einmal erpresserisch an den Regierungsbeamten wenden, bevor sie den Schritt in die Öffentlichkeit wagt? Denn wäre hier nicht zu befürchten, dass der Familie durch Mitwisserschaft und Bestechung ebenfalls eine hohe Strafe droht?« frage ich weiter.
»Die Spielregeln in China sind eben anders als im Westen. Die Familien kennen diese Regeln und halten sich daran, zumal sie in schwacher Position sind und gegen Beamte nicht gewinnen können«, fasst Hong zusammen.

Am Abend stellen wir fest, dass das Wasser in der großen Wasserflasche, die wir vor ein paar Tagen gekauft haben, zur Neige geht. Daher eilen wir kurz vor Ladenschluss zum Supermarkt gegenüber, um noch zwei Flaschen zu kaufen. Leider bemerkt Hong erst zuhause, dass der Verkäufer eine Flasche zusätzlich abgerechnet hat. Also machen wir auf den Absätzen kehrt und bekommen nach unserer Beschwerde das zu viel gezahlte Geld zurück.
Die Verkäufer verdienen sehr wenig, deshalb müssen wir alle Einkäufe prüfen, denn nach meinen Berechnungen, die einen täglichen Verlust von acht Renminbi zugrunde legen, wäre in hundert Jahren das Geld für eine schicke Villa futsch.

Hong unterhält sich am sonntäglichen Frühstückstisch mit ihren Eltern und erklärt mir, es handle sich um Familiengeheimnisse, die sie mir nicht verraten wird. Das wäre aber nicht tragisch, denn auch Chinesen untereinander erzählten sich nicht alles. Und prompt hat sie auch ein Beispiel parat: »Als eine Frau die Bettdecke ihres Mannes zum Trocknen auf der Terrasse aufhängte,

flogen alle Geldscheine weg, denn der Mann hatte diese Bettdecke als Versteck genutzt.«
Ein paar Nachforderungen für meine deutsche Steuererklärung sind eingetrudelt, so dass ich den ganzen Tag mit der Überarbeitung beschäftigt bin. Am Abend chatte ich mit meinem Sohn. Im Bett möchte Hong von mir wissen, wo wir unsere potentiellen Kinder auf die Welt bringen könnten. Ich schlage Suzhou vor, da das für mich am bequemsten, preiswertesten und einfachsten ist. Zumindest solange wir bei Hongs Eltern leben können und die Kinder kostenlos betreut und versorgt werden. Das hat nur einen Haken: Da ich weiß, wie Hongs Eltern, besonders ihre Mutter, Kinder erziehen, wage ich zu bezweifeln, dass man sich das für seine eigenen Kinder wünscht. Zudem ist das schon sehr egoistisch von mir, eigene Kinder von anderen erziehen zu lassen. Wenn ich so denke, sollte ich mich lieber sterilisieren lassen. Mein Apartment in Shanghai wäre eine Alternative, aber Hong möchte ja in China keine Kinder bekommen, daher fallen beide Varianten aus. Hong möchte sogar lieber bald aus dem Haus ihrer Eltern ausziehen, da das Verhältnis angespannt ist und sie viel Druck und Bevormundung spürt. Sie schlägt Hawaii, Deutschland oder amerikanische Inseln vor. Auf amerikanischen Inseln kenne ich niemanden. Ich habe Verwandtschaft in Chicago, aber nur wegen eines Kindes dort hinzuziehen und ins Ungewisse zu investieren, kann ich mir jedoch nicht vorstellen.
Die Ideen in unseren Köpfen werden leiser und ohne einen Plan gefasst zu haben schlafen wir ein.

Harald Müller hat Hong und mich zum Mittagessen eingeladen und holt uns von zu Hause ab, um gemeinsam in ein paar Kilometer entferntes Restaurant zu fahren, von dem er sehr begeistert ist. Hier werden scharfe Speisen aus der Provinz Hunan serviert, deren typische Zubereitung aus Pfefferkörnern und getrocknetem Schweinefleisch besteht. Laut Harals soll auch der stinkende Tofu dort erfunden worden sein. Mir machen scharfe Speisen nichts aus, denn ich bin bereits in vielen Provinzen Chinas auch kulinarisch unterwegs gewesen und mit der scharfen Küche

vertraut. In den östlichen Provinzen herrscht eher die süßsaure Geschmacksrichtung vor, die weniger scharf daher kommt und daher auch in Deutschland als chinesisches Essen angeboten wird. Passend zu Haralds und meiner Vorliebe für Fisch ist heute der Fischkopf im Angebot.
Während des Essens kommen private und geschäftliche Themen zur Sprache und ich erhalte professionelle Antworten auf meine noch offenen Fragen. Als Hong die Option Firmenverkauf anspricht, nickt Harald, denn darin liege viel Potential, wenn man es nur richtig anstellt. Vor allem, da in Deutschland Firmenkäufer daran interessiert sein könnten, bankrotte Firmen mit hohem Verlustvortrag aufzukaufen, diese über fünf Jahre abzubezahlen und dadurch die Gewinne aus anderen Quellen zu reduzieren. Diese Unternehmen haben nach fünf Jahren eine florierende Firma zu minimalen Kosten gekauft und viele Steuern gespart, die sie hätten zahlen müssen, wenn sie nur den Profit des florierenden Geschäftes hätten versteuern müssen.
Nun kommt meine Stunde, denn Harald möchte zum einen die chinesische Frau eines Auswanderers in einer deutschen Firma unterbringen, damit sie dort Deutsch lernen kann, zum anderen werden auf dem nächsten DUSA-Ball noch Männer gesucht, die mit alleinstehenden Frauen den Abend verbringen wollen. So kann ich mich für seine vielen Antworten revanchieren, indem ich mein Netzwerk für die Suche zur Verfügung stelle.
Im Gegensatz zu Deutschland, wo man im Prinzip bis zur Schließung des Restaurants bleiben kann, ist es in China üblich, dass ein Gast, wenn er mit dem Essen fertig ist, höflich aufgefordert wird, die Rechnung zu bezahlen und zu gehen. Harald läßt es nicht dazu kommen und ruft selbst den Kellner. Trinkgeld, das in den USA eine Pflicht und in Deutschland freiwillig ist, gibt es in China nicht.
Auf dem Nachhauseweg droht mir Hong, dass sie sofort aus meiner Firma aussteigt und sich scheiden lässt, wenn ich eine zusätzliche Person, egal ob männlich oder weiblich, einstelle. »Wir sind noch nicht einmal ein Jahr verheiratet, die Ehe existiert nur auf dem Papier und kann leicht gelöscht werden.«

Ich bin sprachlos, denn zum einen frage ich mich, was ich schon wieder falsch gemacht habe, zum anderen wundert es mich, dass Hong dadurch eine Expandierung meiner Firma ausschließt, obwohl sie mich andererseits beschimpft, dass ich zu wenig Geld verdiene. Zudem scheinen einer Eheschließung in China nicht die gleichen Rechte zugrundezuliegen wie in Deutschland, wo die Bestimmungen für eine Scheidung unabhängig von der Dauer der Ehe dieselben sind. Hongs Worte verletzen mich und ich bin nicht in der Lage, auch nur irgendetwas zu erwidern. Daher bringen wir Rest des Weges schweigend hinter uns.

Am Nachmittag beschäftige ich mich mit dem Thema Fundraising vom Rotary Club, denn ich glaube, eine sehr interessante Einnahmequelle gefunden zu haben, nur verstehe ich das Thema noch nicht ganz. Ich hätte meine Ideen gerne mit Hong geteilt und erfahren, was sie von der Sache hält, aber sie macht mir wieder einmal klar, dass sie sich fürs Erste aus meinen Angelegenheiten raushält.

Sie erklärt mir, dass sie morgen auch keine Zeit habe, da sie nach bestandener Prüfung ihre neue Rechtsanwaltslizenz abholen möchte. Solche Dinge erstaunen mich immer wieder, denn in Deutschland hat man eine solche Lizenz oder auch Zulassung auf Lebenszeit, wenn sie einem nicht zum Beispiel durch einen dummen Fehler wie die Begehung einer Straftat entzogen wird. Ich vermute, dass die Regierung damit die Qualifikation jährlich prüfen und so das Niveau hoch halten möchte, was ja sehr löblich ist, jedoch raubt mir Hong meine Illusionen. So würde die Regierung die Rechtsanwälte kontrollieren und steuern, so dass sie für und nicht gegen die Obrigkeiten arbeiten. Rechtsanwälte, die armen Bauern oder Angeklagten zu ihrem Recht verhelfen wollen, bekommen keine Verlängerung und wenn sie Pech haben, werden sie verprügelt oder gar ermordet. Das sind schon seltsame Sitten und Gebräuche.

Da ich meine Mitgliedschaft bei DUSA bezahlen muss, logge ich mich bei meiner ICBC Bank ein. Natürlich muss ich meine Daten auf Chinesisch eingegeben werden, doch mir wird mitgeteilt, dass die Sicherheitsvorrichtung nicht angemeldet ist. Ich bin irritiert, da es bisher reibungslos funktioniert hatte. Seufzend sehe ich mich morgen wieder am guten alten Bankschalter eine Nummer ziehen und lange warten, um auf herkömmliche Art zu überweisen. Überraschend bietet Hong mir ihren Computer an, doch ich möchte lernen, wie ich Überweisungen selbst erledigen kann. Daueraufträge kommen bei mir aufgrund der schlechten Erfahrungen bei der Bank of China nicht mehr in Frage, denn als ich damals umziehen wollte, hatte ich die Einzugsermächtigung für die Miete entzogen. Leider hat die Bank diese Kündigung nicht umgesetzt und der Vermieter hat weiter fleißig mein Geld eingestrichen. Ich erhielt trotz des Fehlers der Bank keinerlei Unterstützung bei der Rückforderung der zu viel gezahlten Mieten und durfte meinem sauer verdienten Geld Adieu sagen.

Manchmal frage ich mich, ob ich alles richtig gemacht habe. Nicht zum ersten Mal kommt mir der Gedanke, dass es der größte Fehler meines Lebens war, nicht mit meiner früheren Firma nach Deutschland zurückzukehrt zu sein und dort weitergearbeitet zu haben. Dann müsste ich mir nicht vorwerfen lassen, Hongs Eltern hätten mir unentgeltlich geholfen, obwohl sie doch schon so alt sind. Hong beschwert sich, dass ich keine Miete und keinerlei Unterhalt bezahle und Li Gegnans Schnaps und Wein leertränke. Ich kontere dann immer, dass ich nur auf Einladung mit Li Gengnan trinke und es in China unhöflich ist, eine Einladung auszuschlagen. Nun kann ich mich wohl nur zwischen Schmarotzer und unhöflicher Mitmensch entscheiden.

Ich erzähle Hong von meinen Grübeleien, doch statt wie erhofft etwas Zuspruch zu bekommen, erklärt sie mir, dass ich jederzeit nach Deutschland zurückkehren könne. Damit nicht genug eröffnet sie mir ihre Idee, bald in die USA zu gehen und dort Kinder bekommen. Ihre Eltern würde alles finanzieren.

Hat sie tatsächlich „ich" gesagt, nicht „wir"? Offenbar hat sie ihre Pläne ohne mich geschmiedet und scheint auch kein Problem damit zu haben, wenn ein anderer Mann die Rolle des Erzeugers spielt. Zudem hat sie sich offenbar in meiner Abwesenheit mit ihren Eltern ausgesprochen, denn bisher hörte ich immer nur, Hong könne nicht ins Ausland umziehen, solange ihre Mutter noch lebe.

Ich wage schüchtern zu fragen, ob ich mitkommen dürfe, und bekomme das Okay, wenn ich meinen Aufenthalt selbst finanziere. »Sobald unser Ehevertrag fertig ist, herrscht Gütertrennung, da mußt du sehen, wie du zurechtkommst«, meint Hong selbstbewußt. Ich fühle mich wie ein anonymer Samenspender, aber für mich gehören Kinder in die Welt setzen und eine Familie gründen unmittelbar zusammen. Es bedeutet füreinander da zu sein, gemeinsam Entscheidungen zu treffen und miteinander zu leben, nicht nebeneinander her. Meine erste Ehe hat über zwanzig Jahre gedauert, meine zweite sollte eigentlich bis zu meinem Lebensende halten, aber da bin ich mir nicht mehr so sicher. Als meine erste Frau und ich mich einvernehmlich getrennt hatten, da wir uns einfach auseinandergelebt hatten, war mein Sohn war schon aus dem Gröbsten raus. Trotzdem war es für ihn nicht leicht mitzuerleben, dass seine Eltern nun getrennte Wege gingen und da ich ausgezogen war, schob er den schwarzen Peter zu mir, was unsere Beziehung zueinander nicht unbedingt verbesserte. Mittlerweile haben wir wieder Kontakt, aber von tiefer Freundschaft, wie man sich die Verbindung zu seinem erwachsenen Sohn wünscht, sind wir noch sehr weit entfernt.
In meiner neuen Ehe ist Auseinanderleben wohl auch ein Thema, denn eine Einigkeit und eine Ruhe, in der man sich zurückziehen kann, wenn draußen nichts richtig läuft, spüre ich nicht. Sind unsere Kulturen doch zu verschieden, um ein harmonisches Eheleben zu führen? Oder liegt es an unser beider Charakter, die einfach nicht zusammenpassen wollen?
Hongs Sprunghaftigkeit in ihren Aussagen und ihrem Tun sind nicht gerade hilfreich, die Probleme, die wir nachweislich haben, in den Griff zu bekommen. Vor unserer Heirat hat sie mich in Sicherheit gewogen, hat mir versprochen, mich überhallhin zu begleiten, wohin es mich beruflich verschlägt. Als es allerdings darum ging, Nägel mit Köpfen zu machen, rückte sie damit heraus, dass es wegen ihrer Mutter nicht ginge, und nun will sich sich, wohlgemerkt allein, in den USA verwirklichen. Mir erscheinen diese Meinungsänderungen fast pathologisch, denn wir sind noch nicht einmal ein Jahr verheiratet.

Ich hoffe nur, dass die Auswanderung in die USA nur wieder eine ihrer Schnapsideen ist, mit denen sie mich testen will.

Ich komme vom Regen in die Traufe, denn Hong macht mir unmissverständlich klar, dass ich mich an den Kosten beteiligen müsse, wenn ich während ihrer Abwesenheit weiter bei den Eltern bleiben möchte. Nach diesen kaltherzigen Worten frage ich mich ernsthaft, ob Hong mich liebt. Ich für meinen Teil bin schließlich nicht als Schmarotzer hier, sondern weil ich sie liebe!

Wer zuletzt lacht, denkt zu langsam

Als ich am nächsten Morgen das Bett verlasse, beschwert sich Hong, dass ich ihr keinen Guten-Morgen-Kuss gegeben habe. Da offenbar alles von gestern vergessen ist, schlüpfe ich zurück unter die Decke und erfülle ihren Wunsch mehr als ausgiebig. Erst eine Stunde später stehen wir auf.
»Ich habe meinen Eltern bisher nur Gutes über dich erzählt, doch wenn du mich nicht mehr küsst, werde ich dir Probleme machen. Da kannst du sicher sein. Ich könnte ihnen sagen, du hättest mich geschlagen.«
Diese böswillige Drohung macht den schönen Augenblick kaputt und mir wird langsam klar, dass ich zu Hause nur ihr Liebhaber bin. Ehemann bin ich nur nach außen, weil es in China für Frauen sehr wichtig ist, verheiratet zu sein.
Trotz dieser Erkenntnis küsse ich sie zärtlich und sie lächelt zufrieden.
Sie begleitet mich zur Bank, doch am Geldautomaten funktioniert die Überweisung nicht. Überweisungen am Schalter kosten einiges mehr, aber mir bleibt wohl nichts anderes übrig. Am Automaten kostet eine Überweisung nur zwei Renminbi, am Schalter hingegen zwanzig. Da Hong noch ihre neue Lizenz bei ihrer Anwaltskanzlei hinterlegen muss, hat sie keine Zeit, mit mir zu warten.
Natürlich hat sie noch einen angeblich gut gemeinten Ratschlag für mich auf Lager, der mehr einer Drohung gleicht: »Da du meinen Computer nicht für deine Überweisung nutzen wolltest, muss ich davon ausgehen, dass du mir nicht vertraust. Wenn das so weitergeht, werde ich die Scheidung einreichen.« Und damit ist sie verschwunden.
Die Wartezeit dauert zwei Stunden, bis ich meine Überweisung endlich erledigen kann, und es fällt mir schwer, während dieser langen Zeit ihre Worte zu vergessen. Ich erledige noch ein paar Dinge und hole mein Firmenplakat mit Ständer beim Printshop ab. Dann bekomme ich wieder einen Anruf von Herrn Helbrecht. Er muss mir leider absagen, da er zurzeit doch keinen Interim

Manager benötigt, sondern chinesische Sachbearbeiter. Jedoch ist eventuell die Stelle eines Produktionsleiters in der Shandong-Provinz frei und ich könne mich darauf bewerben.

Ich ärgere mich über diese schlechte Organisation, denn es ist gerade einmal eine Woche her, dass mir Herr Helbrecht diesen Job schmackhaft gemacht hat. Ich muss mir noch überlegen, ob ich in einer solchen Firma tatsächlich arbeiten möchte, denn wenn alle dort so arbeiten, ist es nicht anders als bei meiner letzten Firma.

Kaum bin ich zu Hause, klingelt das Telefon erneut. Ein neuer Auftrag weht ins Haus, bei dem ich mich um die Größenordnung des Stammkapitals kümmern soll. Da es wie in Deutschland auch abhängig vom Firmentyp ist, sollte es nicht allzu schwer sein, diese Zahl herauszufinden. Leicht verdientes Geld, freue ich mich, aber die Freude währt nur kurz.

Mein Sohn rügt mich aufs Schärfste, denn ich habe ihm versehentlich eine E-Mail direkt aus der Dropbox geschickt, obwohl der Ordner für ihn bereits freigeschaltet war, und nun kennt Dropbox seine E-Mail-Adresse und kann diese selbst für Werbemails nutzen und sie auch verkaufen. Er hatte mit Absicht diese eine E-Mail-Adresse nirgends angegeben, um sie spamfrei zu halten. Es folgen ausführliche Erläuterungen darüber, dass solche Dienste nur aus dem Grund kostenlos seien, um ohne weitere Einverständniserklärung mit diesen Daten handeln zu können.

Was hab ich da bloß wieder angerichtet? Ich hoffe, ich kann das irgendwie wieder gut machen.

Auch von Hong muss ich mir noch einmal anhören, dass ich doch besser ihren Computer für die Überweisung genutzt hätte, statt zwanzig Renminbi dafür auszugeben. Immerhin redet sie nicht mehr von Scheidung.

Für mich genauso wie auch für Hong es Mitte April immer noch zu kalt – drinnen wie draußen so um die zwanzig Grad. Beim Joggen in der vom nächtlichen Regen gereinigten Luft werde ich von einem streunenden Hund verfolgt. Er knurrt, fletscht die gelben Zähne und kommt langsam näher, als ich stehen bleibe und das Vieh nach Hause schicken möchte. Es gibt zwar eine

Kameraüberwachung in der Wohnanlage, aber ich glaube kaum, dass Hilfe herbeieilen wird, wenn der Hund angreift. Ich bücke mich und nehme vorsorglich einen Stein in die Hand, doch glücklicherweise verfolgt mich das Tier nicht mehr, als ich weiterjogge. Meine Befürchtung, ihm bei den nächsten Runden wieder begegnen zu müssen, bleibt unbegründet.
Meine Begegnungen mit größeren Hunden waren bisher nie sehr erfreulich. Mit meiner ersten Frau machte ich Urlaub in Griechenland und auf einer Wanderung über eine Gebirgskette ins Tal stürmten auf einmal drei große Hunde heftig bellend auf uns zu. Im Hintergrund entdeckten wir eine Schafherde, jedoch war nirgends ein Hirte zu sehen, den wir um Hilfe hätten bitten können. Die Hunde schienen zu glauben, dass wir uns an die Schafe heranmachen wollten, obwohl wir einen großen Abstand hielten. Rasch hob ich einen Stein auf und reichte meiner Frau das kleine Taschenmesser, so dass wir im Angriffsfall nicht völlig wehrlos waren. Unser Bogen um die Herde war offenbar groß genug, denn die Hunde trotteten wieder zurück zu ihren Schützlingen, und meine Frau und ich konnten unbehelligt von dannen ziehen.
Wilden Hunden begegnete ich auch, als ich in Malaysia den Penang Hill besteigen wollte. In meinem jugendlichen Leichtsinn machte ich mich allein und nur mit einem Kompass bewaffnet entfernt von den Serpentinen auf den Weg zum Gipfel. Als ich Gebell vernahm, suchte ich meine Umgebung nach möglichen Gegenständen zur Verteidigung ab und fand ein spitzes Holzstück und einen brauchbaren Stein. Wenig später stand auch schon ein riesiger brauner Hund mit fletschenden Zähnen vor mir und knurrte mich böse an. Flucht oder Kampf war hier nicht die Frage, denn ich hörte weitere Hunde bellen und wusste, dass Kampf keine gute Idee war. Also trat ich vorsichtig den Rückzug an, um den einen Hund vor mir nicht zu provozieren. Natürlich ließ er das nicht auf sich beruhen und folgte mir langsam. Irgendwann hatte er mich wohl weit genug von seinem Revier vertrieben und ließ mich, nicht ohne noch einmal bedrohlich zu bellen allein. Schweißgebadet erreichte ich den Gipfel und ließ mich dort im Außenbereich eines Restaurants nieder, um etwas zu trinken und

zu verschnaufen.

Ich berichte Hong von dem Zwischenfall mit dem freilaufenden Hund in der Wohnanlage und beschließe, beim nächsten Mal ein langes Messer mitzunehmen. Das ist zwar nicht sehr praktisch, aber dann muss ich wenigstens keine Angst vor diesem blöden Tier mehr haben.

Hong klärt mich über das Gesetzeswesen in China auf: »Das Gesetz in China gilt nur für arme Leute. Reiche Leute können machen, was immer sie wollen. Deswegen wollen alle Chinesen reich werden, denn Reichtum bedeutet die Macht zu haben, alles zu tun, was man will. Wer einen Hund tötet, wird nur dann nicht bestraft, wenn er reich ist und wichtige Beziehungen hat. Das gilt beispielsweise auch für Söhne von reichen Leuten, die betrunken durch die Gegend rasen und im Straßenverkehr unschuldige Menschen töten. Das Gesetz in China ist nur Show.«

In Deutschland nützt ein voller Geldbeutel nur bedingt zur Minderung von Bestrafung nach Straftaten. Allerdings gilt ein Hund wie alle Tiere als Sache, so dass niemandem eine Haftstrafe droht, wenn er ein Tier fahrlässig verletzt oder gar tötet. Wie bei der Beschädigung einer Sache ist man zum Schadenersatz verpflichtet, was in China offenbar ebenso gehandhabt wird, wie ich von Hong erfahre. Allerdings kann man hier mit seinen Beziehungen spielen und die Höhe der Schadenssumme verringern.

Am Donnerstagmorgen fahren wir in die Stadtmitte von Shanghai zum Treffen mit unserem deutschen Freund Alexander Kerze, der aus Deutschland angereist ist. Sein Rentnerdasein bekommt ihm offenbar sehr gut, denn er hat seine minimalen Reserven, die er früher mit Sport im Griff hatte, gut genährt und trägt sie jetzt mit Stolz.

In seinem Hotelzimmer besprechen wir unsere neuen Ideen und gemeinsamen Planungen und Alexander gibt uns Feedback. Während wir das von Hong besorgte Mittagessen verspeisen, macht das Dienstmädchen die Betten und bringt neue Kaffee- und Teebeutel. Erst da wird uns bewusst, dass keine an das Bitte-nichtstören-Schild gedacht hat.

Ganz in der Nähe am Hongkong Plaza arbeitet der Rechtsanwalt, der für mich das Eigentümer-Dokument meiner Wohnung ausstellt. Die Unterschrift inklusive Erstellung des Dokuments kostet mich achthundert Renminbi, etwa 110 Euro.

In einer Woche oder vielleicht zwei werde ich ein weiteres Dokument bekommen, was ich dann für den Verkauf benötige, sofern ich denn verkaufen möchte.

Ist es in China nicht eine seltsame Arbeitsweise, mehrere Termine für die Unterzeichnung von Dokumenten für ein- und denselben Vorgang zu machen? Dabei wird keine Rücksicht darauf genommen, woher man kommt. Die Fahrten zwischen Suzhou und Shanghai sind ja kein Katzensprung. In Deutschland würde ich dem Rechtsanwalt aber die Meinung geigen, denn die Fahrten hin und her kosten Zeit und Geld.

Wenn ich Fragen zum ganzen Genehmigungsprozess stelle, stoße ich auf Inkompetenz der Sachbearbeiter. Sie sagen auch, auus Sicherheitsgründen werden keine Dokumente mit der Post geschickt. Doch es gibt doch eine Art Einschreiben. Ich vermute, sie wollen Geld sparen. Bei dem ganzen Wohnungskauf hänge ich ziemlich in der Luft.

Hong berät mich und meint, ich solle mir zur eigenen Sicherheit von allen Unterschriften eine Kopie geben lassen. Ich verzichte darauf, meiner lieben Frau zu erklären, dass ich mir der Wichtigkeit von Kopien bewusst bin. Sie fühlt sich wohl als mein Kontrollorgan für finanzielle Angelegenheiten und das möchte ich ihr nicht nehmen.

Danach gehen wir zur HSBC Bank, um meine Konten in Shanghai und Hongkong aufzulösen, denn nach Bezahlung des Kredits für die Wohnung in Shanghai kostet mich das Konto jeden Monat circa vierzig Euro. Das auf dem Konto befindliche Geld will ich auf das neue Konto der Bank of China überweisen und muss für diesen Service fast dreißig Euro zahlen. Für die Löschung des Kontos in Hongkong muss ich einen ganzen Stapel Papiere unterschreiben. Das Shanghai-Konto lässt sich leider nicht löschen. Am Schalter erfahre ich, dass zuerst der Transfer abgeschlossen sein muss, bevor ich kündigen kann. In Deutschland ist das etwas einfacher, da reichen eine Kündigung und die Angabe der neuen Bankverbindung und nach Übertragung des vollen Guthabens wird das Konto automatisch gelöscht. Erstaunlich, dass es in Deutschland doch Dinge gibt, die sich nicht der Extrem-Bürokratie unterwerfen.

Hong hat wieder mal Hunger, deshalb gehen wir eine Kleinigkeit essen. Anschließend bin ich zum Marketing-Vortrag in der Hult International Business School am People's Square angemeldet. Dort kommen wir vorzeitig an, werden freundlich empfangen und zum Imbiss eingeladen. Ich interessiere mich für das EMBA-Studium und unterhalte mich mit dem für die potentiellen Bewerber zuständigen Personal. Das Studium beginnt im Herbst und wenn ich bis dahin keine Aufträge für meine neue Firma bekomme, kann ich mir es nicht leisten. Falls ich doch Aufträge bekommen sollte, habe ich sicherlich keine Zeit mehr für ein schwieriges Studium nebenbei. Das Ganze ist also eine Schnapsidee.

Meine Rechtfertigungen lässt Hong natürlich nicht gelten und hat gleich ein paar Ratschläge parat. Als erstes wirft sie mir vor, keine Ziele im Leben zu haben, was ich anhand meines Lebenslaufes strikt zurückweise. Dann fällt ihr beim Studieren der Prospekte auf, dass es zwei Varianten gibt, eine achtzehnmonatige in Vollzeit und eine auf zwei Jahre angelegte, bei der es möglich ist, nebenbei noch etwas Geld zu verdienen. Um das Studium überhaupt finanzieren zu können, wäre das Verschieben des Studienbeginns auf den Herbst im nächsten Jahr sinnvoll, denn dann hätte ich noch genügend Zeit fürs Geldeintreiben.

Meine Frau ist wirklich pragmatisch veranlagt, wobei sie sich fragt, wofür ich dieses Studium überhaupt benötige, denn vor nicht allzu langer Zeit hatte sie das Studium mehr oder weniger als Geldschneiderei bezeichnet. Mir allerdings ist mittlerweile klar geworden, dass es von Vorteil für meine Job-Ziele ist, einen EMBA-Titel vorzuweisen.

Da es spät ist, nutzen wir den Luxus, eine Wohnung in Shanghai zu haben, und übernachten in meinem Apartment. Nach langer

Metrofahrt, Umsteigen in den Bus und zehnminütigem Fußmarsch schließe ich um Mitternacht erschöpft die Wohnungstür auf und falle sofort ins Bett, während Hong noch bis tief in die Nacht am Computer arbeitet.
Vielleicht sollte ich aufs Vermieten des Apartments verzichten und stattdessen mit Hong hier einziehen. So könnte ich mir die leidigen Diskussionen mit Hong über das Leben bei ihren Eltern sparen.

Am christlichen Karfreitag wird im unchristlichen China natürlich ganz normal gearbeitet. Während ich nun doch einen neuen Bewerbungsbogen für den Job als Projektleiter bei Helbrecht ausfülle, posaunt Hong wieder ihre Weisheiten aus.
»Wenn wir jetzt ein Kind zeugen würden, käme es zum nächsten Chinese New Year zur Welt. Das würde bedeuten, dass es von den Verwandten nur einen Hongbao mit Geld bekäme, anstatt der zwei, die ihm normalerweise zustünden. Um das zu verhindern, müssen wir jetzt eine Pause einlegen.«
Ich finde es sehr traurig, dass meine Frau die Geburt unseres Kindes nach der Anzahl der Geschenke plant, aber mir ist bewusst, dass solche finanziellen Überlegungen hier in China tatsächlich Vorrang haben. Von der Pause halte ich allerdings nichts und erinnere Hong an ihre fabelhafte Verhütungs-App, deren Daten ja so wunderbar mit ihrem Zyklus übereinstimmen. Offenbar fällt ihr hierzu nichts mehr ein und ich fühle mich großartig.
Hong ignoriert mich und meinen Stolz kurzzeitig, bis ihr wieder interessante Neuigkeiten zuteil werden, die sie mir in ihrer unerschöpflichen Mitteilsamkeit nicht vorenthalten kann. »In Detroit kosten Gewerbeimmobilien sechzig USD pro Quadratmeter, in San Franzisco sogar zehn Mal so viel. Nachdem Detroit nun pleite ist, ist diese Stadt ein gutes Pflaster zum Investieren. Chinesen kaufen dort ganze Hochhäuser auf. Auch ich möchte kaufen, dorthin ziehen, nebenbei promovieren und mit Gewinn weiterverkaufen.« Nun ha sie weder eine neue Gelegenheit gefunden, mich wieder kleinzureden. »Du solltest froh sein, dass du eine reiche Mrs. Right gefunden hast. Es hätte schlimmer kommen können, wenn meine Verwandtschaft nicht so

viel Geld hätte. In China kommen alle Verwandten und wollen etwas von den Reichen holen, klopfen ungebeten an die Tür, solange bis sie hereingelassen und bedient werden. Reiche in China erkennt man an ihren teuren Autos, Uhren, Handtaschen und Schuhen. Ich habe schon vorher gewusst, dass du arm bist. Und das, obwohl du immer behauptest, du hättest Geld. Ich habe auf deine Schuhe geschaut, obschon maßgeschneidert, waren sie ungepflegt – ein Zeichen für Armut. Des Weiteren habe ich deine Zähne angeschaut, einige sind gelb, andere krumm – noch ein Zeichen für Armut. Allein deine Uhr ist zufriedenstellend, aber ich weiß genau, dass sie dir eine frühere Freundin gekauft hat. Ich habe nach der Hochzeit kein teures Auto gekauft, sondern das Geld von meinen Eltern auf ein Bankkonto gelegt und verzinsen lassen, denn ein Auto verliert an Wert und kostet Unterhalt. Mit den Zinsen hingegen kann ich so viele öffentliche Verkehrsmittel und Taxis benutzen, wie ich möchte, und habe immer noch was übrig. Meine Oma ist allerdings überzeugt, sie habe ihr Gesicht verloren, weil ihre Enkelin kein teures Auto besitzt. Reiche Leute zeigen in China ihren Reichtum, das ist ein Muss. Meine Geldanlagen sind unsichtbar. Im Moment ist das noch ein Nachteil, aber es wird nicht mehr lange dauern, bis jeder versuchen wird, seinen Reichtum zu verbergen. Da bin ich mir sicher. Immer mehr Reiche oder deren Angehörige werden in China entführt, es wird Lösegeld gefordert oder durch andere Art und Weise erpresst. Deshalb finde ich Unterstatement sinnvoller als aufgeblasen durch die Gegend zu spazieren oder im Internet alles über sich preiszugeben. Mein Vater macht es richtig. Er ist relativ reich, fährt aber mit einem alten VW herum und zieht sich normal an, wohingegen andere mit teuren Kleidern, Schuhen und Schmuck umherstolzieren.«

Hongs Ansichten erstaunen mich immer wieder und mir wird immer mehr bewusst, dass sie mich nicht liebt und nur noch genervt ist. Wenn sie tatsächlich so reich ist, wie sie behauptet, wundert es mich sehr, warum sie sich nicht einen Mann in ihrem Alter für die Heirat gesucht hat. Es gibt ohne Frage junge ausländische Geschäftsmänner, die sicher auch mehr Erfolg als ich haben und einer Ehe mit einer Chinesin nicht abgeneigt sind. Aber

ich glaube, dass Hong gar nicht so vermögend ist, sondern nur mit dem Geld ihrer Eltern prahlt.
Da Hong und ich trotz meiner Gegenargumente entschieden haben, die Wohnung in Shanghai zu vermieten anstatt dort einzuziehen, habe ich einen chinesischen Immobilien-Agenten beauftragt, sie zu vermieten und erkundige mich jetzt nach dem Stand der Dinge. Ich erfahre, dass ich mich in dieser Sparte gegen mehr als vierzig Mitbewerber behaupten muss und meine Möbel nicht unbedingt dem chinesischen Geschmack entsprechen. Der Agent rät mir, die Wohnung unmöbliert zu vermieten, um meine Chancen zu verbessern. Von einem Verkauf sollte ich absehen, da die Preise gefallen sind und ich möglicherweise sogar Geld verlieren könnte. Da ich eh knapp bei Kasse bin, ist Geldverlust nicht erstrebenswert, daher einigen wir uns auf zwei Preise, einen für das unmöblierte Apartment und optional einen etwas höheren Preis inklusive Möbel. Aber so wie es momentan aussieht, kann ich das Apartment wohl noch eine Weile selbst nutzen.
Da morgen wieder Termine in Shanghai anstehen, beschließen wir, eine weitere Nacht im Apartment zu verbringen. Vorher meldet sich Hongs Magen und wir nisten uns beim Starbucks ein, denn dort gibt es kostenfreien Internetzugriff und Hong kann kostenlos Milch nachbestellen. Natürlich gibt es etwas zu bemängeln, diesmal ist die Milch fettarm. Aber immerhin kostenlos.

Draußen regnet es, drinnen ist es kalt. Wir lassen den geplanten Messebesuch in der Stadt ausfallen und heizen mit der Klimaanlage die Wohnung durch, so dass wir am Computer arbeiten können, ohne uns dabei eine Erkältung zu holen.
Abends treffen wir ein paar Freunde in der deutschen Bierstube in der Ausländerstraße Laowai Jie, tauschen Geschäftsinformationen aus und unterhalten uns über eventuelle neue Aufträge. Die Deutschen aus anderen Firmen schimpfen über die fehlende Qualifikation der Chinesen und über die korrupten chinesischen Einkäufer, die ihren Bonus aus der Kostenreduzierung ziehen wollen und nur das Geld, das unter der Hand den Besitzer wechselt, im Kopf haben. Sie meinen, wenn die deutschen

Headquarters wüssten, was hier abgeht, wären viel mehr Deutsche hier und alle korrupten Leute würden rausgeworfen werden. Ein Deutscher meint, er sollte 2008 für sechs Monate nach China gehen und jetzt, sechs Jahre später, sei er immer noch hier. Den anderen erging es ähnlich.

In Deutschland ist gerade Osterfest, deshalb treten in der Bierstube ein paar Mädchen auf und lassen Teller auf Stäben tanzen, während laute Musik gespielt wird. Obwohl Ostern in China eher unbekannt ist und die chinesischen Christen das Fest im Familienkrei feiern, nutzen einige Bars und Restaurants diesen Anlass, um Ausländer in ihre Räumlichkeiten zu locken. Es scheint zu funktionieren, denn das Restaurant ist proppenvoll, sogar der Billardtisch muss als Esstisch herhalten. Nach einem ausgiebigen Schmaus bei guter Unterhaltung fahren Hong und ich mit dem Zug nach Suzhou zurück. Bevor ich ins Bett gehe und noch ein wenig in meinem Börsen-Buch lese, schaue ich mir einen Teil eines alten Rocky-Films an.

Plötzlich kommt Hong ins Schlafzimmer gerannt, springt aufs Bett, kniet sich über mich und zieht mir die Ohren lang. »Welche Frau hat dich da über LinkedIn kontaktiert? Ich kenne die. Das ist eine Hure aus Suzhou!«

»Ich weiß von nichts, ich kenne nicht einmal ihren Namen«, versuche ich Hong zu beruhigen.

»Du hast mit ihr vor einem Jahr bei einem Internations-Treff Visitenkarten ausgetauscht. Du weißt ganz genau, das Treffen von Fremdarbeitern aus allen Nationen findet regelmäßig einmal pro Monat in allen großen Städten Chinas statt, und viele chinesische Frauen gehen dorthin, um Ausländer zu jagen.«

Irritiert schaue ich meine Frau an und grüble was das Zeug hält, aber an dieses spezielle Treffen vor einem Jahr kann ich mich beim besten Willen nicht erinnern. Manchmal frage ich mich, ob Hong all das irgendwo aufgeschrieben hat, um es im unpassendsten Moment hervorzukramen und mir vor die Füße zu kotzen. »Das kann ja sein, aber das ist eine Ewigkeit her. Ich habe lediglich vor ein paar Tagen eine Frau von einer Universität kontaktiert, um später vielleicht dort unterrichten zu können.«

»Was du nicht alles noch machen möchtest ... Du solltest deine viele Energie statt in Luftschlösser vielleicht mal in den Aufbau deiner Firma stecken. Wenn ich meinem Vater sage, dass du fremdgehst, wird er dich hinauswerfen. Da kannst du dir sicher sein!« Hong brüllt mittlerweile und ich muss befürchten, dass Li Gengnan schon Bescheid weiß und gleich in das Zimmer stürmt, um Hong vor mir zu retten.
Ich schweige lieber, da jedes weitere Wort von mir sie nur noch wütender machen würde. Ich drehe mich um und versuche einzuschlafen. Ich hatte noch gar keine Gelegenheit, den Haussegen wieder gerade auszurichten, aber wahrscheinlich lohnt sich das bei einer verrückten Frau sowieso nicht. Ich bin ihren völlig willkürlichen Wutausbrüchen ausgeliefert und kann sie nicht verhindern, egal wie vorbildlich ich mich verhalte. Sie wird immer einen Grund finden, um völlig die Fassung zu verlieren. Wenn sie es noch nicht getan hat, wird sie ihre Eltern irgendwann mit reinziehen und dann ist Schluss für mich. Mein Leben in China hängt an einem seidenen Faden und Hong kann ihn jederzeit durchschneiden. Erst jetzt wird mir glasklar bewusst, dass ich mich in eine totale Abhängigkeit begeben habe, bei der jede Beeinflussung nur in die falsche Richtung ausschlagen wird. Wie komme ich da bloß je wieder raus?

Am Tag darauf sprechen Hong und ich kein Wort miteinander. Ich lasse das Frühstück ausfallen, um nicht in ihre Nähe zu kommen. Natürlich lässt sich das aber nicht verhindern, so dass ich mir mal wieder einen ihrer gefürchteten Vorträge anhören darf. Ihre Familie sei keine Hilfsorganisation für arme dumme Männer wie mich, ich nutze ihre Familie bloß aus, lebe hier umsonst wie die Made im Speck und so weiter und so fort. Im Kopf kann ich ihren Text schon mitreden. Es ist immer das Gleiche. Und wie immer wird sich die Lage auch wieder beruhigen.
Hong hat ihre Verwandtschaft mit Kindern zum Mittagessen ins Western Steakhouse eingeladen. Wir müssen warten, da sie nicht reserviert hat, da sie der Meinung ist, in China reserviere man nun mal nicht. Dann werden Tische zusammengerückt, damit wir alle

beisammen sitzen können. Die Steaks und die Eiscreme schmecken gut und die Rechnung kann sich sehen lassen. Hong und ich bleiben noch ein bisschen und sie erklärt, dass der Reichtum in ihrer Verwandtschaft von Generation zu Generation weitergegeben wurde und sie bestimmt gute Investoren wären, wenn sie ein Geschäft eröffnen wollten.
Ein bisschen irritiert bin ich schon, dass wir uns wieder ganz normal unterhalten. Aber ich kenne meine Frau gut genug, um zu glauben, dass das Unwetter bereits vorbei ist. Und siehe da, sie schlägt unbarmherzig wieder zu und erklärt mir, dass sie mit meiner Exfrau Else reden möchte, um zu entscheiden, ob sie mit mir zusammenbleibt oder sich trennt. Ich bin natürlich alles andere als begeistert, doch Hong glaubt, dass Else nach über zwanzig Ehejahren einiges über mich zu berichten hat. Da ich weiß, dass Hong darauf aus ist zu erfahren, ob ich ihr die Wahrheit erzählt habe, beteuere ich, das dem immer so war und ist.
Keine gute Idee, wird mir klar, als der Inhalt ihres vollen Glases Zitronenwasser meine Wangen hinabläuft und mein Hemd volltropft. Mittlerweile bin ich solche Aktionen gewöhnt und reagiere nicht mehr so niedergeschlagen und entsetzt wie früher. Im Waschraum versuche ich, den Schaden zu begrenzen, und spüre, wie langsam aber sicher etwas in meinem Inneren wächst, das man wohl als Hass bezeichnen würde.
Als ich an den Tisch zurückkehre, schleudert Hong mir entgegen, dass ich sie nie wieder belügen solle, und macht mir unmissverständlich klar, dass ich ganz und gar von ihr abhängig wäre und sie daher alles mit mir machen könne, wonach ihr der Sinn steht.
Ich schweige, doch es brodelt in mir.

Hong teilt mir am nächsten Tag mit, dass sie dieses Jahr nicht mehr verreisen möchte, denn die vielen Flugzeugabstürze machen ihr Angst. Für Deutschlandbesuche hat sie bereits einen Plan, denn die will sie offenbar nicht ausfallen lassen. »Nach Deutschland fahre ich nur noch mit der Transsibirischen Eisenbahn, auch wenn sie nur bis Moskau fährt und ich dort umsteigen muß. In der

Jahreszahl 2014 steckt die Todeszahl 4 und das hat sich bisher auch bestätigt, denn es gab Erdbeben, Flugzeugabstürze und Bootsunfälle. Vor zehn Jahren rollte ein Tsunami über Südostasien und die Titanic ging am 14.4.1912 unter. Das reicht mir, um mein Leben nicht für eine blöde Reise zu riskieren.«

Mir fallen sofort mehrere Katastrophen ein, die nicht an einem Datum, das eine 4 beinhaltet, stattgefunden haben, aber da ich Hong nicht schon wieder auf die Palme bringen möchte, antworte ich nur: »Allein eine Fahrt mit der Transsib dauert mehrere Tage und der Komfort lässt sicher zu wünschen übrig, vom Preis mal ganz abgesehen. Ich für meinen Teil möchte meine wertvolle Urlaubszeit nicht in einem Zug verbringen, der durch unwirtliche Weiten fährt. Außerdem kannst du mit Lufthansa kostenlos fliegen, denn ich habe noch jede Menge Flugmeilen.«

Netterweise hat Hong es übernommen, Auskünfte über Krankenversicherungen für mich einzuholen, denn seit meiner Kündigung bin ich in China nicht mehr versichert. Es gibt strenge Auflagen, vor allem, wenn man eine rentable Versicherung abschließen möchte. Hierfür muss man mindestens fünf Jahre in Suzhou gelebt haben und bei Erkrankungen in anderen Städten Chinas oder gar dem Ausland muss man selbst zahlen. Eine lebenslange Lebens- und Krankenversicherung bietet eine Firma, bei der man einmalig knapp neuntausend Renminbi, also knapp eintausenddreihundert Euro, zahlt und die in den meisten Städten Chinas Gültigkeit besitzt. Die dritte Alternative hält Hong für mich als die geeignetste, obwohl diese für fünfhundert Renminbi ein Jahr lang nur schwere Krankheitsfälle absichert.

Ich bedanke mich höflich bei meiner Frau für ihr Engagement, lehne jedoch ab, denn für deutsche Auswanderer gibt es Versicherung, die zwar monatliche Zahlungen beinhalten, aber außer mit Ausnahme der USA und Kanada in sämtlichen Ländern gilt und auch in Deutschland eine Absicherung für einen drei- bis sechsmonatigen Aufenthalt beinhaltet. Bei meinen beruflichen Plänen und unserer ständigen Fahrerei nach Shanghai wäre es nicht sinnvoll, eine Versicherung für nur Suzhou abzuschließen.

Für mein Service- und Beratungsgeschäft benötige ich noch eine deutsche Berufshaftpflichtversicherung, denn so etwas wird in China wohl nicht gebraucht, also auch nicht angeboten. Bei Haftpflichtversicherungen verhält es sich anders, hier kommt es auf die Berufsgruppenzugehörigkeit an. Während sich Rechtsanwälte und Wirtschaftsprüfer problemlos versichern können, sieht es für Ingenieure und Consultings schlecht aus. Einfach, weil deren beruflichen Risiken weit höher sind, der Schaden für den Kunden kann immmens sein, damit ist klar, diese Versicherung für mich ist mir zu teuer. Ich muss einen anderen Weg finden.

Gleich frühmorgens fahre ich mit dem Zug nach Shanghai und treffe dort meinen Freund Liu Meng und einen Mitarbeiter von Siemens, um über gemeinsame Geschäfte zu reden. Auf der Chinaplas-Messe für die Kunststoff- und Gummiindustrie, die ich anschließend besuche, informiere ich mich über die neueste Soft- und Hardware für mein Unternehmen, treffe Verkäufer und höre Vorträge. Da die Messe noch viel mehr Potential bietet, mache ich mich auf den Weg zur Firma Everfinest aus Hongkong, die hier ihre Heißkanal-Produkte ausstellt. Einen der beiden Geschäftsführer habe ich Ende Februar in Shanghai getroffen und wir besprechen meinen Entwurf des Kommissionsvertrages. Nachdem sie sich alles brav angehört haben, erklären sie mir plötzlich, dass man nach chinesischer Manier ohne Verträge auf Vertrauensbasis zusammenarbeitete und nach getaner Arbeit den Gewinn teilt. Ich lege ihnen dar, dass die eigentliche Zusammenarbeit, auf die sie anspielen, erst zwischen Lieferant und Kunden zustande kommt, ich als Dienstleister hingegen eine schriftliche Abmachung benötige, um meinen Anspruch auf Provision für diese Vermittlung geltend machen zu können. Als mir klar wird, dass die chinesischen Geschäftsmänner nur darauf aus sind, durch mich neue Kunden zu bekommen, ohne mir dafür eine Gegenleistung zu bieten, ist das Geschäft für mich geplatzt und ich breche den Termin ab.

Am Ausgang schnappe ich mir noch den Messekatalog als Lektüre für die Zugfahrt und komme rechtzeitig sechs Uhr zu Hause an.

Die zwanzig Prozent Alkohol des süßen Tibet-Likörs, den Li Gengnan und ich uns während des Abendessens gönnen, steigen mir schnell zu Kopf, aber ich schaffe es trotzdem noch, meine Finanzangelegenheiten zu regeln und mich mit Hong zu unterhalten.

»Ich habe komische Bauchschmerzen und meine Periode ist seit Tagen überfällig, alles deutet darauf hin, dass ich schwanger bin.« Ohne mir auch nur eine Sekunde lang Zeit zu geben, über diese Neuigkeit nachzudenken oder gar etwas zu erwidern, geht sie zur Geburt über. »Was geschieht in Deutschland mit dem Geburtskuchen?«

Ich bin in Gedanken noch immer bei der überraschenden Nachricht, daher zucke ich nur mit den Schultern.

Das nimmt sie zum Anlass, mir zu erklären, dass Chinesen den Mutterkuchen seit dem 16. Jahrhundert wie Schweinefleisch mit Knoblauch und Zwiebeln zubereiten und verspeisen, sozusagen als Medizin und als Delikatesse für Männer. Diese Speise mache warm und stärke die Potenz.

»Das ist ja toll«, rufe ich aus. »Wenn das mal kein Exportschlager werden könnte. Eine erstklassische Marktlücke in China! Ich könnte den Geburtskuchen der ganzen Welt nach China schaffen, denn hier wird er gebraucht.«

Hong scheint meinen Witz nicht zu registrieren und reicht mir eine Liste mit all den Dingen, die ein Kind an Nährstoffen braucht, damit es gesund zur Welt kommt. Die Liste enthält Obst, Gemüse, Fleisch und Kohlenhydrate wie beispielsweise Haferflocken. Jeden Morgen nimmt Hong deshalb schon Tabletten und Kapseln mit Folsäure, Multivitaminen sowie Omega 3. Sie weiß aber auch viel von ihrer Mutter und der Verwandtschaft, zum Beispiel, dass Honig für Babys nicht gesund ist.

»Eigentlich benötigt das Baby nur zwei Sachen: Muttermilch und Alkohol. Letzterer macht das Kind lustig«, wage ich einen kleinen Spaß. Doch Hong versteht ihn nicht und erwidert ernst: »Aber er schädigt das Gehirn.«

Ich schalte den Spaß-Modus ab und beginne mit der Vorbereitung für die Programmierung von Apps, komme aber nicht voran. Daher

lege ich das beiseite, kümmere mich um die Zusammenfassung aller Informationen für die Nanjing-Präsentation am Wochenende. Mit dem Hochgeschwindigkeitszug fahren wir nach Nanjing und benötigen so nur wenig mehr als vierzig Minuten für die hundertfünfzig Kilometer lange Strecke. Als wir im Hotel einchecken, müssen wir feststellen, dass die Regierung offenbar doch nicht alles zahlt, denn es werden nur für eine Person die Übernachtungskosten übernommen. Ohne lange zu zögern, trägt sich Hong als Begünstigte ein, obwohl die Firma auf meinen Namen angemeldet ist, und bestimmt, dass ich meine Übernachtung selbst zahlen muss. Wahrscheinlich kommt sie damit sogar durch, also rege ich mich lieber gar nicht erst auf.
Später haben wir Gespräche mit Leuten von einer Nanjinger Entwicklungszone, die neue Start-up-Firmen für sich gewinnen wollen, bevor sie sich in anderen Städten in China niederlassen. Der Begriff Entwicklungszonen klingt zwar etwas hinterweltlerisch, wird aber für die Industrieparks in Chinas Städten verwendet. Jede Stadt hat eigene Vorstellungen, wofür die Industrieparks errichtet werden. Nanjing fokussiert sich auf High-Tech zur Umweltschonung. Ich wundere mich darüber, dass ich der einzige Ausländer bin, da es eigentlich auch um ausländische Investments geht. Von Hong erfahre ich, dass die chinesischen Unternehmer aus dem Ausland zurückkehren wollen. Die Teilnahme an den Ausschreibungen erfordert einen Businessplan auf Chinesisch, dann bekommt man die Chance auf Preisgelder in Höhe von einer Millionen Renminbi in bar und drei Jahre Wohnen inklusive Büro umsonst. Wenn mich das nicht ansporn!
Beim Abendessen unterhalten wir uns mit anderen Teilnehmern am Tisch und lernen einen Chinesen mit amerikanischem Pass kennen, der ursprünglich aus dem Silicon Valley in Kalifornien kommt. Vor drei Jahren hatte er an einer ähnlichen Ausschreibung für Lithium-Ionen-Batterien in Suzhou teilgenommen und die Preisgelder gewonnen. Nach nunmehr drei Jahren will er das Büro in Suzhou schließen und sich für Nanjing bewerben. So lässt es sich gut auf Kosten der chinesischen Regierung leben! Alle drei Jahre in eine andere Stadt umziehen, die Preisgelder einstreichen

und zwischendrin in die Heimat zurückkehren und dort das Leben genießen.

Gern lasse ich mir Ratschläge geben. Wir sollen uns beim nächsten Mal zu zwei verschiedenen Themen anmelden, damit die Hotelkosten komplett übernommen werden. Zudem gibt es einen Zuschuss von viertausend Renminbi für den Flug nach China, der uns leider nichts nützt, denn wir leben ja in China. Da die chinesische Regierung gern mal innovative Ideen stiehlt, wäre es ein großer Fehler, einen vollständigen Businessplan einzureichen. Hier solle man absolute Vorsicht walten lassen.

Ich bedanke mich für die hilfreichen Informationen und Hong und ich gönnen uns eine kleine Sightseeing-Tour durch die Stadt. Da wir den Weg von der Metrostation zum Hotel nicht zu Fuß bewältigen wollen, nehmen wir ein Taxi. Auf ihrem Smartphone verfolgt Hong die Fahrtroute und bemerkt, dass der Taxifahrer absichtlich falsch fährt, um die Fahrtkosten zu erhöhen. Hong weißt ihn auf sein Fehlverhalten hin, daraufhin dreht er um und fährt den richtigen Weg entlang. Um Mitternacht gehen wir schlafen.

Nach dem Frühstück im Hotel werden Hong und ich mit dem Bus zum Konferenzgebäude gebracht. In der Ausstellungshalle suchen wir vergebens unseren Stand. Wir finden heraus, dass Hong zwar angemeldet ist, ihr Thema aber mit einem anderen vertauscht wurde. Jemand von der Organisationsleitung hat das offenbar absichtlich getan, aus welchen Gründen auch immer. Zudem gibt es keinerlei Übersicht mit Ansprechpartner und Kontaktdaten der Aussteller. Es scheint gewollt zu sein, dass die Aussteller nicht miteinander Kontakt aufnehmen können, was mich sehr verwundert, da es bei dieser Konferenz doch um den die Vorstellung und den Austausch innovativer Ideen geht. Provokativ packe ich das Plakat, das ich für meinen Messestand habe drucken lassen, aus und wir setzen uns an einen noch freien Tisch mitten in der Ausstellungshalle. Die ersten Kunden lassen nicht lange auf sich warten und wir sind schnell in Gesprächen vertieft. Interesse haben sowohl Regierungsmitarbeiter, die Entwicklungsbereiche in

China vorstellen wollen, als auch Privatleute, die einen Problemlöser suchen oder Produkte verkaufen wollen. Ein großes Thema sind Elektroautos und die in China fehlenden Ladestationen. Ich vergleiche die Industrieparks in China untereinander und frage nach Quadratmeter- und Stromkosten, Lohnniveau der Arbeiter, Steuern und deren Steuererleichterungen für Start-ups sowie notwendigen internationale Schulen. Dieses Mal habe ich nicht nachgehakt, welche Möglichkeiten es gibt, die Waren schnell und unproblematisch durch den Zoll zu bekommen.

Nach dem Mittagessen lichten sich die Ausstellungsstände bereits, überall wird aufgeräumt und es sind nur noch wenige Menschen unterwegs.

Da der Tag noch jung ist, besuchen wir den parallel laufenden Nanjing 321 Plan Start-up-Contest und hören uns an, welche Projekte präsentiert werden. Auf der Suche nach Investoren stellen junge Geschäftleute ihre Ideen vor, bei denen es sich meist um Apps handelt.

Dann bringt der uns der Pendelbus zum Hotel zurück, wo wir an einer Podiumsdiskussion mit Venture Capital-Gebern teilnehmen. Wir kommen gerade noch rechtzeitig, um den Schluss mitzukriegen, da Hong das Programm nur oberflächlich gelesen hat. Mir ist das gerade recht so, denn ich verstehe sowieso nicht viel. Nach dem Abendbuffet lade ich Hong zu einem Gute-Nacht-Trunk in die Hotelbar ein. Ich bestelle Kahlua, einen mexikanischen Kaffeelikör, und Hong eine Heiße Schokolade. Die Wartezeiten sowohl für Getränke, als auch für die Rechnung sind ungewöhnlich lang. Hong sieht den Grund darin, dass wir uns in einem staatlichen Hotel befinden und das Personal nicht auf Kommission arbeitet und sich deshalb Zeit lässt.

Trotz der drei Alarme meiner Armbanduhr verschlafen Hong und ich und die Busse zur Besichtigung der neuen Entwicklungszonen in Nanjing sind ohne uns gefahren. Zudem waren beide Handys ausgeschaltet und Hong hatte den Stecker vom Hoteltelefon gezogen, damit nachts niemand stört. Da die Besichtigung der einzige heutige Tagespunkt gewesen wäre, packen wir unsere

Sachen, nehmen ein Taxi und fahren zum Bahnhof, um uns mit dem Zug auf den Weg nach Shanghai zu machen. Da wir durch unsere frühere Abreise Zeit gewonnen haben, stellen wir unser Gepäck in meinem Apartment ab und erreichen rechtzeitig die Saloon-Veranstaltung über Elektroautos. Im Anschluss gehen wir zum Treffen des Deutschen Clubs in Shanghai, das diesmal im deutschen Restaurant »Brotzeit« stattfindet. Ich trinke ein dunkles Bier, Hong einen Saft, wir unterhalten uns mit den Deutschen und tauschen wie immer viele Visitenkarten aus.

In der Metrostation treffen wir zufällig Alexander, der gerade mit Freunden zusammengesessen hatte, und versprechen einander ein Treffen in Deutschland.

Bevor wir den letzten Bus erwischen, kauft Hong noch Frühstück für morgen. Erschöpft kommen wir in meiner Wohnung an und fallen nur noch ins Bett.

Nach einem mittäglichen Frühstück und der Nachbereitung unserer Nanjing-Reise am Computer fahren Hong und ich mit dem Taxi zur nahegelegenen Kirche, um dem dort stattfindenden Gottesdienst der Deutschen Christlichen Kirchengemeinde beizuwohnen. Überraschenderweise sprechen diesmal drei Laien aus dem Gemeinderat und nicht die Pastorin. Rechtzeitig zum Abendessen kehren wir nach Suzhou zurück und gönnen uns danach noch die Snooker-Weltmeisterschaft, bevor wir im Büro die Termine für morgen vorbereiten.

Belustigt schaue ich zu, wie Hong wütend einer Mücke nachjagt und diese ihr nach mehreren Minuten verzweifeltem Kampf schließlich zum Opfer fällt und an der Fensterscheibe zerquetscht ihre letzte Ruhe findet.

Dann konzentrieren wir uns wieder aufs Wesentliche und beschließen, für unsere neuen Visitenkarten nicht die Kontaktdaten von Hongs Eltern zu nutzen, sondern die meiner Wohnung in Shanghai, um Li Gengnan und Wu Meilan vor Anrufern mit betrügerischer Absicht zu schützen. Da ich meinen Schwiegereltern keine Probleme bereiten möchte, willige ich ein. Ich möchte ja schließlich auch weiterhin hier wohnen bleiben. Ich sage Hong nicht ins Gesicht, das es nicht sehr sinnvoll ist, nach der Verbreitung etlicher Visitenkarten darüber nachzudenken, nicht mehr diese Anschrift zu nutzen, um die Schwiegereltern zu schützen, denn die Adresse ist nun einmal im Umlauf. Ich denke, wenn jemand anruft um ein Finanzprodukt zu verkaufen, dann ist die Wahrscheinlichkeit sehr gering, das meine Visitenkarten der Auslöser sind.

Da ich erkältungsbedingt ein wenig kränkle, geht Hong am Montagmorgen allein joggen und bereitet nach ihrer Rückkehr den Schriftverkehr für den Rechtsanwalt in Shanghai auf Chinesisch vor, damit er meine Finanzangelegenheiten mit der australischen Firma klären kann, die mir die Shanghaier Finanzberatung Guardian vermittelt hat.

Das führt wieder zu Schimpftiraden ihrerseits, weil ich leichtfertig mein Geld investiert habe und auch noch versucht habe, sämtliche Verwandte und Bekannte mit ins Boot zu holen. Jetzt ist der Kurs gefallen und nun wären die Funds so gut wie nichts mehr wert. Aber man müsse sich nicht wundern, wenn man in einem Land investiert, das von Betrügern bevölkert sei, die das Verbrechergen ihrer straffällig gewordenen britischen Vorfahren geerbt hatten, die auf den Inselkontinent verbannt worden waren.

Meine Argumente, dass ich nicht der Einzige sei, der an einen Erfolg geglaubt hatte, und dass die Pleite nicht vorhersehbar war, weil mich meine Berater nicht informiert hatten, helfen mir bei unserer Diskussion nur bedingt weiter. Ich hatte Hong um Hilfe gebeten, weil ich gern durch einen Anwalt klären möchte, ob die Berater aufgrund der unterschlagenen Informationen schadenersatzpflichtig sind.

Hong schickt die E-Mail an den Rechtsanwalt noch schnell ab, verwechselt in der Eile jedoch die Adressen und macht mich wieder zum Sündenbock, da sie viel zu viel für mich tun müsse. Ihr Wunsch nach Scheidung wird wieder laut und in Rage wirft sie ihr Smartphone auf den Boden. Natürlich bleibt das nicht ungehört und Wu Meilan steht kurz darauf in der Tür. Da ich mich einer Verschwesterung der beiden Damen nicht gewappnet sehe, verdrücke ich mich ins Schlafzimmer, so dass nur noch ihre durch die Wände gedämpften Worte zu mir durchdringen. Offenbar haben sie sich viel zu sagen, denn erst am frühen Morgen kommt Hong ins Bett.

Als ich mein Handy benutzen möchte, wird mir klar, warum Hong dem Schlafzimmer gestern so lange ferngeblieben war. Sie hat sich durch meine sämtlichen Nachrichten durchgearbeitet und sich die Freiheit genommen, E-Mails an die Damen in meinen Kontaktordnern zu verschicken und denen mitzuteilen, dass ich verheiratet sei. Wieder einmal trifft mich Hongs geballte Eifersucht. Ich bin nicht sauer, dass nun alle Damen wissen, dass ich verheiratet bin, denn diese Meldung kann man auf meinen Social Networks seit meiner Hochzeit lesen. Es ist das nicht vorhandene Vertrauen in mich und meine Liebe zu ihr, das mich erschüttert. Ich hatte immer gehofft, Hong sei anders als andere Chinesinnen, doch da habe ich mich wohl gründlich getäuscht. Nicht zum ersten Mal werde ich auf diese Weise in ein schlechtes Licht gerückt, zwei meiner früheren chinesischen Freundinnen hatten ebenso gehandelt und ich habe mich aus diesem Grund von ihnen getrennt. Dass Hong eifersüchtig ist, war mir ja bekannt, aber dass sie so weit gehen würde, hätte ich nicht gedacht.
Mit den Frauen in meinen Kontaktordnern habe ich ausschließlich geschäftlich zu tun, aber Hong ist der Meinung, ich solle nur mit Männern Geschäfte machen.
Im Stillen nehme ich mir vor, zum einen mein Chinesisch zu verbessern, um selbständig kommunizieren zu können, und zum anderen meine Firma in Schwung zu bringen, so dass ich meine starke Abhängigkeit von Hong reduzieren kann. Man weiß ja nie, wofür das gut ist ...
Ich mache mich gleich daran, ein paar Telefonate mit potentiellen Kunden zu führen und lukrative Aufträge an Land zu ziehen.
Am Abend nimmt mich Wu Meilan beiseite und erklärt mir, ich solle Hongs Aussagen nicht so ernst nehmen. Zunächst bin ich etwas irritiert, aber dann dämmert es mir. Wu Meilan möchte mich wahrscheinlich milde stimmen, damit ich Hong nicht verlasse und

sie dann keine Enkelkinder bekommt. Ihr ist meine momentane Abhängigkeit von ihrer Tochter wahrscheinlich gar nicht bewusst, sonst würde sie mich nicht auf diese Weise umgarnen.

Nun hat mich die Erkältung richtig im Griff. Nachts kann ich nicht schlafen und störe Hong mit meinem Schniefen und Husten. Ich lenke mich mit dem Bayern-Spiel gegen Madrid ab, damit wenigstens meine Frau genug Schlaf bekommt. Nach dem 0:4-Sieg prüfe ich meine Aktienkurse und bin nicht erstaunt, dass sowohl in Deutschland als auch in Großbritannien die Kurse steigen und ich mit meiner Spekulation mal wieder meilenweit danebengelegen habe.

Kurz nach fünf Uhr schaut mein Schwiegervater ins Büro und fragt, ob ich denn nicht mal ins Bett gehen möchte. Auf meine Erklärung für mein nächtliches Treiben nickt er verständnisvoll und wünscht mir gute Besserung.

Ich unternehme noch einen Versuch zu schlafen, aber Feuerwerkskörper machen mir das nicht gerade leicht. Offenbar wird wieder mal geheiratet oder eine neue Familie zieht in die Wohnanlage ein. Chinesen verstoßen in solchen Fällen gegen jede Anstandsregel und nehmen keine Rücksicht auf andere. Genervt drehe ich mich auf die andere Seite.

Im Laufe des Tages erreicht mich einen Anruf von Liu Meng, der eine Dolmetscherin gefunden hat, die mir beim Lieferanten in der Shandong-Provinz helfen kann. Da er noch keinen Preis nennen konnte, recherchiert Hong als Anhaltspunkt die Kosten für Dolmetscher im Internet. Mit sechshundert bis eintausendvierhundert Renminbi Tagessatz ist man dabei, Überstunden außerhalb der üblichen Arbeitszeiten werden mit dreihundertfünfzig Renminbi pro Stunde abgerechnet. Simultandolmetschen kommt für meine Zwecke nicht in Frage, daher winke ich ab, als Hong mir diesen Preis nennen möchte. Aber eine Bemerkung kann ich nicht verhindern, denn Hong erklärt vehement, dass es vernünftiger sei, eine professionelle Firma und keinen Freiberufler mit dem Dolmetschen zu beauftragen, da es hier deutliche Haftungsunterschiede gibt. Ich

bin verunsichert, denn die Gefahr ist groß, Aufträge und Geld zu verlieren, wenn die Qualität der Übersetzung nicht stimmt.
Wieder fällt mir Hongs Widersprüchlichkeit auf. Auf der einen Seite beschwert sie sich, dass ich kein Geld verdiene, auf der anderen Seite unterstützt sie mich auch nicht mit Dingen, die ihr leichtfallen wie das Dolmetschen. So könnte ich Kosten reduzieren und den Gewinn steigern, der letztendlich ja auch ihr zugute kommt. Manchmal fühle ich mich regelrecht von ihr boykottiert, denn seit wir von unserer Firma sprechen, war ich immer davon ausgegangen, mir ihrer Hilfe sicher sein zu können. Weit gefehlt, wie ich jetzt merke.
Der Abend ist für mich recht kurz, da ich hoffe, dass mir diese Nacht ein erholsamer Schlaf beschert wird. Doch dem ist leider nicht so und Hong will mich trotz meiner Beteuerung, dass es sich nur um eine herkömmliche Erkältung handelt, ins Krankenhaus bringen, um meine Lungen untersuchen zu lassen. Da ich noch immer nicht krankenversichert bin, schwöre ich auf freiverkäufliche und für mich bezahlbare Hustenmedizin und Hong knickt ein.

Wie auch in Deutschland ist in China der 1. Mai ein Feiertag. Allerdings wurde seitens des Staates wieder ein bisschen geschoben, so dass auch der 2. Mai frei ist, während am kommenden Sonntag als Ausgleich gearbeitet werden muss. Mich tangiert das nur bedingt, da man als Selbständiger immer zu tun hat.
Mittags klopft ein Bruder von Hong`s Mutter namens Ma Jiangbo an das Fenster und bittet um Einlass. Er möchte uns zum Essen einladen, damit die Seele seiner am vierten April verstorbenen Oma, die reiche Ur-Tante von Hong, die nach 49 Tagen wieder zur Erde zurückkehrt, in Frieden verschwinden kann und den Hinterbliebenen keinen Ärger macht. Diese Tradition gefällt mir, vor allem, weil die Kinder der Verstorbenen für alles zahlen müssen. Da wir den Verwandten natürlich keine Probleme bereiten wollen, sagen wir zu.
Am Nachmittag steht ein Treffen mit dem Sohn eines guten

Freundes von Hongs Eltern auf dem Plan. Zum einen möchte Zhang Yan Guo den Kontakt mit Hong pflegen, zum anderen möchte er mir detaillierte Informationen über die Entwicklungszone am nahegelegenen Taihu-See vorstellen und mich überzeugen, dort zu investieren. Vermutlich hat er im Kreis der Verwandtschaft und der Freunde erfahren, ich hätte viel Geld und wäre auf der Suche nach einem Büro und einer Werkstatt. Ich muss höllisch aufpassen, dass außer Hong und meine Schwiegereltern keiner erfährt, dass ich nicht vermögend bin, denn gerade innerhalb der Verwandschaft und im Freundeskreis werden viele Geschäfte abgeschlossen, auch wenn mir das immer suspekt ist.

Hong und Yan Guo kennen einander schon von klein auf und auch seine weitere Lebensgeschichte nach ihrer Kindheit ist ihr bekannt. Er arbeite als Assistent des General Managers einer Privatfirma, hat in England gelebt und wechselte dann in das Investment-Büro des Industrieparks. Auch er ist verheiratet und hat eine sechs Monate alte Tochter.

Ursprünglich wollte ich ihn nach Hause einladen, aber Wu Meilan riet mir davon ab, denn dann müsse er ein Geschenk mitbringen und umgekehrt müsse ich bei der Verabschiedung im Namen von Hongs Eltern ein gleichwertiges Geschenk für seine Eltern mitgeben. Um beiden Seiten ein fragwürdiges Hin und Her zu ersparen, haben wir uns in einem nahegelegenen Restaurant verabredet. Die Themen während des Abendessens reichen von Investitionen in den Entwicklungszonen, über das Reichwerden in China bis hin zur Kindererziehung.

Natürlich ist er neugierig, wie viel Geld ich in seinem Industriepark investieren könnte. Für die Regierung sind ausländischen Investoren nicht mehr allzu interessant, dort geht es jetzt vielmehr darum, die Kultur und die Natur des Landes zu erhalten und zu unterstützen.

Hong wartet wieder mit ihrem Wissensreichtum auf und erklärt uns, dass man in China nicht auf dem üblichen Weg reich werden kann. Ohne Unterstützung von der Regierung, ohne Korruption, Kriminalität und Brutalität hätte in China noch niemand ein Vermögen aufgebaut. Ausländer, die die Regeln nicht kennen,

hätten hier keine Überlebenschance. Sollten unsere Kinder im Ausland aufwachsen und anschließend nach China zurückkehren wollen, gelte das auch für sie, da sie die chinesische Brutalität und die schmutzigen Geschäfte nicht gewohnt wären.
Ich teile diese Meinung nicht, denn ich glaube, mit einem guten Netzwerk in der Verwandtschaft kommt man weiter, ohne gleich jemanden hintergehen oder niederschlagen zu müssen. Aber ich muss Hong zugestehen, dass sie nicht ganz Unrecht hat, denn als ich nach China kam, war ich gleich den kriminellen Finanzberatern in die Hände gefallen und habe fast mein ganzes Vermögen verloren. Von den Freundinnen, die mich nicht weniger ausnutzen wollten und es auch geschafft haben, ganz zu schweigen. Das Schlaraffenland, von dem ich immer träumte, ist in China den Skrupellosen vorbehalten.
Ich beobachte, wie am Nebentisch zwei Männer heftig streiten, wer das Essen bezahlen darf, und dabei fast aufeinander losgehen. Ich schmunzle, denn in Deutschland ist das eher andersherum. Nach der Einigung setzen sie sich wortlos und rauchen wie Schlote still vor sich hin. Der Verlierer darf das nächste Mal zahlen.
In unserem Fall gibt es kein Ringen ums Bezahlen. Hong lädt Yan Guo ein und er wehrt sich nicht. Zu Hause spielen Hongs Eltern mit einem Ehepaar aus der Verwandtschaft Mahjong und laden uns ein mitzuspielen. Da um Geld gespielt wird, lehne ich dankend ab. Zudem ist das ein Spiel für vier und ich keine ja die Regeln nicht sehr gut. Da ist mir klar, ich kann nur verlieren und das macht mir keinen Spaß. Meine Glückssträhne bei derartigen Spielen ist quasi nicht existent, daher gehe ich lieber auf Nummer sicher und verzichte, um das wenige, das mir noch geblieben ist, nicht auch noch zu gefährden. Zudem wartet noch ein Berg an Arbeit auf mich, so dass ich mich ins Büro verabschiede.
Da Hustenmedizin kein Zaubermittel ist und gewöhnlich nicht nach der ersten Anwendung Wunder bewirkt, muss ich mich des Nachts mehrmals im Bad aushusten, um Hong nicht zu sehr zu stören. Natürlich reicht das nicht und ihre Beschwerde ist mir sicher.
Bei einem Telefonat mit Alexander beklagt sich Hong über mich

und meine Exfreundinnen. Ihrer Reaktion entnehme ich, dass Alexander mich und meine Vergangenheit schützt, wofür ich ihm sehr dankbar bin. Offenbar gefällt Hong sein Standpunkt nicht, denn ich bekomme mit, wie sie nach dem Auflegen wild entschlossen seine Kontaktdaten löscht und lautstark verkündet, er sei ab jetzt Luft für sie.

Ich schüttle nur den Kopf, was soll ich dazu auch sagen. Vielleicht sollte ich Hong mehr über meine Vergangenheit erzählen, denn damit halte ich mich immer zurück. Nicht absichtlich, aber ich bin halt nicht so der große Redner, schon gar nicht, wenn es um mein Leben geht. Ich habe schon viele Standbeine versucht aufzubauen und bin doch immer wieder gescheitert. Auch hatte ich nie das große Geld, war häufig verschuldet durch Studium, Häuserkauf und ähnlichem. Auch in meiner Ehe habe ich mir einige Fehler geleistet, nicht zuletzt das Fremdgehen, das mich unter anderem meine erste Ehe gekostet hat. Darauf bin ich nun einmal nicht stolz. Wer schildert schon gern und ausführlich seine Fehltritte und Niederlagen. Da schöpft man doch lieber großzügig aus dem Pool der positiven Erlebnisse und stellt die guten Charaktereigenschaften wie Flexibilität, Durchhaltevermögen und Ausdauer in den Vordergrund.

Hong überredet mich, doch zum Lungenarzt zu gehen. Nachdem wir die Anmeldegebühr bezahlt haben, steigen wir in den dritten Stock hinauf. Durch die offene Tür sehen wir Männer und Frauen, die sich um einen Schreibtisch versammelt haben, an dem ein Arzt mit Mundschutz an seinem Computer sitzt. Die Reihenfolge der Patienten ist durch die auf der Tischplatte abgelegten Karteikarten festgelegt. Alle Anwesenden lauschen interessiert dem Arzt-Patienten-Gespräch ... auch eine Art, die Wartezeit zu überbrücken, allerdings etwas zu offenherzig für meinen Geschmack.

Eine ältere Frau will meine geistige Abwesenheit ausnutzen, doch bevor sie sich vordrängeln kann, lege ich schnell meine Karte in die Reihe. Die drei Fragen des Arztes nach Fieber, Schleim und Schmerzen verneine ich und nach einem Blick in meinen Rachen steht die Diagnose Entzündung fest. Kaum eine Minute später stehe ich an der Kasse im Erdgeschoss, um meine Tabletten aus

Pflanzenextrakt zu bezahlen und sie gegenüber in Empfang zu nehmen. Das kostet mich insgesamt einhundertsechzig Renminbi, knappe zwanzig Euro, gar nicht mal so teuer ohne Krankenversicherung.

Die vor dem Krankenhaus angepriesenen Dreirad-Rikschas lassen wir aufgrund der sommerlichen Außentemperaturen von 25° C links liegen und genießen einen gemütlichen Spaziergang nach Hause.

Hong hat endlich ihre Version des Ehevertrages fertig gestellt und schickt ihn mir zu. Der Vertrag ist in Chinesisch, Englisch und Deutsch verfasst, doch in chinesischem Recht gilt nur das Dokument in Landessprache, das ich nicht beurteilen kann. Trotzdem verlangt meine Frau eine Unterschrift auf der chinesischen Version, doch so leicht lasse ich mich diesmal nicht übertölpeln, denn mittlerweile weiß ich, dass sie hauptsächlich auf ihren eigenen Vorteil bedacht ist und mich wohl auch nicht liebt.

Prinzipiell glaube ich, dass der Inhalt des Vertrags ziemlich egal ist, denn Hong hat mich bereits mehrfach über ihr Netzwerk von Rechtsanwälten in Suzhou und die Unterstützung ihrer Eltern aufgeklärt. So mache ich mir erst gar keine Hoffnung, im Falle einer Scheidung in China Recht zugesprochen zu bekommen. Aber ich will nicht kleinbei geben und werde die Unterschrift so lange wie möglich hinauszögern.

Beim Abendessen werde ich von Wu Meilan darauf hingewiesen, dass wegen meines Hustens nach der traditionellen chinesischen Medizin bis auf weiteres kein Fisch und keine Meeresfrüchte als Speisen erlaubt sind. Ich darf mich mit dem Rest Gemüse und Suppe begnügen und aufgrund des hervorragenden Geschmacks bin ich auch damit zufrieden.

Da ich zu meinem Geburtstag Tiramisu machen möchte, schaue ich in der Garage nach, ob ich alle Utensilien dafür habe. Mit einer Schüssel und einem Schneebesen ist die Ausbeute allerdings nicht sehr hoch, so dass ich mir Gedanken mache, was ich alles noch benötige. Ich bin sicher mir allerdings sicher, in Li Gengnans gut ausgestatteter Küche fündig zu werden.

Es wird Zeit, wieder einmal sämtliche Daten auf externen

Festplatten zu sichern. Dabei fällt mir eine CD der Aktienpower GmbH aus der Schweiz in die Hände. Der Geschäftsführer wollte damals an die Börse gehen und hat von seinen Befürwortern Geld für die Vorzugsaktien gesammelt und alles verloren. Im Schriftverkehr beteuerte er mir, sobald er das Geld wieder aufgetrieben habe, bekämen es seine Gläubiger zurück. Bis heute warte ich auf die verlorenen Summen. Aus solchen Fehlern in der Vergangenheit hätte ich eigentlich etwas lernen müssen, stattdessen habe ich dem Trust in Australien über meinen britischen Finanzberatern auch wieder Geld zukommen lassen, das jetzt weg ist. Hoffentlich werde ich vernünftig, bevor es endgültig zu spät ist.

Mittags gibt es selbstgemachte Jiaozi. Zwei Freundinnen von Wu Meilan sind gekommen, haben die Einlage aus Fleisch und Gemüse sowie auch die fertigen Teigscheiben mitgebracht. Da ich noch erkältet bin, habe ich mich nicht aktiv an der langatmigen Herstellungsprozedur beteiligt, beim Essen aber kräftig zugelangt.

Am Sonntag erfahre ich zu meinem Bedauern, dass ich die Stelle als Projektleiter in der Shandong-Provinz nicht bekomme, aber als Geschäftspartner für einzelne Aufträge in Frage komme. Durch die Absage stecke ich erneut in Problemen, denn ich habe voreilig einem Geschäftspartner die Zusage gegeben, mit mir zusammenzuarbeiten. Ich muss mir nun einen guten Grund einfallen lassen, damit ich den neuen Partner nicht vergraule und ihn für einen nächsten Auftrag bei der Stange halte.

Meine Schwiegereltern sind den ganzen Tag bei der 49-Tage-Todesfeier der Oma, um die Seele gebührend zu verabschieden. Sie kommen erst nachts gegen elf Uhr heim, obwohl sich das meiner Meinung nach kaum lohnt, da die Feier morgen weitergeht. Als Hong am Abend eine kleine Flasche Bacardi Rum Light findet, gönnt sie sich das ein oder andere Glas. Der Alkohol färbt ihr Gesicht rot und lässt sie über ihre USA-Pläne plaudern. Sie stellt mich vor die Wahl, sie zu begleiten oder meiner eigenen Wege zu gehen. Sollte ich jedoch bei meinen Schwiegereltern bleiben wollen, müsse ich selbstverständlich Miete zahlen, was sie mir bereits hinreichend an den Kopf geworfen hat. Auch wenn ich mich für die Alternative Deutschland entscheide, würde sie sich scheiden lassen. Hier in China ist die Gesetzeslage zwei Jahre Wartezeit, anders als wie in Deutschland geregelt. Eine einvernehmliche Trennung in China scheint sehr viel einfacher als in Deutschland zu sein, da hierfür kein Trennungsjahr eingehalten werden muss. Auch wenn nur einer der Eheleute in China eine Scheidung möchte, muss er nur beweisen, dass die Ehe zerrüttet ist und ein Grund hierfür wäre ein zweijähriges Getrenntleben. Bei allen anderen Zerrüttungsgründen ist offenbar auch kein Trennungsjahr erforderlich. Doch wenn die Eheleute einen Trennungsvertrag abschließen und gemeinsam unterschreiben, kann sofort geschieden werden.

So habe ich die Wahl zwischen Pest, Cholera und ... Hong.

Nachdem ich vor dem Zubettgehen aus der Dusche komme, möchte Hong wissen, ob ich mein kleines Hinterteil auch gründlich gewaschen habe. Sie hat im Internet gelesen, dass die Größe des Hinterteils ein Zeichen für Intelligenz ist, und damit zieht sie mich nun auf. Statt mich zu ärgern, greife ich mir das deutlich größere Hinterteil meiner Frau und hauche in ihren Nacken: »Hier also wohnt die Intelligenz.«

»Ganz genau«, bestätigt sie, dreht sich um und küsst mich.

Mein Husten lässt uns auch diese Nacht nicht durchschlafen. Erstaunlicherweise steht Hong auf, um mir ein Glas mit warmem Wasser, meine Tabletten und Hustensaft zu bringen. Doch bevor ich mich über ihr Mitgefühl freuen kann, regnet ein Wortschwall auf mich hinab, dass sie so nicht schlafen könne und ich besser Antibiotika nehmen solle.

Ein Anruf von Herrn Helbrecht aus Deutschland bringt mir einen neuen Auftrag, bei dem ich lediglich von einem Mitarbeiter der Firma begleitet werde. Damit bin ich einverstanden, denn eine Zusammenarbeit scheint mir auch ohne Festanstellung lukrativ zu sein. Was mir Kopfzerbrechen bereitet, ist allerdings die vorgeschriebene deutsche Haftpflichtversicherung, deren Kostenvolumen ich nicht einschätzen kann.

Vor dem morgendlichen Joggen wechsle ich ein paar Worte mit Wu Meilan, die wieder einmal auf dem Weg zur Bank ist. Sie legt ihr Geld als Festgeld an, vergleicht dabei die Konditionen verschiedener lokaler Banken in ihrer Nähe und verteilt das Risiko auf mehrere Banken. Dabei sind die Laufzeiten so kurz wie möglich, um die Veränderungen der Zinssätze und Sonderangebote mitnehmen zu können. Hong findet diese Methode cool. Ich hingegen habe keine Zeit, jeden Monat das Geld von einer Bank abzuheben, über die Straße zu laufen und es wieder einzuzahlen. Dabei muss immer eine Nummer gezogen und mitunter eine lange Wartezeit in Kauf genommen werden. Der bequeme Banktransfer über das heimische Internet ist aufgrund meines ausländischen Namens nicht bei allen Banken möglich, daher wäre der Aufwand einfach zu groß. Wu Meilan scheint das nicht zu stören, denn sie ist ja bereits aus dem Arbeitsleben ausgeschieden und hat genügend Zeit. Zudem traut sie dem Online-Banking nicht und befürchtet hohe Verluste durch Hacker und Eingabefehler.

Am Abend fährt Li Gengnan Hong und mich zum monatlichen DUSA-Treffen. Anfangs begrüßen wir ausschließlich Männer aus Deutschland und der Schweiz, später treffen noch chinesische Frauen und Männer ein. Das halbe Bier, das ich meiner Frau abgegeben habe, entfaltet seine Wirkung und Hong schimpft über die chinesischen Frauen, die offenbar nur sie nicht begrüßen. Sie konzentriert sich auf die Dame Wang Meng, mit der ich vor über einem Jahr bei einem Internations-Treff in Suzhou Visitenkarten ausgetauscht hatte und die uns ebenfalls ignoriert hat. Der Streit vor ein paar Tagen kommt mir wieder in den Sinn, denn genau um diese Frau ging es dabei. Nun ist sich Hong sicher, dass es an mir liegen muss und posaunt das lauthals herum. Um weiteren Peinlichkeiten zu entgehen, verlasse ich das Treffen und geselle mich zu Li Gengnan, der draußen ein paar Runden dreht, um sich die Wartezeit zu verkürzen.

Diese Reaktion bestätigt Hong auf unerklärliche Weise in ihren wilden Vermutungen und im Auto droht sie mir mit Rauswurf. Da ich diese Gefühlsausbrüche gewohnt bin, sehe ich das gelassen und hoffe darauf, dass am folgenden Morgen alles wieder beim Alten ist.

Es gibt auch ein Leben nach dem Geburtstag

»Kennst du das? Du wachst morgens ganz früh auf und fühlst dich, als könntest du Bäume ausreißen?«
Es ist sieben Uhr morgens und wir liegen noch im Bett.
»Nein«, murmelt Hong verschlafen.
»Ich auch nicht.«
Hong hat nicht einmal ein müdes Lächeln für meinen Scherz übrig.
»Gähnst du?«, will sie stattdessen wissen.
»Nein, ich staune lediglich mit offenem Mund über deine Intelligenz.«
»Wenn ich dich so ansehe, dann glaube ich, dass es den Affen gar nicht mal so recht ist, mit dir verwandt zu sein«, kontert meine Frau und beendet damit unser allmorgendliches Kräftemessen.
Ich fühle mich an den gestrigen Morgen erinnert, als ich mich eine Weile zu Wu Meilan gesetzt hatte und der Beijing-Oper folgte, die sie jeden Morgen anschaute. Der Sänger zitterte vor Angst, während seine Bühnenpartnerin ihn gnadenlos mit lauten Worten traktierte. Der dargestellte Streit eskalierte, als sie ihm die Perücke vom Kopf riss und sie in einer dramatischen Geste vor ihn auf den Boden warf. Doch damit nicht genug, als der Mann sich nach dem Haarteil bückt, schubste sie ihn um und zog ihm einen Schuh vom Fuß, so dass dem Mann nur noch humpelnd die Flucht blieb. Mein Mitleid ihm gegenüber war grenzenlos und ich war mir nicht sicher, ob mir eine ähnliche Szenerie auch bald drohte.
Der Rest des Tages verlief bis auf die gewohnten Seitenhiebe Hongs und meine üblichen Verluste durch Falschspekulationen recht ruhig.
Mein Geburtstag macht mir wieder deutlich bewusst, dass ich nicht mehr der Jüngste bin. Stöhnend verlasse ich das weiche Bett und starre mit verquollenen Augen auf das Thermometer, das 25 Grad anzeigt. Ein Schweißtropfen auf meinem Rücken nimmt Fahrt auf und wird von meinem Steißbein in die Boxershorts katapultiert. Beim Laufen in der Wohnanlage dreht sich mir fast der Magen um, da der Fluss und seine Nebenkanäle durch die erhöhten

Temperaturen zu stinken begonnen haben. Ich muss mir für den Sommer wohl eine andere Strecke suchen, um noch einigermaßen frische Luft atmen zu können.

Beim Frühstück überreicht Wu Meilan mir stolz ein silbernes Schmuckstück, in das mein Sternzeichen eingraviert ist. So viel Zuneigung hatte ich gar nicht erwartet und ich bin gerührt. Ich werde in weitere Gepflogenheiten des Schenkens eingeweiht und erfahre, dass man in China keine Schuhe verschenken sollte, denn das Wort »xie« bedeutet neben »Schuh« auch »bedrohen« und »ruchlos«, wenn es in einem anderen Ton ausgesprochen oder mit einem anderen Zeichen geschrieben wird. Dagegen kann man wie mit Äpfeln auch mit Orangen nichts falsch machen, denn sie stehen für »gut«, und »Glück«.

Kaum haben wir unser gemütliches und lehrreiches erstes Mahl des Tages beendet, klingelt es an der Tür und ich falle fast in eine immense Torte, als ich öffne. Hinter dem riesigen Berg aus Sahne und Zucker kann ich nicht erkennen, wer der Überbringer ist. Ich mache rasch den Weg frei, damit der Lieferant schwankend in die Küche trippeln und unter Ächzen und Stöhnen das Prachtexemplar auf der Anrichte abstellen kann. Erleichtert wischt er sich den Schweiß von der Stirn, nimmt Hong das Geld aus der Hand und verschwindet, ehe ich mich bedanken kann. Als ich mit bewunderndem Blick seiner unsichtbaren Staubspur folge, muss ich an die emsigen Ameisen denken, die ihre mehr als zehnmal so großen Beutestücke scheinbar mühelos hin und her transportieren. Ein dicker Kuss ist mein Dankeschön an Hong, denn ich freue mich sehr über ihre Aufmerksamkeit und hoffe, dass wir den Kuchenberg bezwingen werden, ehe die Sahne in der Hitze des Tages schmilzt.

Weitere besondere Aktionen sind heute nicht geplant, so dass Hong sich wieder einmal weiterbildet. Ich vermisse es nicht, keine Nachrichten mehr anzusehen, denn ich habe ja meine Frau, die mich ungefragt mit allen Neuigkeiten versorgt. Heute geht es um die Wirtschaftslage in China, die zunehmend schlechter wird. Sie hat ein Beispiel parat, das mir doch sehr zu denken gibt. In der Verpackungsabteilung einer großen Seifenfabrik arbeitete der hierfür eingesetzte Roboter nicht fehlerfrei und ließ ab und zu ein Seifenstück aus, so dass die Verpackung ohne Inhalt verschickt wurde. Für die Problemlösung stellte die Firma einen Ingenieur ein, der mit Hilfe eines neu gegründeten Teams innerhalb von drei Jahren und mithilfe von Investitionskosten in Höhe von 1,5 Millionen Renminbi einen Roboter mit Lasererkennung entwickelte, um zu garantieren, dass jede Schachtel ein Seifenstück enthielt. Unweit dieses Unternehmens befand sich eine kleine Seifenfabrik, die sich keinen Ingenieur leisten konnte, um dieses Problem in den Griff zu kriegen. Ein findiger Mitarbeiter bekam die Aufgabe übertragen und stellte drei Tage später einen Ventilator am Ende des Bandes auf, der die leeren Schachteln einfach vom Band blies. Die Gesamtkosten für diese einfache Lösung beliefen sich auf 150 Renminbi.

Bin ich froh, dass nicht alle Firmen so kluge Mitarbeiter haben, sonst würden meine Felle davon schwimmen.

Während des Mittagessens referiert Hong anhand zweier aufgedeckter Kriminalfälle in China zum Thema »Wie wird man schnell reich«. Ich höre nur mit halbem Ohr hin und genieße die langen Nudeln, die mir laut chinesischer Tradition ein langes Leben garantieren. Ich verspeise einen zweiten Teller, nur um sicher zu gehen.

Beim Abendessen stoßen Hongs Eltern auf mein Wohl an. Bisher lief alles ganz gut, doch nun werde ich wieder auf den Boden der Tatsachen zurückgeholt, denn sie wünschen sich, nächstes Jahr ein Baby in den Armen halten zu können. Ich versichere den beiden, dass das in zwölf Monaten durchaus machbar sein sollte, bin mir aber nicht sicher, wie Hong momentan zu dieser Sache steht.

Als Hong in die Kerbe einschlägt, weiß ich, dass mein Geburtstag endgültig vorbei ist. Sie verlangt eine Entscheidung zum Ehevertrag und macht mich darauf aufmerksam, dass ihr laut chinesischem Ehegesetz ohne Ehevertrag die Hälfte meines verdienten Geldes gehöre. Der Vorwurf in ihren Worten schwingt so laut mit, dass er mein Trommelfell schmerzen lässt. Nun kann ich mir nicht mehr einreden, dass sie mich vielleicht doch aus Liebe geheiratet hat. Damals war ich finanziell sehr gut gestellt, doch durch meine Kündigung und den stockenden Erfolg meiner Firma verliere ich an Wert für sie. Ich bekomme gleich noch eine Erklärung geliefert, warum ich niemals ein richtiger Boss werden könne. Geld und Vermögen seien Zwillinge von Mord und Gewalt, aber ich wäre weder herzlos, noch brutal und gesetzestreue Menschen würden nicht reich werden. Wohlhabende Chinesen gingen ins Ausland, weil sie ihr Vermögen illegal erworben hätten und sich so in Sicherheit wiegen könnten.

Während ich grüble, warum ausgerechnet meine Frau ein Problem damit hat, dass ich weder herzlos noch brutal bin, wird auch gleich noch das leidige Thema Kostgeld hervorgekramt, wenn wir schon mal dabei sind. Sie verlangt eine monatliche Pauschale, die neben den Kosten für die Vollpension bei ihren Eltern, auch die Miete für mein Büro und ihren Service für Telefonate, Begleitung, Übersetzung und Dolmetschen abdeckt. Nach ihrer Rechnung müsse ich so sechzig Prozent der täglichen Ausgaben zusteuern, da ich deutlich mehr essen und trinken würde als sie. Der Wein, den ihren Eltern mir zum Geburtstag geschenkt hatte, weil er von unserer Hochzeitsfeier noch übrig war, schmeckt jetzt irgendwie bitter.

Ich zwänge ein zerknirschtes Lachen aus meiner zugeschnürten Kehle und verdrücke mich ins Büro. Doch auch hier bin ich nicht sicher vor ihren bühnenreifen Eifersüchteleien und Anfeindungen. Nicht zum ersten Mal muss ich mir anhören, dass sie mich nicht durchfüttern will wie einen hilflosen Hund und ich mir doch besser eine Freundin zulegen sollte. Das Wort Scheidung fällt zwar nicht, aber es schwingt trotzdem wie ein Damoklesschwert über meinem Kopf.

Als sie doch einmal Luft holt, nutze ich meine Chance, sie über den bald gültigen Ehevertrag mit Gütertrennung aufmerksam zu machen. Dann schließe ich rasch die Bürotür, um meine Frau und mich räumlich zu trennen.

Im Stillen muss ich an meine Schwiegereltern denken, die jeden einzelnen Streit hautnah miterleben müssen und sich sicher erneut fragen, wie es schon wieder so weit kommen konnte. Und wir haben noch nicht mal die Geburtstagstorte und das Tiramisu

probiert.
Die morgendliche Kühle ist genau das richtige Wetter zum Joggen. Zum Frühstück esse ich ein Riesenstück Geburtstagstorte, doch der Haussegen hängt offenbar noch schief, denn Hong beschwert sich, dass ich ihr alles wegesse. Ich runzle die Stirn, denn es handelt sich doch um meine Geburtstagstorte, die sie mir geschenkt hatte. Außerdem ist noch immer reichlich da.
»Könntest du mir bitte ein Stückchen übrig lassen?«
Nun stutze ich. Hat sie tatsächlich »bitte« gesagt? Nein, das haben meine geschundenen Ohren sicher dazu gemogelt, um mich friedlich zu stimmen.
Beim monatlichen Frankentreffen in Shanghai betreten wir als erste das Lokal und setzen uns so, dass die nächsten Gäste sich problemlos zu uns gesellen können. Wir treffen Freunde und lernen neue Menschen kennen, mit denen wir Visitenkarten austauschen. Auf die Frage hin, was ich denn eigentlich beruflich mache, erwidere ich, dass ich E-Bikes entwickeln und produzieren möchte, mich jedoch noch in der Start-up-Phase befinde. Nachdem sich die Idee mit den Elektroautos als nicht umsetzbar für mich erwiesen hat, kam mir der Gedanke, ein bisschen tiefer zu stapeln und weniger komplexe Elektrofahräder in Angriff zu nehmen.
Dennoch wird mir davon abgeraten, denn viele der Anwesenden haben mit dieser Geschäftsidee keine Erfolg erzielen können und schließlich aufgegeben.
Mein gleichaltriger Freund Gernot aus Wuxi, eine Großstadt zwischen Suzhou und Changzhou gelegen, berichtet, er sei von seinem Posten als General Manager abbestellt worden und habe einen neuen amerikanischen Chef bekommen, den das Headquarter in Deutschland in einer Bar kennengelernt hat. Allerdings konnte er, wie von Gernot nicht anders vorhergesehen, die Erwartungen der Vorgesetzten nicht erfüllen und musste gehen, denn ein Werk mit minimalen Investitionen aufzubauen und drei Jahre nach Inbetriebnahme bereits die ersten Millionen Euro Gewinn absahnen zu können, das ist ein zu hohes Ziel. Nun wartet Gernot nur noch auf den Rauswurf und die Zahlung einer guten Abfindung, damit er mit seiner chinesischen Frau in Ruhe sein

Leben in China genießen kann. Aber offenbar geht seine Rechnung nicht auf, denn die Kündigung trudelt einfach nicht ein, weil die Firma weiterhin einen Fachmann benötigt.

Gernot, der mit den Jahren und gutem chinesischen Essen etwas an Umfang zugelegt hat, hat sich den Misserfolg nicht allzu sehr zu Herzen genommen und weitergemacht. Mittlerweile haben die teuren Messinstrumente in China einen guten Ruf, den er den chinesischen Mitarbeiter des ersten Kunden zu verdanken hat. In China wechseln die Mitarbeiter häufig ihre Arbeitgeber und durch diese Mundpropaganda wurden diese Produkte rasch im ganzen Land bekannt. Nur in Korea kann die Firma nicht recht Fuß fassen. Ohne eingehende Prüfung der Funktion und der Qualität hatte ein koreanischer Einkäufer behauptet, er könne dasselbe Instrument um die Hälfte billiger einkaufen. Darauf erwiderte Gernot: »Na schön, dann reden wir über das Wetter und morgen fliege ich zurück.«

Wir müssen beide lachen. Ich kann die Erfahrung meines Freundes nur bestätigen.

Ein neues Mitglied unseres Stammtisches, ein junger Mann mit dürftiger Kopfbehaarung, der erstaunlicherweise keine Visitenkarten verteilt, setzt sich zu uns und erklärt, dass er Webseiten erstellt. Mich irritiert sein anscheinend nicht steuerbares Zucken der linken Gesichtshälfte, denn es wirkt, als würde er einem zuzwinkern.

Ihn stört das offenbar nicht und fast stolz berichtet er, dass seine Firma auf der Offshore-Insel Tonga angemeldet sei und er dadurch ganz legal keine Steuern zahlen müsse.

Man spart, wo man kann, geht mir durch den Kopf, und als er von der letzten Nacht erzählt, in der er mit mehreren Mädchen fünftausend Renminbi, knapp siebenhundert Euro, in einer Bar ausgegeben habe, nicke ich anerkennend.

Hong hat natürlich nichts Besseres zu tun, als ihm den Erfolg madig zu machen, indem sie ihn darauf hinweist, dass Bars out seien und Bootsfahrten mit Frauen in internationalen Gewässern angesagt wären, denn dort sei käuflicher Sex nicht strafbar.

Ihre Direktheit erstaunt den jungen Mann derart, dass er den Mund nicht mehr zubekommt und eine regelrechte Zwinker-Attacke erleidet. Diesen kleinen Sieg belohne ich mit einem respektvollen Nicken.

Gegen halb zehn Uhr abends stimmen wir alle zusammen wieder das Frankenlied an – ein schöner Moment der Einigkeit und Zugehörigkeit. Auf dem Nachhauseweg erwerbe ich ein paar gefälschte DVDs und Hong kauft Hun Tun, Hochchinesisch für die Teigtaschen Wan Tan, fürs Frühstück.

Noch immer sind wir in Shanghai und haben die zweite Nacht in unserer Wohnung verbracht. Der Regen erinnert mich an gestern, als ich in einem kahlen Konferenzsaal vor fünfzehn jungen Chinesen und Chinesinnen stand und einen zweistündigen Vortrag über Batterien hielt. Im Anschluss wurde rege diskutiert und wie immer wechselten Visitenkarten den Besitzer. Ich erhoffe mir von dieser Präsentation, ein Team aus Experten für den Verkauf meines E-Bikes nach Europa zusammenstellen zu können.

Bei diesem Wetter schlafen wir einfach aus. Nach dem Frühstück kriecht Hong wieder ins Bett und ich bereite meinen Besprechungstermin für Montagmorgen vor, als plötzlich der Wohnungsmakler die Tür öffnet und chinesischen Besuchern die Wohnung zeigen möchte. Rasch schließe ich die Schlafzimmertür und bitte die Besucher herein. Meine Anwesenheit scheint sie zu verwirren, sie entschuldigen sich höflich und gehen wieder.

Wir sollten dem Makler vielleicht Bescheid geben, dass wir das Apartment ab und zu selbst nutzen, und mit ihm vereinbaren, dass er Besichtigungen ankündigt, damit er und die Interessenten uns nicht im Schlafanzug überraschen.

Ich freue mich über Interessenten, doch Hong findet auch diesmal ein Haar in der Suppe. Sie ist der Meinung, der Makler mache es sich leicht und zeige nur unsere Wohnung, da der Aufbau der anderen ähnlich sei, aber aufgrund Ausstattung und Preis würden die potentiellen Mieter eher zu anderen Apartments tendieren.

Am Nachmittag hört der Regen auf und wir können die zwanzig Minuten Fußweg zur nahegelegenen evangelischen Kirche laufen. Viele neue Konfirmanden stellen sich vor und gestalten den Gottesdienst nach eigenen Vorstellungen. Mir gefällt die spannende Messe mit moderner Musik. Anschließend gibt es Kaffee und Kuchen, den die Eltern der Konfirmanden gebacken haben. Wir begrüßen ein befreundetes chinesisches Ehepaar und stellen sie den anderen Gästen vor. Ich habe Glück und treffe einen alten Freund, der genau wie ich selbständiger Unternehmensberater ist. Wir tauschen Informationen über Stundensatz und Akquisitionsprozess aus und so erfahre ich, dass mein Stundensatz weit unter seinem liegt und womöglich sogar einen Dumpingpreis darstellt. Zudem macht mein Freund es cleverer als ich und schließt einen Vertrag mit den Kunden ab, der ihn von jeglicher Haftung befreit.

Nach der Unterhaltung verabschieden wir uns von den Freunden und statten dem nächstgelegenen Fahrradgeschäft einen Besuch ab. Den Verkäufer verwickle ich geschickt in ein Gespräch, um Funktionen und Preise herauszufinden. Der Verkäufer kennt sich in seinem Metier sehr gut aus und so erfahre ich auch, dass E-Bikes in China andere Spezifikationen aufweisen als in Deutschland. Das ist eine wichtige Information für die Entwicklung meines E-Bikes, denn jedes Land hat anscheinend eigene Anforderungen für dieses Fahrzeug. Ich habe wohl noch einige Hausaufgaben zu erledigen, bevor ich durchstarten kann.

Beim anschließenden Spaziergang durch verwinkelte Gassen kaufen wir preisgünstig Erdbeeren, bevor wir zum Abendessen in ein Restaurant gehen. Es gibt Garnelen im huǒguō geannten Feuertopf, die für kurze Zeit in einer heißen Soße eingelegt und gargekocht werden. Draußen regnet es wieder, am Nebentisch sitzen starke Raucher und im Fernsehen wird über illegales Geldeintreiben berichtet. Die einen, die Geld bekommen und sammeln, fliehen meist damit, die anderen werden es los. Im Gegensatz zu China kann in Deutschland jede Firma selbst Inhaberschuldverschreibungen herausgeben, jedermann kann legal Geld geben. Das Risiko in Deutschland steigt meist mit dem festgelegten Zinssatz und der niedrigen Einstufung einer Agentur. Je höher der Zinssatz ist, desto dringender braucht die Firma Geld, meist, um etwas zu finanzieren oder um zu überleben. Genauso legal möchte ich mit meiner Firma in Deutschland auch vorgehen, jedoch nicht in China. Hong lehnt das kategorisch ab. Sie möchte nicht in den Finanzbereich hineingezogen werden, da sie sich auf diesem Gebiet nicht auskennt.

Auf dem Nachhauseweg entdecken wir ein neu eröffnetes Schwimmbad und eine Turnhalle in unserer Wohnanlage. Wir erkundigen uns nach Öffnungszeiten und Eintrittspreisen. Ich wundere mich allerdings, warum es keine öffentliche Einweihung hierzu gab, denn nur so kann man viele Besucher anlocken. Zumindest haben wir keine Flyer im Briefkasten gefunden, die eine solche Eröffnung angekündigt hätten.

Hong liest im Internet, dass ihre Idee, einen Sexroboter zu entwickeln und zu bauen, auch andere Chinesen haben. Sie findet ein Forum, in dem rege über die Möglichkeiten und Schwierigkeiten diskutiert wird. Wenn der Roboter beispielsweise einem Kurzschluss erliegen würde, was bei »Made in China« nicht gerade unwahrscheinlich ist, dann würde aus einem Penis schnell mal eine gegrillte Wurst. Zudem müsse die künstliche Frau eine Art natürliche Scheide haben, sonst wäre das Gefühl nicht echt genug. Ich habe die Idee, eine Dose zu konstruieren, die mit einem Klick herausgeholt und durch eine neue sterile ersetzt werden kann.

»Das Prinzip wäre vergleichbar mit einem Batteriewechsel am Fotoapparat«, erkläre ich.

»Eine Kommunikation mit dem Roboterweib ist bis dahin noch nicht nötig, aber das wird in naher Zukunft auch noch kommen«, prophezeit Hong.

»Der Wert mancher Dinge wird dir erst bewusst, wenn sie nicht mehr da sind. Toilettenpapier ist das beste Beispiel dafür.« Eine künstliche Frau hingegen halte ich für hinausgeworfenes Geld. Lieber streite ich täglich mit meiner Hong aus Fleisch und Blut, obwohl ich manchmal auch ganz gerne ihren Stecker ziehen würde.

Am Wochenbeginn stehen einige wichtige Termine an und ich bin noch ziemlich müde. Auf der fünf Kilometer langen Taxifahrt zwischen meinem Apartment und der nächstgelegenen

Metrostation versuche ich, mir den hartnäckigen Schlaf aus den Augen zu reiben und nicht wieder einzunicken. Häuserblocks, Kreuzungen, Geschäfte und vereinzelte müde Gestalten streifen träge an uns vorbei. Die anhaltende Diskussion zwischen Hong und dem alten Taxifahrer über die kürzeste Fahrtroute macht es mir nicht einfacher, denn sie säuselt an meinen Ohren vorbei wie Meeresrauschen. Der Fahrer verlangt fünf Renminbi mehr als üblich, ich gebe ihm vier Renminbi, was ihn dazu veranlasst, zu schimpfen und die Quittung einzubehalten. Ich verzichte auf den Beleg, weise ihn jedoch auf Chinesisch darauf hin, dass er einen großen Bogen gefahren ist.

Gemeinsam nutzen wir die Metro, bis sich Hong verabschiedet, um mit einer anderen Linie weiter zu einem Starbucks mit Internetanschluss zu fahren.

Ich komme eine halbe Stunde zu früh zum Termin mit einem potentiellen Auftraggeber im Automobilbereich, den mir Herr Helbrecht vermittelt hat. An der Pforte der Firma Heila erwartet mich niemand, doch bald nach mir trifft ein junger chinesischer Mann von der Qualitätssicherung ein und erklärt mir, was es für mich zu tun gäbe, sollten wir uns über die Bedingungen einig werden. »Es gibt einige Stolpersteine, denn unser Lieferant ist mit dem Produktionsbeginn des zu fertigenden Autoteils in Verzug, es sind noch nicht alle Punkte beim Qualitätsaudit abgearbeitet, der für den Lieferanten zuständige Qualitätsingenieur hat gekündigt und der Projektmanager aus Deutschland ist unerwartet krank geworden.«

Details soll ich mit einer deutschen Kontaktperson im Telefongespräch heute Nachmittag klären. Nachdem der zweite Gesprächspartner des Auftraggebers eingetroffen ist und ich von meinen Jobs und den gesammelten Erfahrungen in der Automobilindustrie, speziell im Einkauf und in der Qualitätssicherung beim Lieferanten, berichtet habe, treffe ich mich mit Liu Meng in der Stadt. Unsere Unterhaltung über neue Ideen und den Stand der einzelnen Projekte bei einem Kaffee, zu dem er mich eingeladen hat, wird durch einen Anruf von Herrn Helbrecht aus Deutschland unterbrochen. Ich soll aus dem

Stehgreif Vorschläge zum weiteren Vorgehen im Fall des Automobilherstellers machen, doch ich weigere mich, bevor ich kein Kickoff-Meeting mit dem Lieferanten abgehalten habe. Ich werde zu einer Telefonkonferenz eingeladen, bei der die wichtigsten Dinge wie die zwischen der Firma Heila und dem Lieferanten festgelegten Kennzahlen, die sogenannten Key Performance Indicators, besprochen werden, bevor ich den Lieferanten treffe.

Nachdem ich mich von Liu Meng verabschiedet habe, fahre ich mit der Metro zu Hong und wir machen uns gemeinsam auf den Weg zu dem Treffen mit einem Rechtsanwalt aus Hongs Freundeskreis. In einem Büro, das nach neuem Teppichboden riecht, frage ich nach den rechtlichen Voraussetzungen und den Kosten für die Gründung einer deutschen Firma in China. Hierfür gibt es mehrere Möglichkeiten, aber letztendlich bleibt in meinem Fall nur die Anmeldung einer Handelsvertretung übrig, denn meine Firma in Deutschland ist ein Kleingewerbe ist, weshalb ich zum einen keine Tochtergesellschaft gründen kann, und zum anderen neuere Formen wie Joint Venture ohne einen chinesischen Geschäftspartner keinen Sinn ergeben. Auch alle Rechtsformen, die einem Auszug aus dem Handelsregisterauszug bedürfen, kommen nicht in Frage, da ich als Kleingewerbetreibender nicht verpflichtet bin, mein Unternehmen im Handelsregister eintragen zu lassen.

Zum Abschluss möchte ich wissen, ob die Chancen gut stehen, Geld von möglichen Betrügern zurückzubekommen, was der Rechtsanwalt natürlich bejaht. »Solange man beweisen kann, dass ein Betrug vorliegt, sollte das kein Problem sein. Zuvor müssten allerdings alle beweiskräftigen Dokumente ins Chinesische übersetzt werden, damit das Gericht in der Lage ist, diese zu verstehen.«

Das schöne Wetter hat mich bereits gegen sechs Uhr aus dem Bett gekitzelt. Ich habe meine Sachen zusammengepackt und ein Taxi organisiert, das mich zur Metro bringt. Trotz aller anderen Vorbereitungen und Aufgaben habe ich den Wunsch nach einer

Festanstellung noch nicht aufgegeben und möchte mich bei einem AHK-Treffen über meine Chancen informieren. Schließlich bin ich das erste Mal in China ohne Festanstellung und muss Informationen sammeln um eine gute Entscheidung für meine Zukunft zu treffen. Ernüchtert muss ich feststellen, dass meine Chancen ohne gute Kenntnisse der chinesischen Sprache eher gering sind und es in China keine Halbtagsjob gibt. Die Firmen scheuen das zeit- und kostenaufwendige Visaverfahren, weshalb die meisten Ehepartner zu einer wohltätigen Nichtregierungsorganisation, kurz NGO, gehen. Dort gibt es zwar keine Aufenthaltsgenehmigung, aber sie können dort ohne Bezahlung und ohne Vertrag eine sinnvolle Beschäftigung nach gehen. Vorausgesetzt der andere Ehepartner hat eine Festanstellung, eine Arbeitgserlaubnis und eine Aufenthaltserlaubnis. Ohne Job kein Geld und keine Aufenthaltsgenehmigung, aber dummerweise sind die Regelungen nicht gerade einfach, denn allein durch die Heirat mit Hong bekomme ich weder ein Aufenthaltsrecht noch ein Dauervisum. Schon allein die verschiedenen Visa-Formen zeigen die Komplexität der Materie. Wie in jedem Land gibt es natürlich das schnöde Touristenvisum, hier mit L-Visum bezeichnet, das Besuche von Freunden und Bekannten mit einer maximalen Aufenthaltsdauer von dreißig Tagen zulässt. Weiter geht es im Alphabet mit dem M-Visum für Antragsteller aus den Bereichen Industrie und Handel, um Messebesuche, Montage-Aufenthalte oder Geschäftsmeetings abzudecken. Gleiches gibt es auch für wissenschaftliche Konferenzen und Austauschprogramme, allerdings unter dem Namen F-Visum. Alle diejenigen, die sich ein geregeltes Leben in China aufbauen möchten benötigen ein Z-Visum. Dieses Arbeitsvisum wird nur zur einmaligen Einreise für dreiß Tage ausgestellt, damit man innerhalb dieser Frist eine Aufenthaltserlaubnis beantragen kann, die dann im Allgemeinen für ein Jahr ausgestellt und je nach Art der Beschäftigung jährlich verlängert wird. Ein weiterer Vorteil dieser Aufenthaltserlaubnis liegt in der jederzeit möglichen Ein- und Ausreise. Zum Schluss sei noch das Heiratsvisum erwähnt, dass zwar den Aufenthalt in

China zur Folge hat, aber eine bezahlte Arbeit ausschließt und daher gar nicht erst auf meiner Liste der Möglichkeiten aufgenommen wird.

Nach diesem kleinen bürokratischen Ausflug wissen wir, dass ich mich im Grunde illegal in China aufhalte. Das macht mir das Leben nicht unbedingt leichter, vor allem da sich meine Frau bestens mit solchen Vorgängen auskennt und mich jederzeit ans Messer liefern kann.

Aber genug der Unannehmlichkeiten. Rechtzeitig erreichen wir das DUSA-Treffen in Suzhou, bei dem es um die Vorstellung eines neuartigen Batteriespeichersystems mit anschließender Führung durch den einladenden Industriebetrieb und einer ausführlichen Besprechung der zu verbessernden Energieeinsparmaßnahmen geht.

Beim Abendessen stoßen Li Gengnan und ich mit unseren Weingläsern an.

»Prost, zum Wohle, Cheers, skål, à votre santé, Salud, Cincin, saúde, na zdrowie, здрáвица, egészségére und Gānbēi«, rufe ich aus.

Hong zeigt sich beeindruckt: »So viele Sprachen! Bist du etwa ein Spion? Arbeitest du für den BND oder ist es der MAD? Doch nicht etwa CIA, KGB, der Auslandsnachrichtendienst Italiens AISE, MI6, der irakische Nachrichtendienst Mudiriyat al-Amn al-Amma oder der libanesische Direction Générale de la Sûreté de l'Etat? Sag nicht, du bist beim israelischen Mossad! Oder gar beim einheimischen Guojia Anquan Bu?«, fragt Hong und kichert.

»Bei der Anzahl von Geheimdiensten, die du aufzählen kannst, kann ich die Frage nur zurückgeben«, erwidere ich lachend. »Nein, nein, ich für meinen Teil bin bloß ein armer Alkoholiker, der seiner geliebten Geheimagentin bedauerlicherweise mitteilen muss, dass der KGB seit 1991 geschlossen hat.«

»Ich glaube eher, du bist nicht ganz auf dem neuesten Stand! Weißrussland hat den Namen für seinen staatlichen Geheimdienst einfach übernommen.«

Bei so viel Wissen schaltet mein alkoholisiertes Gehirn auf Leerlauf.

Der Hongsche Nachrichtendienst ist wieder aktiv und informiert mich darüber, dass in Vietnam aufgrund Chinas Politik bezüglich des Streits im südchinesischen Meer Proteste stattfinden. Samsung hat von China offenbar auch die Nase voll und will in den nächsten Jahren einige Milliarden US-Dollar in Vietnam investieren, da die Lohnkosten der Arbeiter in China mittlerweile zu hoch seien.

Nun bin ich gewappnet für den Small Talk mit potentiellen Auftraggebern und muss mich nicht am Wetter festhalten.

Ich bin dem neuen chinesischen Auftraggeber für das Training an einer Messmaschine noch eine Antwort schuldig und diskutiere die weitere Vorgehensweise mit Hong. Sie ist der Meinung, ohne ein vernünftiges Büro ginge gar nichts, daher solle ich mein Apartment in Shanghai hierfür herrichten.

»Büro hin oder her, zuerst brauche ich Aufträge. Ich will mit dir besprechen, wie ich verhindern kann, dass der Auftraggeber mit dem chinesischen Trainer, den ich bereits organisiert habe, vor Vertragsunterzeichnung Kontakt aufnehmen kann und ich dann keine Vermittlerprovision bekomme, weil er direkt mit dem Trainer verhandelt.«

Hong kritisiert meine Arbeitsweise, denn es wäre sinnvoller gewesen, vor jeglichen Aktionen auf einem Vermittlervertrag zu bestehen. Aber dieses Mal muss ich mir das nicht gefallen lassen, denn ich habe dem Kunden im Vorfeld einen solchen Vertrag vorgelegt, den er allerdings bis heute noch nicht unterschrieben hat. Ich sollte den Auftrag ablehnen und dem Trainer absagen. So verdiente ich zwar kein Geld, aber werde auch nicht hintergangen.

Ich bitte meine Frau um ihre Meinung, aber statt eines vernünftigen Ratschlags hat Hong nur wieder eine ihrer rätselhaften Weisheiten parat: »Behandle jedes Problem, wie es ein Hund tun würde: Wenn du es nicht essen oder zumindest damit spielen kannst, pinkle einfach darauf und geh weiter des Weges.«

Heute läuft nichts, wie es soll, denn eine anberaumte Telefonkonferenz mit der Zentrale der Firma Heila gestaltet sich zum einen teuer, weil der übliche Weg nicht funktioniert und das Telefonat über Handy abgewickelt werden muss, zum anderen war der ganze Akt nutzlos, da nach zwei Stunden entschieden wird,

sich in der kommenden Woche mit dem chinesischem Lieferanten, der sich momentan im ungarischen Werk befindet und dessen Name ich noch nicht kenne, doch einfach vor Ort in Deutschland zu treffen, um alles persönlich zu besprechen. Also muss ich mich in die Spur begeben, um noch einen kurzfristigen Flug zu ergattern.
Meine Idee, mich mit Hongs Hilfe im Reisebüro um die Ecke über mögliche Flüge nach Deutschland zu erkundigen, veranlasst sie, sich wieder über ihre unbezahlten Sekretärinnendienste und hohe Flugkosten zu beschweren. Ich verzichte, sie darauf hinzuweisen, dass die Flugkosten vom Auftraggeber übernommen werden, und überhöre ihre Tipps, mir doch ein Büro mit einer hübschen Sekretärin zu besorgen. Ich kann ihre Leier eh schon mitsingen. Als sie ihr Repertoire noch um meine Schulden bei ihr erweitert, hole ich kommentarlos meinen Geldbeutel und begleiche meine Verbindlichkeiten. Schweigen ist die einzige Waffe, die ich noch habe.
Da ich auf Hongs Hilfe mal wieder nicht zählen kann, befrage ich das Internet und finde das chinesische Online-Reisebüro Ctrip, das neben vielen anderen Sprachen auch Deutsch anbietet, und sende den Reisekostenvoranschlag nach Deutschland. Die Antwort des Kunden lässt nicht lange auf sich warten, leider fällt sie nicht zu meiner Zufriedenheit aus. Ich solle doch bitte einen billigeren Flug suchen, der nur halb so viel kostet. Als ob ich das nicht schon getan hätte. Mittlerweile kenne ich mich im Fluggeschäft gut aus und weiß, dass bei solchen kurzfristigen Flügen jede Sekunde zählt. Ich teile dem Kunden erneut mit, dass es keinen preiswerteren Flug gibt und nur noch zwei Plätze frei sind. Vor dem Schlafengehen habe ich noch keine Bestätigung und die Preise bei der Lufthansa sind wie erwartet gestiegen. So viel zum Vertrauensverhältnis zwischen Auftragnehmer und Auftraggeber.

Ende der Arbeitswoche hängt der Haussegen wieder etwas gerader und Hong hält mich über die Proteste in Vietnam auf dem Laufenden, bei denen sechzehn Menschen ums Leben gekommen sind. Leider hat es einige taiwanesische Touristen erwischt, da es

den Vietnamesen schwerfällt, Taiwanesen und Chinesen zu unterscheiden.
Auf meine Frage, ob die Chinesen vor Japanern oder vor Vietnamesen mehr Angst hätten, antwortet Hong, dass Chinesen sich vor niemandem fürchteten, denn sie passten sich allen Gegebenheiten an. Da sie sehr geduldig und leidensfähig wären, würden sie nicht kämpfen, sondern ausharren, bis sich das Problem von selbst erledigt hätte. Damit wäre ihnen jeder Sieg sicher.
Meine berechtigte Skepsis nimmt sie zum Anlass, ein paar Beispiele zu nennen: »Chinesen sind wie Wasser – egal, ob du es in eine Flasche oder in eine Tasse schüttest, es passt es sich der Form an. Als Dschingis Khan vom Norden her in China einmarschierte, wehrte sich niemand. Nach einiger Zeit war er verschwunden und die Chinesen wieder unter sich. Ebenso verhielt es ich mit den Mongolen und den Mandschuren. Wenn Ausländer Chinesen heiraten und Kinder bekommen, sieht man denen in der ersten und zweiten Generation vielleicht noch an, woher sie kommen, doch später sind es nur noch Chinesen. Durch Geduld und Ausdauer siegen mit der Zeit immer die Chinesen, denn sie sind wahre Meister im Ausharren.«
Bevor wir vier Stunden mit dem Bus in den Norden der Jiangsu-Provinz nach Yancheng fahren, um uns nun doch den vor knapp zweieinhalb Monaten im AHK-Ausbildungszentrum angepriesenen Industriepark anzuschauen, buche ich noch schnell den Flug nach Deutschland. Wenn man von der Stadtregierung eingeladen wird, lässt man sich nicht lange bitten. Am Busbahnhof werden wir sogar von einem Regierungsvertreter empfangen, erkundigen uns nach dem Programmablauf und kaufen dann gleich die Tickets für die Rückfahrt.
Eine Sache interessiertm ich brennend, so dass ich nicht hinter dem Berg halten kann: »Warum sind wir heute hier? Als diese Stadt vor zweieinhalb Monaten als Industriepark vorgestellt worden war, hieltest du jegliche Investition für nicht lohnenswert.«
»Ich bin immer noch derselben Meinung, aber ich denke praktisch, denn es werden viele Investoren hier sein und dadurch können neue Kontakte für dich entstehen. Außerdem werde ich dir meine

Dolmetscherdienste in Rechnung stellen und somit Geld verdienen.«

Bei der Rundfahrt entdecke ich einige deutsche und koreanische Firmen, während der Regierungsvertreter von der Größe des Industrieparks schwärmt und die verschiedenen Produktionsbereiche aufzählt. »Das Stadtgebiet von Yancheng hat innerhalb der Jiangsu-Provinz die größte Fläche und die zweithöchste Einwohnerzahl nach Suzhou. Durch die Anbindung über Flughafen und den Meereshafen sowie die nur zweieinhalbstündige Autofahrt nach Suzhou und Shanghai zählt diese Zone zum Nationallevel erster Klasse.«

Ob ich den Regierungsvertreter darauf aufmerksam mache, dass Hong bereits damals herausgefunden hat, dass sämtliche hier aufgezählten Vorteile gar nicht existieren? Ich halte lieber meinen Mund, da man es sich mit der Regierung nicht verscherzen sollte, vor allem nicht mit der chinesischen.

Nach der Führung essen wir gemeinsam im Hotel zu Abend und gönnen uns im Hotelzimmer ein Spiel der asiatischen Frauenfußballmeisterschaft in Vietnam. Die chinesische Mannschaft führt gegen die kleinen Thailand-Frauen bereits nach zwanzig Minuten 3:0, am Ende steht es 7:0, was mich nicht verwundert. Einige der chinesischen Spielerinnen könnte man durchaus für Männer halten. Im Durchschnitt sind sie ein bis zwei Köpfe größer als ihre zierlichen Konkurrentinnen und die thailändische Torfrau wirkt so winzig, dass man sie ohne großes Aufheben mit dem Ball ins Tor schießen könnte.

Beim Frühstück bringt Hong mir Essen, Stäbchen und Löffel vom Büffet mit. Damit mir das auch ja bewusst wird, betont sie, dass sie sich mir gegenüber sehr aufmerksam verhält und nennt ihr Verhalten emotionale Intelligenz. Aber noch bevor ich mich über ihre Fürsorge freuen kann, stellt sich heraus, dass sie das gar nicht für mich macht, denn nur wer sich im Leben um andere kümmert, wird reich. Natürlich ist das auch ein Wink mit dem Gartenzaun, dass ich mich mehr um meine Frau kümmern soll.

Heute werden wir mit dem Bus von einer Veranstaltung zur

anderen gefahren. Auf der kleinen Messe über Automobilteile vermisse ich die Kleinmotoren- und Batterieproduzenten und die Eröffnungsreden der Lokalpolitiker sind auch alles andere als spannend. Im neuen Kia-Karosseriewerk beherrschen die Roboter die vollautomatische Fertigung der Stanzteile, nur die Stichproben werden noch von Hand genommen. Leider können wir keine Details erkennen, da wir nur auf breiten Wegen quer durch die Fertigungshalle geführt werden und natürlich Fotografieren nicht erlaubt ist. Trotz der zeitlich knappen Taktung des Ablaufes bleibt noch Zeit für den Besuch eines Vergnügungsparks, der sich in der Nähe des Industrieparks befindet.

Das Mittagessen am frühen Nachmittag lässt einem die Wahl zwischen Fisch, Rindfleisch und Hundefleisch. Letzteres wird aufgrund der vielen Einladungen an Koreaner angeboten, da diese im Sommer das Fleisch zum Kühlen des Körpers verzehren. Paradoxerweise essen es die Chinesen aus dem Nordosten des Landes im Winter, um sich zu wärmen.

Egal ob wärmend oder kühlend, ich halte mich an den Fisch, da läuft man nicht Gefahr, das halbe Essen aus den Zähnen pulen zu müssen. Die grünen Trauben zum Nachtisch schmecken sauer, in ihrem Treibhaus in Yancheng haben sie bestimmt nicht viel Sonne gesehen.

Natürlich schläft auch die Konkurrenz nicht und ist reichlich vertreten, auch an unserem Tisch. Man kommt ins Gespräch und tauscht Visitenkarten.

Die kalte Luft, die im vollklimatisierten Bus auf dem Weg zu einer Konferenz über unseren Köpfen zirkuliert, wird auch nicht wärmer, nachdem ich den Busfahrer um Regulierung gebeten habe. Meine Kopfhaut ist kurz vor dem Gefrierpunkt und mein Hals reagiert schon mit Kratzen.

Während der Konferenz über die Vorteile einer Investition in Yancheng wird mir klar, warum China in einen stetigen Smogmantel gehüllt ist. Da der hiesige Vorrat an Erdöl nach etwa zwanzig Jahre erschöpft sei, so Hong, unterstütze die Regierung die E-Mobilität, weil die hierfür benötigten Batterien mittels Kohleenergie, die noch mindestens zehnmal so lange reiche,

hergestellt würden.
Während wir auf den Bus nach Hause warten, kauft Hong Eiscreme und Pudding, um ihren Hunger zu stillen. Offenbar will sie, wie im Entwurf unseres Ehevertrags festgelegt, mit mir teilen, denn der Löffel wechselt zwischen ihr und mir. Allerdings bedeutet das wohl, dass ich nun ihren Hunger mitempfinden und immer etwas essen muss, wenn ihr Magen knurrt.
Auf der Rückfahrt nach Suzhou kämpfe ich wieder mit meiner europäischen Durchschnittsgröße, die hier in China oftmals Probleme bereitet. Gerade in öffentlichen Verkehrsmitteln muss ich meine Beine verbiegen, damit ich halbwegs bequem sitzen kann. Bei vier Stunden Fahrt nicht unbedingt ein Vergnügen. Ich versuche, mich durch den Blick auf grüne Landschaften und gelbe Getreidefelder abzulenken, und freue mich, dass wir nicht mehr mit Dreschflegeln auf Getreide einschlagen müssen wie die Bauern hier auf dem Land.

Die nächtliche Fahrt in der eisigen Metro gibt mir den Rest und ebnet einer heftigen Erkältung den Weg. Mit etlichen Litern frischen Ingwer- und Zitronentee will ich die Viren in ihre Schranken verweisen, denn ich muss unbedingt meine Reise vorbereiten und meinen Koffer für morgen packen. Hong hat kein Mitleid und nervt mich mit dem Ehevertrag, den ich noch nicht gelesen habe.
Ob unser erster Hochzeitstag eine tiefere Bedeutung für Hong hat? Ich hätte mich besser vor der Hochzeit mal im chinesischen Ehegesetz belesen. Ich drucke es trotzdem aus, um während der Fahrt herauszufinden, was mir alles blüht.
Dummerweise habe ich damit zu viel Zeit vertrödelt und ich kann meine Briefe nicht mehr verschicken, da die Post an Wochenenden schon halb fünf schließt. Wir machen das Beste daraus, gönnen uns Nudelsuppe im Einkaufszentrum und einen Spaziergang. In der benachbarten Wohnanlage, die ziemlich heruntergekommen ist, wollte Hongs Mutter ein Apartment sowie eine Ladenfläche kaufen, um sie zu vermieten. Glücklicherweise hat sie sich dagegen entschieden, denn fernab der Hauptstraße und in

unmittelbarer Nähe eines Einkaufszentrums hätte ihr da niemand die Bude eingerannt.
Nun werde ich von Hong mit einer Geschichte über den chinesischen Geldkreislauf aufgeklärt: »Ein Gast kommt in ein Restaurant und bestellt ein Steak für zweihundert Renminbi. Der Restaurantbesitzer nimmt das Geld und begleicht damit seine Schulden im Schlachthaus. Der Schlachthausbesitzer befriedigt seinen Gläubiger, den Schweinezüchter. Letztere ist auch nicht schuldenfrei und tilgt bei seinem Freund, der wiederum eben jenem Restaurantbesitzer Geld schuldet. Somit schließt sich der Kreis und alle haben gewonnen und sind glücklich. Der Gast entscheidet sich aufgrund der langen Wartezeit zu gehen und verlangt sein Geld zurück, was er dank des Ringelreihens auch erhält. Dasselbe Spiel kann man auf den Geldfluss bei Banken übertragen. Irgendjemand zahlt Geld ein, die Bank arbeitet damit und gibt Geld an andere heraus, ein ewiger Kreislauf.«

Die vielen Liter Tee haben Wunder bewirkt, so dass es mir am Sonntag schon wieder etwas besser geht. Nach einer dreistündigen Busfahrt muss ich am Flughafen in Pudong feststellen, dass der Lufthansa-Schalter trotz einer E-Mailnachricht über den sofortigen Check-in noch geschlossen ist. Ich nutze die Zeit zum Lesen des Ehevertrags und des chinesischen Ehegesetzes. Um die gesellschaftliche Stellung der chinesischen Frauen durch Gleichberechtigung zu verbessern, wurde das Ehegesetz geändert. Wie schwierig dieses Unterfangen ist, zeigen kontroverse Diskussionen im Internet, denn sowohl die Männer, als auch die Frauen sind mit den Anpassungen des Gesetzes offenbar nicht zufrieden.
Hongs Entwurf unseres Ehevertrages löst auch nicht gerade Luftsprünge bei mir aus, denn sie ist nur auf ihren Vorteil bedacht. So viel zu den rühmlichen Kompromissen in einer Ehe. Ich stecke wieder in einer Zwickmühle, denn wenn ich ihre Version akzeptiere, habe ich nichts zu lachen und auch kein Geld. Bringe ich allerdings meine Wünsche an, sehe ich mich ihrer Wut und ihren Scheidungsdrohungen ausgesetzt. Ich muss also taktisch klug

vorgehen und für sie akzeptable Änderungen einbinden.
Meinem Sohn teile ich per Skype mit, dass ich mich trotz meines Deutschlandaufenthaltes leider nicht mit ihm treffen kann, da ich einen straffen Zeitplan bis zu meinem Rückflug am Donnerstag habe.
Ein bisschen Small Talk im Flugzeug, ein Blick in meine Unterlagen über das bevorstehende Meeting und ein paar Zeilen im Wirtschaftsteil der deutschen Tageszeitungen, dann befinde ich mich im Land der Träume und schlafe bis zum Frühstück mit schlaffem Rührei durch.

Der Auftrag aus dem Land des Exportweltmeisters

Pünktlich landet das Flugzeug in Frankfurt, wo mich in der Welcome-Lounge ein weitaus besseres Frühstück erwartet. Nebenbei rufe ich meine E-Mails ab und chatte mit Hong über Skype. So bleibe ich mit meiner chinesischen Familie verbunden und kann fast hautnah miterleben, wie Hongs Mutter bei ihrem täglichen Mahjongspiel einhundertfünfzig Renminbi gewinnt. Alles wie gewohnt, nur der Schnupfen, der sich durch die vielen Klimaanlagen wieder verschlimmert hat, macht mir zu schaffen.
Bevor ich mich auf den Weg zum Bahnhof mache, nutze ich noch die Gelegenheit, meine Facebook-Freunde über alles in Kenntnis zu setzen, denn ebenso wie auf YouTube ist der Zugriff auf dieses soziale Netzwerk in China verboten.
Leider läuft mal wieder nicht alles wie geplant, der ICE ist zwar angenehm leer, aber er hält in Köln nicht am Hauptbahnhof wie im Fahrplan angegeben. So muss ich mit meinem Gepäck treppauf, treppab und mit der S-Bahn meinen Weg dorthin finden. Züge verspäten sich oder fallen gleich ganz aus und die Hotelrezeption ist nicht besetzt, so dass meine müden Glieder noch lange ausharren müssen, bis sie sich entspannen dürfen und ich endlich wieder über eine gute Internetverbindung mit der Welt verbunden bin.
Nachdem ich meine digitalen Defizite ausgeglichen habe, mache ich mich auf in die Natur, um auch ein paar mentale Bedürfnisse zu befriedigen. Dieser ländliche Ort bietet alles, was das Herz begehrt, einen Park, einen Fluss, Wald, Vogelgezwitscher und weißblauen Himmel. Nicht zu vergessen die klare, frische Luft und fröhliches Kinderlachen aus den Gärten, das mit dem Gesang der Vögel verschmilzt. Ich lasse meinen Blick über die ebene Landschaft schweifen, nur wenige Menschen bevölkern die Straßen, kein Autolärm ist zu hören. In einem Straßenlokal genieße ein halbes Hähnchen und als Nachtisch zwei Kugeln Eis aus einer Eisdiele. Wenn man Geld hat, kann das Leben auf dem Land

wirklich traumhaft sein.

Ein Taxi setzt mich am nächsten Morgen pünktlich auf die Minute beim Kunden ab, während sich die chinesische Delegation um eine halbe Stunde verspätet. Ich erkläre meine Position als Vermittler und Problemlöser zwischen dem deutschen Kunden und den chinesischen Lieferanten und reiße dabei kurz meine bereits gewonnen Erfahrungen in diesem Bereich an. Meine konstruktiven Ideen während des Meetings finden ebenso Gefallen wie meine Kritik an den kostentreibenden Vorschlägen des Lieferanten zur Verbesserung des Produktes. Damit sichere ich mir ein Gespräch mit dem Vorgesetzen am kommenden Tag.
Bei meiner Jogging-Runde am Fluss sauge ich den Duft der Holunderblüten in mich ein. Ich begegne wenigen Joggern und im Wald bin ich bis auf einen Hund mit seinem Herrchen ganz allein unterwegs. Meinen Hunger stille ich in einem Fischrestaurant und sehe beim Blick aus dem Fenster nur herkömmliche Autos und Fahrräder vorbei. Der Markt für E-Bikes und E-Cars ist in Deutschland offenbar noch nicht gesättigt. Man müsste die gleiche Verkaufsstrategie anwenden wie damals beim Smart, der in allen erdenklichen Farben in einem mehrstöckigen Glashaus angepriesen wurden und jedes noch so uninteressierte Auge anzog. Kluger Marketingschachzug!
Mir wird bewusst, dass ich ziemlich viel Zeit zwischen den Meetings habe, aber ich empfinde das nicht als Nachteil, denn so kann ich alles in Ruhe angehen und habe Zeit für mich. Einzig dass ich meinen Sohn bei dieser Gelegenheit nicht besuchen kann, da die Strecke zwischen Köln und Augsburg doch einige hundert Kilometer beträgt, trübt den Aufenthalt etwas. Aber ich gönne mir ein ausführliches Inlandsgespräch mit ihm, so dass wir beide wieder auf dem neuesten Stand sind.
Der sonnige Tag spielt mir offenbar in die Karten, denn bei der Besprechung stellt sich heraus, dass die engen Terminvorgaben eines strikten Projektmanagements bedürfen und so werde ich die Projektleitung übernehmen, was die Lukrativität des Auftrags für mich steigert. Nach dem erfolgreichen Meeting mache ich einen

Abstecher zum Media Markt, um mich nach einem besseren Laptop umzusehen. Mein jetziger hat leichte Alterserscheinungen, ist sehr langsam und hat nicht genügend Anschlüsse für alle externen Geräte, aber leider ist kein passendes Gerät vorhanden. Ich stöbere noch ein wenig in den verschiedenen Regalen und entdecke eine große Auswahl Eieruhren in verschiedensten Farben und Formen, die mich schlagartig an die harten, trockenen Eier meiner Schwiegereltern erinnern. Nicht ganz uneigennützig deklariere ich ein besonders buntes Exemplar mit einem schrillen, die Nerven bis ans Äußerste strapazierenden Alarm als authentisches Mitbringsel und freue mich auf zukünftige weiche Frühstückseier.

Gleich nebenan im Lidl kaufe ich die Zutaten für ein Tiramisu, die hier wesentlich günstiger sind als in China, und noch einige andere Dinge, wie leckere Sahne und Schokolade, von der ich gleich zehn Tafeln mitnehme. Meinen Übermut beim Einkauf bezahle ich mit einem deutlich schwereren Koffer, aber man gönnt sich ja sonst nichts.

Den Morgen gestalte ich gemütlich mit Joggen, Tageszeitung lesen, frühstücken und Chatten mit Hong. Eine Warnung schickt sie gleich vorweg, denn LinkedIn steht im Verdacht, die Daten der Mitglieder auszuspionieren. Wie sie solle ich doch meine persönlichen Daten und das Bild entfernen. Diese Nachricht ist zwar bedenklich, aber dieses Netzwerk gestattet mir, Beziehungen zu anderen Geschäftsleuten aufzubauen und auch zu halten, daher schiebe ich die Warnung beiseite, vor allem da es generell schwierig ist, Daten aus dem Internet endgültig zu löschen.

Ich lade noch schnell einige YouTube-Videos, die ich für meine geplanten Business-Trainings benötige, auf meine Festplatte, denn in China ist YouTube gesperrt. Ich bin mir zwar nicht sicher, ob ich diese Videos auch kommerziell nutzen darf, aber in diesem Fall bin ich sehr chinesisch geprägt und spare, wo ich kann.

Bei der Fahrt zum Bahnhof unterhalte ich mich mit dem Taxifahrer, der in Kürze seinen Alterswohnsitz an die Wesermündung verlegen möchte, und erfahre so von den

günstigen Mietpreisen und den schönen Bademöglichkeiten.
Beim Anblick eines Werbeplakat am Bahnhof muss ich schmunzeln. »Die Polizei bietet im Rahmen der Drogenberatung zum Thema Kokain einen Schnupperkurs an.« Das Wort Schnupperkurs scheint mir in diesem Zusammenhang nicht die beste Wahl zu sein.
Das Glück scheint weiterhin auf meiner Seite zu sein, denn durch einen verspäteten Zug, der in meine Richtung fährt, ignoriere ich meine eigentliche Verbindung und muss keine halbe Stunde auf dem Bahnsteig warten.
Während der Fahrt erinnere ich mich daran, wie Hong mir von der alltäglichen Korruption in chinesischen Firmen und von den Chancen für Kostenreduzierungen erzählt hat. Voraussetzung für Erfolg in China ist eine gute Beziehung zur Regierung, denn dadurch kann man illegale Vorgehensweisen legalisieren und dann schnell reich werden. Bestechung ist auch an der Tagesordnung, so bestellt ein Einkaufschef nicht beim preiswertesten, sondern beim erwünschten Lieferanten, wenn er seine »Hongbaos« erhält. Nehmen wir beispielsweise den Einkaufspreis von Toilettenpapier. Dieser ist so hoch, dass der Lieferant und der Einkaufschef davon profitieren. In seiner Firma nehmen die Putzfrauen das Toilettenpapier mit nach Hause. Kein Mensch denkt hierbei ans Sparen, da das Papier in seiner Firma für jeden zugänglich ist. Dasselbe gilt für das Sammeln von Quittungen, die überall in China verwendet werden, um die eigene Steuerbelastung zu reduzieren. Angeblich könnte man das so weit treiben, dass man letztendlich gar keine Steuern zahlen muss. Bis zu einem gewissen Grad ist so etwas auch bei deutschen Selbständigen möglich, jedoch schaut das Finanzamt genau hin, denn ein wirtschaftliches Unternehmen sollte darauf ausgelegt sein, Gewinne zu erzielen. Wenn man es übertreibt, werden die geschäftlichen Tätigkeiten als Liebhaberei angesehen und dann ist Schluss mit der Null-Steuern-Taktik.
Während wir am Bahnhof in Shanghai auf den Zug warten und meine mitgebrachten Süßigkeiten vertilgen, berichtet Hong von den Vorkommnissen, die ich verpasst habe. Sie hatte mich vom

Flughafen abgeholt und da ich den Schlüssel zu meinem Apartment vergessen hatte, beschlossen wir, die Nacht in Suzhou zu verbringen.
Wichtigste Nachricht: Putins Staatsbesuch in Shanghai, bei dem er sich mit Xi Jinping, Chinas Staats- und Parteichef, über die russischen Gaslieferungen für die Asiaten einig wurde und Russland so seine Position gegenüber der EU stärken kann. Um einem Attentat vorzubeugen, wurde die Polizeipräsenz massiv erhöht und alles blieb ruhig. Leider ereignete sich in der im Norden an Russland und die Mongolei grenzenden Provinz Xinjiang ein blutiges Attentat, bei dem mehr als dreißig Menschen starben und neunzig verletzt wurden. Ürümqi, die Hauptstadt der vorwiegend muslimischen Provinz, gilt seit jeher als Unruhepol, da sich die uigurische Bevölkerung von der strategischen Ansiedelung der Han-Chinesen in ihrer Heimat bedroht und unterdrückt fühlen.
Zweitwichtigste Nachricht: Hong ist nicht schwanger. Ob das gut oder schlecht ist, kann ich jedoch nicht sagen.

Pünktlich zum Beginn des Wochenendes haben wir Innen- wie Außentemperaturen von wohligen 28° C. Angenehm für draußen, allerdings ist die Luft in Suzhou wesentlich schlechter als in Deutschland. Darüber muss man sich auch nicht wundern, denn Umweltschutz steht in China nicht unbedingt an erster Stelle, obwohl es kein Problem wäre, Filter in Fabrikschlöten, Haushalten und Fahrzeugen vorzuschreiben. Aber wenn die liebe Familie der Verantwortlichen im Ausland wohnt und davon nicht betroffen ist, kann das ruhig noch ein Weilchen so weitergehen.
Hong hat mich offenbar doch vermisst, denn ich bekomme mein Frühstück inklusive Zeitung vor die Nase gesetzt. Zusammen mit dem Jetlag hat mich das so entspannt, dass ich die Arbeit fast vergessen hab und Hong mich erst einmal auf Spur bringen muss.
Am Nachmittag nehmen wir am Saloon-Treff zum Thema Elektromotoren für Elektrofahrzeuge teil, wobei sich unsere Meinung bezüglich Grundlagenforschung und Beschaffung der Einzelteile nicht decken. Teile, die auf dem Markt bereits vorhanden sind, würde ich einfach kaufen, statt sie neu zu

erfinden, die anderen möchten lieber alles selbst machen.
Den Abend lassen wir mit einem Kinofilm ausklingen.
Während ich am Sonntag meine Meetings für den Montag vorbereite, frischt Hong ihr Allerweltswissen auf. Sie nimmt jetzt Yesuan, in Deutschland als Folsäure bekannt, zur Vorbereitung auf eine Schwangerschaft, da es der Gesundheit des ungeborenen Babys dient. Mir ist zwar nicht klar, warum das zu diesem Zeitpunkt schön nötig ist, aber ich halte mich mit Meinungsäußerungen lieber zurück.

Auf der Zugfahrt nach dem westlich an Suzhou angrenzenden Kunshan beobachten wir, wie Getreidefelder mit alten Mähdreschern oder gar von Hand abgeerntet werden. Für Europäer ist dieser Anblick Ende Mai etwas gewöhnungsbedürftig, da die Ernte normalerweise erst im Herbst stattfindet. Aber in den feuchtwarmen Gebieten Chinas wie hier in und um Suzhou kann zweimal im Jahr geerntet werden.
Während Hong sich auf den Weg zu einer Freundin macht, um ausgiebig zu plaudern, holt mich Leo, der Verkäufer meines Auftraggebers, am Bahnhof ab und berichtet, dass die Vermittlungsgeschäfte durch Freunde rückläufig seien und die Firma nicht gut laufe. Mit nur drei derzeitigen Kunden sind die Maschinen nicht ausgelastet, und die Hoffnung liegt auf den potentiellen Kunden, denen wir in der Firma begegnen. Ein Besprechungspunkt ist die Kostenreduzierung in der maschinellen Fertigung, ein zweiter das Training an der computergesteuerten Messmaschine, das leider um ein paar Monate verschoben wird. Nichtsdestotrotz stelle ich den chinesischen Trainer vor, aber offenbar haben wir verschiedene Vorstellungen, denn die Firma hätte sich einen Deutschen als Trainer gewünscht, damit sie Trainings im High-End-Bereich bekommt. Warum sind mir Hongs Worte zum gegenseitigen Vertrauen unter Chinesen nicht eher eingefallen? Besonders in Qualitätsfragen ist man da wohl sehr skeptisch und beauftragt lieber Ausländer.
Auf dem Weg von Kunshan nach Shanghai erzählt mir Hong, dass sie mit ihrer Freundin in Erinnerungen an ihre gemeinsame Zeit bei

einer Anwaltskanzlei in Lujiazui geschwelgt hat. Lujiazui ist die Finanzzentrale Shanghais, vielleicht sogar des ganzen Landes, und beherbergt die höchsten Gebäude Chinas. Der Job war hart und die Nächte lang, da der Chef auch Neulinge gleich mit schwierigen Fällen betraut hat, aber Hong hat auch sehr viel dadurch gelernt. Meine Frau hatte durch ihre Sprachkenntnisse einen guten Stand und kam so auch mit verschiedenen General Managern und Generalkonsulen in Kontakt.

Um noch mehr Meinungen einzuholen, treffen wir in Shanghai zwei weitere Rechtsanwälte in ihrer Kanzlei und ich lasse mich erneut beraten, ob und wie ich mein durch Finanzbetrug verlorenes Geld wieder zurückbekommen könnte. Da ich keinerlei stichhaltige Beweise wie unterzeichnete Verträge vorweisen kann, sind die Erfolgsaussichten minimal, aber ich soll alles, was ich zu den Vorgängen habe, in einem Ordner sammeln.

Hong glaubt fest daran, dass jeder für seine Taten bestraft wird. Vielleicht werden die Finanzberater nach Thailand fliegen, um dort weitere Leute zu betrügen. Aufgrund der wesentlich höheren Kriminalitätsrate könnten sie an einen wütenden Betrogenen geraten, der ein Messer zieht und die beiden tötet.

Mein Glaube an solche Gerechtigkeiten ist weit weniger ausgeprägt. Daher spiele ich mit Hong allerlei Racheszenarien durch wie zum Beispiel das Knacken der E-Mail-Konten der Betrüger, um so Beweise zu bekommen. Das ist mir zu wenig, sie sollen leiden, also müsste man HIV-positive Prostituierte finden und den beiden vermitteln. Man könnte sie auch in Thailand von der dortigen Mafia kidnappen lassen, Lösegeld erpressen und es mit den Kidnappern teilen. Einfach erschießen lassen wäre natürlich weniger kompliziert und bei den derzeitigen Unruhen in Thailand würden zwei Tote mehr sowieso nicht auffallen.

Aber diese traute Zweisamkeit währt nicht lange, denn am Abend muss ich Hong beichten, dass ich noch kein Feedback zum Ehevertragsentwurf liefern kann. Sie droht mir, mich bei der Polizei anzuschwärzen, wenn ich nicht bald unterschreibe. Da ich momentan keine Anstellung vorweisen kann, ist mein Visum ungültig und das macht mich von ihrer Güte abhängig. Daher verspreche ich, mich noch diese Woche darum zu kümmern.

Da Hong befürchtet, ich könne mich mit einer anderen Frau treffen, begleitet sie mich zu einem E-Commerce-Vortrag im Kempinski-Hotel. Nach unserer Ankunft bereite ich die Telefonkonferenz mit Deutschland vor, während Hong die einzelnen Besucher betrachtet. Als wir Platz nehmen, haben die Vorträge schon begonnen und Hong fühlt sich in ihrem Misstrauen bestätigt, als sie die Frau aus der Suzhou Universität entdeckt.
»Gut, dass ich mitgekommen bin, ihr wolltet euch hier heimlich treffen«, zischt Hong wütend.
Da eine Antwort von mir einen handfesten Streit zwischen uns auslösen würde, schweige ich, denn ich möchte nicht unangenehm auffallen, doch als Hong in der Kaffeepause behauptet, ich hätte was mit der Frau, weil sie uns aus dem Weg geht, muss ich sie in ihre Schranken weisen. Wie erwartet glaubt Hong mir nicht, aber zum Glück bleibt lautes Gezeter aus.
Auch auf dem Heimweg vermeide ich Diskussionen, damit sich Hong aufs Fahren konzentrieren kann. Nach dem gemeinsamen Abendessen mit Wu Meilan und Li Gengnan lasse ich mir beim Friseur die Haare stutzen und färben, eine Anordnung von Hong, damit ich beim DUSA-Ball am Freitag wenigstens hübsch aussehe, wenn ich schon nicht reich und gesund bin.
»Und was ist mit Klugheit?«, will ich wissen und Hong erklärt mir, dass sie intelligent genug für uns beide ist und auch unser Baby nicht klug sein müsse. Sie wolle einfach nur ihre Ruhe haben, das hätte sie nicht mehr gehabt, seit sie mit mir zusammen wohne.
Ich lasse diese Bemerkung unkommentiert und frage meine Frau stattdessen, wann sie Zeit für Tanzübungen hätte, da ich ihr nicht ständig auf die Füße treten möchte. Wie nebenbei erklärt sie, das sei nicht nötig, da Chinesen einfach tanzten, und geht zur Kleiderwahl über. Drei Stück präsentiert sie mir, denn die anderen passen nicht mehr, weil sie zugenommen hat. Das Rote ist mein Favorit, da nur bei diesem der Reisverschluss hinten hochgezogen werden kann.
Mein Arbeitseifer wird durch zwei Dinge ausgebremst, der USB-

Port am chinesischen Laptop hat einen Wackelkontakt, so dass die Verbindung zur externen chinesischen Festplatte immer wieder abbricht. Auch meine chinesischen Aktienkurse entwickeln sich nicht so, wie ich es gerne hätte. Enttäuscht von »Made in China« beschließe ich, ins Bett zu gehen.

Nachdenklich sitze ich auf der Toilette, denn die Probleme lassen mich nicht los. Plötzlich werde ich durch einen Schlag gegen den Kopf aus meiner Trance gerissen und wehre den vermeintlichen Angriff ab. Dabei treffe ich Hong, die plötzlich vor mir steht, am Arm. Sie schreit auf und kreischt, ich hätte sie geschlagen und das würde Folgen haben. »Ich habe für dich den Büromaterialeinkauf erledigt und die Arbeitszeit nicht in Rechnung gestellt. Und für meine Großzügigkeit bestrafst du mich!«

Ich verteidige mich, dass sie angefangen und ich nur reflexartig reagiert hätte. Natürlich akzeptiert sie das nicht und erklärt mir, dass sie in ihrem Haus tun dürfe, was sie wolle. Als ich zornig erwidere, dass ich sie also schlagen dürfe, wenn sie in meinem Haus wohnte, behauptet sie, in China dürften nur die Frauen Männer schlagen.

Dazu fällt mir nichts mehr ein und ich begebe mich wortlos ins Schlafzimmer, dicht gefolgt von Hong, die mir vorwirft, eine Affäre mit der Frau aus der Suzhou Universität zu haben.

Um den Streit nicht weiter eskalieren zu lassen, lege ich mich auf den Bettvorleger statt ins Bett. Ich muss unbedingt gut schlafen, da morgen mein erster Arbeitstag beim Lieferanten ist und ich im Meeting nicht einschlafen möchte. Doch meine Frau lässt nicht locker und droht damit, mich zu meinem Papa nach Deutschland zu schicken, denn sie würde mich nicht mehr ernähren.

All die Bösartigkeiten, die ich tagtäglich von meiner Frau zu hören bekomme, stürzen auf mich ein und ich kann mein Schluchzen nicht verbergen. Es ist einfach zu viel.

Ich höre, wie Hong mein Handy von der Kommode nimmt und unternehme nichts. Es ist mir egal, wem sie nun schon wieder gemeine SMS in meinem Namen schreibt, ich kann sie sowieso nicht davon abbringen. Doch offenbar telefoniert sie mit einem gemeinsamen Freund aus Deutschland, um sich Rat zu holen. Aus

den Gesprächsfetzen entnehme ich, dass Alexander sie darauf aufmerksam macht, dass man in einer Ehe Vertrauen aufbauen und dem anderen Freiräume erlauben müsse, statt jeden Schritt zu kontrollieren. Ich erinnere mich, dass sie noch vor knapp vier Wochen die Alexanders Kontaktdaten gelöscht hat, weil ihr sein Ratschlag nicht gefallen hat, daher verwundert es mich, dass sie gerade ihn um Hilfe bittet. Aber ich will nicht weiter darüber nachdenken, schotte mich mit Ohropax ab und wickle mich in eine Decke ein, denn ich brauche dringend Schlaf.
Ich bin ganz überrascht, dass Hong sich bei mir entschuldigt und versucht, mich in unser Bett zu zerren. Mit meiner Unterstützung gelingt es schließlich, aber ich will nicht so schnell klein beigeben und ignoriere ihre zärtlichen Berührungen. Strafe muss sein, und nicht mit ihr zu sprechen, wird sie hoffentlich zum Nachdenken anregen.
Mein Schlaf ist trotzdem nicht erholsam, da mir immer mehr bewusst wird, dass ich von meiner Frau abhängig bin und vermutlich auch bleiben werde.
Ist es unmöglich zu lieben und gleichzeitig weise zu sein? Die Liebe holt einen von den Füßen, sie macht blind und mich zum Narren. Liebe ist der Triumph von Vorstellung über Intelligenz. Liebe ist die Antwort, aber während ich auf die Antwort warte, erledigen sich mit Sex einige ziemlich gute Fragen. Sex ohne Liebe ist eine leere Erfahrung und ich erkenne, Liebe ist nur ein schmutziger Geist, der mit uns spielt, um die Spezies Mensch aufrechtzuerhalten. Die Sprache der Liebe ist die Sprache der Verletzlichkeit. Frauen und Männer sind unterschiedlich auf Sex programmiert, denn während Frauen einen Grund für Sex brauchen, brauchen viele Männer nur einen Platz. Ich gehöre allerdings nicht zu diesen Männern, denn mein Motto lautet: »Arbeiten macht Spaß und mehr arbeiten macht mehr Spaß.«
Um das Gedankenkarussell zu stoppen, stehe ich auf und begebe ich mich unter die Dusche. Ich halte meine Waffe des beharrlichen Schweigens auch an diesem Morgen aufrecht und verlasse gegen sieben Uhr nach meinen täglichen Ritualen Qigong und trockenem Trauben-Apfel-Haferflocken-Frühstück das Haus, mit der Absicht

nicht mehr zurückzukehren.
Leider startet mein Arbeitstag nicht sehr positiv, denn ich werde nicht wie besprochen mit dem Pickup des Lieferanten abgeholt und nehme schließlich ein Taxi. Während der Fahrt erreicht mich ein Anruf vom Projektleiter Wang, dass er nun am Bahnhof in Changzhou sei. Durch den Streit mit Hong hatte ich nicht mehr nach E-Mails geschaut und so die Nachricht über die spätere Abholung nicht erhalten. Die Firmenanschrift findet der Taxifahrer nicht, daher muss ich noch einmal mit Herrn Wang telefonieren, um zu erfahren, dass sich der Eingang in einer Seitenstraße befindet. Endlich finde ich die Firma und auch den Meetingraum. Projektleiter Wang ist um die fünfundddreißig Jahre alt, recht kräftig gebaut und spricht gutes Englisch, weshalb er wohl auch diesen Job bekommen hat. Wie auch viele andere chinesischen Männer trägt er keinen Bart, denn den finden alle chinesischen Frauen beim Küssen zu stachelig. Auch mein Schnauzer fiel den Vorlieben der holden Weiblichkeit Chinas zum Opfer, aber mittlerweile vermisse ich ihn nicht mehr.
Zur meiner Überraschung kommt ein älterer Engländer namens Johnson hinzu und übergibt mir seine Visitenkarte. Es stellt sich heraus, dass er schon seit Jahren hier beim Lieferanten angestellt und zuständig für Verbesserungen ist. Verwirrt frage ich mich, weshalb ich hier bin, mache aber das Beste daraus, nehme die Leitung des Meetings in die Hand und gebe Tempo und Inhalt vor. Mr. Johnson unterstützt mich und findet beim Mittagessen nur Lob für meine konzentrierte Vorgehensweise. Ich bestehe darauf, mir die Stanzwerkzeuge im Pressshop um die Ecke anzuschauen und mit dem Sub-Lieferanten die Zeitplanung für die nächste Bestellung abzusprechen. Das erweist sich als kluger Schachzug, denn obwohl die Abruftermine des deutschen Kunden seit einem Monat bekannt sind, sind die Werkzeuge noch nicht gehärtet und angelassen. Auch die gesamte Planung der nächsten Wochen ist nichtig und die Fertigstellung wird sich um Monate verzögern. Zurück im Meeting rechne ich vor, wie lange die Produktion des Vorlaufs dauern darf, aber der Lieferant sowie der Sub-Lieferant korrigieren meine Berechnung und es ergibt sich eine Vorlaufzeit

von dreieinhalb Monaten, bevor die Herstellung des benötigten Teils überhaupt starten kann. Nun ist es an mir, einen guten Kompromiss zu finden, denn mein deutscher Kunde benötigt die Teile innerhalb der nächsten vier Wochen, was aufgrund der Versäumnisse und fehlender Planungen von verschiedenen Seiten unmöglich ist. Trotz des enttäuschenden Ergebnisses bin ich mit meiner Arbeit zufrieden und entschließe mich unendlich müde zur Rückkehr zu meiner Frau.

Anders als der Deutsche Bahn gelingt es den Hochgeschwindigkeitszügen in China, die vorgegebenen Reisezeiten exakt auf die Minute einzuhalten und die einzelnen Wagen mit einer Differenz von nur einem Meter an den markierten Stellen im Bahnhof zu stoppen. Die Unberechenbarkeit der Staus und Unfälle auf den Straßen macht eine Autofahrt zu einem kaum planbaren Unterfangen, daher nutze ich lieber die Züge, um entspannt und pünktlich am Ziel anzukommen.

Beim Abendessen eröffnet mir Hong, sie habe keine Lust auf Tanzen am Freitagabend. Auf meinen Einwand, wir hätten uns verbindlich angemeldet und könnten so kurzfristig nicht mehr zurücktreten, schlägt sie vor, ich könne alleine gehen und mir eine andere Partnerin suchen, was ich entschieden ablehne. Damit ist das Thema durch.

Ich lasse mich trotz Müdigkeit zu einem abendlichen Spaziergang durch unseren Compound, wie Wohnanlagen in China bezeichnet werden, überreden und erfahre Hongs Weisheiten zu den Gründen, weshalb viele deutsche Firmen China wieder verlassen und nach Deutschland zurückkehren oder weiter nach Vietnam, Indonesien oder Thailand ziehen. Oftmals werden keine oder nur ungenügende Marktstudien betrieben, so dass Firmen erst vor Ort nach hohen Investitionen in Produktionsstätten feststellen, dass vergleichbare Produkte bereits im chinesischen Markt vorhanden oder Design und Funktion nicht an die chinesischen Bedürfnisse angepasst worden sind.

Auch im Bett bekomme ich nicht meine langersehnte Ruhe, denn Hong wartet wieder mit Vorwürfen zur unbezahlten Unterkunft und Verpflegung bei ihren Eltern auf. Erstaunlicherweise akzeptiert sie meine Bemerkung, dass ich zu müde zum Diskutieren sei und endlich kann ich mich ins Land der Träume begeben. Kurz bevor ich vom Schlaf übermannt werde, geistert eine Erkenntnis durch mein von Müdigkeit benebeltes Gehirn: Während Chinesen arbeiten, um zu leben, leben die Deutschen, um zu arbeiten.

Mein neuer Termin mit dem Lieferanten steht unter keinem guten Stern. Wangs Assistent schickt mich in einen anderen Meetingraum, da der gestrige bereits besetzt wäre. Die Klimaanlage läuft auf Hochtouren und bläst mit der kalten Luft Unsummen an Geld in den Raum. Seit ich mich des Öfteren erkältet habe, habe ich immer eine Jacke dabei, um nicht frieren zu müssen.

Herr Wang lässt mich warten und als das Meeting endlich beginnt, muss ich feststellen, dass entgegen der Aussagen von Projekt- und Produktionsleitung fast alle Musterteile außerhalb der Toleranz liegen. Neue Teile anzufordern, verschiebt den Zeitplan um weitere zwei Wochen nach hinten. Zudem eröffnet mir der Produktionsleiter am Tagesende, dass er morgen keine Zeit für mich und meinen Kunden habe und wir uns erst am Dienstagvormittag wieder zusammensetzen können.

Am Montag ist Drachenbootfestival und gemäß chinesischer Tradition wurden Feiertage zusammengelegt, so dass von Samstag bis Montag nicht gearbeitet wird. Daher wird es knapp, die Telefonkonferenz mit dem deutschen Kunden zu organisieren, die am Dienstagnachmittag geplant ist. Wird der Vormittag reichen, um alle um alle Daten zusammenzutragen und die Präsentation schlüssig aufzubereiten? Wichtige Entscheidungen für das Projekt müssen getroffen werden, damit sich der Produktions- und Liefertermin nicht weiter verzögert.

Auf der Heimfahrt ist die Sichtweite auf nur einen Kilometer geschrumpft, auf den Feldern unmittelbar neben den Gleisen werden noch immer das Getreide abgeerntet und die Büschel vom Feld getragen. Im Smog werden die halbrunden Treibhäuser neben den Feldern hell reflektiert. Der Zug und die Metro sind bevölkert

mit Müttern und Omas, die mit Kleinkindern reisen. Die Lockerung der Ein-Kind-Politik in China hat wohl einen regelrechten Kinderboom ausgelöst.
Zuhause werde ich vor vollendete Tatsachen gestellt und habe nur eine Wahl zwischen Super-Gau und Katastrophe: Wenn ich morgen zum DUSA-Ball gehe und andere Frauen treffe, würden meine Sachen vor der Haustür auf mich warten und eine Scheidung wäre unumgänglich. Sollte ich nicht ausgehen, müsse ich eine monatliche Miete an Hongs Eltern zahlen. Wu Meilan und Li Gengnan stimmten dieser Vorgehensweise wohl zu und wieder bin ich der Dumme. Mein Vorschlag, Hong könne mich begleiten und sozusagen auf mich aufpassen, führt zu einer unerwarteten Hasstirade ihrerseits. Sie sei gut, da sie die Rote Armee vertrete, ich dagegen sei auf der Seite der Nazis und damit schlecht. Sie werde die Juden rächen.
Wenn ich Hong so höre, frage ich mich, was Hong für ein Mensch ist und warum ich mich mit ihr abgebe. Zudem scheint Hong meine Erniedrigungen zu brauchen, denn nach ihren Vorstellungen biete ich sonst keine Vorteile für sie.
Wu Meilan betritt angelockt durch unsere Schreie das Büro und schlichtet den Streit. Ich biete Hong an, meine E-Mails nach verdächtigen Nachrichten zu durchsuchen, und gehe ins Schlafzimmer, um mich fürs Joggen umzuziehen. Ich brauche jetzt Abstand und muss mich abreagieren. Offenbar hat Wu Meilan ein paar mahnende Worte unter vier Augen an ihre Tochter gerichtet, denn Hong folgt mir und bittet um Entschuldigung. Nachdem sie mir gesagt hat, dass sie mich morgen begleiten möchte, laufen wir gemeinsam durch die Wohnanlage und lassen den Abend mit einem leckeren Abendessen und einer gemütlichen DVD-Runde ausklingen.

Um die Art und Weise des Unterrichtens in China zu erfahren, habe ich Hong und mich zu einem kostenlosen Vortrag über »Finanzen für Nicht-Finanz-Leute« angemeldet. Hong steuert Li Gengnans Auto und philosophiert mal wieder, diesmal über den Unterschied zwischen »normal reich« und »super reich« in China.

Normalreiche führen BMW, Stinkreiche dagegen Audi. Normalreiche trügen teure mechanische Uhren und nur ein Jahr lang ihre Schuhe, Stinkreiche elektrische Uhren und Schuhe solange, bis sie kaputt seien. Normalreiche trennten Wohnung und Büro und flögen erster Klasse. Stinkreiche wohnten und arbeiteten im selben Gebäude und nutzten nur Businessklasse. Fazit: Im Sparen liegt der Trick, immer reicher zu werden.
Nun wird der Unterschied in der Geschäftswelt zwischen Deutschland, Amerika und China unter die Lupe genommen. Entscheidungsfindung in Deutschland dauere viel zu lange und Deutsche lebten vom Reichtum der Vorfahren, wodurch sie Innovationen nicht in den Vordergrund rückten und auch kein Interesse hätten, sich in China zu integrieren. Daraus wären all die deutschsprachigen Gruppen wie AHK und DUSA entstanden, denn die Deutschen sind dort meist unter sich. Amerikaner hingegen hätten innovative Projekte wie zum Beispiel das Tesla-Auto, dessen problematische Finanzierung durch einen Venture Capital-Geber gelöst wurde und somit das Projekt weitergeführt werden konnte. Da in China nur die Regierung reich und die Einwohner von Haus aus arm seien, verbänden sich Bewohner mit Regierungsleuten, um Ideen umsetzen zu können.
Obwohl ich mich über Hongs negative Meinung über all die deutschen Veranstaltungen, an denen sie rege teilnimmt, wundere, enthalte ich mich jeglicher Kommunikation, da ich wahrscheinlich wieder schlecht wegkäme. Beim Vortrag übersetzt Hong das Wichtigste, da er komplett auf Chinesisch gehalten wird. Allerdings erweist er sich als reine Zeitverschwendung, zum Glück haben wir nicht auch noch Geld in den Sand gesetzt. Offenbar haben die Teilnehmer überhaupt keine Ahnung, wovon der Dozent spricht, und so bleibt er an der Oberfläche und schreibt wilde Finanzgleichungen an die Tafel. Letzten Endes stellt sich heraus, dass er mehr oder weniger aus dem mit sehr kleiner Schrift befüllten zehnseitigen Handout vorliest.
In der Pause erfahre ich vom Dozenten, dass die chinesische Regierung Übersee-Chinesen zurückholt, damit sie wie er in China kostenlos unterrichten. Zum Schluss werden Prospekte von der

University of North Alabama verteilt und es ist nicht zu übersehen, dass Chinesen für das EMBA-Programm dieser Universität in Suzhou angeworben werden sollen. Der Lehrer ist dort auch als Professor angestellt, er hat also eine Doppelfunktion in China, arbeitet an der Universität in Suzhou als auch kostenlos für die Regierung. Als ich mich frage, ob und was die Teilnehmer heute gelernt haben, erklärt Hong, es sei gar nicht die Absicht, den Leuten etwas Neues beizubringen, sondern Geld für die Uni einzutreiben und Teilnehmern ein gutes Alumni-Netzwerk für den Beruf und Karriere zu ermöglichen. Im Internet fände man besser aufbereitetes und strukturierteres Wissen und Unterlagen, vor allem da die Professoren meistens noch nie in der Industrie gearbeitet hätten und die Teilnehmer oft mehr Erfahrung auf dem Gebiet mitbrächten.

Nun wird mir auch klar, warum sich eine Frau der Regierung darüber aufgeregt hat, dass ich als Ausländer anwesend war. Ich bin mir keiner Schuld bewusst, da nirgends angegeben war, dass jemand wie ich nicht erwünscht ist, und sich auch nach der Anmeldung niemand hierzu gemeldet hatte.

Prinzipiell kann man den Teilnehmer gar nicht verübeln, dass sie von Bilanzierung keine Ahnung haben, denn selbst Firmen scheinen nicht zu wissen, wie so etwas aufgestellt wird. Ich staune nicht schlecht, als Hong erzählt, dass eine Freundin, die in der Finanzabteilung einer chinesischen Firma arbeitet, dem Wirtschaftsprüfer vier verschiedene Bilanzen vorgelegt habe. Der Wirtschaftsprüfer solle doch die beste davon für die weitere Verwendung bei der Steuerbehörde heraussuchen.

Direkt von der Finanz-Veranstaltung machen wir uns auf den Weg zum DUSA-Ball im Kempinski-Hotel und ziehen uns auf der Toilette um. Ich bin überrascht, wie staubig die Toiletten in einem 5-Sterne-Hotel sein können, obwohl draußen das Personal permanent mit Putzen und Staubwischen beschäftigt ist.

Auf dem roten Teppich schreiten wir zum Empfang und entdecken unter den vielen unbekannten Gesichtern auch einige von der AHK aus Shanghai. Zur Einstimmung kann man sich mit Snacks, Wein und Sekt vor dem Verhungern retten, bis sich pünktlich zwanzig

Uhr die großen Türen öffnen und die Gäste an ihren runden Tischen Platz nehmen. Ich nutze die Gelegenheit zur Werbung und tausche mit den Männern Visitenkarten. Wir genießen ein Fünf-Gänge-Menü, den Nachtisch und die Musik der Big Band.

In Sturzbächen prasselt das Wasser vom Himmel und einem Unwetter gleich wird der dichte Regen vom Wind umher gepeitscht. Draußen ist es gespenstig, Äste fliegen am Fenster vorbei, Blitze erhellen den trüben Schleier und krachender Donner lässt uns zusammenfahren. Damit sind unsere Pläne für heute nicht umsetzbar, denn wir wollten Li Gengnans Auto aus der Hoteltiefgarage holen. Zum Glück braucht es Hongs Vater heute nicht.
Beim Ball wurde bis in die frühen Morgenstunden durchgetanzt und da wir beide etwas getrunken hatten, nahmen wir ein Taxi. Gegen vier Uhr erreichten wir unser Zuhause, wo uns in den angenehmen 26 Grad noch immer die Musik sanft in den Ohren tönte und Moskitos in der Luft tanzten.
Wu Meilan erwartete uns an der Haustür und sah unendlich müde aus. Sie hatte sich Sorgen gemacht, weil Hong nicht an ihr Telefon gegangen war. Manchmal scheint sie zu vergessen, dass ihre Tochter eine erwachsene Frau ist. Mit einer lieben Umarmung und der Versicherung, dass alles in bester Ordnung ist, schickten wir sie ins Bett.
Erst am Nachmittag wachen wir auf. Das lange Schlafen hat sehr gut getan.
Nun gibt es wieder Ärger im Paradies, denn Hong wirft mir vor, die versprochene Anzahl an sexuellen Interventionen pro Monat meinerseits nicht einzuhalten. Sie zeigt wenig Verständnis dafür, dass ich nicht bereit bin, mein Lustempfinden vertraglich festzulegen.
Zur Strafe muss ich mich allein über die chinesische Internetversion der ICBC Bank einloggen, um meine Finanzen zu überprüfen. So will sie erreichen, dass ich die Komfortzone verlasse und endlich Fortschritte mache, doch ich weiß, dass es ihr nur um den Rachefeldzug für meine Verweigerung geht. Sie hat

ihre Waffen, ich meine.

Ausnahmsweise bin ich am Tag darauf mal nicht der Prellbock, denn Hong streitet mit ihrer sehr dominanten und kontrollsüchtigen Mutter. Kein Wunder, dass sie mit mir so umspringt, sie hat es nicht anders gelernt. Wie üblich nehmen Kinder das an, was ihre Eltern vorleben. Ich bin der Leidtragende und muss akzeptieren, dass meine Frau gerne und ausgiebig streitet, ja sogar süchtig nach Streit ist und keine normale Diskussion mehr führen kann.
Natürlich geht es um Nichtigkeiten, Hong möchte ihr altes T-Shirt anziehen und die Haare offen tragen, doch ihre Mutter verlangt ein Kleid und einen ordentlich strengen Zopf.
Es dauert allerdings nicht lange, bis ich wieder dran bin. Dummerweise habe ich erwähnt, dass ich mir einen Stadtplan zulegen möchte, um alleine losziehen zu können und mich danach endlich in Ruhe meinen Computerproblemen widmen zu können. Hong kann nicht nachvollziehen, dass ich einen Stadtplan benötige, obwohl ich mit kurzer Unterbrechung schon einige Zeit in Suzhou lebe, und glaubt natürlich, ich bräuchte den Stadtplan nur, um Freundinnen besuchen zu können, und beschwert sich bei ihren Eltern.
Mir wird klar, dass das tatsächliche und das gefühlte Alter manchmal sehr weit auseinanderklaffen können, denn ich empfinde es als kindisch, sich als erwachsener Mensch wegen solcher Lappalien bei den Eltern auszuheulen, für Hong ist es offenbar notwendig, gehätschelt und getätschelt zu werden. Ich für meinen Teil werde mir den Stadtplan trotzdem besorgen, denn immerhin ist Suzhou fast zehnmal so groß wie Berlin.
Dieses Jahr wird am 2. Juni einer der wichtigsten chinesischen Feiertage zelebriert, das Drachenbootfest. Wie das westliche Ostern unterliegt das genaue Datum des Festes traditionellen Berechnungen und wie der Name vermuten lässt, finden Drachenbootrennen statt. Natürlich kommt auch das Kulinarische nicht zu kurz. Ganz oben auf der Menükarte stehen Zòngzǐ, in Bambus- oder Schilfrohrblätter eingewickelte Klöße aus Klebereis, die verschiedenen Dingen wie Datteln, Krabben oder Eigelb gefüllt

sind. Dazu trinken wir »Song Huang«, einen Gelben Wein mit irgendeiner Medizin drin. An der Eingangstür hängen Wu Meilan und Li Gengnan ein Bündel stark riechender Kräuter auf, damit die bösen Geister draußen bleiben. Brave Geister wie Hong und ich dürfen rein.

Außerhalb von China werden zwar auch solche Festivals veranstaltet, aber sie gelten nicht als Feiertage, daher komme ich nicht um eine Telefonkonferenz mit Deutschland herum. Nur so habe ich die Chance, meine Qualifikationen für einen neuen Auftrag vorzuweisen und ihn dadurch hoffentlich zu bekommen.

Bevor wir Li Gengnans Auto aus der Hoteltiefgarage holen, möchte ich meinen Laptop im Computerladen reparieren lassen. Offenbar hat der IT-Mann keine Muse, sich mit meinem Gerät zu beschäftigen, um den Fehler zu finden, da er gleich die Festplatte formatieren will, was ich entschieden ablehne. Immerhin ist nur der Kontakt des USB-Anschlusses defekt und das Formatieren der Festplatte wird einen Hardware-Fehler sicher nicht beheben. Auch das Aufspielen eines neuen Betriebssystems verhindere ich, da auch das keine adäquate Reparatur des Fehlers darstellt und meine Dateien aufgrund des defekten Ports noch nicht gesichert sind. Unverrichteter Dinge packe ich meinen Laptop wieder ein und wir verlassen das Geschäft.

Wir gönnen uns eine Mahlzeit im nächstgelegenen Hotpot-Restaurant, müssen allerdings eine Nummer ziehen und ein paar Minuten warten. Zum Fisch, Gemüse und verschiedenen Soßen vom Buffet bekommen wir eineinhalb Liter Bier vom Fass kostenlos dazu. Das finde ich sehr spendabel, bis ich den ersten Schluck trinke, denn das Bier schmeckt, als wäre es mit sehr viel Wasser verdünnt worden.

Mit Metro und Taxi erreichen wir das Hotel und Hong fährt uns heim. Bei unserem Eintreffen gegen elf Uhr nachts, schlafen Hongs Eltern schon.

Hong rührt sich nicht, als ich ihr einen Guten-Morgen-Kuss auf die Wange drücke. Sie schläft noch tief und fest, daher schließe ich leise die Schlafzimmertür hinter mir.

Nach meinem Termin mit dem Projektleiter Wang steigt Hong im Bahnhof Suzhou zu, um mit mir zum Treffen der Wirtschaftsjunioren in Shanghai zu fahren. Diesmal findet ein Kaminabend mit dem deutschen Generalkonsul in Shanghai statt. Zuvor allerdings dürfen wir ein gutes Buffet mit viel Fisch und Meeresfrüchten genießen. Ich fülle meinen Teller erneut und esse gerade von meiner dritten Portion, als der Generalkonsul eintrifft. Ich erkenne ihn von Weitem an seinem aufrechten, aristokratischen Gang, der von viel Selbstvertrauen zeugt. Er unterhält sich mit allen und fragt jeden einzelnen, was er beruflich macht. In der Kaminrunde antwortet der Konsul auf die Fragen des Moderators und der Zuhörer und erzählt aus seinem Diplomatenleben. Am Ende der Veranstaltung kaufe ich ein Kochbuch, dessen Erlös einer Hilfsorganisation zugutekommt, und schenke es meiner Frau in der Hoffnung, dass ich die leckeren Rezepte einmal ausprobieren kann. Kurz vor Mitternacht erreichen wir unser Apartment und während Hong bereits nach oben geht, hole ich noch die Post aus dem Briefkasten. Wenn die Wohnung vermietet ist, muss ich mir für meine Firmenadresse etwas einfallen lassen, denn die Mieter geht meine Post nichts an und meinen Schwiegereltern wollte ich ja weitere Firmenpost nicht zumuten.

Lautlos krieche ich im Dunklen zu Hong unter die Bettdecke. Offenbar hat Hong Mottenkugeln im Schrank ausgelegt, denn es riecht leicht danach.

»Es gibt nichts, was man nicht kompliziert machen könnte. Eine Kunst ist es hingegen, das Leben zu vereinfachen«, rezitiere ich am Morgen.

»Ich weiß nicht, wovon du da sprichst!« Hong ist verwirrt von meiner geheimnisvollen Aussage.

Beim gestrigen Kaminabend hat uns der Generalkonsul erzählt, dass sich der Tag der chinesischen Studentenrevolte in Bejing heute am 4. Juni zum fünfundzwanzigsten Mal jährt. Das Massaker auf dem Platz des Himmlischen Friedens – welch Ironie! –sei ein Versuch gewesen, die chinesische Regierung zu stürzen und das sozialistische China zu unterwandern, wobei Chinas Parlament

dem Westen, insbesondere den USA, eine Mitverschwörer-Rolle zuschrieb. Natürlich wird seitens der Regierung nicht gern gesehen, dass diesem Ereignis, auch Tiananmen genannt, gedacht wird, und so muss man sich als Sympathisant vor der Polizei in Acht nehmen, um nicht hinter schwedischen Gardinen zu landen.
In unserem Bett sind wir vor den Obrigkeiten geschützt, daher trinken wir auf die mutigen Studenten und gedenken der Opfer.
Als Hong behauptet, ich verhalte mich im Bett wie ein Student, kontere ich, dass ich mich wohl eher wie eine Revolution verhalte, nein, ich sei DIE Revolution. Hong lacht und gibt mir zu verstehen, dass sie davon nicht viel mitbekommt.
Nach einer weiteren Telefonkonferenz mit dem deutschen Headquarter suchen Hong und ich einen zusätzlichen Immobilienmakler auf und bekommen bestätigt, dass viele ähnliche Wohnungen leer stehen und ich nur durch Senkung des Mietpreises einen Mieter finden kann.
Wie gewohnt möchte ich mit einem Taxi zur Metrostation fahren, doch Hong setzt auf Sparflamme und will laufen und dann den Bus nehmen. Da ich keine Lust auf diese umständliche Tortur habe, weise ich sie auf die ungesunden Abgase in den Straßen und den großen Zeitverlust hin. Natürlich weiß Hong etwas dagegenzusetzen und erinnert mich daran, dass in China Zeit keine Rolle spiele und die Chinesen wohl mehr Abwehrkräfte als alle verweichlichten Westler zusammen hätten.
Am Bahnhof holen wir mit unseren Zugtickets die Wasserflaschen ab, die es nur für Hochgeschwindigkeitszüge kostenlos gibt. Da der Kontrolleur die Tickets nicht markiert, gehe ich nochmal los und hole noch zwei Flaschen. Auf meinen Vorschlag, das Spielchen noch ein bisschen weiter zu treiben, mahnt meine Frau mich, nicht so gierig zu sein und den anderen auch was übrig zu lassen. Sie schüttelt den Kopf über so viel Habgier und schiebt das auf den Kulturunterschied.
Offenbar hat die Polizei aufgrund des Jahrestages der Revolte mobil gemacht, denn das Polizeiaufgebot hat sich stark erhöht. Ob es tatsächlich nötig ist, dass die Polizisten ihre Gewehre im Anschlag halten, wage ich zu bezweifeln, da der Großteil der

Reisenden zu jung sind, um zu wissen, was vor fünfundzwanzig Jahren in Beijing geschehen war.

Zuhause konfrontiert mich Hong unerwartet mit Alexander. Will sie unseren Streit vor einer Woche wieder aus der Versenkung holen? Da sie nicht weiß, dass ich damals zugehört hatte, halte ich mich bedeckt und sage, dass ich losen Kontakt habe, und frage beiläufig, ob sie etwas von ihm gehört habe. Sie bejaht und möchte meine E-Mails mit ihm sehen. Dass sie meine angeblichen Affären mit Frauen ausspionieren möchte, kann ich ja noch irgendwie nachvollziehen, aber warum interessiert sie mein Austausch mit Alexander? Es scheint ihr ernst zu sein, aber ich bleibe skeptisch, obwohl ich nichts zu verbergen habe. Ich verlange im Gegenzug Einblick in ihren E-Mail-Verkehr mit unserem deutschen Freund. Natürlich lehnt sie das ab und meine Skepsis wechselt in Misstrauen. Aber wieder muss ich feststellen, dass meine Frau am längeren Hebel sitzt, denn sie droht erneut, mich wegen meines ungültigen Visums anzuzeigen.

Ich drehe ihr den Rücken zu und gehe ins Bett, da ich mich nicht erpressen lassen will. Ob meine Reaktion klug ist, kann ich noch nicht sagen, denn ich bin mir nicht sicher, ob Hong tatsächlich so weit gehen würde, mit bei der Polizei anzuschwärzen.

Mit diesem Hintergrund findet ich keinen Schlaf, obwohl ich den nötig hätte, sondern machen mir die ganze Nacht Gedanken über mein, nein, unser weiteres Leben. Im August feiern meine Pateneltern Goldene Hochzeit, da wollte ich Hong gern mitnehmen, doch nun weiß ich nicht, ob ich zu diesem Zeitpunkt nicht schon ohne Rückflugticket in Deutschland weile. Erst jetzt wird mir die Tragweite dessen bewusst, denn ich habe in China laufende Aufträge, für die ich vor Ort sein muss. Mal ganz abgesehen von meinen Kapitalanlagen, Bankguthaben und meinem Apartment in Shanghai. Wer kümmert sich um Bezahlung der offenen Rechnungen für Managementgebühren, Gas, Wasser, Strom? Von Deutschland aus dürfte all das zwar prinzipiell zu regeln sein, aber der bürokratische Aufwand hierfür scheint mir unermesslich. Ich sollte mich schleunigst darum kümmern, die Registrierung meiner deutschen Firma hier in China umzusetzen,

denn damit könnte sich das Problem der Auftenthaltsgenehmigung lösen lassen. Vielleicht hilft auch der Besitz meines Apartments dabei, all die Hürden rascher zu überwinden und so Hong bald den Wind aus den Segeln nehmen zu können und ihr zu zeigen, dass ich nicht erpressbar bin. Damit sie meinen Schachzug nicht durchschaut, werde ich Daniel bitten, sich in meinem Namen im Internet und beim Auswärtigen Amt zu erkundigen. Damit verhindere ich, dass Hongs unerwartete und ständige Spionageangriffe von Erfolg gekrönt sein werden. Was mein Sohn und ich über Skype besprechen, wenn sie nicht in der Nähe ist, kann sie glücklicherweise nicht verfolgen.
Leider wird all das auf die Schnelle nichts an meiner finanziellen Lage ändern und erschüttert stelle ich fest, dass ich trotz legalem Aufenthalt meiner Frau völlig ausgeliefert sein werde. Sie weiß das auch und würde es schamlos ausnutzen, wenn sie nicht mehr mit mir zusammen sein will. Allerdings bin ich auch zu stolz, mich erpressen zu lassen. Einmal ist mir das schon passiert, eine Frau verlangte teure Geschenke oder sogar Bargeld. Das habe ich mir nicht gefallen lassen und sie vor die Tür gesetzt. Nun bin ich verheiratet ... die Zeiten haben sich geändert.

Als ich Hong einen Kuss gebe, murmelt sie verschlafen: »Ich liebe dich«.
»Wohl kaum«, kommt über meine Lippen und ich verlasse das Schlafzimmer. Auch ihre Eltern scheinen mich boykottieren zu wollen, denn meine praktische Eieruhr ist vermutlich in den dunklen Tiefen des Küchenschrankes verschwunden und wird nie wieder Tageslicht erblicken. Betrübt verspeise ich das Frühstück mit den hart gekochten Eiern und mache mich dann auf den Weg.
Während der Zugfahrt grüble ich, warum meine Frau so krankhaft eifersüchtig ist. Gebe ich ihr denn irgendeinen Grund dazu? Ich habe sie niemals betrogen, genauso wenig wie meine erste Frau in den ersten Jahren. Natürlich habe ich Kommunikationsfehler gemacht, das ist mir klar. Insbesondere wegen meines Drangs, den chinesischen Markt zu erobern, habe ich nicht genug auf sie geachtet und daran ist unsere Beziehung zerbrochen. Meine jetzige

Frau dreht den Spieß herum und lässt mich bluten für all die schlimmen Taten, die ich mir doch gar nicht habe zu Schulden kommen lassen. Sie glaubt offenbar, dass ich nur deshalb in China bin, um Frauen auszunutzen, und das will sie mit allen Mitteln verhindern ... im Namen der Gerechtigkeit, im Namen des chinesischen Volkes und insbesondere zum Schutz aller chinesischen Frauen – eine selbstlose Tat. Einen kurzen Moment kommt mir der Gedanke, dass sie mich nur aus diesem Grund geheiratet hat ... eine absurde Idee, aber was in unserer Beziehung ist nicht absurd.

Da Herr Wang wieder mal alles Mögliche zu tun hat, kann ich die Besprechung in Ruhe vorbereiten und ein wichtiges Telefonat mit meiner Exfreundin Jasmine, einer chinesischen Verkaufstrainerin, führen. Für die ständigen Zurückweisungen meines Auftraggebers und die daraus entstehenden Verzögerungen räche ich mich in kleinem Stil, indem ich für das Telefonat mit Jasmine das Telefon im Konferenzraum nutze. Weiterer Vorteil: Auf dieses Telefon hat Hong keinen Zugriff, daher kann ich ohne schlechtes Gewissen mit einer anderen Frau telefonieren und so den Kontakt zu Jasmine aufrechterhalten. Er ist sehr wertvoll, denn sie ist eine kluge Frau und eine der wenigen Verbindungen, die ich außerhalb meiner chinesischen Familie im Land habe. Da ich jedoch weiß, wie sehr sie beruflich eingespannt ist und ich nie sagen kann, wann wir telefonieren können, habe ich nie in Erwägung gezogen, sie um Mithilfe bei meinem Visumproblem zu bitten.

Mit Jasmine hätte ich glücklich werden können. Ich traf sie im Aufzug eines Hotels in Hangzhou. Wir kamen ins Gespräch, ich stellte mich als Trainer bei der Firma Boiler vor und wir tauschten Visitenkarten aus. Mit ihrem guten Englisch rechnete sie sich auch Chancen für Seminare bei Boiler aus und ich vermittelte zwischen meiner Firma und ihr.

Als ich meiner sehr anspruchsvollen, erpresserischen Freundin den Laufpass gegeben hatte, nahm ich wieder Kontakt mit Jasmine auf und wir trafen uns in einem Restaurant. Wir verstanden uns sehr gut und sie besuchte eines meiner Finanzseminare, die ich regelmäßig an Wochenenden in meiner gemieteten Villa im

Westen der Stadt in der Nähe des Inlandsflughafens abhielt. Als sie aufgrund ihrer häufigen Business-Flüge zu Firmen innerhalb des Landes eine Unterkunft in der Nähe des Flughafens suchte, bot ich ihr ein Zimmer in meiner Villa an.

Es kam, wie es kommen musste, ich besuchte sie in ihrer Wohnung in Pudong am anderen Ende der Stadt und lernte ihre zwölfjährige Tochter kennen, die bei ihrem Vater wohnte und ihrer Mutter in regelmäßigen Abständen besuchte. Wir unternahmen viele Ausflüge und fuhren sogar einmal zusammen nach Bali in den Urlaub. Es war eine unbeschwerte Zeit und für mich hätte es ewig so weitergehen können.

Ein paar Wochen darauf trafen wir uns mit meinem Freund Alexander, um gemeinsam ein Fußballspiel anzuschauen. Als ich kurz auf dem Klo war, erzählte Jasmine Alexander, dass sie einen Freund in Suzhou habe, zudem bereits finanziell unabhängig sei und mich auf keinen Fall heiraten würde. Unsere Beziehung war damit für mich erledigt, aber wir blieben lose befreundet.

Natürlich sprechen wir über das australische Finanzprodukt, dass ich leider auch ihr damals empfohlen hatte und das nun pleite ist. Alan hat wohl ordentlich an uns verdient und die Möglichkeiten, das Geld zurückzufordern scheinen sehr gering und ziemlich aussichtslos. So sieht es auch Jasmin, die nicht gegen Alan vorgehen wird, da sie sich einen Rechtsanwalt nicht leisten könne, wenn nicht ein hundertprozentiger Sieg am Ende der Verhandlungen stehe.

Da wir länger nicht miteinander gesprochen hatten, erzähle ich kurz von meiner Heirat und bitte sie, mich nicht anzurufen. Da sie die Eigenarten mancher chinesischen Frauen sehr gut kennt, akzeptiert sie, dass nur ich sie erreichen kann.

Herr Wang berichtet, dass gestern eine interne Entscheidung getroffen wurde, und eröffnet mir, dass es ein neues Design gebe und dadurch der Zeitplan aktualisiert werden müsse. Kurz nachdem ich mich über die Neuerungen informiert habe, trifft eine chinesisch-deutsche Delegation vom Kunden Heila ein. Während die Chinesen noch genügend Visitenkarten bei sich haben, sind sie den Deutschen, unter denen sich der Direktor sowie der

Vizepräsident befinden, bei der langen Asienreise bereits ausgegangen. Ich schmunzle über diesen Anfängerfehler.
Der Lieferant beginnt mit der Vorstellung seiner Firma und des vorhandenen Erfahrungsschatzes in der Entwicklung und Produktion, dann gibt er an mich weiter, damit ich über den Stand des Projektes berichten kann. Verschiedene Lösungsansätze werden heiß diskutiert, obwohl bereits eine Lösung seitens aller Beteiligter favorisiert und weiter verfolgt wurde, denn sowohl der Kunde, als auch der Projektleiter Wang und der Chef der Forschungs- und Entwicklungsabteilung des Lieferanten haben gemeinsam daran gearbeitet. Daher bin ich sehr überrascht, dass nun der Ansatz meines Managements in Frage gestellt und eine andere Lösung bevorzugt wird. Kurz überschlage ich, ob die wichtigsten Faktoren Qualität, Zeit und Kosten sich durch die neue Ansatzweise nicht verschlechtern und beteilige mich nach positiver Bilanz an der angeregten Diskussion, durch die sich die Arbeit an dem Projekt spannender und komplexer gestaltet. Ich genieße es regelrecht, auf derart hohem fachlichem und professionellem Niveau zu debattieren, denn hier zählt das bessere Argument und nicht, wer am längeren Hebel sitzt. Hier geht es um wichtige Entscheidungen und nicht um solche Kleinigkeiten, um die es sich bei den ständigen Auseinandersetzungen mit Hong dreht.
Auf der Heimfahrt stelle ich fest, dass die meisten Fahrer des Lieferanten fließend Englisch sprechen, so dass ich mich gar nicht anstrengen muss. Das erinnert mich wieder an mein Vorhaben, Chinesisch zu lernen, das von Hong leider unterbunden wird, da sie ausschließlich Deutsch mit mir spricht. Bei Gesprächen im Familienkreis fühle ich mich immer zurückgesetzt, da ich nur wenig verstehe und auch nur holprig antworten kann. Aber vielleicht ist das von Hong auch so gewollt und daher boykottiert sie meine Bemühungen.
Am Bahnhof darf ich üben und Fahrkarten auf Chinesisch ordern, denn die Schalterbeamten sind zugunsten meines Lernfortschritts nach wie vor nicht in der Lage, auf Englisch zu kommunizieren.
Während der Fahrt plane ich gedanklich den Abend, denn ich möchte mich nach dem Abendessen um Abrechnung und

Erinnerungsbriefe kümmern, wichtige E-Mails beantworten und weitere Beweise für den Rechtsstreit mit den Finanzbetrügern sichern. Ich lasse die Landschaft an mir vorbeiziehen und langsam schweifen meine Gedanken in die Vergangenheit ab.

Ich musste aus beruflichen Gründen nach Suzhou umziehen und lernte Hong kennen, als sie mir vom deutschen Pfarrer in Shanghai vorgestellt wurde, um mir bei der Wohnungssuche zu helfen. Je länger wir suchten, desto mehr Gefallen fand ich an Hong und fürchtete mich schon vor dem Tag, an dem wir eine passende Wohnung gefunden hätten. Ich zögerte meine Entscheidung hinaus, aber irgendwann musste ich umziehen. Wir fanden eine Wohnung nahe der Universität, in der sie beschäftigt war, und ich bot ihr an, bei mir zu wohnen, um Zeit zu sparen, denn das Haus ihrer Eltern lag strategisch ungünstig. Zu meiner großen Freude willigte sie sofort ein. Für mich war das nichts Ungewöhnliches, denn wir waren beide erwachsen und es sprach nichts dagegen. Da ich mit den landestypischen Gepflogenheiten nun etwas besser vertraut bin, wird mir klar, dass sich Hongs Eltern über den fast überstürzten Auszug ihrer Tochter gewundert hatten. Aber Hong hat ihnen wohlweislich verschwiegen, dass sie mit einem Mann zusammen wohnte, und hoffte, ihre Mutter von Kontrollbesuchen abzuhalten, was erstaunlicherweise sehr gut funktionierte. Ich wusste damals nicht, dass nach chinesischer Tradition Mann und Frau nur zusammen wohnen dürfen, wenn sie verheiratet oder wenigstens verlobt waren. Als Hongs Vater von unserer Beziehung erfuhr, stellte er mich vor die Wahl: Hong heiraten oder die Beziehung sofort beenden. Ich entschied mich für die Heirat, um weiterhin mit Hong zusammenleben zu dürfen, wobei ich mich immer öfter frage, ob das so klug gewesen war.

Als ich am Bahnhof in Suzhou ankomme, wartet Hong bereits auf mich, da sie Fahrkarten für morgen kaufen möchte, damit wir auch auf jeden Fall zusammensitzen. Wie konnte ich das nur vergessen? Ich habe meine Karten bereits in Changzhou gekauft. Enttäuscht holt Hong ihre Tickets und wird nun fast am Ende des Zuges sitzen, weit weg von meinem Sitzplatz ganz vorn im zweiten Waggon. Wieder einmal verstehe ich die Reaktion meiner Frau nicht, denn wenn ich Fahrkarten an einem anderen Bahnhof als dem Startbahnhof kaufe, muss ich fünf Renminbi zusätzlich zahlen, was unserem Sparkurs nicht zuträglich ist. Aber vielleicht sollte ich in Zukunft die fünfundsechzig Cent invesieren, um den Haussegen nicht ins Wanken zu bringen. Allerdings muss ich mich dann gegen mögliche Schimpftiraden in Bezug auf meine Verschwendersucht wappnen.

Der Abend läuft alles andere als geplant, denn als ich E-Mails abholen möchte, funktioniert es mal wieder nicht. Ich fluche, was das Zeug hält, doch als ich merke, dass auch Google nicht funktioniert, fallen mir Gesprächsfetzen des Tages ein, die ich im Vorbeigehen zwar wahrgenommen, aber nicht wirklich gehört hatte. Was war das noch gleich? Sperre, Google, Dienste … Nach einer halben Ewigkeit, in der ich trotzdem versuche, das Ganze zum Laufen zu bringen, erklärt Hong wie nebenbei, dass die chinesische Regierung am Tag vor dem Tiananmen-Jahrestag die Verbindung zu Google und damit auch zu Gmail und sämtlichen anderen Google-Diensten gekappt hat. Das soll ein Zeichen von Stärke, Macht und Unabhängigkeit sein, denn Google wollte Inhalte und Nachrichten nicht zensieren, wie von China verlangt.

In den letzten beiden Tagen war ich beruflich und privat sehr eingespannt und hatte keine Gelegenheit, meine E-Mails abzurufen, daher war mir gar nicht aufgefallen, dass nichts mit Google funktioniert. Die Katastrophe bahnt sich ihren Weg, denn ich wickele meine geschäftlichen E-Mails ausschließlich über Gmail ab.

Da verlässt man sich einmal auf den Hongschen Nachrichtendienst und bei der wichtigsten Meldung versagt er, grummle ich wütend in mich hinein und bin stocksauer auf meine Ehefrau, die mich offenbar bewusst hat auflaufen lassen. Durch ihre ständigen Spionageaktionen weiß sie doch sehr genau, welchen Provider ich benutze.

Leider gibt es Fehler, aus denen ich nicht lerne, denn ich kann mich dunkel erinnern, dass es auch vor zwei Jahren und davor immer mal wieder kurzfristige Sperren von Gmail in China gab. Warum habe ich nicht damals schon zu einem anderen Provider

gewechselt, bei dem die Wahrscheinlichkeit einer Sperrung minimal war?
Sinnigerweise erhalte ich den Tipp, über Outlook im Internet einen Alias-Account einzurichten, aber erwartungsgemäß habe ich keinen Erfolg damit. Wen wundert das, denn die chinesische Regierung zensiert sämtliche Internetinhalte und lässt natürlich keine Hinweise durch, wie man deren Sperre umgehen kann. Also hocke ich nun wie Millionen andere Gmail-Nutzer vor meinem PC und fühle mich wie ein von der Außenwelt abgeschnittener Einsiedler.
Dank der Hilfe meines Sohnes gelingt es mir noch an diesem Abend, den Alias-Account bei Outlook einzurichten. Auf lange Sicht hin wäre es vielleicht tatsächlich sinnvoll, einen Account bei einem anderen Provider einzurichten und die alle E-Mails von Gmail dahin umleiten zu lassen. Auch wenn die Google-Sperre bald wieder aufgehoben werden sollte, wäre auf eine dauerhafte Nutzung kein Verlass, denn Google wird sich immer weigern, sich vom chinesichen Staat einschränken zu lassen. Somit sind weitere Sperrungen sehr wahrscheinlich.
Da mein Account vorerst funktioniert und ich noch einiges zu tun habe, verschiebe ich diese Aktion verschiebe auf später und genehmige mir zur Erholung nach dem Schreck erst einmal einen Blick in die Flüge nach Deutschland, denn im Juli möchte ich bereits hinfliegen und nach den Feierlichkeiten zur Goldenen Hochzeit wieder zurückkehren. Hong hat sich gegen die Reise nach Deutschland ausgesprochen, meine Verwandtschaft interessiere sie nicht. Ich kenne Hong inzwischen gut genug, um zu wissen, dass sie von mir angebettelt werden möchte, um so ihre Überlegenheit zu demonstrieren. Natürlich mache ich das, was sie will, denn ich möchte nicht erleben, zu welchen Wutausbrüchen meine Frau fähig ist, wenn ich allein fliegen sollte.
Vielleicht habe ich mal die Gelegenheit, mich zu revanchieren, wenn sie irgendwohin nicht allein reisen möchte.

Am Freitag quäle ich mich müde aus dem Bett und versuche, meinen Kreislauf durch eine kalte Dusche in Schwung zu bringen.

Eigentlich ist es eher eine Ausrede für mich selbst, da ich nie genug Geduld habe, auf warmes Wasser zu warten. Hong fängt das kalte Wasser in der Wanne auf und nutzt es für die Toilettenspülung. So verschwendet sie kein Wasser, kann aber trotzdem warm duschen.

Um meine Frau nicht zu wecken, lasse ich im Schlafzimmer die Vorhänge zu, aber als ich aus dem Haus gehe, wird mir klar, dass das keine gute Idee war, denn ich trage ein schwarzes Jackett zu einer dunkelblauen Hose. Ich kann nur hoffen, dass das niemandem auffällt. Ausgerechnet heute habe ich das Frühstück ausfallen lassen und so nirgends Licht angeschaltet, aber glücklicherweise stört sich im chinesischen Business niemand an unkorrekter Kleidung.

Ich nutze die halbstündige Zugfahrt, um an meinem Laptop zu arbeiten. Mit Hilfe meines Handys kann ich auch wichtige E-Mails verschicken und empfangen. Herr Wang schreibt mir, er habe wegen des gestrigen Kundenbesuchs bis spät in die Nacht den Zeitplan angepasst, da die Lösung, die sich der Vizepräsident von Heila vorstellt, eine Verzögerung von voraussichtlich sechs Monaten nach sich zieht. Ich schlage vor, das Ergebnis graphisch darzustellen und die beiden Lösungen gegenüberzustellen. Allerdings muss Herr Wang erst einmal zu einem Meeting. Es geht um den internen Ausschuss, der in dem Projekt für den Lieferanten ein finanzielles und für den Kunden ein qualitatives Risiko darstellt. Wenn eines der defekten Teile zum Endkunden gelangt, ist der Teufel los. Nach dem Meeting teilt er mir mit, mit welcher Methode das Problem an der Wurzel gepackt werden könnte. Dazu nimmt sich der Lieferant nochmals vier Wochen Zeit, was das Projektende erheblich nach hinten schiebt und die Firma Heila nicht im Mindesten milde stimmen wird. Leider habe ich keinen Einfluss auf die Entscheidungen des Lieferanten und bin auch nicht in die Entscheidungsprozesse eingebunden, so dass sich die Problemlösung äußerst schwierig gestaltet. Ich muss in Zukunft auch darauf bestehen, über abgesagte Meetings im Vorfeld informiert zu werden, denn so kann ich Zeit sparen und diese sinnvoll für andere Dinge nutzen.

Auf der Fahrt nach Shanghai versuche ich am Bahnhof Suzhou Hong zu entdecken, um sicherzugehen, dass sie dabei ist. Leider ist sie in der riesigen Menschenmenge nicht auszumachen, so dass ich darauf vertrauen muss, dass sie zugestiegen ist. Wir wollen ein befreundetes deutsches Ehepaar verabschieden, das nach sechsjährigem Aufenthalt in Shanghai nach Südafrika versetzt wird. Bei meiner ersten Teilnahme am Bibelkreis vor fünf Jahren hatte ich sie kennengelernt. In Shanghai sind Hong und ich endlich wieder vereint und wir überlegen, wie wir am besten zum Landlord Garden kommen. Diesen idyllischen Namen trägt die kleine, sehr teure Wohnanlage in der Nähe des Lujiazui-Platzes mit Blick auf den liebevoll *Perle des Orients* genannten Rundfunk- und Fernsehturm und den Jin Mao Tower, einem markanten, treppenförmig nach oben verlaufenden Wolkenkratzer.

Da ich Lust auf Bewegung habe, schlage ich vor, an der Lujiazui-Station auszusteigen und den letzten Kilometer zu laufen. Ich tausche noch schnell meine schicken, aber unbequemen Geschäftsschuhe gegen meine Laufschuhe und schon schlendern wir an den Geschäften vorbei. Die teuren Taschen von Louis Vuitton findet Hong hässlich und fragt sich, weshalb alle Chinesinnen solche Taschen tragen wollen. Diesmal bin ich derjenige, der mit Weisheiten klotzen kann, und erkläre ihr, dass das Tragen teurer Sachen und das Fahren teurer Autos Erfolg ausstrahlt und jeder möchte mit erfolgreichen Menschen Geschäfte machen. Daher ist nicht wichtig, ob es schön ist, es muss nur teuer aussehen.

Leicht verspätet, aber nicht als Letzte erreichen wir die Wohnung von Mathias und Andrea und werden herzlich empfangen. Hong mag den süßen Aperol-Sekt, ich ziehe die trockene Variante vor. Wir stoßen mit den anderen Gästen an, stellen uns vor und unterhalten uns über Wirtschaft und Familie. Nach einiger Zeit muss ich feststellen, dass ich der Einzige bin, der nicht mit Visitenkarten geizt, und frage mich, ob ich mich gerade unbeliebt mache, weil ich eine private Veranstaltung für Werbezwecke nutze. Offenbar sind Visitenkarten nur im geschäftlichen Bereich ein unabdingbares Kleinod.

Wir pirschen uns an die hausgemachten Spezialitäten heran, die in der Küche aufgetischt sind und hervorragend schmecken. Wir plaudern mit dem deutschen Ehepaar über ihre Zukunftspläne in der Fremde. Alle Jahre versetzt zu werden ist auch eine Art, die Welt kennenzulernen. Aber das ist nichts für mich. Ich möchte selbst entscheiden, wo ich meine Zelte oder auch meinen Wigwam aufschlage.
Gegen Mitternacht erreichen wir unsere Koje und benötigen keine zehn Minute zum Einschlafen.

Am Samstag schickt mich Hong schon wieder allein zum Joggen los. Ich konnte sie nicht überreden, mich zu begleiten und reibe ihr nach meiner Rückkehr unter die Nase, dass sie in sportlicher Hinsicht ziemlich faul sei. Wenn sie im Alter noch genauso fit wie ich sein möchte, dann müsse sie jetzt schon mit regelmäßigem Sport beginnen. Als sie meint, sie treibe genug Sport, frage ich nach dem Wann und Wo.
»Im Bett!«, ist ihre Antwort und ich kontere schmunzelnd: »Du meinst, du drehst dich von einer Seite auf die andere?«
Dafür ernte ich ein abschätziges Grunzen, denn das fand sie wohl nicht witzig.
Beim Frühstück stelle ich fest, dass es heute erstaunlich ruhig in der Stadt ist und auch in der Nacht kaum Geräusche zu uns vorgedrungen sind. Mein wandelndes Lexikon des Zeitgeschehens erklärt mir, dass das nicht verwunderlich ist, da an diesem Wochenende die zweitägige große Abschlussprüfung der Schulen stattfindet. Diese Prüfung ist dem deutschen Abitur gleichzusetzen und ermöglicht den Zugang zu den Universitäten, wobei hier ähnlich wie der Numerus Clausus für die Zulassung zu Studiengängen die Höhe der erreichten Punktzahl darüber entscheidet, an welcher Universität man studieren kann.
Hong hat dieses Gao Kao auch absolviert und weiht mich in die Gepflogenheiten ein. Die Priorität dieser Prüfung erkennt man zweifellos daran, dass an den zwei Tagen, an denen sie stattfindet, Ausnahmezustand in den Städten herrscht. Für Europäer mutet es schon seltsam an, dass zum einen bereits ab der Nacht vor den

Prüfungen sämtliche Baustellen vorübergehend stillgelegt werden, damit die Schüler gut ausgeruht in die Prüfungen gehen können und auch währenddessen nicht abgelenkt werden. Zudem wird der Verkehr umgeleitet und die Polizei sorgt dafür, dass die Schüler nicht im Verkehrsstau stecken bleiben und pünktlich die Prüfung erreichen.

Auch ungewöhnlich ist die Art der Prüfung, in der wie vor zweitausend Jahren einfach auswendig gelernte Fakten abgefragt werden. In der Han-Zeit wurden die kaiserlichen Beamtenprüfungen eingeführt und boten mit Bestehen unabhängig von Herkunft und Person die Möglichkeit, in die Beamtenschar aufzusteigen. Damals bestand der »Lernstoff« aus konfuzianischen Klassikern, heute muss man einiges mehr pauken.

Während Schummler in Deutschland eine zweite oder auch dritte Chance gewährt wird, werden Betrüger in China diesen Ausrutscher niemals los, denn er wird in der Personalakte vermerkt und eine Wiederholung ist auch nicht zugelassen.

Gemächlich starten wir in unseren Bankentag, da wir aufgrund des zu erwartenden hohen bürokratischen Aufwandes nichts anderes geplant haben. Zunächst bestreiten wir den einfachen Teil und verlängern bei mehreren Banken unser Festgeld. Dann wappnen wir uns für den Wechsel meiner Euros in Renminbi bei der Bank of China, für den ich viele Dokumente unterschreiben muss. Hong erkennt den Sinn dieser Umtauschaktion nicht, denn da wir noch nicht wissen, wann es uns wohin verschlägt, entstehen wieder Gebühren, beim erneuten Umtausch in andere Währungen. Endlich weiß ich mal mehr als sie, denn für Renminbi bekomme ich einen höheren Zinssatz als für Euros, der die Umtauschgebühren allemal toppt.

Es bleibt mir nicht erspart, schriftlich auf Chinesisch zu versichern, dass ich jegliches Risiko auf mich nehme. Nicht sehr kundenorientiert, aber die Bank ist fein raus. Natürlich gibt es auch eine Diskussion über meinen umlautbehafteten Nachnamen, wobei die Sache anhand meines Ausweises sehr einfach zu klären wäre, aber das Personal versteht weder Deutsch noch Englisch und beachtet meine und Hongs Erklärungen sowieso kaum.

Entnervt packe ich das bei meiner Kontoeröffnung vor zweieinhalb Monaten versprochene Neukundengeschenk, eine Plastiktrinkflasche für unterwegs mit garantiert funktionstüchtiger Dichtung im Deckel, in die Tasche und verlasse mit Hong die Bank. Zu Hause starte ich das Experiment Trinkflaschenprüfung, fülle sie bis zum Rand und schließe den Deckel mit aller Kraft. Obwohl ich fix bin, schaffe ich es nicht, die Flasche auf den Kopf zu stellen, ohne dass sich das Wasser bereits in Sturzbächen in mein Waschbecken ergießt. Innerhalb von Sekunden ist der flüssige Inhalt im Ausguss verschwunden und hat mein Vertrauen in die Bank mit sich gerissen.

Zur Aufmunterung gönne ich mir am Abend das Endspiel im Dameneinzel der French Oben, habe aber nicht berücksichtigt, dass sich Hong dadurch alles andere als aufgemuntert fühlt. Ich würde mich doch gar nicht für das Spiel an sich interessieren, sondern nur für die kurzen Röcke und das Gestöhne, wirft sie mir bissig vor.

»Ich mag nun mal Frauenbeine und wenn deine unter einem dieser Röckchen hervorschauen würden, dann hätte ich nur Augen für dich«, erwidere ich lieb lächelnd, doch Hong geht darauf gar nicht ein, sondern behandelt einen ihrer Füße, da sie glaubt, Fußpilz zu haben. Also wird nichts aus Sport und Spielen, denn ich will mich nicht anstecken.

An dem schönen Tag Sonntag nehmen wir Li Gengnans Einladung, uns sein Gemüsefeld zu zeigen, gern an. Er möchte uns unbedingt zeigen, wo das Gemüse herkommt, das wir jeden Tag essen.

Die Autofahrt dauert nur zwanzig Minuten, dann erreichen wir das Straßenviertel Yuanhe in der Hong in den Kindergarten gegangen war. Allerdings lag das damals noch in einer kleinen Stadt namens Likou, aber durch die Ausweitung von umliegenden Städten kommt es auch hier zu Eingemeindungen und Umbenennungen der Gebiete und Likou wurde auf eine Metrostation reduziert. Obwohl China für seine Superlative bekannt ist, verwundert es mich immer noch, dass auch das etwa fünfundachzig Kilometer entfernt liegende Taicang noch zum Einzugsgebiet von Suzhou gehört. Wir sind quasi innerhalb eines Ortes umgezogen und nicht von einer

Stadt in eine andere. Verrückt!
Im unmittelbar in der Nähe des Kindergartens gelegenen Amtsgebäude hatte ihre Mutter gearbeitet, doch heute ist nichts mehr davon zu erkennen, denn Firmen haben den Grund und Boden erobert. Weitere Minuten Fahrtzeit bringen uns zum Haus von Hongs Eltern, das sie vermietet haben. Der Mieter hat den Umstand ausgenutzt, dass die meisten Wohnungen in der Umgebung in den kalten Wintern kein warmes Wasser haben, und das Haus zu einem Waschhaus umgebaut. Nun können die Anwohner in der kalten Jahreszeit wenigstens warm duschen und sich ein wenig in der Wärme ausruhen. Da der Mieter im Sommer verreist ist, hat Li Gengnan einen Schlüssel, um ab und zu nach dem Rechten sehen zu können.
In früheren Zeiten war Hongs Familie in dieser Gegend weit verbreitet und alle Klingelschilder trugen ihren Familiennamen. Heute sind die Gebäude entweder nicht mehr vorhanden oder vermietet, allerdings streitet sich Hongs Onkel Mingdong noch mit der Stadt um die Abfindung für sein Haus. Damals hatte er als Landwirt vom Staat ein Feld zugewiesen bekommen und musste seine Ernte abliefern. Dafür erhielt er eine angemessene Bezahlung, die abhängig von Qualität und Menge war. Das Feld war jedoch weiterhin Eigentum des Staates und so konnte Onkel Mingdong nicht verhindern, dass das Land an einen Bauträger verkauft wurde, der beabsichtigt, in den nächsten Jahren eine Wohnanlage oder eine Fabrik zu bauen. Heute verdient Onkel Mingdong seine Brötchen als selbständiger Maler und genießt diese Unabhängigkeit.
Seit dem Verkauf liegt das Land brach, was eigentlich die Regierung auf den Plan bringen müsste, wie ich von Hong erfahre. Grund und Boden, den die Regierung verkauft, muss laut Gesetz innerhalb kurzer Zeit bebaut werden, sonst verliert der neue Besitzer ihn wieder. Offenbar hat der Bauträger gute Beziehungen zum Staat und kann sich so einige Freiheiten neben dem Gesetz erlauben.
Li Gengnan nutzt das aus und baut auf dem Boden sein Gemüse an. Jeden Tag kümmert er sich um seine Pflanzen, bewässert sie,

beseitigt Unkraut und setzt nur biologischen Dünger wie Kompost ein, wie er mir immer wieder stolz versichert. Also ran ans Gemüse, wir ernten Salat, Kartoffeln, Bohnen, Gurken und Kräuter.
Am Abend verfasse ich ein Einladungsschreiben für Hong, damit sie für unsere Familienfestreise ein Visum für Deutschland beantragen kann. Das sollte problemlos funktionieren, denn Hong ist trotz ihrer Pause noch an der Universität in Suzhou angestellt. Die chinesische Regierung geht davon aus, dass Einheimische mit festem Job nicht daran interessiert seien, im Ausland zu bleiben, und hält in solchen Fällen die Bürokratie in Grenzen. Eine Auslandkrankenversicherung ist auch eine der Voraussetzungen, um überhaupt ein Visum zu erhalten, daher schließt Hong diese noch ab, um für den Antrag ihres Visums bestens vorbereitet zu sein.

Meine liebe Schwiegermutter lobt mich, dass ich weder in China, noch in Deutschland eine Klimaanlage benötige, auch wenn das Thermometer dreißig Grad anzeigt. Alle müssen zwar wegen meiner Anfälligkeit für klimaanlagenbedingte Erkältungen im eigenen Saft schmoren, aber so werden schließlich Stromkosten gespart. Doch kaum hat sie das Lob ausgesprochen, revidiert sie es gleich wieder, da ihr einfällt, dass ich aufgrund meiner Frostigkeit im Winter sehr viel mehr Heizungswärme benötige und sich dadurch die Kosten im Winterhalbjahr erhöhen und im Jahresdurchschnitt keine Einsparungen gemacht werden. Schade, ich hatte mich schon gefreut, in dieser Familie mal gut wegzukommen.
Im Swissôtel Grand Shanghai treffe ich meinen deutschen Versicherungsagenten Krause, um über meine fehlende Krankenversicherung zu sprechen, während Hong im benachbarten Generalkonsulat das Visum für die bevorstehende Deutschlandreise beantragt.
Wir nehmen in der luxuriösen Executive-Lounge Platz und bevor wir zur Krankenversicherung kommen, empfiehlt mir der Versicherungsagent eine Vermögensschadenhaftpflichtver-

sicherung. Diese greift zum Beispiel bei Schadensfällen aus Fehlberatung, die durchaus in exorbitante Höhen klettern können und ohne Versicherungsschutz haftet man mit allem, was man hat. Mich wundert, dass mich bisher noch nie ein Versicherungsvertreter auf eine solche Möglichkeit der Absicherung hingewiesen hat, denn diese Versicherung ist wohl in Deutschland nicht selten, da einige Berufsgruppen sogar verpflichtet sind, diese Versicherung abzuschließen.
Unternehmensberater gehören übrigens dazu und genau das mache ich. Daher komme ich nicht um diese Versicherung herum und hätte sie in Deutschland schon mit Gründung meiner Unternehmensberaterfirma abschließen müssen. Der Agent wirft mir Fahrlässigkeit vor, denn ich hätte mir die Mühe machen sollen, so etwas Vorab im Internet zu recherchieren. Doch diese Versicherung muß man sich als kleine Firma erst einmal leisten können. Für meine Firma ist der Beitragssatz enorm. Dabei spiele es keine Rolle, ob meine in Deutschland angemeldete Firma weltweit im Interim Management aktiv sei.
Manche Auftraggeber fordern vor Vertragsabschluss sogar den Nachweis einer solchen Versicherung, um im Schadensfall nicht auf den Kosten sitzen bleiben zu müssen. Somit könnten mir lukrative Aufträge flöten gehen, was nicht in meinem Sinne ist. Aber mit einer teuren Versicherung komme ich doch auf keinen grünen Zweig.

Das andere Thema ist meine teure private Krankenversicherung in Deutschland, für die ich eine Anwartschaft laufen habe. Mit meinen Konditionen ist sie doppelt so teuer wie vergleichbare Angebote, allerdings kommt ein Wechsel nicht infrage, da dann meine gesamten angesparten Altersrückstellungen verfallen und ich wieder bei null beginnen müsste. Diese Rückstellungen sind allerdings wichtig, damit die Versicherung im Alter, wenn die Wehwechen und Ziperlein einsetzen, noch bezahlbar bleibt, da dann aus den angesparten Depots, die bis zur Nutzung im Kapitalmarkt angelegt werden, zugesteuert wird. Unter all diesen Gesichtspunkten erschien mir damals der Eintritt in eine private

Krankenversicherung trotz diverser Angestelltenverhältnisse sinnvoll, aber ich habe nicht bedacht, dass die Versicherung selbst die Höhe der monatlichen Gebühren in Abhängigkeit von der Selbstbeteiligung festlegt.

Herr Krause macht mir jetzt klar, dass ich vor fünf Jahren die nach einer neuen Bestimmung geltende halbjährige Übergangsfrist verpasst habe, die beim Wechel in eine andere private Krankenversicherung die Mitnahme der Rückstellungen garantierte. Nun ärgere ich mich über meinen damaligen Finanzdienstleister und Versicherungsvertreter, der mich nicht auf diese Möglichkeit hingewiesen hat, und muss nun seitdem höhere Kosten tragen. Er war wohl nur auf seine Provision aus, obwohl er einen Überblick über den Markt hat und seinen Kunden Bescheid geben könnte.

Der für den Wechsel der Krankenversicherung notwendige Gesundheitscheck bei einem deutschen Arzt sollte kein Problem sein, denn ich bin kerngesund und möchte monatliche Beiträge sparen. Die Frage ist nur, ob die Kostenersparnis durch den Wechsel den Verlust der Rückstellungen rechtfertigt. Hierzu will sich Herr Krause ohne eingehende Recherchen nicht äußern und zeigt mir einige Versicherungslücken auf. Die Deckung möglicher Krankheiten und Unfälle, die mir in China zustoßen könnten, ist nicht gewährleistet, daher benötige ich eine Zusatzversicherung, da meine private Krankenversicherung diese Leistungen leider nicht abdeckt. Während meiner Jobs im Angestelltenverhältnis musste ich mir um solche Dinge keine Gedanken machen, aber nun muss ich mich selbst darum kümmern, die möglichen Risiken für meine Aufenthalte in China und in Deutschland abzusichern.

Die monatlichen Prämienzahlungen hängen davon ab, wie lange ich noch in China zu bleiben gedenke. Er solle mal die nächsten zehn Jahre einplanen, erkläre ich ihm. Weiteres Risiko: Kosten und Verdienstausfall bei Invalidität durch einen Unfall muss ich momentan komplett selbst tragen, was finanziell nicht drin ist. Ich bekomme den Leistungskatalog und Angebote hierfür zum Schmökern mit nach Hause, obwohl ich gerne die Berechnungen sofort schwarz auf weiß hätte. In Deutschland sind die

Versicherungsvertreter sehr viel eifriger und legen einem zum Abschluss des Beratungsgespräches einen ausgefertigten Vertrag zur Unterschrift vor und man wird komisch beäugt, wenn man sich noch ein, zwei Nächte Bedenkzeit erlaubt.

Während ich in der Lobby auf meine Frau warte, versuche ich, sie zu erreichen, aber ich muss feststellen, dass das Guthaben meiner chinesischen Sim-Karte aufgebraucht ist. So kann ich zwar noch Anrufe empfangen, aber keine selbst tätigen. Ich überlege fieberhaft, wo ich die Karte aufladen kann, und ärger mich darüber, dass es keine automatische Aufladefunktion wie bei Prepaid-Tarifen in Deutschland gibt.

Als Hong endlich zu mir findet, erzählt sie mir den ersten Teil der haarsträubenden Geschichte ihres Antrags für ein Deutschland-Visum im Generalkonsulat. Zunächst muss man sein Handy abgeben und eine Nummer ziehen. Wie in Deutschland auch kann man sich dann meist auf eine sehr lange Wartezeit einstellen und live mitverfolgen, wie schnell oder langsam man in der Reihenfolge vorrückt. Hong beantragt zwar nicht zum ersten Mal ein solches Visum, aber so wie es aussieht, ändern sich die Voraussetzungen beinahe täglich. Als Hong endlich dran ist, läutet offenbar eine stumme Mittagsglocke, denn die chinesische Sachbearbeiterin erklärt kurz angebunden, dass der Ausdruck zu schwach sei und Hong das Formular neu drucken und am Mittwoch wiederkommen solle. Mich wundert nicht, dass Hong sich mit dem Hinweis, sie wäre extra aus Suzhou angereist, weigerte, diese Vorgehensweise zu akzeptieren. Die Schalterbeamtin schlug ihr vor, die Dokumente in der generalkonsulatseigenen Druckerei erneut ausgeben zu lassen.

Nun darf ich den zweiten Teil der schildbürgerhaften Geschichte hautnah miterleben als ich Hong begleite, denn die Schalterbeamtin hat vergessen zu erwähnen, dass sich die Kosten auf 150 RMB, stolze 3,33 Euro pro Seite, belaufen. Hong vermutet, dass die Schalterbeamtin und der Druckermeister gemeinsame Sache machen und sich an den überhöhten Preisen bereichern. Nach einiger Diskussion kann Hong ihn auf vierzig Renminbi herunterhandeln und sie soll nach Zahlung den USB-

Stick ein paar Stockwerke höher tragen, um die Seiten dort ausdrucken zu lassen. Hong hat genug und spaziert unverrichteter Dinge aus dem Gebäude auf die Straße. Dort finden wir gleich zwei private Druckereien, allerdings gefriert unser Siegeslächeln recht schnell, denn bei beiden Geschäften wird nach Öffnen der Dateien vom USB-Stick eine Sperrmeldung vom System angezeigt, wodurch Drucken nicht möglich ist. Selbst die Angestellten der Druckereien stehen vor einem Rätsel und Hong verliert die Lust auf unsere Deutschlandreise. Ich könne allein reisen, sie fliege lieber in die Schweiz oder nach Frankreich, denn der Aufwand für ein Visum in diese Länder wäre sehr viel geringer, weil die Schweizer und die Franzosen noch dankbar seien, dass Chinesen ihr Geld ins Land bringen. Deutschen Bürokraten gelänge es einfach nicht, über ihren Tellerrand hinauszublicken.

Die Angestellten der Druckerei probieren alles Mögliche, bis jemand auf die absurde Idee kommt, die Sprache zu wechseln. Wahrscheinlich eher eine Verzweiflungs-, als eine Kenntnistat, aber man glaubt es kaum, die deutsche Sprache ist der Schlüssel, denn nun werden Fehler angezeigt, die schnell behoben werden können.

Triumphierend schaue ich meine Frau an, nun wird sie sich hoffentlich mit Bösartigkeiten über Deutsche etwas zurückhalten. Aber Hong wälzt sich noch in Stolz, dass ihre Hartnäckigkeit dazu geführt hat, den Betrug aufzudecken und sich nicht hinters Licht führen zu lassen. Sie wird immer die Gewinnerin sein, egal was ich tue oder sage.

Die Schalterbeamtin scheint an einer raschen Bearbeitung interessiert zu sein und fragt nicht wie üblich nach meinem Visum. Normalerweise muss ein chinesischer Bürger, wenn er in in das Heimatland seines deutschen Ehepartners reisen möchte, ein gültiges Visum seines Ehepartners vorweisen. Da haben wir endlich mal Glück gehabt.

Als wir endlich zur Ruhe kommen, wird mir bewusst, dass ich unseren Hochzeitstag total verschwitzt hab und es natürlich auch kein Geschenk gibt. Aber Hong hat ja auch nicht daran gedacht, also hoffe ich, dass ein Streit deswegen fifty-fifty ausgehen wird.

Halt Stopp. Keiner bewegt sich. Ich habe mein Gehirn verloren!

Ein Taxi bringt mich zum Lieferanten und wird am Zugangstor einfach durchgewunken. Ich bin allerdings ein paar Minuten vor halb neun am Hauptgebäude und muss wie die anderen Mitarbeiter noch etwas warten, bis die Glastüren geöffnet werden. Wieder einmal werde ich erst bei Ankunft über Verzögerungen informiert. Herr Wang weiß doch nicht erst seit gestern, dass heute und morgen alle Mitarbeiter die gesetzlich vorgeschriebene ärztliche Untersuchung über sich ergehen lassen müssen und Herr Wang sich aus diesem Grund verspäten wird. Da der Assistent, der mir diese Nachricht überbringt, nichts für die schlechten Kommunikationsfähigkeiten des Projektleiters kann, zügle ich meinen Ärger und bereite das heutige Meeting vor. Nachdem ich am Nachmittag bei der Telefonkonferenz mit dem deutschen Hauptsitz den Stand der Vorbereitungen für das geplante Treffen des Managements präsentiert habe, begleitet mich Herr Wang zum Firmenwagen, der mich zum Bahnhof bringen soll. Dabei erklärt er mir, dass in den nächsten Tagen viele Kundenbesuche anstehen und er keine Zeit für mich haben wird. Daher müsse ich erst am folgenden Dienstag wiederkommen. Ich kann meine Verärgerung kaum unterdrücken, denn das bedeutet wieder ewige Diskussionen mit der Firma Heila, die an einem raschen und erfolgreichen Abschluss des Projektes interessiert ist, um die Produktion starten und dadurch Gewinne einstreichen zu können, während der Lieferant andere Ziele verfolgt, die mir jedoch nicht ganz klar sind. Bisher wurde mir trotz mehrfachen Nachfragens noch keine Einsicht in die Verträge zwischen Heila und dem Lieferanten gewährt, was für meine Arbeit als Projektleiter allerdings unerlässlich ist. Ich sollte mit dem General Manager, Herrn Wangs Vorgesetzten, in Verbindung treten und die Sachlage erläutern. Ohne Zuarbeiten kann ich für keine Seite eine zufriedenstellende Lösung finden.

Allmählich nervt es mich, dass meine Planung immer kurzfristig über den Haufen geworfen wird. Zum Glück kann ich die bereits gekauften Zugtickets für die Woche gegen eine geringe Gebühr am Schalter umtauschen, die ich dem Lieferanten in Rechnung stellen werde.

Während der Zugfahrt lese ich in der englischsprachigen Tageszeitung *China Daily*, dass die chinesische Regierung vorerst allen amerikanischen Beraterfirmen verboten hat, mit staatlichen Firmen Geschäfte zu machen. Ich kann nur hoffen, dass dieses Verbot nicht auf sämtliche ausländischen Firmen ausgedehnt wird, denn dann sehe ich schwarz für meine Firma und meinen Traum vom großen Geld.

Hong empfängt mich in Trainingskleidung und ich lege rasch meinen gesamten Tascheninhalt im Schlafzimmer auf die Kommode, damit sie nicht so lange auf mich warten muss und ich alles griffbereit habe. Während ich mich umziehe, kann Hong es natürlich nicht lassen, meine Sachen zu durchsuchen und entdeckt die Quittung für den Umtausch der Tickets. Sie tadelt mich, weil ich mich hab übers Ohr hauen lassen, denn beim Umtausch fallen keine Gebühren an. Mit den armen unwissenden Ausländern kann man es ja machen!, ärgere ich mich. Dann laufen wir los und ich kann mich abreagieren, jedoch dauert es nicht lange, und wir geraten in eine Minifliegenkolonie, deren Anzahl wir durch fleißiges Atmen dezimieren. Dann attackieren sie sogar Hongs Augen und ich muss eine Kamikaze-Fliege aus ihrem Auge fischen. Wenn diese Viecher so tief fliegen, wird es morgen mit Sicherheit Regen geben.

Wu Meilans tägliches Mahjongspiel nutze ich, um für ihren Geburtstag ein Tiramisu zuzubereiten, wegen ihrer Zuckerkrankheit ohne Zucker, dafür aber mit reichlich Amaretto. Biskuitstangen habe ich aus Deutschland mitgebracht, der Rest ist aus China. Kochen die Chinesen Eier aus Angst vor Bakterien immer so hart, dass man damit eine Steinschleuder bestücken könnte? Ich sollte besser nicht verraten, dass rohe Eigelbe fürs Tiramisu unverzichtbar sind.

Warum habe ich bloß kurz vorm Schlafengehen meine Aktienkurse geprüft? Nun werde ich noch eine schlaflose Nacht verbringen, weil ich mich natürlich wieder einmal falsch entschieden habe und meine Verluste von Tag zu Tag steigen.

Beim Einkäufer-Treffen in Shanghai hoffe ich in Gesprächen mit Profis, meine Marktchancen ausloten zu können. Bevor ich allerdings aufbreche, küsse ich meine Frau stürmisch und mag sie gar nicht wieder loslassen. Hong gibt mir zu verstehen, dass es mir verboten ist, andere Frauen in Shanghai zu küssen. Ich sollte es gar nicht erst versuchen, sie würde mir auf die Schliche kommen. Mir ist schleierhaft, wie sie auf die Idee kommt, ich hätte Interesse daran, irgendwelche Frauen zu küssen. Ich liebe Hong und andere Frauen sind mir egal. Ich bete inständig, dass sie das bald begreift, denn ich habe schon genug andere Probleme.

Hong schaut mich an und schwärmt von meinem Hals. Ganz besonders mag sie meinen Adamsapfel, denn so einen fände man bei keinem Chinesen. Ein Kompliment stelle ich mir zwar etwas anders vor, aber bei meiner außergewöhnlichen Frau kommt das schon sehr nahe an eine Liebeserklärung heran.

Als sie mich nach meiner Lieblingstageszeit fragt, antworte ich mit »Jetzt« und frage sie nach ihrer.

»Die vor einer Minute«, lächelt sie.

Da ist es wieder, dieses Gefühl zwischen Himmel und Hölle, diesmal bin ich den höheren Gefilden näher und möchte diesen Moment gern auskosten, aber wie das Leben so spielt, kommt die Arbeit dazwischen, und ich muss mich schweren Herzens auf den Weg machen.

Der Fußgängerweg zum Hotel in Shanghai ist durch einen parkenden LKW versperrt, der von vielen Arbeitern entladen wird. Ich habe nicht die Zeit, die gesamte Strecke zurückzulaufen und die Seite zu wechseln, also klettere ich kurzerhand unter dem roten Absperrband durch. Offenbar bin ich eine Art Vorreiter, denn nun folgen mir all die unentschlossen wartenden Chinesen.

Dummerweise fallen heute wieder mehrere Termine auf die gleiche Uhrzeit, so dass ich heimlich, still und leise den Konferenzraum verlasse, um an der Telefonkonferenz mit der deutschen Firmenzentrale teilzunehmen. Bei so viel Glück am

Morgen hätte ich mir denken können, dass für den Rest des Tages nichts mehr übrig ist. Der Stromlevel meines Handys und meines Laptops ist kaum noch am Balken zu erkennen und die Verbindung bricht auch noch ab, so dass ich mich erneut einloggen muss. Natürlich ist das Konferenzprogramm zeitlich so gut abgestimmt, dass gleich nach Beginn des Gespräches mit Deutschland alle Konferenzteilnehmer in das Foyer zur Pause stürmen und lärmen, was das Zeug hält. Bevor die Vorträge fortgesetzt werden, habe ich jedoch noch Gelegenheit, ein paar Visitenkarten auszutauschen, und mir fällt auf, dass die Teilnehmer eher aus der Chemie- und Nahrungsmittelbranche als aus der Auto- und Technikbranche stammen. Das war leider nicht vorherzusehen, da diese Treffen nicht branchenspezifisch sind.

Bei meiner Rückkehr ist es bereits dunkel und wir müssen die Geschenksuche für unsere Papierhochzeit leider verschieben. Wie erwartet musste ich mir eine Beschwerde über meine Vergesslichkeit anhören und meine Ausrede, letzten Montag wäre nicht genügend Zeit fürs Geschenkeaussuchen gewesen, bauscht sie zur Lüge auf, was meinen Stand bei ihr nicht unbedingt verbessert. Die gemeinsame Wahl der Geschenke ist in China gang und gäbe und ich finde diese Tradition sehr schön, da man gemeinsam Zeit verbringt und Tränen über falsche Geschenke von vornherein ausgeschlossen sind.

Ich zeige mich großzügig, was der Kaiserin von Suzhou würdig erscheint und sie besänftigt.

Der Donnerstag steht im Zeichen von Wu Meilans Geburtstag, aber man darf nicht denken, dass sie immer am 12. Juni feiert, denn sie richtet sich wie die meisten älteren Chinesen nach dem chinesischen Mondkalender, und daher ist der konkrete Tag nach dem westlichen Kalender jedes Jahr ein anderer. Wu Meilans ist 1953 im Jahr der Schlange am 15. Tag des 5. Mondmonats geboren und das lässt sich leicht merken, denn nur zehn Tage zuvor findet das jährliche Drachenbootfest statt.

Natürlich dürfen zum Frühstück die leckeren Langlebigkeitsnudeln nicht fehlen, danach gönnen wir uns das wunderbar durchgezogene Tiramisu. Leider war mein Ansatz falsch, denn Amaretto ist einer der zuckerreichsten Liköre und die Biskuitstangen enthalten neben der Zuckerhaube auch noch Kohlenhydrate, die bei der Zuckerkrankheit auch beachtet werden müssen. Vielleicht hätte ich doch besser mal im Internet nachgeschaut.

Aber Wu Meilan nimmt es mir nicht übel und sie probiert eine kleine Portion. Da Li Gengnan es ihr gleich tut, bleibt mehr für mich, was mich nicht unbedingt traurig stimmt, denn mir schmeckt es hervorragend.

Da ich keinen Ehrentag habe, aber wenigstens nicht nach Changzhou fahren muss, arbeite ich in meinem Büro und kümmere mich darum, sämtliche Unklarheiten auszuräumen und das Projekt in den Griff zu bekommen.

Hong lädt ihre Eltern in Suzhou zum Abendessen beim Paulaner im Kempinski-Hotel ein und zieht für diesen Anlass extra das Dirndl an, das sie aus Deutschland mitgebracht hat. Ich begleite die drei im Auto, kann aber leider nicht beim Essen dabei sein, da im selben Restaurant ausgerechnet heute das monatliche Treffen der General Managers und Direktoren stattfindet. Der DUSA-Organisator hat mir bestätigt, dass für mich ein Platz freigehalten wird und man empfängt mich mit Snacks und Weißwein aus Chile, bevor die ersten Gespräche beginnen. Das feierliche Dinner wird in mehreren Gängen mit Unterbrechungen für Vorträge serviert, wobei der Koch des jeweiligen Ganges in Englisch erklärt, was er zubereitet hat.

Dazu wird Wasser, Weiß- und Rotwein gereicht. Die Tischdekoraktion stellt ein Fußballfeld dar, die kleinen Spielfiguren mit ihren Schokoladenbällen sind auf einer grünen Decke mit aufgemalten Banden drapiert. Nach Vorspeise und Hauptgang begeben wir uns alle in den Vorraum und ein Rechtsanwalt hält einen interessanten Vortrag über die Gefährdung durch mögliche Entführungen von Firmenangestellten in China und wie das Risiko zu minimieren sei. Er führt interessante Fallbeispiele an und eine lebhafte Diskussion unter den Teilnehmern bricht los, da ja alle irgendwie betroffen sind. Alle General Manager werden aufgefordert, Kriminalität in den eigenen Reihen vorzubeugen. Sie rechtfertigen sich damit, dass sie zwar von großen und kleinen

Betrügereien in den chinesischen Tochtergesellschaften wüssten und diese an der Tagesordnung seien, aber sie seien nur schwer zu bekämpfen, daher müssten ab und zu Entlassungen ausgesprochen werden. Kritisch sei vor allem der Besitz des Firmenstempels und der digitalen Unterschrift des gesetzlichen Firmenvertreters, denn dadurch kann es zum Ruin einer gesamten Firma kommen. Das scheint einem Europäer suspekt, aber in China ist es üblich, den Schriftverkehr mit dem Firmenstempel statt mit einer Unterschrift abzuwickeln. Mit diesen Aussichten gehen alle zurück an den Esstisch und lassen sich den Nachtisch schmecken: einen Weltmeisterpokal aus Schokolade.

Den Eintritt von vierhundert Renminbi, rund fünfzig Euro, sehe ich als gerechtfertigt an, denn neben dem wunderbaren Essen und den hilfreichen Informationen konnte ich auch wertvolle Kontakte knüpfen und Visitenkarten sammeln. Ich sollte in den nächsten Tagen beim DUSA-Organisator anfragen, ob er auch für mich eine Möglichkeit sehe, über ein interessantes Thema zu referieren und damit meine Firma vorzustellen.

Nach der Veranstaltung geselle ich mich zu Hong und ihren Eltern beim Paulaner und mache einige Erinnerungsfotos, auch von Hong allein. Dann zuckt mein Tanzbein und ich fordere Hong auf, aber als wir die Tanzfläche erreichen, legt die Band eine lange Pause ein. Wir drehen trotzdem eine Runde und entschließen uns dann zur Heimfahrt.

Ich bin nicht abergläubisch, aber dieser Freitag, der Dreizehnte, wird seinem Ruf leider sehr gerecht. Es beginnt gleich am Vormittag, als ich mit Hong unterwegs bin, um ihr das lange versprochene Geschenk kaufen. Auch wenn ich mit einem Goldstück als romantisches Geschenk nicht viel anfangen kann, ist Gold gerade für Chinesen etwas sehr Wertvolles und Beständiges, was man ja gern von einer Ehe erhofft. Also informieren wir uns bei verschiedenen Banken, bleiben dann bei der Bank of China hängen, verhandeln einen Preis über ein Goldstück und gönnen uns etwas Bedenkzeit. Als wir uns letztendlich entschließen, es zu kaufen, merken wir, dass wir zum einen vergessen haben, eine

Nummer für den Schalter zu ziehen, was uns eine geschlagene Stunde Wartezeit einbringt, und zum zweiten habe ich nicht daran gedacht, mir den ausgehandelten Preis schriftlich bestätigen zu lassen. Enttäuscht verlassen wir die Bank. Nun bin ich wieder der Böse und muss mir Hongs Schimpftirade gefallen lassen. Ihre Eltern würden mich durchfüttern und ich wäre nicht einmal in der Lage, meine Ehefrau mit einer kleinen Aufmerksamkeit zu beglücken.
Ich bin mir bewusst, dass es keine gute Idee ist, ihr in diesem Moment zu sagen, dass ich noch eine Menge Arbeit zu erledigen habe, um bei der heutigen Telefonkonferenz gut dazustehen. Das sollte ja auch in ihrem Interesse sein, aber so weit denkt sie in ihrer Rage natürlich nicht. Um sie etwas zu besänftigen, schlage ich ihr vor, nach der Telefonkonferenz noch einmal loszugehen und ein Geschenk zu besorgen. Zähneknirschend willigt sie ein und lässt mich gehen.
Die Konferenz läuft nicht wie erwartet, sondern mündet bereits beim ersten Punkt der Agenda in endlose Diskussionen, bis einem der deutschen Manager der Geduldsfaden reißt und er das Meeting abbricht. Er wirft mir vor, Partei für den Lieferanten ergriffen zu haben und gegen ihn, meinen Auftraggeber, zu arbeiten. Auch mit meinen Vorbereitungen zum Meeting ist er unzufrieden und vertagt die Konferenz auf nächste Woche.
Niedergeschlagen lege ich auf. Offenbar war ich diesmal unkonzentriert, denn normalerweise halte ich mich an eine straffe Organisation und greife auch durch, wenn Diskussionen ins Uferlose abzugleiten drohen. Wie oft in solchen Fällen zählen die bisherigen Erfolge überhaupt nicht mehr. Mein Job ist eine Gratwanderung, denn ich muss die Balance zwischen Auftraggeber und Lieferanten wahren und aufpassen, dass sich keiner auf den Schlips getreten fühlt. Ich kann beide Seiten verstehen, der Auftraggeber möchte über jeden noch so kleinen Schritt informiert werden, der Lieferant allerdings möchte keinen Spitzel des Kunden in seiner Firma haben. Durch die Anprangerung des deutschen Managers bin ich in eine denkbar schlechte Position geraten, denn der Lieferant weiß nun, dass mir der Rückenhalt fehlt, und wird

das für sich ausnutzen, wenn ich nicht Augen und Ohren offen halte.

Kurzzeitig überlege ich sogar, den Auftrag hinzuwerfen, da mir dieses Unterfangen doch recht aussichtslos erscheint, aber ich bin auf diesen Job angewiesen, da momentan leider keine Alternativen vor der Tür warten.

Die erneuten oder auch wieder aufgewärmten Probleme mit Hong machen die Sache nicht einfacher und es fällt mir schwer, hierfür eine Lösung zu finden, da Reden und Beteuerungen nicht helfen.

Beim abendlichen Spaziergang gibt es mal wieder nur ein Thema. Hong wolle mich nicht mehr unterstützen, da sie sich um ihre Karriere als Rechtsanwältin kümmern möchte. Ich solle mir doch eigene Mitarbeiter und ein eigenes Büro suchen, und wie ich das finanziere, wäre meine Angelegenheit.

Gegen zehn Uhr schließen die Restaurants und die Straßenimbisse mit ihren sehr günstigen Speisen öffnen, da um diese Uhrzeit die Polizei schläft und weder Steuern noch Standgebühren eintreibt. An den fahrbaren Grillstationen hat man die Wahl zwischen verschiedenen Fleisch- und Gemüsesorten und legt es in einen Korb, damit es gegrillt wird. Natürlich wird auch hier ordentlich gewürzt, wie man es aus den asiatischen Regionen kennt, und so wird der Bierdurst angekurbelt und ganz nebenbei noch mehr Geld gemacht. Für dreißig Renminbi, umgerechnet gerade mal vier Euro, bestellen Hong und ich Meeresfrüchte und Gemüse. Anschließend machen wir es uns gemütlich und schauen Fußball, bis wir nach Mitternacht ins Bett gehen.

»Warum hast du in Shanghai keine Frau gefunden?«, will Hong wissen und überrumpelt mich damit, so dass ich spontan keine Antwort geben kann. In ihren Augen meine ich ein Triumphfläceln zu erkennen, als sie fortfährt: »Am People's Square gibt es einen Heiratsmarkt, da kann man einfach einen Zettel mit seinen Daten an eine Wand pinnen und die Mütter der heiratsfähigen Töchter werden sich dann schon melden. Ich kenne den Markt, ich habe dort schon mal vorbeigeschaut.«

Nun habe ich mein Gehirn wieder eingeschaltet und erwidere süffisant: »Um dort zu punkten, musst du als Mann mindestens

zwei Wohnungen und ein Auto vorweisen können. Ärmere Männer wie ich finden dort keine Frauen.«
Ich finde mich im Gefängnis wieder und Hong sitzt mir an einem metallenen Tisch gegenüber.
»Wie kommst du denn eigentlich finanziell zurecht?«, frage ich besorgt.
»Ach, ganz prima!« Ihre Stimme klingt beinahe fröhlich, während sie mir die Hand tätschelt, als wäre ich ein alter seniler Greis. »Mit der Belohnung, die für deine Ergreifung ausgeschrieben war, kann ich für mindestens zehn Jahre leben wie Gott in China!«

Es war nur ein Traum! Erleichtert wache ich auf und fühle mich befreit. Daher springe ich fast wie ein junger Rehbock aus dem Bett und reiße Hong beinah mit mir. Verschlafen fragt sie mich, was mit mir los sei.
»Ich möchte die Welt verändern!«, rufe ich voller Enthusiasmus.
»Überlass das mal schön Obama, Merkel, Putin und Konsorten, die machen für uns alle schon genug kaputt. Da musst du nicht auch noch mitmischen«, nuschelt meine Frau und lässt sich nicht von meiner Begeisterung anstecken.
»Ich verändere jeden Tag die Welt! Hast du das nicht gemerkt?«, wende ich grinsend ein. »Ich helfe westliche Firmen, in China Fuß zu fassen, und das wird auf irgendeine Weise die Welt verändern.«
Mein Elan wird kurzzeitig durch den deutschen Auftraggeber ausgebremst, denn er fordert Lösungen für alle offenen Punkte ... bis Montagnachmittag. Da höhere Geschäftsleute auch kein Wochenende kennen, gelingt es mir, für Montagfrüh ein Meeting mit dem General Manager und Herrn Wang zu organisieren. Doch ich bin so motiviert wie lange nicht und kaufe auch noch die Zugtickets, damit ich auf jeden Fall rechtzeitig ankomme. Glücklicherweise ist die Sperre für Ausländer aufgehoben, so dass ich nun auch online buchen kann. Das ist noch nicht ganz perfekt, da Ausländer die Tickets nicht einfach ausdrucken dürfen, sondern nur am Schalter gegen Vorlage ihres Personalausweises bekommen und man dafür oftmals lange Wartezeiten in Kauf nehmen muss. Aber auch das erledige ich ohne die gewohnte

Schwermut und belohne mich am Abend mit einem Kinofilm mit Hong an meiner Seite. Der Film ist nicht sehr spektakulär, denn es läuft wieder mal irgendein Kampf gegen irgendwelche Außerirdischen. Die Global Union Defence gewinnt natürlich dank der Intelligenz des einsamen Helden und der Anhäufung einiger unwahrscheinlich glücklicher Zufälle.
Zuhause genehmigen wir uns einen Cocktail, von mir höchstpersönlich gerührt und geschüttelt, und schauen wie gestern die in Brasilien stattfindende Fußballweltmeisterschaft.

»Kannst du glauben, dass die Nordkoreaner dicke Männer und junge Frauen essen?« Mit diesen Worten leitet Hong den Sonntag ein, während sie weiter im Internet surft.
Verschlafen öffne ich ein Auge. »Ist das eine ernst gemeinte Frage? Du solltest nicht alles glauben, was im Internet steht.«
Hong geht nicht auf mich ein, sondern redet wie üblich einfach weiter: »Ich habe gelesen, dass es in Nordkorea in den 1990er Jahren eine Hungersnot gab und Nordkoreaner seitdem kaum Essen übrig lassen. Die Chinesen verfüttern einmal berührte Speisen an Tiere, da sie Angst vor übertragbaren Krankheiten haben. Restaurantbesitzer schließen sogar Verträge mit Bauern in der Umgebung ab, doch es gibt auch ungeschriebene Gesetze unter Chinesen: Wenn Reisegruppen in großen Restaurants essen, dann sollten die Teilnehmer auch diejenigen Speisen berühren, die sie nicht essen, denn nur so können die Bedienungen diese mit nach Hause nehmen. Das geschieht entweder mit dem Einverständnis des Managers oder eben heimlich.«
Obwohl oft Essen weggeworfen wird, lässt sich schwer mit der Tradition brechen, gerade bei Geschäftsessen immer ein Gericht mehr zu bestellen, als Personen am Tisch sitzen, denn wer will schon als geizig gelten. Nur im privaten Bereich wird zu viel bestelltes Essen mit nach Hause genommen.
Wir machen einen Sonntagsausflug in die Nachbarstadt Wuxi. Hong möchte einkaufen und die regionalen Spezialitäten probieren und mir liegt am Herzen, meiner Frau nun endlich das versprochene Geschenk zu besorgen.

Diesmal läuft alles nach Plan. Hong findet die als lokale Spezialität geltenden dünnen Nudeln, die schon ihre Mutter bei ihrem letzten Besuch in Wuxi gegessen hat. Ich entdecke schönen Goldschmuck, der sogar meiner Frau gefällt und sie besänftigt. Das Glück ist wieder auf meiner Seite, denn am heutigen Vatertag bekomme ich sogar einen Preisnachlass. Im Gegensatz zu Deutschland gibt es kein festes Datum, sondern es wird immer der dritte Sonntag im Juni als Vatertag gefeiert. Allerdings scheint das mehr eine Marketingstrategie als ein Ehrentag für Väter zu sein, denn jeder, egal ob Vater, Mutter oder kinderlos, bekommt an diesem Tag Rabatt.

Beim abendlichen Skypen mit meinem Sohn sprechen wir über die Verbesserung meiner Website. Ich merke jedoch, dass Daniel nicht ganz bei der Sache ist und frage gerade heraus, was los ist. Langsam rückt er raus mit der Sprache und erzählt, dass er sich in letzter Zeit sehr einsam fühlt und sich nach einer Freundin sehnt. Nun erhofft er meinen Ratschlag und wir entwickeln eine detailreiche Strategie. Im Hintergrund höre ich Hong lachen, sie hat wohl das Schmieden unseres Masterplans mitbekommen. Allerdings steht sie mir nicht hilfreich zur Seite, aber vielleicht ist das auch besser so, denn chinesische Frauen ticken eindeutig anders als deutsche.

Später bittet Hong mich unerwartet darum, ihr immer zu erzählen, wohin ich gehe und was ich mache. Den Funken von Sorge unterdrückt sie sofort mit ihrer sarkastischen Bemerkung: »Nur, damit ich weiß, wo ich deine Leiche abholen kann.«

»Keine Sorge, wenn es soweit ist, wirst du alles früh genug erfahren.« Ich weiß die Fürsorglichkeit meiner Frau zu schätzen.

Der erste Wochentag ist entsetzlich trüb und von Sichtweite kann keine Rede sein. Verwunderlich ist es nicht, denn die Regensaison steht kurz bevor.

Nicht nur draußen ist es trüb, denn der General Manager hat keine Zeit für mich und ich muss mich stattdessen wie immer mit Herrn Wang auseinandersetzen, der weder Entscheidungen treffen noch Zugeständnisse machen kann. Dennoch schaffe ich es irgendwie, eine neu überarbeitete Präsentation zu erstellen, die ich am Ende sogar mit dem deutschen Firmensitz diskutieren kann. Nun muss ich einen Besprechungsbericht schreiben, einen neuen Termin mit dem Lieferanten und der Firmenzentrale vereinbaren und die Arbeitsschritte vorbereiten, die ich auf dem Nachhauseweg im Zug erledigen kann.

Nach einer Joggingrunde mit Hong essen wir mit ihren Eltern und Hong kann es sich nicht verkneifen, mir zur geglückten Schwangerschaft zu gratulieren und damit grazil auf meine Bauch anzuspielen, der sich jeden Tag etwas stärker über meine Hose wölbt.

Als der Wecker klingelt, drücke ich ihn rasch aus, gebe meiner noch schlafenden Frau einen Guten-Morgen-Kuss und gehe nach unten zum Frühstücken. Dort warten eine große, bereits geschälte Mango, rote und weiße kernlose Trauben, warmer Tee und ebenfalls warmer, ungesüßter Sesam- und Haferbrei auf mich. Hongs Vater kommt zur Tür herein und bringt warme Jiaotse, die er auf der Straße gekauft hat. Ein Frühstück wie für einen König! Als ich meinen Teil verspeist habe, kommt meine Schwiegermutter im bunten Schlafanzug die Treppe herunter. Sie ist gerade aufgestanden und wirkt noch ganz verschlafen. Auch sie freut sich über das üppige Essen. Ich stelle mir gerade vor, wie Wu Meilan mit diesem lustigen Schlafanzug im Einkaufszentrum umherwandelt. Was sich für Europäer wie ein schlechter Scherz anhört, ist hier völlig normal. Vielleicht wurde der chinesische Ausgehanzug in Deutschland auch einfach nur auf die Funktion eines Schlafanzugs herabgesetzt. Allerdings trennt sich hier die Spreu vom Weizen, denn beispielsweise ein Rechtsanwalt würde sich nie im Schlafgewand zeigen. Meist trifft das nur auf die ältere Generation oder auf Menschen aus niederen Gesellschaftsschichten zu, so dass es noch eine Weile dauern wird, diese Gewohnheit aus den Köpfen zu verbannen. Für Touristen ein gefundenes Fressen, denn die haben reichlich Motive zum Knipsen.

Ich verabschiede mich und verspreche, dass ich pünktlich abends um sechs Uhr zuhause sein werde. Am Tor der Wohnanlage grüße ich den Wachmann, der stramm steht und freundlich zurückgrüßt. Die ganze Nacht über hat es schwer geregnet. Jetzt aber fällt kein

Tropfen mehr und ich gelange trockenen Fußes zum Lieferanten. Am Bahnhof werden die Rolltreppen, Treppen und Toiletten von fleißigen Frauenhänden geputzt. Beim Lieferanten erfährt gerade der Fußboden seine tägliche Spezialbehandlung und man hat den Eindruck, dass das gesamte Land noch vor Arbeitsbeginn wie aus dem Ei gepellt erscheinen und überall glänzen soll.
Von der Besucherecke habe ich einen wunderbaren Überblick und ich bewundere den IT-Mitarbeiter, der emsig Laptops hin- und herträgt. Der Englisch sprechende Fahrer, der mich abends immer zum Bahnhof bringt, begrüßt mich und fast zeitgleich mit ihm trifft der General Manager ein. Ich bin zwar etwas irritiert, denn er hatte gestern nichts von seiner heutigen Anwesenheit gesagt, aber ich nutze die Begrüßung, um für den Nachmittag einen Besprechungstermin zu vereinbaren. Kurz vor neun erscheint die Empfangsdame und stellt den Regenschirmständer vor die Tür, bevor sie sich geschäftig um den Empfang kümmert. Wenig später meldet sich Herr Wang an der elektronischen Stechuhr an, gemeinsam begeben wir uns in den Besprechungsraum und bereiten Antworten auf die gestern eingetroffenen E-Mails aus Deutschland vor, dann schicke ich sie ab.
Getrennt von den Angestellten essen wir zu Mittag und ich genieße sauer eingelegten Fisch, dazu Pilzsuppe, gekochtes grünes Blattgemüse, gebratene Bohnen und Reis aus dem Topf.
Nachdem das Nachmittagsprogramm absolviert ist, steht der Termin mit dem General Manager an. Er holt weit aus und erklärt, dass sein Unternehmen bereits seit sechs Jahren Geld und Zeit investiere, um einen Auftrag dieser deutschen Firma zu bekommen. Daher kann ich seine Enttäuschung über den bisherigen Werdegang des Projektes gut nachvollziehen, jedoch liegt die schlechte Vorbereitung des ersten Management-Meetings nicht ausschließlich an mir, denn die Einladung mit der Agenda war bereits verschickt worden, bevor ich ins Boot geholt wurde. Ich versichere, dass das folgende Meeting um einiges besser laufen wird, da ich den General Manager in die Vorbereitungen einbeziehen und alles mit ihm abstimmen werde. Ich kann nicht so ganz herausfiltern, ob er diesen Vorschlag gutheißt, aber ich gehe

davon aus, dass es ihm recht ist, über alles informiert zu werden.
Den Nieselregen schiebt Hong vor, um nicht Joggen gehen zu
müssen, doch ich kann sie davon überzeugen, dass der Regen
heilende Kräfte hat und sie den Lauf genießen wird, ehe sie sich
versieht.
Da hab ich wohl etwas zu hoch gepokert, denn das Sauwetter ist
alles andere als angenehm und wir kehren von Regen und Schweiß
völlig durchnässt zurück. Nach einer heißen Dusche mixe ich
Hong als Belohnung einen Mojito, lerne noch etwas Chinesisch
und schlüpfe dann müde und ausgepowert ins Bett.

Ich frag mich, warum sich Hong so vehement weigert, mir mir
zusammen in ihrer Muttersprache zu sprechen und mich so
persönlich beim Chinesischlernen zu unterstützen.
Stattdessenndem lädt sie ein paar Apps herunter, damit ich so mein
Chinesisch verbessern und mich irgendwann mal vernünftig mit
ihren Eltern und den Verwandten unterhalten kann. Im Gespräch
lässt sich eine Fremdsprache doch sehr viel leichter erlernen als
mittels Lehrbüchern, auch wenn diese mittlerweile sprachgesteuert
auf dem Handy nutzbar sind. Die wäre höchstens als Ergänzung
sinnvoll.
Zu allem Überfluss meldet sich Herr Helbrechts via Skype bei mir
und bittet um eine Zusammenfassung und meine Stellungnahme
zum letzten Treffen des Managements, eben jenes, das der
deutsche Manager der Firma Heila abgebrochen hatte.
Trotz allem raffe ich mich auf, um meine Präsentationen für den
Weltmarkt anzupassen, da ich Anfragen von Interessenten aus dem
Iran und Spanien habe. Da ich ja nicht schon genug Ärger am Hals
habe, schmiert auch noch der Computer ab, so dass mir nur bleib,
den Stecker zu ziehen und zuzusehen, wie sich meine Arbeit in
nichts auflöst, da eine Sicherung nicht mehr möglich ist. Ich sollte
mir wirklich angewöhnen, meine Arbeit zwischenzuspeichern, aber
aus diesem Fehler lerne ich einfach nicht. Wütend und frustriert
schalte ich den Fernseher an und schaue Fußball, aber auch hier
habe ich keine Ruhe, denn Hong will ausgehen und Eis essen. Erst
da merke ich, dass ich tatsächlich etwas frische Luft gebrauchen

könnte und willige ein.
Beim Schlafengehen entdeckt Hong auf meinem Rücken tiefe, rote Druckstellen. Sie untersucht mich gründlich, macht mit meiner Kamera einige Bilder von meinem Rücken und eröffnet mir, jetzt hätte sie endlich Beweise, dass ich wilden Sex mit einer fremden Frau hatte. Ich vermute, dass die Abdrücke von der harten Holzbank vor dem Fernseher kommen, aber das findet sie eher abwegig. Nicht so abwegig wie ihre Behauptung …
Auf einmal will sie wissen, ob ich schon geduscht habe, was ich bejahe, aber das glaubt sie mir nicht und verlangt, dass ich erneut duschen gehen solle. Um weiteren Diskussionen aus dem Weg zu gehen, beuge ich mich ihrem Willen.
Eigentlich kann es nur noch besser werden, aber da ich gezwungen bin, meinen Laptop ohne großartige Diskussionen reparieren zu lassen, bin ich mir nicht mehr so sicher. Hong begleitet mich zum selben Computergeschäft wie vor zwei Wochen. Leider ist auch nur derselbe junge Mann da, um sich um meine Angelegenheit zu kümmern. Diesmal will er nicht gleich formatieren, sondern baut erst einmal meinen Computer auseinander, reinigt und untersucht ihn, kann jedoch nichts finden. Nach zwei Stunden brechen wir ab und machen einen Termin für Freitagabend bei mir zuhause aus. Ich frage mich ernsthaft, warum er sich daraus ein Ergebnis erhofft, denn denselben Laptop an einem anderen Ort, auch wenn es quasi der Heimathafen ist, noch einmal auseinanderzunehmen und eingehend zu begutachten, erscheint mir nicht hilfreich.
Schnell ziehen wir uns um, Hong legt rasch Make-up auf, denn wir müssen uns sputen, um rechtzeitig bei der AHK-Veranstaltung in Shanghai anzukommen, um das Abendessen und die Abschiedsrede des aus dem Amt tretenden Generalkonsuls Dr. Rot nicht zu verpassen. Im Forum warten schon viele Gäste, unterhalten sich und tauschen Visitenkarten aus, bis sich die Türen zum Speisesaal öffnen und jeder an einem der runden Tischen Platz nehmen kann. Die kalte Vorspeise steht bereits verlockend auf dem Tisch, so dass ich uns unseren Tischnachbarn nur kurz vorstelle, und mich über das Essen her mache, als gerade die ersten Begrüßungsworte gesprochen werden. Meine Unhöflichkeit bleibt

den anderen nicht verborgen und während sie beschämt die Stirn runzeln, droht Schlimmeres von meiner Frau.
Im Anschluss an seine Rede stellt Hong Dr. Rot provozierende Fragen über seine Meinung zu den vielen deutschen Firmen, die in letzter Zeit China verlassen haben und neuerdings in Vietnam oder Indonesien produzieren. Dr. Rot bestätigt ihre Aussage und begründet das mit steigenden Produktionskosten und Währungsschwankungen. Zudem beginn nun China selbst aufgrund von Lohnsteigerungen im eigenen Land, seine Fühler nach ausländischen Regionen auszustrecken, die noch mit niedrigem Lohnniveau agieren.
Danach frage ich ihn, weshalb laut Umfrage der BBC mehr als drei Viertel der Deutschen China nicht mögen und das Land damit auf dem zweiten Platz gleich hinter Japan steht, das etwa neunzig Prozent negativ bewertet haben. Dr. Rot relativiert die Zahlen diplomatisch. Anschließend drücken wir ihm freundschaftlich die Hand und meinen, wir werden uns noch oft in Shanghai sehen.
Wir treffen mehrere Deutsche, die wir schon seit mehreren Jahren kennen, und plaudern über belanglose Dinge, bevor wir zur Metro gehen und heimfahren. Auf dem Weg stellen sich bei mir Bauchschmerzen ein, die Bestrafung dafür, dass ich mich bei dem sehr leckeren Nachtisch nicht zurückgehalten habe. Hoffentlich legt sich das wieder, damit ich vernünftig schlafen kann.
Aufgrund der hohen Niederschläge und der daraus resultierenden ungewöhnlich hohen Luftfeuchtigkeit, lösen sich die schimmeligen Tapeten von den Wänden, doch ich bin zu müde, um mir jetzt darüber Gedanken zu machen. Zudem muss ich mir wieder anhören, dass Hongs Leben nicht mehr so ruhig und geregelt abliefe, seit wir uns kennen, und ihr viel Schlaf fehle. Wo sie recht hat, mein Wecker wird morgen wieder sechs Uhr klingeln.
Der letzte Wochentag bringt auch keine besseren Nachrichten. Vom Lieferanten erfahre ich, dass mal wieder die Agenda ohne vorherige Ankündigung geändert wurde, denn beide Seiten wollen nicht über Kosten und Arbeitsteilung sprechen. So langsam muss ich als Projektleiter hart durchgreifen, denn so kommen wir einfach nicht vorwärts. Zum einen muss ich eine Lösung für das

konträge Zeitverständnis der Chinesen gegenüber Terminerfüllung finden, zum anderen muss ich nachforschen, ob die üblichen Geschäftspraktiken zur Beziehungsförderung eingehalten wurden. In China ist es gang und gäbe, zur Aufnahme und zur Festigung von Geschäftsbeziehungen immer mal wieder Geschenke auszutauschen. Von einem Deutschen wird natürliche *Made in Germany* erwartet, während das Gegengeschenk landestypisch chinesisch daher kommt.

Im Moment konzentriere ich mich jedoch erst einmal auf den angeforderten Statusbericht und schicke den neuesten Vorschlag der Management-Präsentation als Anhang. Die aktualisierte Liste der offenen Punkte ist beträchtlich angewachsen, was nächste Woche sicherlich für Aufregung sorgen wird. Daher versuche ich, den General Manager zu erreichen, um die Antworten mit ihm abzustimmen und eine Katastrophe wie beim letzten Meeting zu vermeiden. Glücklicherweise begreift der General Manager die Bedeutung meines Anliegens und nimmt sich zwei Stunden Zeit, um jeden Satz des Aktionsplans durchzugehen und so anzupassen, dass er für beide Seiten vertretbar ist.

Der Termin mit dem IT-Mitarbeiter kurz bevor steht. Doch er lässt auf sich warten und gegen zehn Uhr abends beschließen wir, ins Bett zu gehen, da wir nicht mehr damit rechnen, dass mein Laptop heute noch die Hände eines ITlers zu spüren bekommt. Zudem sind wir beide sehr müde und haben einiges an Schlaf nachzuholen. Kaum haben wir die Schlafzimmertür geschlossen, klopft es und der ITler meldet sich zum Dienst. Offenbar hat Wu Meilan oder Li Gengnan ihn ins Haus gelassen und zu uns nach oben geschickt. Nachdem er die englischsprachige Version des Betriebssystems und das Office-Paket installiert hat, stellt sich heraus, dass letzteres auf Chinesisch ist und leider nicht wie gewohnt auf andere Sprachen umgestellt werden kann. Ich verlange wie vereinbart eine englische Version und schicke den Computerspezialisten gegen zwei Uhr nachts nach Hause. Von Hong muss ich mir wieder Beschwerden darüber anhören, dass sie nur wegen mir die zweite Nacht infolge nicht zum Schlafen kommt.

Gleich am folgenden Tag taucht der der Computerspezialist wieder auf, installierte endlich die englische Office-Version und erhält für seine Arbeit, den Reiseaufwand und die Software die verlangten zweihundertfünfzig Renminbi. Hong kann sich ein Grinsen nicht verkneifen und nachdem wir wieder allein sind, klärt sie mich auf, dass die Zahl 250 in China als Schimpfwort gebraucht wird und für »Idiot« oder »dummer Mensch« steht. Als sie mir noch eröffnet, dass die Zahl 13 für »verrückte Leute« gebraucht wird, seufze ich nur. Ich werde mich nie an diese chinesische Zahlenaffinität gewöhnen, die auf WeChat und per SMS Formen annimmt, die jenseits von Gut und Böse sind. Ganz Zahlenfolgen werden hin und her geschickt und trotzdem weiß jeder, was gemeint ist. Außer mir natürlich, und daraus macht sich Hong gern mal einen Spaß, indem sie mit mir nur über solche Zahlen-Botschaften kommuniziert.

Als Trost gönne ich mir vor dem Schlafengehen den Hollywoodfilm »Minority Report« mit Tom Cruise und die aus Deutschland mitgebrachte gesunde Schokolade mit einem Kakaoanteil von über achtzig Prozent.

Die Regenzeit hat begonnen und wird noch ein paar Wochen andauern, so dass ich befürchte, rund und dick zu werden, denn meine Übungen im Haus reichen bei Weitem nicht aus, um mich fit zu halten.

Aber ich habe ja auch noch viel zu tun, also mache ich mich an die Arbeit ... und werde leider wieder ausgebremst, da ich absurderweise keine Berechtigung mehr für meinen E-Mail-Account habe. Wütend installiere ich das Office-Paket neu und freue mich, dass es reibungslos funktioniert und ich keinen Test am Betriebssystem vornehmen muss. In diesem Zusammenhang fällt mir auf, dass ich gestern ganz vergessen habe, mir ein Backup des Betriebssystems wie vereinbart auf CD geben zu lassen. Da meine Kenntnisse in Bezug auf chinesische Versionen von Windows-Betriebssystemen mehr als dürftig sind und ich Daniel nicht erreiche, um ein Backup direkt von der Festplatte zu sichern, mache ich mich noch einmal auf zum Computerladen. Hier

herrscht Hochbetrieb, aber nach einer Weile bin ich endlich an der Reihe und der Mitarbeiter startet mit wenigen Handgriffen das Backup. Es dauert allerdings noch eine Weile, bis die notwendigen Schritte abgearbeitet sind.
Da Hong hungrig ist, wird sie langsam ungeduldig und fordert, dass wir sofort etwas essen gehen.
»Meinst du, ich mache das hier zum Spaß?«, rufe ich verärgert aus. In diesem Moment ist die Erstellung des Backups abgeschlossen und die CD wird ausgeworfen. »Nur wegen deiner dummen Regierung muss ich meine Zeit verschwenden.« Wütend und etwas zu grob schließe ich zuerst das Laufwerk, dann meinen Computer.
»Kritisier meine Regierung nicht! Wir brauchen euch Ausländer nicht«, kommt Hong in Fahrt. »Geh doch zurück nach Deutschland. Nur wegen euch haben wir die Umweltprobleme! Als meine Eltern jung waren, konnten sie das Wasser aus dem Fluss trinken. Kannst du dir das vorstellen? Erst als die ganzen Ausländer kamen, wurde die Luft schlechter. Ich finde gut, was die Regierung macht. Ohne Ausländer sind wir besser dran. Ausländisches Internet kappen und Ausländer raus!«
Das lasse ich mir nicht gefallen. »Ja, ja, ich erinnere mich. Es ist noch gar nicht so lange her, 1949 war das, glaube ich, da hat China schon mal probiert, sich vom Ausland zu isolieren. Erinnerst du dich, wohin das geführt hat?« Damit ist die Diskussion beendet.
Erst jetzt erfahre ich, dass Hong ein Abendessen im Hotpot-Restaurant gebucht hat und mich trotz unseres Streites dorthin einlädt. Hätte sie beim Anblick der Schlange im Computerladen nicht mal den Mund aufmachen können? Manchmal habe ich das Gefühl, meine Frau will unbedingt mit mir streiten. Fühlt sie sich dann mir überlegen? Braucht sie diese Bestätigung vielleicht sogar?
Wie immer verzeihe ich ihr still und heimlich und nach der gesunden, aber sehr reichlichen Mahlzeit mit Fisch und Gemüse ist mein Bauch gut gefüllt, doch Hong hat noch immer Hunger.
Zuhause stelle ich fest, dass ich die Installation des Treibers für den kabellosen Internetzugang vergessen habe. Auch wenn es hier softwareseitig Lösungen gibt, lass ich Hong mir helfen und sie lädt

für mich eine chinesische Software herunter, die sie auf meinen USB-Stick übertragen will. Kaum hat sie ihn angesteckt, blinkt eine komische Anzeige auf und Hong brüllt, ich hätte ihren Computer kaputtgemacht, ich würde immer alles kaputt machen.
Ich weiß noch nicht einmal, was in diesem Fenster stand, so dass ich keine Chance habe, mich zu verteidigen.
Natürlich bleibt Hongs Geschrei nicht unentdeckt und Wu Meilan schlurft verschlafen durch die Bürotür. Kein Wunder, es ist bereits elf Uhr nachts. Mit mütterlichem Instinkt gelingt es ihr, Hong zu beruhigen. Durch die geöffneten Fenster können die Nachbarn alles mit anhören und das ist nicht gut fürs Familienimage.

Auf dem Weg zum Einkäufer-Workshop des »European Institut of Purchasing Management« genieße ich warme Shenjianbao im Teigmantel mit Fleischfüllung und Soße, die Li Gengnan für mich gekauft hat. Frühstück hatte er auch schon vorbereitet ... irgendwie hat Hong schon recht, ich werde sehr verwöhnt in ihrem Elternhaus.
Eine ehemalige Kollegin hat an mich gedacht und mir den Tipp zu dieser Veranstaltung gegeben. Ich erhoffe mir, dort neue Kontakte mit Einkaufschefs zu knüpfen. Leider sieht es erst einmal nicht gut aus mit den neuen Kontakten, da das in der Einladung angegebene Hotel nichts von einem Workshop weiß. Nach einem kurzen Telefonat mit dem Organisator lasse ich mich mit einem Taxi zum Veranstaltungsort bringen und komme fünf Minuten zu spät an. Der Roundtable hat schon begonnen und offenbar waren alle Teilnehmer außer mir über die Änderung informiert gewesen. Vielleicht habe ich auch nur die E-Mail übersehen. Ich muss ab jetzt alles doppelt prüfen, ich darf mich auf keine mündlichen Tipps verlassen. Immerhin hätte die Veranstaltung auch ausfallen können, dann wäre die ganze Reise umsonst gewesen.
Ich fühle mich in dieser Runde wohl und gut aufgehoben, denn alle sprechen die dieselbe Einkäufersprache wie ich. Auch bestätigen mir die Gespräche, mit dem Interim Management, der Training-Akademie sowie der Herstellung von Werkzeugen den richtigen Weg eingeschlagen zu haben, auch wenn die Konkurrenz sehr groß

ist und schon lange vor mir im Geschäft war. Ich muss nur meine Stärken im Maschinen- und Werkzeugbau und dem Kostenmanagement gegenüber den anderen ausspielen. Eine wertvolle Information gibt es gratis dazu, denn es gibt offenbar VPN-Clients, die relativ sicher vor der Verfolgung der chinesischen Regierung sind. Das werde ich hellhörig, denn mein VPN aus der Schweiz wurde schon nach wenigen Wochen entdeckt und gesperrt, so dass das vorausbezahlte Geld verloren war. Im Internet findet man für solche Probleme keine Lösungen, so dass persönliche Anwendertipps der Vortragenden sehr hilfreich sind.

Am Abend gibt es Bier an der Hotelbar, dann Abendessen vom Büffet. Auch dieses Mal hat es mir der Nachtisch angetan und ich nehme wieder zu viel, denn immerhin habe ich dafür bezahlt. Vom Hotel aus muss ich mit meinem vollen Bauch schnell laufen, um die Metro zum Hauptbahnhof zu erreichen. Als ich einen Chinesen nach dem Weg frage, werde ich in die falsche Richtung geschickt.

Die Sohlen meiner maßgeschneiderten Businessschuhe brennen und die Zehen schmerzen, aber ich erwische den Zug und rufe meine Frau an. Da letztendlich alles gut gegangen ist, kann ich mittlerweile über die Story mit dem verwechselten Hotel lachen … meine Frau allerdings nicht. Man solle nie im Voraus zahlen, dann hätte man bei Unzufriedenheit wenigstens noch die Chance auf Preisminderung. Allerdings ist es bei vielen Veranstaltungen ganz normal, im Voraus oder an der Kasse zu bezahlen und eine Quittung dafür zu erhalten, so dass ich eine Diskussion um Schadenersatz abwürge, denn ich war ja nur fünf Minuten zu spät dran und mir ist kein wirklicher Schaden entstanden. Manchmal übertreibt meine Frau etwas, vor allem als Rechtsanwältin sollte ihr klar sein, dass eine Schadensersatzforderung in diesem Fall alles andere als sinnvoll ist. Zudem muss ich mich um wichtigere Dinge mit mehr Verdienstaussichten kümmern und die Prioritäten anders setzen, als es die Chinesen, im Speziellen meine Frau, tun würden.

Während ich noch mit mir ringe, ob ich trotz vollem Bauch gleich ins Bett gehen sollte, da ich wegen des Meetings mit dem General

Manager morgen wieder pünktlich beim Lieferanten sein muss, schlägt Hong überraschenderweise ein Fußballspiel im Fernsehen vor. Inzwischen hinterfrage ich alle ungewöhnlichen Vorschläge meiner Frau und auch in diesem Fall grüble ich über ihre womöglich unlauteren Hintergründe, da sie definitiv kein Fan ist und sicher in den letzten Tagen keine Wandlung diesbezüglich vollzogen hat.

Nach einem morgendlichen Schäferstündchen im warmen Bett mache ich mich befriedigt, aber auch müder als beim Aufwachen auf den Weg. Die gute Laune hält an, denn die Besprechungen beim Lieferanten laufen bestens, der ITler vom Lieferanten hat mir noch eine Software für mein WLAN heruntergeladen, da ich ja aufgrund des angeblichen Crashs durch Benutzung meines USB-Stick die Software von Hong nicht bekommen habe, und ich kann endlich mal voll und ganz zufrieden nach Hause fahren.

Hong empfängt mich mit mehreren weißen Sockenpaaren und grauen Unterhosen und erzählt mir stolz, wie viel sie bei all ihren Einkäufen gespart hat. Schließlich wollte sie unbedingt die fünfzig Prozent Rabatt, die ihr heute zustanden, ausnutzen. Der Einzelhandel hatte viele Produkte stark reduziert und auf der Onlineverkaufsplattform Taobao gab es am heutigen Tag eine Werbeaktion, deren Grund sich mir nicht erschließt, aber das ist auch nebensächlich. Die Stadt war überfüllt, denn das wollte trotz permanenten Regens natürlich niemand verpassen.

Ich mache den Fehler, meine SMS-Nachrichten zu lesen und erlebe eine leider nicht sehr positive Überraschung. Herr Helbrecht schreibt, sein Auftraggeber Heila sei mit meiner Arbeit nicht zufrieden und beende das Projekt mit sofortiger Wirkung. Da ich diese Wendung nach dem heutigen Meeting überhaupt nicht nachvollziehen kann, rufe ich ihn sofort an. Herr Helbrecht erklärt mir freundlich, aber bestimmt, der Lieferant habe sich beschwert, ich sei für ihn keine Hilfe, sondern eher eine Belastung. Zudem würde ich mich mehr für den Lieferanten als für ihn selbst einsetzen, was er nicht tolerieren könne.

Im Stillen seufze ich, denn dieses Gespräch bestätigt meine

Vermutung, dass weder Herr Helbrecht noch der Auftraggeber nicht hinter mir stehen und keinerlei Vertrauen in meine Erfahrungen haben.
Ich versuche zu retten, was zu retten ist, und verdeutliche Herrn Helbrecht, dass die Beschwerde des Lieferanten ein gutes Zeichen dafür sei, dass ich meine Arbeit gut mache, denn sonst hätte er ja keinen Grund, mich loswerden zu wollen. Trotz der sechs Jahre, die Heila nun schon für dieses Projekt investiert hat, kennt die Firma die Spielregeln auf dem asiatischen Markt offenbar immer noch nicht. Ohne Rückendeckung vom Auftraggeber spielt der Lieferant Katz und Maus mit mir und früher oder später sorgt er dafür, dass ich abgezogen werde. Dieser stille Kampf fand schon bei meinen Vorgängern statt und so wird es auch meinem Nachfolger ergehen. Ich sehe ein, dass hier Hopfen und Malz verloren sind und gebe mich geschlagen.
Es gibt mir ein bisschen Genugtuung, dass der Auftraggeber noch viel Lehrgeld in das Projekt mit dem chinesischen Lieferanten stecken wird, bevor er zu der Erkenntnis kommt, dass er ohne Vermittler mit Erfahrungen auf dem asiatischen Markt keine Chance haben wird. Selbst schuld!

Auf die Dauer hilft nur Power

Der Regen macht mich langsam mürbe, man bekommt keine frische Luft mehr und im Büro auf und ab zu laufen kann man nicht unbedingt als Bewegung bezeichnen. Nach dem Debakel mit Hong und meinem USB-Stick habe ich sie lieber nicht um Hilfe gebeten und nun kann ich stolz darauf sein, die chinesische Software des ITlers erfolgreich allein installiert zu haben. Nur den WLAN-Schlüssel für das Netzwerk musste ich bei ihr erfragen. Manchmal hat die Zahlenaffinität der Chinesen ihre Vorteile, denn meine Frau hat die zehnstellige Zahlenfolge im Kopf, während ich den Notizzettel tagelang hätte suchen müssen.
Jetzt kann ich endlich loslegen und mich den vielen Aufgaben widmen, die dringend auf Erledigung warten. Der Geschäftsführer der deutschen Firma Salomon, für die Hong vor zweieinhalb Monaten eine Aufgabenstellung bearbeitet hat, hat ein paar Fragen, die fachlich korrekt beantwortet werden müssen. Darüber hinaus sieht die momentane Auftragslage eher mau aus, daher muss ich mich dringend um die Erstellung einer Marketingstrategie und deren Umsetzung sowie die Kundenakquise kümmern.
Zwischendurch bekomme ich einen Anruf von der Headhunterin, der ich bereits über LinkedIn meinen Lebenslauf geschickt hatte. Sie fragt nach meinen Gehaltsvorstellungen, testet meine Kenntnisse im Chinesischen und arrangiert eine Verbindung über Skype für die nächsten Interviews. Meine Gehaltsvorstellungen formuliere ich noch vage, denn ich möchte mich ja nicht unter Wert verkaufen. Mit meinen Chinesischkenntnissen kann ich eher weniger punkten, da ich hier noch sehr viel Nachholebedarf habe.
Hong und ich verlassen trotz Regen unser Haus um im Printshop um die Ecke das Design, den Preis und die Fertigstellung der neuen Visitenkarten zu besprechen. Hong bemängelt, dass ich mit jeder Neubestellung von Visitenkarten, was aufgrund der hohen Bedeutung dieser Pappkärtchen recht häufig ist, das Design ändere und das nicht gerade förderlich für den Widererkennungswert meiner Firma ist. Darüber sollte ich nachdenken, vielleicht ist da

was Wahres dran.

Als wir den Bahnhof erreichen, um meine Fahrkarten, die ich nun morgen nicht mehr benötige, zurückzugeben, meldet sich ein Mitarbeiter vom Printshop, da der Preis offenbar zu niedrig berechnet wurde. Hong übernimmt das Gespräch und macht dem Mitarbeiter klar, dass der verhandelte Preis bindend ist und nun das Risiko auf seiner Seite läge. Ohne ein weiteres Wort zuzulassen legt sie auf.

Bei der Fahrkartenrückgabe werden mir zwanzig Prozent Bearbeitungsgebühren abgezogen, was ich nicht akzeptieren will, da Hong ja letztens meinte, es fielen keine Gebühren an. Nachdem meine Frau dem Printshop-Mitarbeiter gehörig die Meinung gegeigt hat, macht sie bei mir gleich weiter, denn ich habe natürlich wieder alles falsch verstanden. Beim letzten Mal habe ich Fahrkarten umgetauscht, wofür keine Gebühren anfallen. Nun möchte ich die Tickets jedoch komplett zurückgeben, da müsse ich Gebühren akzeptieren.

Von dem, was übrig bleibt, gehen wir ins Kino und schauen uns den neuen Film *Maleficent* mit Angelina Jolie an. Besonders eine Szene berührt mich, in der es darum geht, was wahre Liebe ist.

Hong lässt mich meine Illusionen kaum verinnerlichen, bevor sie sie zerstört. »Männer gaukeln Frauen die wahre Liebe nur vor. In Wirklichkeit gibt es keine.«

Wir verlassen das Kino und stehen im Regen, auch der Heimweg bleibt nass und ungemütlich. Hong prophezeit noch weitere fünfzehn bis zwanzig Tage Regen und ich kann nur an eins denken: Ich brauche Sport.

»Wenn es so weitergeht, werde ich noch dick und rund und du genauso«, nörgle ich herum. »Man kann genauso gut bei Regen laufen.«

»Dann wirst du berühmt in unserer Gegend, denn niemand in China würde bei Regen laufen gehen.«

»In Deutschland sagt man, es gäbe kein falsches Wetter, nur falsche Kleidung.«

Mein deutscher Vertragspartner Helbrecht hat mir ein neues Projekt als Interim Manager vorgeschlagen, doch nach der

gestrigen Absage und dem Gefühl, keinen Rückenhalt von ihm zu bekommen, bleibe ich skeptisch. Ich teile ihm mit, dass ich mich im Norden Shanghais, wo er das Projekt ansiedeln möchte, gut auskenne und es dort mehrere Automobilparks gebe. Ich weise ihn darauf hin, dass es sich allerdings aufgrund der erschreckend hohen Luftverschmutzung und der hohen Krebserkrankungsrate nicht um einen sehr guten Arbeitsort handelt. Mit dem Thema Pulver- und Nassbeschichtung sowie den zugehörigen Anlagen zur Fertigung kenne ich mich bestens aus, wobei es eine langwierige Prozedur werden kann, wenn weder der Auftraggeber, noch der Lieferant Kenntnisse haben. Ich bekunde mein Interesse, dieses Projekt gemeinsam mit dem Auftraggeber voranzutreiben, und bitte um ein persönliches Gespräch, um die Konditionen und die Details zu besprechen. Die Antwort des Geschäftsführers lässt nicht lange auf sich warten und wir vereinbaren einen Termin für eine Telefonkonferenz für morgen.
Nach dem Sieg der deutschen Mannschaft gegen die USA, den wir mit einem Cocktail aus Kokosmilch und Kahlua feiern, gehen wir zufrieden ins Bett.

Ich erhalte einen Anruf des verwirrten Projektleiters Wang, der nicht nachvollziehen kann, weshalb Heila meinen Auftrag gestoppt hat. Nachdem ich ihm die Situation geschildert habe, versichert er mir, dass ich eine Unterstützung für das Projekt war, und zwar für beide Seiten, und die Entscheidung lächerlich sei. Er würde den General Manager dazu bringen, mit den Verantwortlichen der Firma Heila darüber zu reden und die Sache hoffentlich geradezubiegen.
Einerseits freuen mich das Engagement des Projektleiters und die Würdigung meiner Arbeit, andererseits gehe ich davon aus, dass ich gerade die letzte Abrechnung für diesen Kunden erstelle.
Hong ist bereits bei einem Treffen der Rechtsanwälte in Shanghai, ich folge ihr nach getaner Arbeit, da wir uns zum Frankentreffen verabredet haben. Ich begegne neuen und alten Kollegen, bestelle ein Menü, von dem ich bereits Salat und Suppe verspeist habe, als Hong dazu stößt. Sie behauptet, mit der Hälfte meiner Hauptspeise

und dem Nachtisch zufrieden zu sein, was ich ihr jedoch nicht glaube, denn sonst hält sich meine Frau beim Essen nie so zurück. Aber sie ist erwachsen und sollte sie später Hunger bekommen, bin ich fein raus.
Viele interessante Themen werden besprochen und es stellt sich heraus, dass jeder mit Problemen zu kämpfen hat. Besonders die niedrigen Preise bei der Produktion in China machen allen zu schaffen, sogar bei guter Qualität halbieren sich die Stückkosten im Vergleich zu westlichen Produktionsstätten. Dadurch sind deutsche Firmen gezwungen, ihre Kosten zu reduzieren, doch sie tun sich schwer, Verbesserungsvorschläge aus China anzunehmen. Niemand vom oberen Management ist an der Umsetzung interessiert, sie drängen nur darauf, dass alle geplanten Verkaufszahlen eingehalten werden. Zudem steht auch der Profit gerade bei Firmen im asiatischen Ausland hoch im Kurs, denn in der teuren deutschen Verwaltung ist schon lange nichts mehr zu holen.
Das beweist mir wieder, dass mein Interim-Management-Konzept auf dieser Kostenreduzierungswelle noch immer eine Zukunft hat. Ich schlage vor, ein Team zusammenzustellen und als Provider aufzutreten, aber keiner der Anwesenden springt darauf an. Jeder hat wohl eigene Pläne.
Um ein bisschen Abwechslung in die Runde zu bringen, spreche ich das Thema Restauranteröffnung an und erzähle die Erfolgsstory dreier Deutscher, die ihr Geld zusammengeworfen und ein Restaurant gekauft haben. Der Umbau zur Bierstube und die Einstellung eines chinesischen General Managers haben den Laden in kürzester Zeit zur Geldschmiede gemacht.
Gernot, einer meiner Freunde, bremst meinen Enthusiasmus, denn er hat anderes gehört. Man muss sich sein Personal sehr gut aussuchen, sonst ergeht es einem wie Gernots Freund, dessen Koch bei seiner Abwesenheit auf eigene Rechnung Hühnchen eingekauft und das Essen mit eigenem Verdienst verkauft hat, während die Bedienung diese Masche mit Bier abgezogen hat. Offenbar war dieses Restaurant auch für die lokale Regierung zu uninteressant, so dass auch hier keine Unterstützung zu erwarten war. Ganz im

Gegenteil wurde dafür gesorgt, dass die Gegend zunehmend unattraktiv und schwer erreichbar wurde, so dass letzten Endes alle Lokale schließen mussten. Da konnte sich auch keiner mit neuen Ideen wie einer deutschen Imbissbude mit Würsten und Leberkäs aus der Pleite retten.

Dann schiebe ich die Restauranteröffnung wohl lieber noch etwas in den Hintergrund und versuche, mehr darüber zu erfahren, wie in Shanghai die Chancen für die Vermietung von Wohnbüros stehen. An den Gesichtern kann ich erkennen, dass ich da voll ins Schwarze getroffen habe. Vielleicht kann ich mein Apartment im Westen Shanghais ja doch noch an Manager oder auch an Personal vermieten und verspreche, allen ein Exposé zu schicken.

Nach einem Blick auf die Uhr dränge ich zum Aufbruch, da wir noch keine Zugtickets für die Rückfahrt haben. Hong hat natürlich Hunger, so dass wir noch im Supermarkt einkehren und Sushi kaufen. Während wir auf die Metro warten, verspeisen wir den rohen Fisch. Mich erstaunt immer noch, wie viele Menschen nachts in Shanghai unterwegs sind. Die Metro ist voll wie zu Rushhour-Zeiten und keiner nimmt Rücksicht, es wird gedrängelt, geschoben, gedrückt und gezerrt. Obwohl die Chinesen es normalerweise mit der Zeit nicht so genau nehmen, scheint das fürs Metrofahren nicht zu gelten. Wer hier nicht mitschupst, wird sein Ziel niemals pünktlich erreichen. Inzwischen habe ich das gelernt und gehe genauso brutal vor. Die zerbrechlichen Frauen schreien vor Schmerzen, als ich die Leute, die mir im Weg sind, einfach vor mir her schiebe, als würden sie nichts wiegen. Danach fühle ich mich besser, ein bisschen Sport schadet nie.

Hong hat immer noch Hunger, also kehren wir trotz Zeitnot am Hauptbahnhof bei einer amerikanischen Fast-Food-Kette ein und meine Frau isst ihre geliebten Chicken Wings. Da ich eigentlich satt bin, gönne ich mir nur eine Portion Soft-Eis. Wie ich schon sagte, Zeit ist in China relativ.

Auch beim Fahrkartenverkauf geht es hoch her. Zu wenig besetzte Ticketschalter, zu viele Kunden. Ein paar Leute klopfen hoffnungsvoll an die nicht besetzten Schalter, doch es rührt sich niemand. Nicht gerade sehr kundenorientiert! Bewusst stelle ich

mich in eine Reihe, die dem Fahrkartenumtausch vorbehalten ist, da hier weniger Leute anstehen. Die Verkäuferin erklärt mir daraufhin, dass ich in der falschen Reihe stehe und mich neu anstellen müsse. Ich wechsele die Reihe und komme sofort dran, ganz ohne mich am Ende der Schlange anstellen zu müssen. Hong wartet hinten, damit der Schwindel nicht auffliegt. Die Tränendrüse und die Behauptung, dass der Zug bald fährt, helfen beim Vordrängeln. Das klappt jedoch nicht immer, denn manche Mitreisende durchschauen den Trick und beschweren sich lauthals, so dass die Verkäuferin den Lügner ans Ende der Schlange schickt.
Der Zug ist überfüllt, fährt zu unserem Unmut auch noch langsam und hält ewig an den Bahnhöfen. Das Bahnpersonal quetscht sich durch die Massen, um Schlafwagentickets, Handy-Ladegeräte, Getränke und Snacks zu verkaufen.
Glücklicherweise haben wir noch Sitzplätze ergattert und müssen nicht im Gedränge zwischen Passagieren, Gepäck und Kindern stehen. In jedem Waggon bildet sich um diese Uhrzeit eine Warteschlange vor der Kabine des Verkaufspersonals, da Schlafwagentickets nur im Zug angeboten werden. Natürlich zu einem höheren Preis, damit die Differenz unter dem Personal aufgeteilt werden kann.
Mein Hinterteil boykottiert durch Schmerzen die harten, mit Stoff überzogenen Standardsitze und ein Gewirr von blecherner Gitarrenmusik, Gesprächsfetzen und Filmmitschnitten dringen an mein müdes Ohr. Als wir in Suzhou ankommen, muss ich meinen geschundenen Körper auch noch zu Höchstleistungen antreiben, damit wir am Taxistand nicht lange warten müssen.
Fußball ist an der Tagesordnung, in der Schlange wird über das Brasilienspiel diskutiert, der Sicherheitsbeamte schaut es auf seinem Handy an und während der Fahrt sehen wir zahlreiche Menschen draußen auf Stühlen sitzen, die Fußball auf Großbildschirmen anschauen. So haben wir einen einigermaßen guten Überblick über die erste Halbzeit und können die letzten fünfundvierzig Minuten vor dem heimischen Fernseher genießen. Völlig geschafft fallen wir gegen drei Uhr ins Bett.

Der Sonntag ist zum Ausschlafen da, doch gegen Mittag dränge ich zum Aufstehen, denn der Regen hat endlich mal eine Pause eingelegt und eine leichte Brise lässt die knapp dreißig Grad angenehm wirken. Das will ich für meine versäumten Joggingrunden ausnutzen. Momentan werden viele Villen umgebaut, entweder soll ein zusätzlicher Keller geschaffen, ein Dachgeschoss ausgebaut oder auch nur Wasser- oder Gasleitungen repariert werden. Da es keine gesetzliche Sonntagsruhe in China gibt, wird an den zahlreichen Baustellen gehämmert, gesägt und gebohrt.

Nachdem ich am Abend mit meinem Sohn über die besten Laptops diskutiert habe, weil ich mir einen neuen zulegen möchte, und noch ein paar Arbeiten am Computer erledigt habe, krieche ich gutgelaunt zu meiner Frau ins Bett. Doch bereits an ihrem bösen Gesicht kann ich erkennen, dass ich heute wahrscheinlich nicht mehr zum Zug kommen werde. Sie will wissen, was ich mit meiner kleinen Dritten zu besprechen gehabt hätte.

Ich erkläre ihr, dass »meine kleine Dritte« Daniel heiße und von mir abstamme. Sie bräuchte sich also keine Gedanken machen und könne mir vertrauen, doch sie lässt sich nicht umstimmen. Ich hole mein Laptop und werfe ihn und mein Handy aufs Bett. Nun bin auch ich wütend und habe gar keine Lust mehr auf Zärtlichkeiten. Offenbar hat mein stiller Ausbruch etwas bewirkt, denn sie legt beides auf den Boden und schweigt.

Die nächsten beiden Tage verbringe ich damit, meine finanziellen Angelegenheiten zu ordnen und mir etwas einfallen zu lassen, da meine Schreiben an die australischen Rechtsanwälte, die ich für meine gefloppte Geldanlage im australischen Trust benötige, bis jetzt unbeantwortet blieben. Ich hoffe, die Anwälte vor Ort haben einen besseren Einblick in die Geschicke und sorgen dafür, dass ich mich bei den vielen Gläubigern einreihen kann.

Zudem muss ich ein paar Telefonate erledigen, Geschäftstermine vereinbaren und mich um mein Apartment in Shanghai kümmern, dass noch immer nicht vermietet ist.

Eine Menge E-Mails verursachen weitere Arbeit, so bereite ich noch Interviews für einen neuen General-Manager-Posten in den USA vor, um für die Skype-Konversation gerüstet zu sein. Ein neuer Controlling-Auftrag zum Verkauf eines Autos flattert auch noch herein. Da die chinesische Tochtergesellschaft noch nicht gegründet worden ist, benötigt die deutsche Firmenzentrale dringend eine Lösung, wie sowas legal abgewickelt werden kann. Der Lösungsvorschlag des chinesischen General Managers kommt mir aber nicht sonderlich gesetzestreu vor und ich muss Recherchen anstellen.

Eins der schönen Dinge ist die Planung unserer Deutschlandreise und ich erstelle eine Liste mit Dingen, die ich gern kaufen möchte, wie deutschen Wein, deutsche Bücher und einen Laptop. Da Hong mir von Prag vorschwärmt, buche ich dort noch eine Unterkunft.

Am Abend gegen neun Uhr beginnt das Interview mit den USA. Leider können keine meiner Fragen zur Arbeitsplatzbeschreibung beantwortet werden und wir betreiben Small Talk, so dass dieses Gespräch für mich reine Zeitverschwendung ist.

Es regnet auch wieder ununterbrochen und der Flusspegel steigt unaufhörlich.

Hong hat online Blaubeeren, Avocados und Limetten aus Shanghai bestellt, die just in time zum Frühstück geliefert werden, und Hongs Eltern kommen zum ersten Mal im Leben in den Genuss von Avocados.

Ich schreibe meine Antworten auf die noch offenen Fragen des deutschen Headquarters von Salomon, zusammen mit der Aufstellung der Arbeitsstunden für die spätere Rechnung.

Ich führe weitere Interviews mit Firmen, die offenbar auch ihre derzeitigen General Manager in China ersetzen wollen und nach Alternativen suchen. In einem Fall muss wohl der Umsatz eingebrochen sein, der andere Fall scheint ein Compliance-Problem zu sein.

Nach dem Abendessen steht der Einkauf von Kokosnussmilch für Cocktails und Goldschmuck für die bevorstehende Deutschlandreise auf dem Programm.

Die Erkältung, die Hong und mich erwischt hat, führt Hong auf die vielen Fußballabende und den dadurch bedingten geringen Schlaf zurück. Natürlich bin ich daran schuld, obwohl sie ja auch ins Bett hätte gehen können, denn sie mag Fußball eh nicht. Ich dagegen vermute, dass wir uns nicht ordentlich zugedeckt hatten, denn die Temperaturen sind durch die andauernden Regenfälle um ein paar Grad gesunken.

Für mein Outlook-Problem wurde mir eine IT-Firma im Shanghai Times Square, einem riesigen Einkaufszentrum in der Nähe des People's Square, empfohlen, und so mache ich mich nach dem Mittagessen auf den Weg dorthin. Da der Computerfachmann selbst Outlook nutzt, kennt er sich mit den Einstellungen aus und meine Hoffnung steigt, endlich wieder normal mit meinen E-Mails umgehen zu können. Der hauseigene Internetanschluss funktioniert über Glasfaser, von einer solchen Geschwindigkeit kann ich nur träumen, da ich mir bei meinen Schwiegereltern eine einzige Telefonleitung mit allen Bewohnern des Hauses teilen muss. Wenn alle gleichzeitig kommunizieren wollen, dann bleibt für meine Downloads nur ein kaum nennenswerter Bruchteil dessen, was hier zur Verfügung steht.

Binnen kürzester Zeit hat er herausgefunden, dass das Problem an meinem veralteten Explorer liegt, der mit vielen Programmen nicht mehr kompatibel ist, und durch ein einfaches Update aktualisiert werden kann. Da ich etwas knapp an der Zeit bin, vereinbaren wir, dass ich versuche, das Update zuhause zu machen, wenn alle schlafen, notiere mir aber vorsichtshalber die Telefonnummer. Dann installiert er eine Software, um die vor einem Monat gestartete Blockade der chinesischen Regierung unwirksam zu machen, und mir Google und sogar Facebook wieder zur Verfügung zu stellen.

Ich breche auf, entscheide mich allerdings für die falsche Metrolinie, die langsam vor sich hin zuckelt und auch dann nicht gleich losfährt, wenn keiner mehr ein- oder aussteigen will. Endlich erreiche ich den Bahnhof und hetze durch die Halle, bis mich ein Blick auf die Anzeigentafel stoppt. Mein Zug steht auf Rot ... Einsteigen ist nicht mehr erlaubt und ich sehe den Zug ohne mich davonrollen. Na prima, alle Eile umsonst!

Im eigenen Saft unter meinem Jackett schmorend stelle ich mich in die lange Warteschlange vor dem Umtauschschalter. Als ich endlich mein neues Ticket in den Händen halte und weiß, wann der nächste Zug fährt, informiere ich meine Frau, die die Situation wieder einmal falsch auffasst.

»Wenn du nicht mit uns zu Abend essen willst, dann kannst du auch gleich in Shanghai bleiben, du musst nicht mehr heimkommen«, keift sie durch die Leitung und legt auf.

Ich seufze in mich hinein und versuche, das nicht überzubewerten.

Die Stunde Wartezeit nutze ich für eine Nudelsuppe, die gleichzeitig meine Erkältung und meinen leeren Magen behandelt. Da die Nudeln etwas lang sind, verteile ich zwar die Soße in meiner unmittelbaren Umgebung und auch auf meinem Hemd, aber ich sehe das entspannt, da ich nur nach Hause fahre und nicht zu einem Geschäftstermin.

In der Wartehalle setze ich mich neben ein kleines Mädchen, das fleißig chinesische Schriftzeichen malt. Mit ihren geschätzten drei Jahren kann die Kleine schon besser schreiben als ich, was mich schon etwas neidisch macht. Aber es spornt mich an, mehr für meine Chinesischkenntnisse zu tun.

Meine Heimreise verlängert sich noch etwas, da ich aus Versehen zu früh aus der Metro aussteige und die nächste nehmen muss, um die restlichen Stationen bis nach Hause zu fahren. Hong erfreut sich ausdauernd an meiner Dummheit, denn das sei ihr noch nie passiert.

Zuhause entdecke ich eine E-Mail von dem australischen Rechtsanwalt, der mir mitteilt, dass meine Gelder gar nicht unter meinem Namen registriert sind und ich nicht als Gläubiger auftreten kann. Meine Fond-Anteile wurden durch die betrügerischen Finanziers an ein britisches Versicherungsunternehmen transferiert, um von dort Provision zu kassieren. Nun bin ich auf Gedeih und Verderb auf die Mithilfe des Versicherungsunternehmens angewiesen, was sicher nicht daran interessiert ist, irgendetwas für mich zu tun. Mir bleibt nur die Weiterleitung aller Informationen an den chinesischen Rechtsanwalt mit der Bitte um einen Termin. Trotz allem bleibe ich der Hoffnung treu, wenigstens einen Bruchteil meines verlorenen Geldes wiederzubekommen.

Am Tag darauf kann ich gerade meine Runden im langsamen Tempo zu Ende joggen, als wieder der Regen anfängt. Obwohl ich zuhause viel zu tun habe, bin ich mittlerweile fast eine Woche ohne Auftrag, daher bereite ich eine Arbeitsliste für heute vor, die auch die Akquise neuer Kunden enthält.
Währenddessen studiert Hong ihr WeChat und entdeckt die neu auf den Markt kommenden Ripple-Coins, bei denen es darum geht, in Sekundenschnelle Geld währungsunabhängig transferieren zu können. Für mich, der oft Auslandsüberweisunbgen tätigt, die durchaus mehrere Tage in Anspruch nehmen können, klingt das nach einer sinnvollen Alternative. Ich vermerke gleich auf meiner Liste, dass ich mich eingehender damit beschäftigen möchte.
Da ich in meine Arbeit vertieft bin, höre ich gar nicht richtig zu, was Hong noch alles zu berichten hat, aber eine Sache lässt mich aufhorchen: Der Goldpreis ist gefallen. Dummerweise habe ich bei meinen Aktien wieder einmal falsch gepokert. Ich versuche, mich in Arbeit zu vergraben, um nicht weiter über meine neuen Verluste nachdenken zu müssen.
Nachdem ich mein Mittagessen für beendet erklärt habe, entdeckt Hong ein übriggebliebenes Reiskorn in meiner Tasse und wischt sie mit einem Blatt Gemüse zwischen den Stäbchen gründlich aus. Man sollte nichts wegwerfen, vor allem seit vor kurzem der Reispreis um zwanzig Prozent gestiegen ist. Dafür sieht Li Gengnan zwei Gründe, zum einen wird saisonbedingt momentan in China kein Reis geerntet, zum anderen wechseln die Bauern zum Anbau von Früchten oder anderen Getreidearten, da in diesen Bereichen mehr Geld zu verdienen ist. An der Ostküste sind die Gehälter höher, so dass sich die Bevölkerung Obst leisten kann, während im Landesinneren und in Westchina der motorisierte und automatisierte Getreideanbau auf riesigen Flächen vorherrscht.

Auf den deutschen Sieg gegen die Franzosen im Mitternachts-Fußballspiel stoßen wir an und schlafen dann bis Samstagmittag.

Nach meiner Joggingrunde werde ich gleich wieder mit Hongs Weisheiten empfangen, diesmal geht es um die neueste Statistik über das Fremdgehen in China. Meine Vermutung, dass Südamerikaner diese Statistik anführen, widerlegt Hong, bei Chinesinnen gehen etwa vierzig Prozent fremd, bei den Amerikanerinnen sechsundsechzig und getoppt werden sie von den Französinnen mit fast neunzig Prozent. Die Hälfte alle chinesischen Männer wisse von der Untreue ihrer Frauen, aber unternähmen nichts dagegen. Schon während ich meine Frage nach dem Warum stelle, bin ich mir sicher, dass meine Frau eine Antwort darauf weiß.

Prinzipiell ginge es um Macht, da nehmen sich Frauen wie Männer nichts. Wer reich ist, kann sich so gut wie alles erlauben, eben auch fremdgehen ohne Konsequenzen.

Auch wenn ich genügend Geld hätte, würde ich nicht fremdgehen, denn ich liebe meine Frau, auch wenn sie mir das Leben oftmals schwer macht.

Die Sanduhr tut wieder ihren Dienst, als ich mich im Internet auf die nächsten Interviews vorbereiten möchte. Immer wieder werde ich damit konfrontiert, dass die Zeit in China einen anderen Stellenwert hat, so nutzt Wu Meilan ihre Mußestunden wahrscheinlich wieder für Computerspiele. Eine zweite Telefonnummer hat der Familienrat abgelehnt und ein eigenes Büro kann ich mir aufgrund meiner sehr instabilen Einkommenslage nicht leisten.

Hongs grandiose Idee zu meinem Dilemma: Ich solle mir doch in meinem Shanghaier Apartment einen Anschluss legen lassen, dann hätte ich kein Grund für Beschwerden.

Ich halte das für nicht sehr effizient, da zu den Telefonkosten ja auch noch die täglichen Fahrtkosten kommen, was meine Lage nicht unbedingt verbessert.

Beim Abendessen ist Hongs Opa Gesprächsthema, er ist älter als achtzig Jahre und staatlich versichert. Daher bekommt er bei Krankenhausbesuchen neunzig Prozent aller Kosten erstattet und hält sich gern dort auf, denn er hat immer ein Zweibettzimmer mit Dusche. Normalerweise bedeuten Opas Krankenhausbesuche

immer Nachtwache für Li Gengnan, denn das Personal schläft trotz finanzieller Zuwendung und schert sich einen Dreck um die Patienten. Heute kommt er allerdings drum herum, da sich Opas Akutfall als harmlose Kopfschmerzen herausgestellt haben. Hongs Onkel Mingdong ist viel schlauer als Opa, denn er duscht in Opas Krankenzimmer und geht anschließend wieder heim.
Ich habe keine Lust mehr, der Sanduhr zuzuschauen und wende mich dem Fußball zu. Hong leistet mir etwas Gesellschaft, bevor sie ins Bett geht und mich mir selbst überlässt. Ich genehmige mir noch zwei Cocktails aus Kokosmilch und Kahlua, esse ein Stück Schokolade dazu und folge ihr. Doch die Kokosmilch im Bauch rumort und ich kann nicht schlafen. Hong beschwert sich und will mir demnächst Schlaftabletten verordnen, wenn ich so unruhig im Bett bin.

Meine Nacht zum Sonntag ist kurz, da ich das Holland-Spiel anschauen möchte. Ich gönne mir ein paar Weintrauben und höre, wie Li Gengnan zur Tür hereinkommt und Frühstück vorbereitet. Vermutlich hat er frisches Gemüse aus dem Garten geholt. Wu Meilan setzt sich zu mir und schaut das Elfmeterschießen mit mir an. Ihre Kommentare im Suzhou-Dialekt verstehe ich mal wieder nicht. Aber das stört mich nicht, vor allem, weil mein Schwiegervater das Frühstück zu mir an den Fernseher bringt. Ich bin erstaunt über das weichgekochte Ei und kann nur hoffen, dass ich diese Konsistenz nun immer genießen darf.
Hong schläft noch tief und fest und ich widme mich meiner Arbeit, bis meine Frau mir mitteilt, dass unsere Freunde aus Hunangshu im Restaurant auf uns warten. Ich bin irritiert, da wir uns zwar verabredet hatten, aber keine Bestätigung bei uns eingegangen ist. Ich durchforste mein Postfach und tatsächlich habe ich die E-Mail übersehen. Ich gebe Bescheid, dass wir in wenigen Minuten da sein werden, und Hong und ich werfen uns fix in Schale.
Auf der Fahrt zum Restaurant ärgert sich Hong, denn normalerweise ist es in China üblich anzurufen, wenn man losfährt, um solche Haurruck-Aktionen zu vermeiden. In Amerika, weiß ich aus meinen Erfahrungen zu berichten, platzt ein Termin,

wenn der Rückruf nicht entgegengenommen wird. Ohne Handy war das damals allerdings nicht einfach, und da ich den Kontrollanruf verpasst hatte, stand ich allein auf weiter Flur.

Die Frauen wählen in der Küche des Restaurants die Speisen aus, wir Männer unterhalten uns über Fußball und gemeinsames Business. Ich übernehme die Rechnung für den großen Fischkopf mit Gemüse und Reis und bin stolz, dass die Bedienung mein Chinesisch verstanden hat. Auch sie freut sich offenbar darüber, was mich ein Stück über dem Boden schweben lässt. Unsere Freunde haben noch den Besuch der großen christlichen Kirche in Suzhou geplant, in der Hong und ich Weihnachten vor anderthalb Jahren mit erstaunlich vielen Chinesen und nur wenigen Westlern gefeiert haben.

Ich verzichte auf das eigentlich nötige Nickerchen und mache mich wieder an die Arbeit, womit ich mir in Hongs Augen offenbar ein wenig Ansehen erkämpft habe.

Die Bank für meinen bevorstehenden Finanztransfer hat ihren Sitz auf der steuerfreien Isle of Man und gehört nicht zur EU, daher sind Überweisungen dorthin sehr teuer. Bei meinen Recherchen zu den Gebühren stelle ich fest, dass Überweisungen von Deutschland ins Ausland bei kleineren Beträgen besser per Abbuchung über Kreditkarte zu bezahlen sind.

Hoffentlich hat der gelbe Wein, mit dem Li Gengnan und ich uns nach dem Abendessen zugeprostet haben, mein Gehirn etwas gelockert, damit die Ideen für die Werbung meines Wohnbüros in Shanghai sprudeln und ich rasch fertig werde. Obwohl der Wein ganz gut hilft, sitze bis nach Mitternacht und falle nach achtzehn Arbeitsstunden müde ins Bett.

Die letzten Tage waren wohl doch etwas zu viel für meinen Körper, erst pünktlich zum Mittagessen wache ich auf. Trotzdem verzichte ich nicht auf meine Joggingrunde unter strahlend blauem Himmel. Manchmal fühlt es sich wie zuhause in Deutschland an: Wäsche hängt zum Trocken auf Leinen, die Hecken, Sträucher und Bäume werden mittels Motorsägen gestutzt, Abfall wird abgeholt und Omas beschäftigen ihre Enkelkindern auf dem Spielplatz oder

schaukeln sie im Arm, während die Mamas arbeiten. Nur die typischen Sonnenanbeter, die ihre Picknickdecken überall ausbreiten, fehlen hier, denn Chinesen scheuen die Sonne und laufen lieber im Schatten oder nutzen einen Regenschirm als Sonnenschutz. Trotz oder gerade wegen der wohligen Temperaturen von über dreißig Grad fühle mich gut beim Laufen.
Der Hongsche Nachrichtendienst hält mich darüber auf dem Laufenden, dass Deutschlands Bundeskanzlerin Frau Merkel erneut in China weilt und einhundert Hubschrauber an China verkauft hat. Dann sollte ich sie wohl als Verkäuferin für meine Firma engagieren, scherze ich, denn sie ist ja keine Konkurrenz für Hong. Sie wäre sicher zu teuer, erklärt Hong. Meine Antwort darauf: Für deutsche Firmen arbeite sie bestimmt kostenlos, sie bekomme ja jeden Tag gutes Essen dafür.
Während unseres Gesprächs stellt sich wieder starker Husten bei Hong ein und ich schlage vor, doch umzuziehen, nach Deutschland vielleicht, doch zu meinem Erstaunen winkt sie ab und meint, China sei sauber und sie nehme ihren Hustensaft.
Unsere Diskussion wird durch die Nachbarin unterbrochen, die einen Korb mit großen Bananen als Geschenk bringt. Wenn man sich lange kenne, sei es ganz normal, gelegentlich kleine Geschenke auszutauschen, erfahre ich. Natürlich muss man die Gabe erwidert, so holt Hong eine der Tafeln Schokolade aus Deutschland und tauscht noch ein paar Worte mit der Nachbarin.
Jetzt stellt sich heraus, warum Opa Kopfschmerzen hat und im Krankenhaus liegt. Opa hatte Streit mit Oma gehabt und war von zuhause weggelaufen, um seine Ruhe zu haben. Da er nicht unter eine Brücke schlafen wollte, hat er sich mit vermeintlichen Kopfschmerzen im Krankenhaus einquartiert. Omas Krankenversicherung ist bei Weitem nicht so rentabel wie Opas, daher fühlt er sich in seinem Krankenbett sicher vor Oma, bis sie sich wieder versöhnen.

Der Einbruch des Aktienmarkts hat mir dieses Mal Glück gebracht, denn ich hatte mich richtig entschieden und so freue ich mich über ein bisschen Geld in der Kasse.

Durch ihre Beziehungen zur Bank of China hat Hong streng vertrauliche Informationen zum 7:1-Sieg der Deutschen über die Brasilianer erhalten. Neben den offiziellen Gesprächen zwischen Frau Merkel und dem chinesischen Staatspräsidenten Xi Jinping zum Thema Menschenrechtsverletzungen fand wohl eine nicht protokollierte Privataudienz statt, bei der die deutsche Bundeskanzlerin Rache für die blamable 0:4-Niederlage Chinas gegen Brasilien bei der Fußball-Weltmeisterschaft in Korea vor zwölf Jahren versprach. Auf die Frage nach dem Wunsch-Endspielstand habe Xi Jinping geantwortet, dass Frau Merkel bereits siebenmal in China war, der brasilianische Präsident nur einmal, daher wäre 7:1 ein wunderbares Ergebnis. Aber nur unter der Bedingung, dass China Brasilien finanziell unter die Arme greife, hätte Frau Merkel scherzhaft erwidert. Vermutlich hatte die Bundeskanzlerin nur heiteren Small Talk betreiben wollen und konnte nicht ahnen, was sich daraus entwickeln würde, denn Xi Jinping griff gleich nachdem Frau Merkel sich verabschiedet hatte zum Telefonhörer, um seinem Finanzminister, der gleichzeitig auch Chef der Bank of China war, zu berichten, dass die deutsche Bundeskanzlerin mit dem Stopp der Verhandlungen über den Knowhow-Transfer im Bau von Elektrofahrzeugen drohe, wenn die Deutsche Fußballmannschaft in Brasilien nicht 7:1 gewinne. Nach einigen Telefonaten zwischen Brasilien und China kam die Bestätigung für eine Überweisung von US-Dollar in Milliardenhöhe an die brasilianische Regierung, um den Spielstand zu sichern. Das Ende der Geschichte kennen wir.

Jetzt frage ich mich, wie das bekannt werden konnte, und Hong erstattet mir ausführlich Bericht. Seit kurzem werden wohl die Telefongespräche der Minister vom Geheimdienst abgehört und protokolliert, um die private Korruption unter den chinesischen Politikern weiter eindämmen zu können. Von der Spionage und der digitalen Speicherung weiß natürlich niemand etwas. Eine Mitarbeiterin, die Schwiegertochter des Polizeipräsidenten, hat die ehrenvolle Aufgabe erteilt bekommen, diese Mitschriften nach wichtigen Details und auffälligen Aussagen durchzusuchen und Meldung zu machen. Hong kennt diese Mitarbeiterin und deren

Familie durch ihre Oma und hat regen Kontakt über WeChat, so dass sie solche prekären Informationen quasi aus erster Hand erfährt ... natürlich streng vertraulich und unter dem Siegel der Verschwiegenheit, weshalb sie es gleich an mich weitergetragen ... oder besser getratscht hat.

Die Chinesen schimpfen über das Ergebnis, denn sie haben auf Brasilien gesetzt und dadurch viel Geld verloren.

Das erinnert mich wieder daran, dass ich noch meine eigenen Finanzangelegenheiten klären muss. Ich verfasse zwei Beschwerdebriefe, einen an Generali Versicherungen AG, den anderen an die China Insurance Regulatory Commission, kurz CIRC, mit der Darstellung des Betrugsfalls und bitte Generali, das Geld zurückzuüberweisen, und CIRC um Unterstützung bei einer Anklage vor Gericht.

Als meine Armbanduhr vier Uhr morgens klingelt, gehe ich wieder einmal Fernsehen. Allerdings entpuppt sich das Deutschland-Spiel für mich als langweilig. Ich arbeite stattdessen am Computer und schaue ab und zu nach, ob es immer noch 0:0 steht. Nur das Elfmeterschießen schaue ich gespannt an. Nun geht es also gegen Argentinien.

Anschließend gehe ich wieder ins Bett, schlafe ein paar Runden und stehe pünktlich zum Mittagessen wieder auf. Hong hat in der Zwischenzeit ihr Geld bei Staatsbond zu fünf Prozent auf drei Jahre angelegt und Goldschmuck bei niedrigem Goldkurs als Geschenke für die Deutschlandreise und für sich selbst gekauft. Sie ist doch klug, meine Frau.

Nach dem Mittagessen werde ich vom General Manager Ron abgeholt, mit dem ich eine Zusammenarbeit auf Provisionsbasis vereinbart habe. Unterwegs sammeln wir noch seinen Sales-Mann in Suzhou ein und fahren zu dritt zum Termin mit einem Motor-Lieferanten nach Changzhou, um seine Firma vorzustellen. Ich habe Ron erklärt, dass ich mich mit dem Lieferanten bestens auskenne und weiß, wo dort der Schuh drückt. Unterstützung ist bei Produkttests sowie im Lean Mangement dringend notwendig, aber die kann nur gewährt werden, wenn eine Vertrauensbasis existiert. Ich will damit die Fehler der Vergangenheit umgehen,

denn noch so ein Desaster brauche ich nicht.
Nachdem wir mit dem Produktmanager Probleme und mögliche Lösungsansätze diskutiert haben, treffen wir den Betriebsleiter und wiederholen unser Programm. Wir erhalten eine Zusage für die Übermittlung der Spezifikationen zur Erstellung eines Angebots. Allerdings nimmt er uns gleich den Wind aus den Segeln, als er ohne überhaupt eine Kostenaufstellung gesehen zu haben behauptet, wir seien zu teuer. Sein konkreter Blick zu mir macht deutlich, dass er diese Annahme nur aufgrund meiner Anwesenheit trifft, und es kommt noch nicht einmal zu einer Führung durch die Produktionslinie. Ich unternehme einen letzten Versuch, an die Entscheidungskompetenz des Betriebsleiters zu appelieren und erkläre ihm die deutsche Vorgehensweise, mit der er sich schließlich einverstanden erklärt. Allerdings kann ich nicht verhindern, dass er mit unserem Angebot bei anderen Anbietern hausieren geht und den Preis drücken kann.
Auf der Heimfahrt besprechen wir das weitere Vorgehen und ich danke Ron, dass er mich ins Boot geholt hat.
Da meine Familie mit dem Essen nicht auf mich gewartet hat, gönne ich mir in alleiniger Ruhe Rührerei mit deutschen Kräutern, die in der chinesischen Küche nicht so viel Anklang finden und aufgrund der langen Lagerzeit auch nicht besser werden. Nach einem Spaziergang und einem Kahlua-Cocktail gehen wir für unsere Verhältnisse früh ins Bett.

Der Sommer zeigt wieder einmal, wie verschieden wir sind, die Chinesen mögen es im Sommer kühl und lassen die Klimaanlagen laufen, bis der Strom alle ist, was leider nie passiert. Ich dagegen mag keinen ständigen Luftzug und die Geräusche der Geräte nerven, besonders nachts.
Mit meinem Freund Ralf Sommer möchte ich Produkte besprechen, die wir bei dem anbahnenden Automatisierungsboom in China verkaufen können, daher kommt er von Shanghai nach Suzhou und ich lade ihn zum Essen ein.
Allerdings war mir nicht bewusst, wie wählerisch Ralf ist, und ich befürchte schon, dass wir gar nicht zum Geschäftlichen kommen

werden. Das eine Restaurant ist ihm zu leer, das andere zu voll, im nächsten ist das Essen zu schlecht, wobei ich mich frage, woran er das erkennt, dann lehnt er Hotpot ab und verschmäht Nudeln und Rindfleisch, weil das in China aus Hähnchenfleisch besteht, dem chemisch das natürliche Aroma entzogen und Rindfleisch-Aroma hinzugefügt wird.
Letztendlich bleibt nur das erste Restaurant, das mittlerweile ein paar Gäste beherbergt, doch die Karaokestation nebenan hat nun voll aufgedreht, so dass sich Ralf dadurch belästigt fühlt. Kurzerhand stürmt er regelrecht den Laden, verlangt den Geschäftsführer und bringt ihn dazu, die Musik leiser zu stellen.
Ich will gar nicht wissen, was er dem Geschäftsführer erzählt hat, ich bin nur froh, mich endlich setzen zu können, doch an der Tür bleibe ich abrupt stehen ... Hotpot!
Ein schneller Blick auf die Speisekarte lässt mich aufatmen, es gibt auch andere Gerichte ohne Hotpot. Doch die Entspannung hält nicht lange an, denn dummerweise stellt der Kellner den Deckel vom Reisgericht auf unseren ausgebreiteten Prospekten ab und Ralf schreit ihn an, was das für eine Sauerei sei und weshalb er nicht aufpassen könne.
»Ja, so sind sie halt, unsere Chinesen«, lache ich verlegen. Reiner Galgenhumor!
Ralf ist offenbar überhaupt nicht peinlich berührt. Gelassen erzählt er mir von seinen Erfahrungen mit Chinesen, deren Masche er einfach adaptiert hat. Chinesen nähmen eine Fliege von zuhause mit ins Restaurant, essen den Teller fast leer, platzieren die Fliege und rufen den Kellner, dem nichts anderes übrig bleibt, als ein neues Gericht zu bringen, wenn er einen Imageschaden für das Restaurant vermeiden will.
Seine Intrige geht auf und der Kellner bringt uns ein weiteres Reisgericht, das wir nicht bestellt haben. Da wir bereits randvoll sind, lasse ich es einpacken und nehme es mit nach Hause.
Li Gengnan kümmert sich um sein Gemüsefeld, damit es nicht verdorrt, und Wu Meilan versucht mal wieder, ihren Geldbeutel durch ihr tägliches Mahjongspiel mit ihren Freundinnen zu füllen. Hong bereitet am Computer ihr USA-Studium vor und ich nutze

die Gelegenheit und Ruhe, noch etwas zu arbeiten.
Als ich Hong nach dem Abendessen vom gefälschten Rindfleisch berichte, nickt sie und erweitert das Repertoire noch um Katzen- und Rattenfleisch, da für die Beschaffung überhaupt kein Geld investiert werden müsse und so der Profit größer würde.
Mein Magen zieht sich zusammen und auch ihr Hinweis, gute Restaurants würden ihre Kunden nicht betrügen, schwächt die neuen Erkenntnisse über chinesisches Rindfleisch nicht. Um nicht länger darüber nachdenken zu müssen und mich durch den Ventilator vorm Fernseher nicht zu erkälten, will ich mich mit Arbeit ablenken, doch ein Blick in meine Aktien vertreibt auch die letzte Motivation.

Als Rache für meine Vergesslichkeit, meine Armbanduhr hat auch am Samstag wieder um vier Uhr nachts geklingelt, schaltet Hong die Klimaanlage ein. Sie schläft selig weiter, während ich frierend und vom Lärm gestresst unter meiner Decke liege. Gut, dann verweigere ich den obligatorischen Guten-Morgen-Kuss, verlasse das Bett und widme mich meinem Laptop. Wenn nur der Brummschädel nicht wäre …
Zu allem Überfluss verlangt Hong von mir, ihr bei der Suche nach ihren Sandalen und den leichten Hausschuhe zu helfen, die noch in den Kartons in der Garage verstaut sind. Widerwillig folge ich ihr, doch mich trifft fast der Schlag, als ich die Garage betrete, denn sämtliche Umzugskartons sind geöffnet, durchwühlt und verschoben worden. Mein Stellplan, indem jeder einzelne Karton verzeichnet und bezeichnet war, ist in diesem Chaos nicht mehr hilfreich und ich spüre, wie ich innerlich zu kochen beginne.
Hong hat es sich offenbar anders überlegt und lässt mich mit den Worten, sie könne auch ohne Sandalen leben, inmitten des Wirrwarrs stehen und geht Tee trinken.

Ich werde durch Wu Meilans Streit mit der Verwaltung der Wohnanlage geweckt, die verlangt, das von Li Gengnan illegal angepflanzte Gemüse auf den öffentlichen Parkflächen zu entfernen. Schade, ich hatte mich an frisches Grün am frühen

Morgen gewöhnt.
Heute lerne ich wieder etwas über Gepflogenheiten in China, diesmal in einem Krabbenlokal. Hong sucht zwei Krabben der billigsten Kategorie heraus und lässt sie wiegen. Der Verkäuferin passt diese Wahl offenbar nicht und versucht, Hong die teureren schmackhaft zu machen, doch meine Frau bleibt standhaft, bis die Verkäuferin resigniert. Ich bestelle noch Gemüse und während der Hotpot langsam heiß wird, erklärt mir Hong, dass in der Küche generell nur zwei Krabben verarbeitet werden, auch wenn man drei bestellt. Zudem werden die teuren Krabben von den Gästen unbemerkt durch die preiswerten ausgetauscht. Deshalb bestellt Hong das, was sie auch serviert bekommt. Clever, meine Frau!
Aber auch ich bin nicht auf den Kopf gefallen, denn ich lasse mir nach dem Schmaus einen Fapiao, eine Quittung, ausstellen, denn je mehr Fapiaos, desto geringer werden die Steuern. Einige haben diesen Umstand zu ihrem Geschäft gemacht und verkaufen Fapiaos an Bahnhöfen und öffentlichen Plätzen, natürlich illegal. Wenn sie nicht erwischt werden, ist es ein einträgliches Geschäft für beide Seiten.
Erreichen Expatriates, so werden Angestellte genannt, die längere Zeit für ihre Firma im Ausland arbeiten, das Alter von sechzig Jahren, können sie sich als Selbständige melden und so Ausgaben über Fapiaos geltend machen.
Nach meinem Gespräch mit Daniel, der mir bei der Auswahl eines neuen Laptops behilflich ist, macht mich Hong sanft, aber ausdrücklich auf unsere monatliche Beischlaf-Statistik aufmerksam, die im Moment noch unterdurchschnittliche Ergebnisse aufweist.
Der Gentleman genießt und schweigt ...

Nach der kleinen Familienfeier zum Weltmeistertitel Deutschlands beantworte ich ein Stellenangebot als Leiter des Werkzeugbaus in Nordchina, obwohl es mir da eigentlich zu kalt ist. Aber momentan kann ich es mir nicht leisten zu mäkeln.
Nun will ich mich endlich einmal bei meinen Schwiegereltern für ihre Unterstützung bedanken und lade sie zum Essen und zum

Karaoke ein. Während Wu Meilans Begeisterung nicht zu übersehen ist, überwiegt bei Li Gengnan eher das Misstrauen, aber als er ein paar ihm bekannte Soldatenlieder entdeckt, schmettert er inbrünstig mit. Ich gebe »We are the Champions« und »Der Mond repräsentiert mein Herz«, das einzige chinesische Lied das ich singen kann, zum Besten und die Einladung war für alle ein schönes Erlebnis.

Wir toppen das noch mit der Besichtigung der Londoner Tower Bridge, die seit knapp zwei Jahren zu den Suzhou-Attraktivitäten gehört und zusammen mit der idyllischen Flusskulisse gern für Hochzeitspaarfotos genutzt wird. Allerdings darf man keine originalgetreue Kopie erwarten, denn die chinesische Tower Bridge hat aufgrund der vier Türme, die London Tower Bridge hat nur zwei, eine breitere Straßenführung und der Hebemechanismus für die Schifffahrt fehlt gänzlich. In China ist es übrigens nicht unüblich, Sehenswürdigkeiten anderer Länder nachzubauen, es werden sogar ganze Landstriche umgekrempelt, um komplette Orte nachbauen zu können. In Anting, knapp außerhalb der Suzhouer Stadtgrenze Richtung Shanghai gelegen, entsteht seit Jahren sogar eine komplette deutsche Stadt, wobei dummerweise auch auf Feng-Shui-Richtlinien verzichtet wurde, weshalb die Häuser bei Chinesen nur schwer vermittelbar sind, denn wer setzt schon von Beginn an sein Glück aufs Spiel. Auch das österreichische Hallstadt, der Eiffelturm und europäische Burgen bleiben nicht vor der Kopierwut der Chinesen verschont. Ich finde es schade, dass man diese Kreativität, das Know-how und das Geld nicht in eigene unverwechselbare Bauwerke steckt.

Nach unserer Rückkehr gibt es für mich eine gute und eine weniger gute Nachricht. Meine Auslandskrankenversicherung ist bestätigt worden, so dass ich mir in diesem Bereich ab jetzt keine Sorgen mehr machen muss. Allerdings teilt mir der Rechtsanwalt der HSBC Bank mit, dass ich nicht Eigentümer meines Apartments in Shanghai sei. Wofür habe ich dann 2,5 Millionen Renminbi, stolze 330.000 Euro, investiert?

Die letzten Tage waren recht eintönig, so wie der Alltag halt ist.

Der Hongsche Nachrichtendienst hat mich fleißig mit Neuigkeiten versorgt, so dass ich über das Weltgeschehen absolut im Bilde bin und beim Small Talk mit fundiertem Halbwissen glänzen kann.

Auf meiner üblichen Joggingrunde fällt mir ein Lagerfeuer auf, das Bewohner eines Hauses vor ihrer Tür angezündet haben. Soweit mir bekannt ist, wollen sie den Ahnen durch das Verbrennen von gefälschten Geldscheinen helfen, im Jenseits stets liquide zu sein. Diese Geldscheine kann man legal erwerben, denn sie dienen nur der Tradition, die allerdings bei der derzeitigen Umweltbelastung in China nicht mehr zeitgemäß sein dürfte, aber schwer zu stoppen ist.

Am heutigen Samstag scheinen viele Ereignisse stattzufinden, denn am Nachmittag hören wir Knallkörper, die den verstorbenen Verwandten mitteilen, dass ein neuer Erdenbürger das Licht der Welt erblickt hat. Daraufhin wird sicherlich ein Festessen veranstaltet, bei dem auch den Ahnen Sitzplätze und Gedecke mit Stäbchen zugewiesen werden.

Als Hong etwas erzählen möchte, höre ich ausnahmsweise mal ganz gespannt zu, aber das liegt nicht so sehr an dem, was sie erzählt, sondern dass ich mich kurzzeitig von der ungeliebten Vorsteuerabzugsberechnung für das deutsche Finanzamt ablenken kann.

Eine chinesische Freundin, die in Holland studiert, hat dort einen Afrikaner geheiratet. Da sich beide nur auf Englisch unterhalten können, ist das wie stille Post und es kommt des Öfteren zu Missverständnissen. Einmal hatten sie sich verabredet und er erklärte am Telefon, dass er keinen Parkplatz finde. Daraufhin antwortete sie, er hätte vielleicht besser das Auto nach Hause bringen und mit dem Bus fahren sollen. Nach dem Telefonat wunderte sie sich, dass er nicht kam, und als er endlich viel zu verspätet eintraf, stellte sich heraus, dass er sie falsch verstanden hatte und das Auto zuhause abgestellt hatte, um mit dem Bus zum Treffpunkt zu fahren. Ein andermal wollte er nach Afrika reisen und seine Frau riet ihm fürsorglich, er sollte doch den dortigen Krankheiten vorbeugen. Als er daraufhin fragte, ob er Kondome mitnehmen sollte, war sie verständlicherweise überrascht.

Wenn man sich auf das Abenteuer, einen Ausländer oder eine Ausländerin zu heiraten, einlässt, muss man sich im Klaren sein, dass solche Verständigungsprobleme nicht selten auftreten, und diese Situationen mit Humor nehmen, auch wenn das nicht immer leicht fällt.

Nachdem ich meine Daten ans deutsche Finanzamt übermittelt habe, lausche ich Hongs Theorien zum Abschuss einer Malaysia-Airlines-Maschine über der Ukraine vor drei Tagen. Sie glaubt, es hänge mit der Krim-Krise und dem Flugzeugabsturz Anfang März zusammen, der initiiert worden war, um die Aufmerksamkeit auf das südliche chinesische Meer und weg von der Krim zu lenken. Nun hätten die Russen ein Flugzeug der Airline über der Ukraine abgeschossen, um die Krim-Krise wieder in den Mittelpunkt des Interesses zu rücken. Der russische Geheimdienst sei der Klügste, denn er mache seine Arbeit, ohne dabei Spuren zu hinterlassen.

Ich enthalte mich jeglicher Spekulationen und überlasse die Ermittlungsarbeiten denen, die davon Ahnung haben.

Meine Office-Software reizt meine Nerven. Am Wochenanfang erscheint plötzlich eine Fehlermeldung beim Starten des Computers und ich muss ein Passwort eingeben, das ich nicht habe. Ich telefoniere mit meinem chinesischen IT-Fachmann in Shanghai, der ohne Einsicht in mein System jedoch keine Antwort weiß. Also mache ich mich wieder einmal auf den Weg zu ihm, um das Problem ein für alle Mal zu lösen. Der Fehler ist schnell gefunden, denn das in der gefälschten Software enthaltene, von den Chinesen entwickelte Deaktivierungsprogramm für den Zugangsschlüssel wurde bei der Installation nicht gestartet. Nur damit kann ich die Software bis zur nächsten Version benutzen, ohne sie kaufen zu müssen.

Ich glaube meinen Ohren nicht zu trauen! Illegale Software auf meinem Geschäftslaptop?! Die dreißig Euro, die der ITler in Suzhou verlangt hatte, hätte mich stutzig machen müssen. Jetzt wird mir klar, warum der Preis den symbolträchtigen Wert von zweihundertfünfzig hatte, was ja für *Idiot* steht. Hong versucht mich dadurch zu beruhigen, dass sie mir erklärt, es sei nahezu

unmöglich, offizielle Software in China zu bekommen. Lege man darauf Wert, kann man sie nur außerhalb des Landes kaufen.
Von Amazon erhalte ich eine Nachricht, ich solle Beweise vorbringen, dass ich tatsächlich der Buchautor des vor ein paar Tagen auf deren Self-Publishing-Plattform hochgeladenen E-Books mit Spionagegeschichten bin. Autor und Verleger sind identisch, so dass es mir nicht schwerfällt, den Autor als echt zu deklarieren.
Am Abend unterhalten Hong und ich uns über Zukunftspläne, dabei kommt sie auf meinen Firmenwechsel von Boiler zu Schluckauf zu sprechen und möchte den Grund wissen. Boiler wollte mich damals zurück nach Deutschland schicken, aber mir gefiel es in China, daher blieb nur die Kündigung. Im Nachhinein stellte sich das als guter Schachzug heraus, denn es dauerte nicht lange, bis das Entwicklungsprojekt mit BMW komplett gestoppt wurde, da sich der Fahrzeughersteller letztendlich für eine südchinesische Firma entschieden hatte, und die Mitarbeiter von Boiler in aller Welt verstreut wurden. Bei Schluckauf fand ich gleich einen Job und konnte bleiben.
Morgen muss ich zu einem Lean-Management-Meeting von DUSA und frage Hong, ob sie mich begleiten möchte, um ihre Eifersucht gleich im Keim zu ersticken. Trotzdem schafft sie es, mir den Schwarzen Peter zuzuschieben, denn sie behauptet steif und fest, ich hätte ihr das Angebot nur gemacht, weil ich bereits alle Termine mit anderen Frauen abgesagt hätte, weil meine Frau mitkommen würde.
Noch bevor ich mich rechtfertigen kann, erklärt sie mir, mein Freund Christian wäre klüger gewesen, da er eine geschiedene chinesische Frau geheiratet hätte. Eine solche Frau hätte in China keine Zukunft und wäre daher von ihm abhängig. Ich Dummkopf jedoch hätte sie, eine ledige Frau, geehelicht und müsse auf ihre Gutmütigkeit bauen, denn sie hätte jederzeit die Möglichkeit, sich von mir zu trennen. Damit nicht genug, wirft sie mir auch noch an den Kopf, ich hätte meine alte Freundin behalten sollen, sie war schon geschieden und hatte sogar noch ein Kind, daher hätte sie mir keine Probleme gemacht.

Ich schlucke meine Rechtfertigung hinunter, da es eh keinen Zweck hat, und verschwinde wortlos im Arbeitszimmer. Auch hier werde ich gemobbt, diesmal von meinem Antivirenschutzprogramm, das mir in immer kürzeren Abständen immer mehr Warnungen um die Ohren schleudert. Mir bleibt nur, alle in Quarantäne zu stecken und zu hoffen, dass sich daraus keine neuen Probleme ergeben.

Vor dem Zubettgehen bekomme ich noch eine Lektion in Sachen Freundschaften in China aufbauen. Freundschaften seien essentiell für gute gemeinsame Geschäfte, das finge schon in der Schule an.

Prima, dann hänge ich ja schon hinterher.

Für Männer, um die gehe es ja im Geschäftsleben, zähle auch der gemeinsame Dienst beim Militär.

Wie hoch ist wohl das Höchsteintrittsalter für die chinesische Wehrmacht?

Beim dritten Punkt bin ich raus, beim vierten erst recht. Eine Bank überfallen und das Geld verteilen ist nicht mein Stil und gegen einen Bordellbesuch wird meine Frau definitiv etwas haben. Bin ich damit raus?

Ich denke nein, deutsch wie ich bin, werde ich es pragmatisch anpacken und meiner eigenen Wege gehen und erfolgreich sein. Getreu dem Motto: Jeder sagt, es geht nicht, bis einer kommt, der davon nichts weiß, und es einfach macht.

Bevor wir endgültig in den Schlafmodus wechseln, erfahre ich noch, dass ich allein zum DUSA-Event gehen soll, da Hong länger schlafen und dann einen Essensbonus in einer Sushi-Bar einlösen will, damit er nicht verfällt. Anschließend wird sie im Starbucks arbeiten, bis sie mich nach der Veranstaltung abholen kann.

Beim DUSA-Event treffe ich Karlheinz, den Verkaufsmanager aus Wuxi. Bald schon schnarcht er leise neben mir und verleiht meiner Ansicht über die Präsentation Ausdruck. Auch im Gespräch mit den Veranstaltern bin ich derjenige, der Karlheinz eine Lösung für sein Problem bietet. Dankend verabschiedet er sich und ich suche noch fix das stille Örtchen auf.

Karlheinz und Hong plaudern miteinander, als ich das Gebäude

verlasse. Meine Frau verweigert mir den Begrüßungskuss und ich weiß, dass wieder ein Beziehungsgewitter aufzieht. Die ersten dunklen Wolken bilden sich, als Hong statt irgendwo essen zu gehen, gleich nach Hause will.
Da sie nie lange hinter dem Berg hält, folgt gleich der Blitzschlag ohne warnenden Donner. Unter den Veranstaltungsteilnehmern hätte sie eine Frau wiedererkannt, mit der ich mich vor zwei Jahren bei einem Internation-Event in Suzhou unterhalten hatte, und unterstellt mir, den DUSA-Event nur für ein Treffen mit ihr vorgeschoben zu haben. Daher solle ich heute Nacht auf dem Sofa schlafen, morgen allein nach Shanghai fahren und am Wochenende ohne sie nach Deutschland fliegen. Nach meiner Rückkehr ließen wir uns scheiden, denn einen Mann, der überall herumfickt, wolle sie nicht. Um mich endlich loszuwerden, ginge sie in die USA.
Mal wieder fehlen mir die Worte, denn noch immer fällt es mir schwer zu glauben, dass man sich innerhalb kürzester Zeit derart in solche Hirngespinste hineinsteigern und die absurdesten Anschuldigungen an den Haaren herbeiziehen kann! Außer an Karlheinz' Schnarchkonzert kann ich mich an kaum einen Teilnehmer erinnern. Ich könnte nicht mal sagen, wie die Geschlechterverteilung war. Sie hätte eine große Brille getragen, daher hätte Hong sie fast nicht erkannt. Aber dann hätte sie so komisch geschaut, das wäre der eindeutige Beweis gewesen.
Als ob der Tag damit nicht schon genug Ärger gebracht hätte, lehnt Amazon wider Erwarten mein E-Book ab, ganz ohne Begründung. Ob es an den vielen Rechtschreibfehler liegt, auf die mich Amazon beim Hochladen hingewiesen hat? Egal, es gibt schließlich alternative Plattformen, aber dafür habe ich momentan keine Zeit. Das Problem mit Hong muss zuerst gelöst werden.
Nachts schaltet sie wie gewohnt die Klimaanlage ein und diesmal auch nicht mehr aus. Ich ziehe die Decke über den Kopf und stecke mir Stöpsel in beide Ohren. Die Kälte und die trockene Luft machen mir zu schaffen.

Meine Schleimhäute sind von der Klimaanlage gereizt, ich muss viel trinken. In der Küche höre ich Schwiegermutter und

Schwiegervater husten, vermutlich auch Klimaanlagen-Erkältung. Hong ist aus unserem gemeinsamen Büro ausgezogen, hat alles in ihren eigenen Arbeitsraum getragen und will noch immer nicht mit mir reden. Auch Wu Meilan und Li Gengnan schweigen. Ich möchte nicht wissen, was meine Frau ihren Eltern erzählt hat. Wie ein Bittsteller habe ich mehr als einmal klargestellt, dass ich gestern mit keiner Frau gesprochen habe. Aus Verzweiflung bitte ich Karlheinz um eine Bestätigung, dass wir uns gestern den ganzen Tag mit anderen Männern über Businessthemen unterhalten haben. Wie tief bin ich gesunken ...

Allerdings hatte ich nicht alles bis ins Letzte durchdacht, denn als Hong Karlheinz' Antwort-E-Mail gelesen hat, stürmt sie ins Büro und schlägt mit ihren Hausschlappen wild auf mich ein. Was mir einfallen würde, Privatangelegenheiten mit der ganzen Welt zu teilen! Karlheinz hätte doch genau wie ich eine kleine Dritte und wir würden einander sowieso gegenseitig decken.

Meine Erklärungsversuche und meine Beteuerungen, ich wolle nur unsere Ehe retten und ich liebe sie, scheinen ihr Gehirn nicht zu erreichen, oder sie ignoriert sie. Sie tobt weiter und glaubt, Karlheinz würde alles weitererzählen, ihm könne man nicht trauen. Ich solle sofort ausziehen und mich in meiner Wohnung in Shanghai von meinen unzähligen Freundinnen betutteln lassen. Sie würde sich nicht mehr um mich kümmern.

Resigniert gebe ich auf und lasse die Tirade ohne Gegenwehr über mich niederprasseln. Es geht vorbei, wie jedes Mal. Wu Meilan interveniert und bald kehrt Ruhe ein. Wenig später fordert mich Hong mit den Worten »Abendessen, du Verbrecher« auf, ihr in die Küche zu folgen. Es gibt wie immer Jiangsu-Küche, deren Besonderheiten in dem langsamen Schmoren und der leicht süßlichen Zubereitung liegen. Beim Kochen legt Li Gengnan großen Wert auf die Erhaltung des Eigengeschmacks der Zutaten, besonders bei den typischen Gerichten wie dem betrunkene Huhn, den Süßwasserkrabben oder den in Brühe gekochten Klöße mit Krebsfleisch mit Beilagen wie Reis, Süßkartoffeln und Kohl. Da mein Schwiegervater meine Vorliebe für Fisch und Meeresfrüchte kennt, werde ich oftmals mit entsprechenden Mahlzeiten verwöhnt.

Die aus Ostchina stammende Sojasauce mit frühester Erwähnung in einer Rezeptsammlung vor etwa achthundert Jahren darf nicht fehlen und wird immer reichlich zur Würzung der Speisen verwendet.
Hong erklärt mir, dass ihr Vater für den ganz besonderen asiatischen Touch Soja- und Austernsauce mischt, und ich freue mich, dass sie wieder mit mir spricht. Liegt es an Wu Meilans Diplomatie oder daran, dass beide eine elegantere Lösung erarbeitet haben, mich loszuwerden. Es bleibt spannend.
Im Fernsehen wird täglich die Nationalhymne gespielt. Der Staatspräsident ist auf Reisen und besucht jeden Tag ein anderes Staatsoberhaupt. Es wird ausgiebig marschiert und salutiert, bis die Arme brennen. Eine schöne Propaganda-Show.

Tags darauf ruft Hong in meinem Auftrag bei dem Austausch-Zentrum der Regierung an, um herauszufinden, wie viele Steuern ich auf mein Apartment zahlen muss, wenn ich das Eigentümer-Zertifikat bekommen möchte. Sie vermutet, dass ich als Ausländer doppelt so viel zahlen muss. Der Ablauf scheint recht kompliziert zu sein. Zuerst muss ich beim Bauträger alle Quittungen und Belege für das Steuerbüro sowie für die Behörde, die sich mit der Überschreibung von Eigentum auseinandersetzt, holen. Dann habe ich den von der Wohnungsgröße abhängigen Steuersatz auf den Kaufpreis zu zahlen und die originalen Quittungen hierfür vorzuzeigen. Zu guter Letzt soll ich zusammen mit dem Bauträger persönlich bei der Behörde vorstellig werden.
Beim Kauf war ich unverheiratet. Um das zu belegen, brauche ich eine Bescheinigung vom Generalkonsulat. Doch da ich jetzt verheiratet bin, gibt es diese Bescheinigung nicht mehr. Hong ist der Überzeugung, sie habe mit dem Apartment nichts zu tun. Ich bin gespannt, was letztendlich zählen wird, die Lebenssituation jetzt oder beim Kauf.
Zwei weitere Flugzeuge sind abgestürzt, eins in Taiwan und eins in Algerien, und so langsam macht sich bei Hong Angst breit, da wir ja am Wochenende nach Deutschland fliegen. Ich versuche, sie zu beruhigen, indem ich auf die Statistik zurückgreife, denn mit

jedem Flugzeugabsturz, der vor unserer Reise passiert, sinkt die Wahrscheinlichkeit, dass es auch unser Flugzeug treffen wird.
Hongs Antipathie gegenüber Hochhäusern hat sich in einem Traum manifestiert. Wir wohnten in einem solchen Hochhaus weit oben und als wir vom allwöchentlichen Einkauf zurückkamen, standen eine Menge Leute vor unserem Aufzug. An Tagen mit geraden Datumsangaben dürfte man nur auf einem Stockwerk mit einer geraden Zahl wohnen, an ungeraden entsprechend andersherum. Wer dennoch auf der falschen Etage ausstiege, würde von den dort lebenden Kannibalen gefressen.
Ich habe nichts gegen Hochhäuser, mag sie lieber als die schmalen hohen Reihenhäuser, bei denen man auf mehreren Stockwerken lebt und ständig treppauf, treppab rennen muss. In China ist die Sturzgefahr gleich doppelt so hoch, da die Chinesen dunkle Böden bevorzugen, auch auf Treppenstufen, die man dann leicht übersehen kann.
Hong hat die Worte ihrer Mutter übernommen, die immer erzählt, dass Hochhäuser bei Erbeben gefährdeter seien als ihre geliebten Villen.
Jedem das Seine.
Taifun »Matmo«, der das taiwanesische Flugzeug zum Absturz gebracht hat, fegt nun über unsere Region und wütet wie ein unberechenbarer Sturm. Durch starke Regenfälle in der vergangenen Nacht sind die Temperaturen schlagartig gesunken. Obwohl ich wegen der kalten, lauten Klimaanlage kaum geschlafen habe, ist mir das nächtliche Spektakel entgangen.
Wu Meilan hat Magenschmerzen und Durchfall und hütet das Bett. Hong glaubt zu wissen, dass verdorbene Speisen der Grund seien, denn ihre Mutter werfe niemals etwas weg, das sei ihr zu schade. Aus der hintersten Schrankecke zaubert Li Gengnan einen Yangmei-Likör hervor, der gegen Durchfall helfen soll. Das Tröpfchen ist etwas ganz Besonderes, denn er hat die kugeligen süßen dunkelroten Yangmei-Früchte mit fünfundsechzigprozentigem Alkohol aufgegossen und über Jahre stehen lassen. Drücken wir die Daumen, dass er Recht behält.
Heute ist Kofferpacken angesagt. Ich möchte unbedingt mit

meinem Sohn Tischtennis spielen, doch in dem von Hong angerichteten Chaos in der Garage finde ich meinen Schläger nicht. Ich kann nur hoffen, dass Daniel einen zweiten hat. Mir fällt mein grünes Zelt in die Hände. Kurz überlege ich, es mitzunehmen, doch da ich es fünfzehn Jahre lang vernachlässigt habe, sollte ich es erst einmal einer gründlichen Inspektion unterziehen, für die ich allerdings im Moment keine Zeit habe.

Ins Land der Franken fahren

Der Samstag verlief ohne besondere Vorkommnisse, ein alltäglicher Samstag halt. Gestern stand alles im Zeichen der Vorbereitung für unseren Flug, wobei nicht sicher war, ob wir wegen der starken Regenfälle überhaupt starten konnten. Patschnass erreichten wir die Busstation und hatten drei Stunden lang Zeit zu trocknen. Während der Bus direkt vor dem Flughafenterminal in Shanghai-Pudong hält, hätten wir bei einer Fahrt mit dem Hochgeschwindigkeitszug noch mit Mann, Maus und Gepäck in die Metro umsteigen müssen, um zum Flughafen zu kommen. Aufgrund des Taifuns hatten alle Flugzeuge Verspätung und auch wir waren davon nicht ausgenommen. Die zwei Stunden bis zur Starterlaubnis vertrieben wir uns im trockenen und bequemen Flugzeugsitz mit Zeitung lesen und Film schauen.

Trotz verspäteter Landung kommen wir mit unserem Mietwagen rechtzeitig zum vereinbarten Geschäftstermin in Augsburg an. Der Unternehmensberater Herr Helbrecht stellt die Geschäftsführung bestehend aus Ehefrau und Tochter vor, allerdings gewinne ich den Eindruck, dass dieses Treffen nur dem Kennenlernen dient, da ich keine konkreten Antworten auf meine Fragen nach neuen Aufträgen und Prozessanwendungen erhalte.

Wir holen Daniel vom Wohnheim ab, fahren mit der Tram in die Altstadt und genießen Eiskaffee und Kuchen in einem gemütlichen Café. Wir plaudern über die vergangene Fußballweltmeisterschaft, seine privaten sowie beruflichen Pläne und halten die schöne Zeit in Bilder von uns dreien fest.

Weiter geht die Fahrt nach Tschechien zur Moldau, genauer gesagt nach Český Krumlov, einer Stadt in Südböhmen mit etwa dreizehntausend Einwohnern, wo Hong eine Übernachtung gebucht hat. Gleich hinter der Grenze werden die Straßen schmaler und die Durchschnittsgeschwindigkeit geringer. Da es schon später Nachmittag ist, haben wir leider nur Zeit für eine kurze Stadtbesichtigung, bevor wir uns am Fluss bei Regen Fisch und Reh schmecken lassen und den Kajakfahrern und Bootsausflüglern zuschauen. Auf dem Weg zum Schloss treffen wir einen Nachtwächter, der den Touristen Geschichten über die Stadt erzählt. Krumme Au oder Krumau, wie der Ort auf Deutsch heißt, bekam seinen Namen aufgrund der Flußschleife der Moldau, an der sich die Menschen niedergelassen hatten. Ein schöner Park lädt zum Flanieren ein, dann begeben wir uns zu unserer Unterkunft, um völlig erschöpft ins Bett zu fallen. Aus Angst um das Auto, man hört ja einiges, kann ich nicht gut schlafen, doch Hong beruhigt mich. Es würde nicht jedes Auto geklaut, und unseres sei so klein, dass es bestimmt übersehen würde.

Nach einer sehr befriedigenden Massage von Hong stürzen wir uns auf das doch eher karge Frühstück mit Käse, Tomaten und Wurst auf alten, aber weichen Semmeln mit Tee und Kaffee. Gesättigt checken wir kurz vor elf Uhr aus und finden unser Auto unversehrt auf seinem Platz vor. Auf dem Weg nach Prag nehmen wir einen anderthalbstündigen Umweg in Kauf und besichtigen das Sedletz-Ossarium, ein berühmtes Klostergebäude, das innen mit menschlichen Skeletten ausgekleidet ist. Etwa ein Viertel der rund vierzigtausend Skelette wurde zur Formung von Dekorationen und Einrichtungsgegenstände benutzt wie für den achtarmigen Lüster in der Mitte des Untergeschosses, die aus Schädeln gestalteten spitz zulaufenden Türmchen und das aus Knochen modellierte Wappen mit einem Raben. Die Sonne verwöhnt uns, wir fotografieren alles Mögliche und laben uns an köstlicher Eiscreme. Prag empfängt uns mit Regen in Strömen und zu allem Überfluss hat das Hotel keinen Stellplatz. Den Mietwagen abzugeben und bei Abreise wieder abzuholen, würde fünfhundert Euro extra kosten, daher entscheiden wir uns für einen Tiefgaragenstellplatz in einem Casino, der unsere Reisekasse um nur zwanzig Euro pro Tag schmälert. Mit der Metro geht es in die schöne Altstadt, wo wir abends in einem italienischen Restaurant einkehren und zu Pizza und gegrilltem Fisch dunkles Bier vom Fass trinken. Die Kalorien verbrennen wir bei einem Spaziergang im Dunklen entlang der Moldau. Meinen nächtlichen Bierdurst zu stillen ist allerdings nicht ganz einfach, da manche Bars bereits gegen elf Uhr schließen. Aber ich habe Glück und kann meine Kehle mit einem kühlen, hellen Pilsner Urquell umschmeicheln.

Am nächsten Morgen arbeite ich am Computer und spüre, dass ich mal wieder eine Massage gebrauchen könnte. Hong will in die Stadt. Als ich nicht gleich reagiere, nimmt sie den Schlüssel, sperrt mich ein und geht weg. Ich werde nervös, kann aber alle wichtigen E-Mails beantworten. Nach einer Stunde kommt sie zurück und schließt auf. Ich frage, ob sie Lust hat, morgen Abend ins Theater zu gehen. Hong findet, wenn ich immer meine Frau frage, könne ich keine Führungskompetenzen entwickeln. Sie könne jederzeit Entscheidungen treffen, sie wäre eine gute Führungskraft und sei es in unserer Beziehung auch schon. Ich antworte sarkastisch, dass ich sie als Gerneral Manager weiterempfehlen werde. Dann hole ich tief Luft und streiche das Thema Theater.
Offenbar hat Hongs Chefin vergessen, dass sie sich im Auslandsurlaub befindet, denn sie beauftragt Hong per SMS mit einer eiligen Übersetzung. Da Hong nur Geld bekommt, wenn der zugehörige Fall gewonnen wird, was durchaus Jahre dauern kann, erklärt sie ihrer Chefin, sie habe keinen Internetanschluss und könne den Auftrag daher nicht bearbeiten. Auf meine Frage, warum sie nicht einfach abgelehnt hat, erfahre ich, dass die Chefin Beziehungen zur Regierung hat und Hong keine Probleme haben will.
Die Headhunterin, mit der ich bereits vor knapp einem Monat Vorgespräche geführt habe, hat wohl eine italienische Firma, die mit mir zusammenarbeiten möchte und sich von einem heutigen Skype-Termin nicht abbringen lässt. Also schleppe ich meinen Laptop mit zum Sightseeing im historischen Zentrum der Goldenen Stadt. Überall begegnen uns bauliche Formen aus den Zeiten der Gotik und des Barocks, die Karlsbrücke lädt zum Lustwandeln ein und die Prager Burg vermittelt eine kaiserliche Atmosphäre. Nachdem wir alle Sehenswürdigkeiten besichtigt haben, nisten wir uns in einem Café mit WiFi ein, doch das Interview kommt nicht zustande. Hong prahlt wieder mit ihrem Sachverstand, denn sie habe schon mit italienischen Firmen

zusammengearbeitet und wisse, dass in Italien einige Firmen im August geschlossen sind. Auch wenn das kleinlich ist, haben wir noch nicht August, denn heute ist der letzte Tag im Monat Juli. Außerdem hat die Firma diesen Termin selbst festgesetzt und dann einfach ohne Erklärung platzen lassen. Da ich dringend Aufträge brauche, schlucke ich meinen Frust runter, schlage einen neuen Termin nach meinem Urlaub vor und hoffe, nicht schon aus dem Rennen zu sein.

Beim abendlichen Spaziergang an der Moldau entdecken wir ein Restaurant mit selbst gebrautem Dunkelbier und Schifferklaviermusik. Ich bewundere die clevere Verkaufsstrategie der Bedienung, die unaufgefordert jedem Gast ein Glas Bier vor die Nase stellt, eine Strichliste anlegt und kommentarlos zum nächsten weiterzieht. Erstaunlicherweise protestiert niemand, es sei denn, es werden alkoholfreie Getränke gewünscht. Der Schnapsverkäufer hat es da schwerer, denn es gibt die verschiedensten Spirituosensorten und am Gast lässt sich nicht unbedingt erkennen, was dieser bevorzugt. Mit süßem Pflaumenwein für Hong und Becherovka für mich lässt sich der Abend genießen und kurz nach elf Uhr werden wir rausgekehrt. Auf dem Weg zur Tür leeren wir noch die halbvollen Gläser, die andere Gäste stehen lassen haben. Wir wollen ja nichts verschwenden. Allerdings macht sich der ungewöhnliche Bierkonsum besonders bei Hong bemerkbar, denn kurzzeitig verliert sie die Orientierung und ihr gesamter Körper färbt sich rot. Ein kurzer Blick auf die Aktien zeigt einen überraschenden Kursabfall, aber der Hongkong-Index macht sein eigenes Ding und ist gestiegen. Laut Hong sind das offenbar die Auswirkungen der leichten Bankenkrise in Europa und der neuen Verbindung der Hongkong-Börse mit Chinas Börsen, so dass nun auch Chinesen Hongkong-Aktien kaufen dürfen, was sie sicher kräftig nutzen.

Die erste Nachricht des neuen Tages ist eine gute: Hongs Hautfarbe hat sich wieder normalisiert, also doch keine Alkoholallergie. Zweite gute Nachricht: wir sind rechtzeitig aus den Betten gehüpft, um noch Frühstück abzugreifen. Dritte gute Nachricht: Das Wetter zeigt sich von seiner besten Seite.

Aller guten Dinge sind bekanntlich drei, demzufolge ist die vierte Nachricht eine weniger gute: Wie bekommt man sein Auto aus dem Parkhaus, wenn niemand da ist, bei dem man sein Geld los wird?
Herumfragen bringt keine Punkte, aber dann entdeckt Hong einen Knopf mit der Aufschrift INFO. Es meldet sich ein Mann und verspricht Hilfe. Nach guten zehn Minuten kommt jemand auf uns zugeradelt und verlangt nach einem Blick auf meinen Einfahrtbeleg tausend Kronen, nur Bargeld, keine Euros und Scheck schon gleich gar nicht. Im Gebäude befindet sich eine Bank, bei der ich kurz vor der Mittagspause die gewünschte Summe für vierzig Euro bekomme.
Auf der Fahrt zum nächsten Etappenziel rollen wir durch den Böhmischen Wald, der nach der Grenze zum Oberpfälzer Wald wird. Im angrenzenden Fichtelgebirge parken wir beim Felsenlabyrinth nahe Wunsiedel und wandern durch den Wald bis zum Gipfel hinauf und werden mit einer atemberaubenden Aussicht belohnt. Vom Beerenpflücken sind unsere Hände ganz blau, aber da wir außer einem Paar niemandem begegnen, fällt es nicht weiter auf. Der Rückweg bergab führt uns durch das bekannte Felsenlabyrinth Luisenburg und wir stellen fest, dass wir unbeabsichtigt den Eintritt geprellt haben, da wir zufällig von einem der Wanderwege auf das Labyrinth gestoßen sind.
Wir machen einen kurzen Zwischenstopp bei der Frau meines Studienkollegen, die beide bei unserer Hochzeit dabei gewesen waren. Er ist unterwegs, während wir mit seiner Frau Tee trinken und plaudern. Die Gegend ist wirtschaftsarm und die Gewinne gerade in ihrem Schneidergeschäft sind gering. Auf der einen Seite stehen viele Häuser leer, da niemand hier sesshaft werden möchte, auf der anderen Seite fehlen Fachkräfte, um die wenigen Firmen zu halten und die Wirtschaft anzukurbeln.
Bevor Hong und ich zu meinem Vater Erich und meiner Schwester Julia nebst den bereits volljährigen Nichten Michelle und Elena aufbrechen, gönnen wir uns ein fränkisches Abendessen. Kurz nach zehn erreichen wir die Tausend-Seelen-Gemeinde Schneckenlohe, in dem noch erstaunlich viele Menschen auf den

Beinen sind. Erst als wir das Auto leergeräumt und mit Hilfe meines Schlüssels ins Gästezimmer gebracht haben, erscheint Julia an der Tür und begrüßt uns. Mein Vater und die beiden Nichten schlafen schon friedlich, Julia ist gerade auf dem Weg zum jährlich stattfindenden Heimatfest. Daher der Menschenauflauf in den Dorfstraßen und die Rockmusik, die nun vom Marktplatz herüberschallt!
Wir lehnen die Einladung meiner Schwester, sie zu begleiten, ab, da wir ziemlich müde und kaputt sind. Mit Ramazzotti und Eierlikör als Schlaftrunk kann mich nichts mehr wachhalten.

Lange hab ich nicht mehr so gut geschlafen, keine laut röhrende, kalte Luft verströmende Klimaanlage, kein Verkehrslärm oder sonstige störende Geräusche. Den strahlend blauen Himmel nehmen wir zum Anlass für eine kleine Joggingrunde, doch allzu viel Zeit haben wir nicht, denn meine Schwester hat den Samstag straff durchgeplant. Unterwegs finden wir Pflaumen, oder sind das Zwetschgen? Egal, wir gönnen uns ein paar der blauen, süßen Früchte, die auf dem Boden liegen. Zum Glück haben sich noch keine Würmer darüber hergemacht. Brombeeren verschmähen wir auch nicht und kehren trotz Snackpausen pünktlich zum Essen zurück.
Da Julia nur Sprudelwasser hat, besorgen Hong und ich für uns Wasser ohne Kohlensäure, da wir den sprudeligen Charakter nur im Bier mögen.
Auf dem Weg hat Hong ein Maisfeld entdeckt und will ein paar Maiskolben pflücken, auch Pflaumen und Brombeeren stehen auf ihrem heutigen Ernteplan. Ich weise Hong darauf hin, dass auf den Feldern nur Futtermais angebaut ist, der nicht unbedingt zum Verzehr für Menschen geeignet ist. Um ihr den Spaß nicht gänzlich zu verderben, behalte ich für mich, dass es sich bei ihrem Unterfangen um Diebstahl handelt.
Die Tupperdosen füllen sich schnell und der Mais verschwindet im Rucksack, bis wir alles in der Speisekammer lagern, um uns morgen darüber herzumachen.
Mein Vater lädt uns heute Abend ein und bei Bratwurst und Bier

feiern wir mit der Dorfgemeinde im Festzelt, was das Zeug hält. Michelle und Elena haben sich freiwillig als Bedienung einteilen lassen, so dass wir sie nur zu Gesicht bekommen, wenn wir etwas bestellen. Ich treffe ein paar Bekannte und plaudere ausgelassen, Hong macht Fotos und klatscht begeistert zur Musik. Mein Vater verabschiedet sich recht früh, wir warten noch das Oberfrankenlied und die derben Witze ab, bevor wir ihm folgen.

Der sonntägliche Gottesdienst wird im Festzelt abgehalten und zwei Chöre, ein Posaunen- und ein Gospelchor, begleiten die Andacht. Natürlich fehlen auch die obligatorischen, durch einfache Gitarrenklänge untermalten Kirchenlieder und Pfarrer Munzerts heitere Witze nicht. Nach dem Gottesdienst übereicht Hong ihm und seiner Frau ein von Hand bemaltes Tuch aus China als Geschenk und als Dank für unsere Trauung im letzten Winter.

Ganz in Familie sitzen wir gemütlich zuhause und plaudern über alle möglichen Themen. Als ich unbeachtet meiner Finanzlage spontan erzähle, dass ich eventuell ein Haus oder eine Wohnung in Oberfranken kaufen möchte, verrät mir mein Vater, dass im Dorf eine Villa zum Verkauf steht. Dann erfahren wir, dass die Täter, die bei einem Einbruch in einen Supermarkt dessen Besitzer getötet haben, noch immer auf freiem Fuß sind, da es keine Überwachungskamera gegeben hat. In China leben wir, was das angeht, sehr viel sicherer, da man besonders in Großstädten und beim Übergang von einer Provinz in die nächste keinen Schritt machen kann, ohne von einer Kamera eingefangen zu werden.

Wir genießen die Urlaubstage in aller Ruhe, machen das Festzelt unsicher, plaudern über Gott und die Welt und China und pflücken Brombeeren. Vorgestern haben wir noch einen Abstecher zu meinen Verwandten in Mödlitz gemacht und mit den Gästen der Ferienwohnungen zusammengesessen.

Gestern wollte ich meinen alten Lappen gegen einen neuen Führerschein eintauschen und einen neuen Personalausweis beantragen. Dummerweise habe ich nicht daran gedacht, dass man ja nach zehn Jahren neue Passbilder benötigt und habe mal wieder Zeit verschwendet. Zudem erklärt mir die Sachbearbeiterin in der Gemeindeverwaltung, dass die Ausstellung des Personalausweises

zwei bis drei Wochen dauere. Also muss der gute, alte Reisepass weiterhin für alles herhalten.
Hong ist natürlich alles andere als begeistert über mein Nichtwissen und lässt mich das deutlich spüren. Auch muss ich mir lang und breit anhören, dass auch der neue Personalausweis für mich keinen großen Wert hat, auch wenn man damit in Deutschland Online-Formulare ausfüllen und eine elektronische Signatur verwenden kann. Auch die Nutzung an Fahrkartenautomaten erscheint ihr nicht sinnvoll, da ich mich nur wenige Wochen im Jahr in Deutschland aufhalte. Kurzerhand wird auch der neue Führerschein gestrichen, denn ich kann auch hier vorübergehend meinen chinesischen Führerschein nutzen und mein deutscher ist noch einige Jahre gültig.
Mein Vorstellungsgespräch bei einer Firma in Kronach läuft nicht wie erhofft, denn in deren Werk in Nordchina werden keine Werkzeuge gebaut, sondern nur repariert, instandgesetzt und gewartet. Zudem sind dem Personalchef meine Gehaltsvorstellungen zu hoch, so dass ich das Thema Interim Management anspreche und meinen Tagessatz nenne. Mal sehen, was daraus wird.

In Vorbereitung auf die Feierlichkeiten zur Golden Hochzeit feiern wir uns mit Leberkäs und Pizza warm und veranstalten eine ausgiebige Weinprobe mit den Inhabern des fränkischen Weingutes Sauer aus Nordheim. Auf dem Weg nach Schneckenlohe hatten sie noch bei einer Brauerei in Oberfranken Halt gemacht, da für die Verschiffung von Schwarzbier und Hefeweißbier in Dosen nach China eine Abfüllanlage in Würzburg eingekauft werden soll und dafür noch Investoren gesucht werden müssen.
Ich nutze die Gelegenheit, meine Dienste für den Wein- und Bier-Vertrieb nach China anzubieten, und bringe meine Erfahrungen mit dem chinesischen Markt an. Ich vergesse auch nicht zu erwähnen, dass ich während meiner Studentenzeit beim rheinhessischen Weingut Jakob im Direktvertrieb gearbeitet und mich mit Weinanbau und Weinproben beschäftigt habe.

Wir probieren uns durch die verschiedenen Weinsorten, natürlich ganz wie Sommeliers, die den Wein nur testen und nicht trinken, sondern wieder ausspucken. Trotzdem ist Hong nach der Weinprobe recht müde, da das mit dem Nichtschlucken manchmal nicht so geklappt hat, und legt sich zum Schlafen auf das Sofa.
Währenddessen plaudere ich mit den Weinherstellern und erfahre, dass sie bereits vor zwei Jahren den Export von Wein und fränkischem Bier nach China gewagt hatten, jedoch offenbar an einen betrügerischen Chinesen geraten waren, der die gesetzlichen Etikettiervorschriften umgangen hatte und auch beim Zoll lief es wohl nicht reibungslos. Es war ein Verlustgeschäft, da keine Rückmeldung über Verkaufszahlen kam und auch kein Geld floss. Auch der Export hochwertiger Weingläser scheiterte letztendlich am Preis und an der Abwicklung.
Nach ein paar vagen Tipps meinerseits, man sollte sein Geschäftswissen nicht unentgeltlich preisgeben, sonst läuft man Gefahr, dass der Deal ohne einen über die Bühne geht, lassen wir das Geschäftliche erst einmal ruhen.
Auf unserem Spaziergang durch Schneckenlohe pflückt Hong wilde Blumen am Wegrand, die sie auf das Grab meiner Mutter legt. Wir verweilen noch kurz, bevor wir uns müde und leicht alkoholisiert zu Bett begeben.
Endlich ist Samstag und gegen ein Uhr am Nachmittag steigt die Feier zur Goldenen Hochzeit meiner Pateneltern Brunhilde und Ulrich. Sie beginnt in der Kirche und wird als Hoffest mit Musik, vielen Leckereien und heiteren Gesprächen fortgeführt. Daniel lässt es sich nicht nehmen, das Hoffest mit seiner Anwesenheit zu beehren und so können wir uns noch ein wenig unterhalten. Er hat sich bei seiner Mutter in Stein bei Nürnberg einquartiert, um ausgiebig mitfeiern zu können. Mit Alkohol hat er es nicht so, daher mache ich mir keine Gedanken über seine nächtliche Fahrt. Da wir noch Kofferpacken müssen, gehen wir nicht allzu spät, normalerweise hätten wir bis weit nach Mitternacht mitgefeiert.

Nach dem Mittagessen am Sonntag verabschieden wir uns von meinem Vater und fahren nach Stein, um Daniel zum

Tischtennisspiel abzuholen. Beim langersehnten Spiel mit meinem Sohn habe ich keine Chance zu gewinnen, was Hong, die auf einer Schaukel sitzt und sich ausruht, gleich zum Anlass nimmt, mir unter die Nase zu reiben, dass ich tatsächlich nie gewinne, egal in welchem Bereich. Ich lasse das einfach im Raum stehen, da ich weiß, dass das nicht stimmt.

Daniel möchte nicht in die dorfeigenen Eisdiele gehen, da das Eis dort nicht schmeckt, also machen wir uns auf den Weg in den Nachbarort. Die Sonne gibt alles und daher ist die Eisdiele überfüllt. Hong beschließt, allein den Ort zu erkunden, und Daniel und ich haben in einem nahen Café noch zwei freie Plätze gefunden und lösen bei Eiskaffee meine Computerprobleme am Laptop, den ich mitgeschleppt habe.

Am Münchener Flughafen verbringen wir die restliche Zeit bis zum Flug mit Abendessen in der Lufthansa-Senator-Lounge und Einkäufen im Duty-Free-Shop, wobei nur Hong ein teures Parfüm ersteht, während ich diesmal auf den Kauf von Alkohol verzichte, da er nicht gerade preiswert ist und wir zudem noch genug zuhause haben.

Der Flug verläuft ruhig und ohne besondere Vorkommnisse, so dass wir unserer Pflicht in einer Notsituation nicht nachkommen müssen. Gestern am Schalter hatte man uns die Plätze am Notausgang mit größerer Beinfreiheit schmackhaft gemacht, was allerdings damit verbunden war, im Notfall die Tür zu öffnen und die anderen Passagiere am Ende der Rutsche in Empfang zu nehmen.

Hongs Husten meldet sich zurück und Schnupfen hat sich noch dazugesellt. Sie weist jedoch meine Vermutung auf Erkältung durch Klimaanlage und trockene Flugzeugluft zurück und behauptet, sie hätte eine Allergie. Fragt sich nur wogegen, denn bisher trat ihr Husten in unterschiedlichen Ländern auf, die kaum Gemeinsamkeiten haben.

Der Langstreckenbus bringt uns zum Bahnhof in Suzhou, wo meine Schwiegereltern schon mit dem Auto auf uns warten. Um Kraftstoff zu sparen, fährt Li Gengnan wie immer auch im

Dunkeln ohne Licht. Zusätzlich wird der Sicherheitsfaktor noch durch die nur eingeschränkt funktionstüchtigen Scheibenwischer geschwächt, die ihren Dienst nur mit Unterstützung der Insassen der vorderen Reihe verrichten. Ich sollte meine Flüge in Zukunft wohl besser so planen, dass ich nur bei schönstem Sonnenschein abgeholt werde.

Als ich am nächsten Morgen aufwache, röhrt die Klimaanlage, doch bei vierzig Grad kann ich das akzeptieren, vor allem da es in Deutschland sehr viel kühler im Vergleich zu Suzhou war.

Hong bleibt dabei, dass eine Erkältung nicht der Grund für ihren Husten ist. Angeblich wäre es auch schon viel besser, seit wir wieder in China sind, daher müsse es an Deutschland liegen und sie bräuchte beim nächsten Besuch einen Mundschutz höchster Filterklasse. Auch müsse sie wieder mehr Obst essen, denn in Deutschland gab es davon zu wenig. Komisch, zählen Pflaumen und Brombeeren, von denen sie ja reichlich hatte, nicht zu Obst?

Dann gibt sie mir den Rat, meine japanischen Aktien zu verkaufen oder entsprechend anzupassen, da die beschlossenen Sanktionen gegen Russland auch Auswirkungen auf Japan hätten. Nach einer kurzen Prüfung entscheide ich mich allerdings für das Gegenteil, da sich der Kurs offenbar rasch erholt hat.

Leider gibt es auch schlechte Nachrichten, denn vor zehn Tagen ist im Nachbarort Kunshan eine Automobilzuliefererfabrik explodiert, die Radnaben für ausländische Autohersteller poliert. Aufgrund der recht leger gehandhabten Sicherheitsvorkehrungen, was in China keine Seltenheit ist, kam es wohl zur Entzündung des Staubs, der beim Polieren entsteht. Mehr als siebzig Tote und unzählige Verletzte sind zu beklagen, für die Versorgung der Brandwunden reisten Spezialisten aus Shanghai an. Der Staat zog die Konsequenzen und schloss nur vier Tage später kurzerhand über zweihundert weitere Firmen, bei denen auch das Risiko einer Staubexplosion bestand. Zudem wurde das jährlich in Kunshan stattfindende Bierfestival, das übermorgen starten sollte, wegen der Trauer abgesagt.

Mit Ralf, dem mäkeligen Zeitgenossen, bespreche ich die Vermietung meines Apartments, das wenigstens für drei Monate

Geld einspielen wird. Ich muss allerdings erst noch Geld investieren, denn momentan fehlen noch Waschmaschine, Fernseher und Internetanschluss. Ich hoffe auf Hongs Hilfe, aber da hab ich mal wieder aufs falsche Pferd gesetzt – was für ein Wortspiel, ist sie doch im Jahr des Pferdes geboren –, da sie der Meinung ist, sie müsse sich ausruhen, bis ihr Husten vorbei ist. Da kann ich warten bis zum Sankt-Nimmerleins-Tag, denn Hong sieht offenbar keine Notwendigkeit, ihren Husten ärztlich abklären zu lassen.

Herr Helbrecht lässt mal wieder etwas von sich hören, jedoch will er nur von meinen Erfahrungen über Pulverlack-Beschichtung profitieren, da er Probleme mit der Qualität eines chinesischen Produkts hat. Ich fasse mich recht kurz, da ich meine Kenntnisse nicht kostenlos zur Verfügung stellen möchte. Seiner Reaktion nach zu urteilen ist er nicht begeistert, wobei mir unklar ist, ob es direkt an meinem Vorschlag oder an meiner Zurückhaltung liegt.

Um den Streitereien um mein Apartment ein Ende zu setzen, entscheidet Wu Meilan heute, dass wir am Donnerstag alle vier nach Shanghai fahren und eine Nacht dort bleiben. Vielen Dank liebe Schwiegermama!

Mit neuem Elan verfasse ich eine Bewerbung, denn eine deutsche Firma sucht einen Projektleiter für den Verkauf in Dalian, das westlich von Nordkorea liegt, also sehr, sehr weit im kalten Norden Chinas. Aus Erfahrung weiß ich, dass deren Anliegen, ihre Maschinen auf den chinesischen Markt zu bringen, nicht ohne schwierigen Hürdenlauf möglich sein wird.

Am Abend bringt Hong mir chinesische Schimpfwörter bei, die ich mir unbedingt merken möchte, denn damit kann ich sicherlich Eindruck schinden. Hier eine kleine Auswahl:

Wort	Deutsch	Bedeutung
zāogāo	dumm	Mist, verdammt
bèndàn	dummes Ei	Dussel
Shísāndiǎn	dreizehn	dumme Sau
èrbǎiwǔ	zweihundertfünfzig	Trottel, Idiot
Shǎbī!	dumme Vagina	dumme Fotze

Beim letzten stutze ich, denn diesen Begriff kenne ich von meinem früheren Fahrer, der diesen Ausdruck reichlich und lautstark benutzte. Nun bin ich gerüstet für einen Schlagabtausch.
Zu später Stunde trifft unangemeldet Verwandtschaft ein, Jassica Liu mit ihrem Sohn Bao Bao. Hong beschenkt sie mit einer teuren Tafel Schokolade und billigem Shampoo aus Deutschland und ein Gespräch kommt in Gang. Ich entschuldige mich, da ich noch etwas zu tun hätte, und verschwinde schnellstens im Büro, denn ich verstehe ohnehin nicht viel. Nach einer Weile wird es ruhig, fast unheimlich ruhig. Ich steige langsam die Treppe hinab und erfasse mit einem Blick das Bild. Jassica ist mit ihrem iPhone beschäftigt, während Bao Bao auf Hongs iPad spielt. Meine Frau unterhält sich mit ihrer Mutter. Kommunikation unter chinesischen Verwandten!
Hong schickt mich zum Einkaufen, also wolle sie mich von der tristen Runde ablenken. Ich hole Wasser und Eis und schenke eins davon Bao Bao, der sich mit leuchtenden Augen darüber hermacht. Hong wirft mir vor, ich verhalte mich nicht gerade taktvoll, da ich doch wisse, dass sie erkältet sei. Aha, auf einmal ist es keine Allergie mehr, nun ist es doch eine Erkältung. Ich hole tief Luft und verstaue ihr Eis im Eisfach.
Nicht lange danach verabschiedet sich der Besuch und wir können endlich mit dem geplanten Abendprogramm beginnen. Um meine Schwiegereltern an unserer Deutschlandreise teilhaben zu lassen, hatte ich gestern ein paar Fotos und Videofilme zusammengestellt, die wir nun mit Erzählungen auf einer weißen Wand präsentieren.

Der Kampf mit dem Bauträger

Der Weg nach Shanghai gleicht einer Odyssee, denn zuerst fährt Li Gengnan aufgrund des nicht eingeschalteten Navis Richtung Süden. Hong erklärt, wir fahren eine andere Strecke, die direkt zum Apartment führe. Aber nach einer Stunde sind wir immer noch in Suzhou und es stellt sich heraus, dass wir im Kreis gefahren sind. Während meine Schwiegereltern Leute auf der Straße nach dem Weg fragen, versucht Hong, das Navi in Gang zu setzen. Ich sitze still auf meinem Platz und frage mich, wie die drei sich bisher zurecht gefunden haben und wer auf die glorreiche Idee gekommen ist, einen anderen Weg als sonst zu fahren.
Es geht wieder nach Süden auf die Landstraße, aber endlich nach Plan, und wir sind um einiges schneller und sicherer als bisher. Li Gengnan redet seine verquere Fahrweise damit heraus, dass er mir die Kosten für die Autobahnmaut ersparen wollte. Diese Rechnung ist wohl nicht ganz aufgegangen, denn durch unsere Irrfahrt haben wir sicher mehr Kraftstoff verbraucht, als die Maut gekostet hätte. Ich lehne mich zurück und versuche gelassen Vokabeln zu lernen, um damit den Zeitverlust einigermaßen zu kompensieren und meine Nerven zu beruhigen.
An der Rezeption der Wohnanlage liegen die Unterlagen für meine Eigentumswohnung, die ich für die Übertragung auf mich benötige, nicht vor und wir bekommen heute keinen roten Stempel. Die Rezeptionistin verspricht, die Dokumente persönlich beim Bauträger, der sich im Nachbarort aufhält, zu holen und uns am Abend zu bringen. Allerdings stellt sich im Laufe des Tages heraus, dass sie die Aktion auf morgen früh verschieben muss.
Hong nimmt das wieder zum Anlass, mich ausgiebig zu rügen, denn ich hätte ja vorher telefonisch die Unterlagen anfordern können, so dass sie bei unserem Eintreffe vorliegen und wir nicht wieder Zeit verschwenden. Mein Einwand, Zeit wäre doch in China relativ, hat nur noch mehr Rage seitens Hong zur Folge.
Wir nutzen die Gelegenheit, um alles zu besorgen, was im Apartment noch fehlt und bei der chinesischen Telekom bekomme

ich zum Telefon- und Internetanschluss ein kostenloses Handy dazu.
Entgegen der Planung fahren Wu Meilan und Li Gengnan doch nach Suzhou zurück, Hong und ich dagegen bleiben in Shanghai, da wir morgen sicherlich meine Unterlagen bekommen und die Handwerker kommen.
Einige unserer Kleidungsstücke und ein Teil der Bettwäsche sind verschimmelt, da seit unserem Aufenthalt nicht mehr gelüftet worden ist und die Luftfeuchtigkeit aufgrund der Regenfälle sehr hoch war. Ich stecke die Wäsche in den Wäschekorb, aber Hong, um ihre Gesundheit besorgt, holt sie wieder heraus und wirft sie weg. Wahrscheinlich hat sie damit sogar recht.

Als die Lieferanten über Telefon ankündigen, bin ich irritiert, denn wir haben eine Sprechanlage. Aber die scheint momentan defekt zu sein. Ich bin zu müde, um mich darüber aufzuregen, lasse die Lieferanten herein und zeige ihnen, wo Waschmaschine und Fernseher hingehören. Als gleich nach dem Abstellen der Geräte meine Unterschrift verlangt wird, erkenne ich, dass ich gestern vergessen habe, die Montage gleich mit zu beauftragen. Fehler passieren, ich muss jemanden besorgen, der das erledigen kann.
Als das Telefon erneut klingelt, ist Hong wütend, da sie sich wegen ihres Hustens und der Halsschmerzen noch etwas ausruhen wollte. Meine entschuldigende und tröstende Umarmung lehnt sie kategorisch ab und nimmt das Gespräch an. Die Rezeptionistin unserer Wohnanlage teilt uns mit, dass es leider fünf Tage dauern wird, bis meine Dokumente vorliegen, da die Download-Website der Regierung aus unerfindlichen Gründen momentan nicht verfügbar ist.
Müdigkeit aufgrund von Schlafmangel und ihre Erkältung machen Hong so zu schaffen, dass sie schlagartig auf Aggressivität umschaltet und sowohl die Frau als auch mich aufs Übelste beschimpft. Eigentlich ist der Mix aus Deutsch und Chinesisch ein witziges Kauderwelsch, aber trotzdem ist mir grad nicht zum Lachen zumute.
Irgendwie schaffe ich es, meiner Frau das Telefon aus der Hand zu

nehmen und mich halbwegs richtig von der Rezeptionistin zu verabschieden, bevor ich auflege. Es reicht, wenn Hong mir die Hölle heiß macht, auch wenn ich mal wieder nichts für die Misere kann.

Diesmal soll ich zu Shuming, meiner früheren Freundin, gehen, die mir damals beim Kauf des Apartments geholfen hat. Hong ist so in Rage, dass sie Gläser von dem Küchentisch nimmt und sie voller Wucht auf den Boden knallt. Durch die offenen Türen spritzen die Scherben in nahezu alle Räume und zu allem Überfluss waren sie teilweise noch mit Flüssigkeit gefüllt, die nun überall Pfützen bildet.

Als Hong bewusst wird, was sie angerichtet hat, schreit sie mir zu, es wäre alles meine Schuld, legt sich ins Bett und verkriecht sich unter der Decke, so dass ich nicht einmal eine Haarsträhne von ihr sehe.

Seufzend beseitige ich das Chaos, so gut es geht, und hoffe, dass keine kleinen Splitter mehr irgendwo herumliegen und die Mieter oder uns verletzen könnten. Ich kümmere mich um einen Installateur für die Waschmaschine, der mir einen Termin morgen früh anbieten, den ich natürlich annehme.

Bedrückenderweise scheint Hongs Groll heute nicht so schnell abzuflauen wie gewöhnlich, denn auch als sie aufgestanden ist, hockt sie am Esstisch in der Küche, während ich am Schreibtisch im Wohnzimmer sitze. Sie brauche Abstand und wolle mich nicht ständig anschauen müssen, denn dann würde sie irgendwann genauso blöd werden wie ich, und es müsse ja wenigstens einer in der Familie geistig fit bleiben.

Auch die Tatsache, dass ich nicht vorher geprüft habe, ob man die Fernseher überhaupt an der Wand anbringen kann, bessert unser Verhältnis nicht gerade, denn es stellt sich natürlich heraus, dass die Steinplatten im Wohnzimmer zu dünn sind. Wenigstens kommt auch gleich der Hausmeister, um die Sprechanlage zu reparieren und teilt mir mit, dass morgen ein Mitarbeiter des Fernsehanbieters eine Verbindung herstellt. Das Telefon funktioniert tadellos und ich bin erstaunt, dass es doch Dinge gibt, die schnell erledigt werden.

Die Wandhalterung für den Wohnzimmerfernseher können wir zurückgeben. Allerdings nicht ohne Spießrutenlauf, denn jede Verkäuferin sagt zur Geldrückzahlung etwas anderes, so dass sich Hong lauthals beschwert und mit der Polizei droht, bis schließlich die Geschäftsführerin entscheidet, dass wir doch wie vereinbart unser Geld in bar ausgezahlt bekommen.

Hong scheint wieder besänftigt und so erfahre ich auf dem Heimweg wieder etwas über kulturelle Unterschiede, der auch gleichzeitig den unverhofften Besuch ihrer Cousine Jassica erklärt. In China ist es wohl Tradition, dass Kinder je nach Vermögen der Eltern entweder den Nachnamen der Großeltern mütterlicherseits führen oder eben den der Eltern des Vaters. Bao Bao ist nach Jassicas Mutter benannt, da zwar Jassica selbst nicht vermögend ist, aber ihre Eltern. Nun ist ein zweites Kind geplant, das den Nachnamen der väterlichen Großeltern erhalten soll, aber Jassicas Vater spricht sich dagegen aus, da auch die Eltern von Jassicas Ehemann arm sind und er nicht einsieht, für ein Kind zu zahlen, das nicht seinen Namen trägt. Nun wird es solange kein zweites Kind geben, bis sich die eine oder die andere Partei durchgesetzt hat.

Vor allem kann es innerhalb der Familie zu Streitigkeiten kommen, wie ein Beispiel zeigt, dass mir Hong erzählt. In der Verwandtschaft gibt es ein Zwillingspärchen, das gemäß der Tradition unterschiedliche Nachnamen trägt. Die Kleinen beschimpfen sich ständig gegenseitig und diskutieren, welcher Familie was gehört. Als ob der Familienzusammenhalt nicht ohnehin schon schwer zu bewahren ist!

Wie gut, dass es meinem Vater egal ist, wie seine Enkelkinder heißen werden, Hauptsache, sie sind gesund und glücklich.

Am Samstat hat Hong noch immer Halsschmerzen und ihre Stimme klingt kratzig, aber sie ist nicht heiser genug, um mich nicht beschimpfen zu können. »Du bist schuld an allem! Du nutzt mich und meine Eltern nur aus und bist nur hinter unserem Geld her!"

Ich ignoriere sie und filtere die englischsprachigen Kanäle heraus, nachdem der Mitarbeiter vom Fernsehanbieter innerhalb weniger Sekunden die Fernseher angeschlossen und eingestellt hat.

Während die Waschmaschine angeschlossen wird, prüft ein Techniker die Sprechanlage, die zwar prinzipiell wieder funktioniert, aber die Verbindung zum Wachpersonal ist weiterhin unterbrochen, was in Notfällen verheerend sein kann.

Als ich aufräume, entdeckt Hong mehrere Flecken auf einem Betttuch und schon kippt der Haussegen in die Waagerechte. Die Flecken seien keinesfalls von ihr, daher muss ich heimlich mit einer Frau hier geschlafen haben. Sie reißt mir wütend das Laken aus der Hand und entsorgt es im Abfall.

Ich bin froh, dass Hong noch nicht mit mir nach Suzhou zurückkehren möchte, da sie noch zu tun hätte. Nach dieser neuen Anschuldigung brauche nun ich Abstand, doch das ist mir nicht vergönnt, denn es gießt in Strömen und Hong will mir den einzigen Regenschirm nicht geben, da sie ihn später auch brauchen könnte. Also gehe ich zum Fernsehen ins Schlafzimmer, um einerseits durch die Beschallung nicht noch mehr Unmut bei Hong heraufzubeschwören und andererseits habe ich so etwas räumlichen Abstand.

Nach dieser kleinen Erholungspause geht es auf dem Weg zur Metro jedoch weiter mit den Schimpftiraden und manchmal schäme ich mich dafür, dass meine Frau in aller Öffentlichkeit herumpöbelt. Meine Familie in Deutschland wäre rein materialistisch eingestellt, was allerdings niemanden glücklich machen würde. Mein Vater hätte seine Frau durch den Psychoterror seiner Mutter umgebracht und meine Schwester hätte sich von ihrem Mann scheiden lassen. Auch ich beabsichtigte, Hong umzubringen, indem ich ihre Erkältung und die Bronchitis herbeigeführt hätte. Und ich behandelte sie wie eine Sklavin, die permanent unentgeltlich für mich arbeiten müsse, ohne dass ich ihr Pausen zum Ausruhen gewährte.

Wieder schlucke ich alles und frage mich, was sich Hong aus meinen Erzählungen zusammenfantasiert. Meine Eltern haben damals nicht unbedingt aus Liebe geheiratet, sondern weil ich unterwegs war. Es waren halt andere Zeiten. Im Haus der

Schwiegermutter hatte es meine Mutter schwer, denn sie wurde nur verbal niedergemacht und herumkommandiert. Allerdings starb sie an Krebs und mein Vater hatte bei ihrem Tod keine Hand angelegt. Die Beweggründe meiner Schwester für ihre Scheidung habe ich Hong nie mitgeteilt, das geht nur meine Schwester etwas an, aber ich weiß, dass diese Gründe sehr viel schwerwiegender waren als die Nichtigkeiten, die Hong bei ihren beinah täglichen Drohungen für eine Scheidung anführt.

Ich fühle mich gerade in meine erste Ehe zurückversetzt, denn die Streitigkeiten mit meiner jetzigen Exfrau begannen, nachdem wir den Ehevertrag unterschrieben hatten. Es ging nur noch darum, wer was zu bezahlen hatte und wem was gehörte. Das auseinander zu halten war aufgrund der aufwendigen Buchhaltung zusätzlich noch erschwert. Das möchte ich in meiner neuen Ehe unbedingt vermeiden, aber ich befürchte, dass ich da auf bereits verlorenem Posten kämpfe.

Am Bahnhof haben wir Pech, denn im nächsten Zug sind nur noch Sitzplätze in der 1. Klasse frei, die Hong verständlicherweise nicht bezahlen möchte. Ich staune, denn wir sind offenbar doch in der Lage, ab und zu der gleichen Meinung zu sein. Unsere Geduld, eine Stunde auf den nächsten Zug zu warten, wird mit halbleeren Wagons belohnt. Zuhause erfahren wir auch den Grund, denn vor knapp zwei Stunden wurden die Olympischen Jugendspiele in Nanjing, etwas mehr als zweihundert Kilometer nordwestlich von Suzhou, eröffnet.

Am folgenden Tag geht es Hongs nicht gut, ihre Augen sind geschwollen, sie hat schlecht geschlafen und der Husten hört nicht auf.

Auch ich stehe wohl kurz vor einer Erkältung, denn ich niese fröhlich vor mich her. Wahrscheinlich liegt es am Temperaturumschwung von dreißig Grad in Shanghai zu dreiundzwanzig Grad hier.

Ich zwinge mich dazu, meine Homepage wieder in Angriff zu nehmen, denn es ist für den Erfolg meiner Firma maßgeblich, meine sämtlichen Dienste zu kommunizieren. Da ich schon mehrfach Pech mit Anbietern hatte, möchte ich nun alles komplett selbst in der Hand behalten, daher bin ich gegen Daniels Vorschlag, ein Lastenheft zu schreiben und ein externes Entwicklerstudio sowie Webdesigner, Datenbankersteller und einen Frontendprogrammierer zu beauftragen. Ich bin aufgrund meiner Erfahrungen sehr skeptisch, denn meine erste deutsche Webseite wurde vom Provider abgeschaltet, da ich aufgrund einer Reise meine zusätzlichen Gebühren für ein Video, das zu viel Datenvolumen benötigte, nicht bezahlt hatte. Der Provider hielt es ärgerlicherweise nicht für nötig, mit mir in Kontakt zu treten und erst einmal den üblichen Mahnverkehr in Gang zu setzen. Meine zweite Website, diesmal eine chinesische, wurde zerstört, da die Antivirensoftware aufgrund der Kündigung des Programmierers nicht aktualisiert wurde und sich so ein Virus einschleichen konnte. Die letzten beiden Websites habe ich selbst vom Internet genommen und den Providern gekündigt, da der Service und die Kommunikation katastrophal waren und ich nur abgezockt wurde. Für Änderungen sollte ich immer im Voraus bezahlen, doch ich musste mehrfach nachhaken, bis meine Wünsche trotz horrender Gebühren endlich umgesetzt worden waren.

Nun möchte ich alles selbst in die Hand nehmen und nur die Domain gegen Gebühren zur Verfügung gestellt bekommen, so dass ich selbst entscheiden kann, wann ich was wie anpasse. Zum Glück gibt es mittlerweile erschwingliche Programme zur Erstellung von Websites für den Hausgebrauch, die auch noch vorgefertigte Layouts bieten, um den Aufwand in Grenzen zu halten und ohne Programmierkenntnisse gleich loslegen zzu können. Das ist sicher nicht die allerbeste Lösung für meinen Geschäftsauftritt, aber aufgrund meiner nicht gerade berauschenden finanziellen Lage habe ich leider keine andere Wahl.

Die Fettnäpfchen werden nicht weniger, wobei ich mir nicht sicher bin, ob mich Hong diesmal absichtlich hat auflaufen lassen: Beim Brunch servierte Li Gengnan Fisch und stellte ihn direkt zwischen Hong und mir ab. Daher nahm ich an, dass er keinen mochte und langte wie Hong ordentlich zu. Als der Fisch alle war, tadelte meine Frau mich, dass ich ihrem Vater nichts angeboten hätte. Ich wäre unhöflich und egoistisch. Wäre das ein Geschäftsessen gewesen, hätten die anderen geglaubt, ich würde bei gemeinsamen Geschäften den gesamten Profit für mich behalten. Damit würde ich mir lukrative Geschäfte versauen.

Wieder bin ich der Dumme, obwohl Hong mindestens genauso viel Fisch verdrückt hat wie ich. Da Li Gengnan die Platte direkt zwischen uns gestellt hatte, obwohl es mehr als genug Platz auf dem Tisch gab, fühle ich mich in meiner Annahme bestätigt. Meine Argumente zählen wie immer nicht und ich habe das Nachsehen.

Es bleibt das Gefühl, den Außenseiterstatus in dieser Familie nie loszuwerden. Dass ich im Kreise der Verwandtschaft keine geschäftlichen Themen anspreche, da Wu Meilan Geschäfte zwischen Familienmitgliedern grundsätzlich ablehnt, weil das unweigerlich zu Streitigkeiten führt, kann ich akzeptieren. Aber aufgrund der Sprachbarriere bin ich komplett abgeschottet und keiner traut sich, mit mir zu reden. Ich muss schnellstens mein Chinesisch verbessern, so dass ich endlich richtig zur Familie gehöre. Mein Plan, gleichzeitig Wort und Schrift zu lernen, scheint nicht aufzugehen, denn die Schriftsprache ist um einiges komplizierter als die deutsche und hält mich zu sehr auf. Da Hong mich leider nicht beim Erlernen ihrer Muttersprache unterstützt, werde ich mir andere Gesprächspartner suchen. Vielleicht hat sie Angst, ich würde sie verlassen, wenn ich sie nicht mehr als Dolmetscherin benötige, wobei das ja auch irgendwie ihrem Wunsch entspräche, sich scheiden zu lassen.

Geschäftlich scheint es langsam ins Rollen zu kommen, denn ich erhalte einen Anruf einer chinesischen Logistikfirma, die sich nach Aufträgen erkundigt. Natürlich berichte ich vom bevorstehenden Wein- und Biertransport von Deutschland nach China und hoffe sehr, dass das für die Firma interessant ist. Die Firma verspricht mir ein kostengünstiges Angebot für den Übersee-Transport.

Hong sprudelt ihr Wissen um chinesischen Weingenuss hervor. Weißwein trinke man nur zu Beerdigungen oder beim gemütlichen

Treffen mit Freunden. Das erscheint mir sehr widersprüchlich, aber wenn dem so ist, will ich das gern berücksichtigen. Bei größeren Festen wie Hochzeit oder Taufe greife man auf dunklen Wein zurück. Besonders beliebt sei der Cabinet Sauvignon aus Frankreich, da er der Farbvorstellung der Chinesen entspricht. Allerdingst gilt es, einen niedrigen Preis mit gutem Geschmack zu kombinieren, dann hat man das Goldene Los gezogen. Um Weißwein in China etwas populärer zu machen, könne man Geschenkpakete mit dieser Weinsorte und saisonalen Produkten wie einem Mondkuchen, der in ein paar Wochen heiß begehrt sein wird, zusammenstellen. Mondkuchen ist eine kleine runde, meist herzhaft oder süß gefüllte Spezialität, die hauptsächlich während des jährlich am 15. Tag des 8. Monats stattfindenden Mondfestes verzehrt wird. Die Küchenarbeit hierfür ist praktisch nicht existent, da diese Speise normalerweise gekauft und weiterverschenkt wird. Die Saison für den Verkauf startet bereits jetzt, damit dieses Geschenk auch rechtzeitig in den entferntesten Gegenden Chinas vor Ort ist. Das Fest, bei dem im familiären Kreis der an diesem Tag besonders helle und runde Vollmond bewundert wird, nimmt man auch zum Anlass, einander mit anderen Dingen zu beschenken, wobei man sich den materiellen Wert merken sollte, da dieser in irgendeiner Form irgendwann einmal wieder zurückgeschenkt werden muss. Mein Vorschlag, den geschenkten Kuchen hierfür einzusetzen, wird allerdings empört abgelehnt.

Zum Thema Wein hat Li Gengnan auch etwas beizusteuern, einen Reiswein, der seit zwanzig Jahren in einem riesigen Steingefäß in der Garage vor sich hin reift. Nachdem ich den schweren Bottich unter meinen Kartons ausgegraben und in die Küche gehievt habe, schneidet mein Schwiegervater die luftdichte Verpackung aus Lotusblättern ab und verzieht keine Miene beim ersten Schluck. Ich befürchte nichts Schlimmes, aber der Wein ist so sauer, dass ich mein Gesicht nicht mehr im Zaum halten kann. Mit Honig lässt sich das Gebräu ertragen, doch Li Gengnan ist der Meinung, der Wein tauge nur noch zum Kochen. Um unsere Geschmacksnerven wieder zu kalibrieren, gönnen wir uns einen Schnaps aus Taiwan, ein Geschenk des taiwanesischen Schwiegersohns von Freunden.

Der Kaoliang-Schnaps, auf Chinesisch gāoliángjiǔ, entsteht durch Fermentation von Hirse mittels Hefe- und Schimmelpilzen und wird mit verschiedenen Alkoholgehalten angeboten. Er schmeckt für mich wie eine Mischung aus Williams und Pflaume.

Li Gengnan ist schlecht gelaunt, da jemand Gemüse von seinem Feld in Straßenviertel Yuanhe geklaut hatte. Mich wundert nur, dass es so lange gedauert hat, bis jemand sich daran bedient hat. Das kommt davon, wenn man zu viel Geld sparen will. Ein paar Zäune wären hilfreich gewesen.

Zu allem Überfluss muss ich mir auch noch Eifersüchteleien von meiner Frau gefallen lassen, da ich zwei Stunden zu spät nach Hause gekommen bin. Wegen der Computerprobleme habe ich noch einen Abstecher zu meinem Computerspezialisten in Shanghai gemacht, was allerdings länger als geplant gedauert hat, und ich deshalb den Zug verpasst habe. Kann ja mal passieren, aber das versteht Hong nicht und vermutet immer gleich eine andere Frau dahinter.

Fast neidisch beobachte ich beim Joggen die Senioren, die es sich in ungenutzten Garagen der Wohnanlage gemütlich gemacht haben. Diese Räumlichkeiten bieten zwar nicht viel Komfort, aber sie sind ebenerdig, im Sommer angenehm kühl, vermutlich erschwinglich und ich hätte Ruhe vor den Anfeindungen meiner Frau.

Allerdings bin ich mal wieder von ihr abhängig, denn so langsam muss ich mich um die Verlängerung meines chinesischen Führerscheins kümmern. Prinzipiell ist es für Ausländer nicht ratsam, in China selbst zu fahren, daher ja auch die Dienstwagen mit Fahrer, aber neben PKWs ist auch das Führen von Kleinbussen bis neun Personen und Rikschas erlaubt. Falls mit meiner Firma alles schiefgeht, hätte ich noch die Personenbeförderung als Alternative.

Die Voraussetzungen für die Verlängerung sind eigentlich einfach, ein ärztliches Attest und die Auskunft über meinen Wohnsitz. Aber da hängt's mal wieder, denn Hong spricht sich gegen die Angabe des Wohnsitzes in Suzhou aus. Sie hat auch gleich eine Lösung parat, denn sie hat herausgefunden, dass ich den Führerschein problemlos in Shanghai, wo ich ihn damals auch erhalten habe, verlängern lassen kann. Warum möchte Hong nicht, dass ich in Suzhou registriert werde? Mein Misstrauen wächst. Plant sie etwa, mich loszuwerden? Was natürlich sehr viel einfacher wäre, wenn ich offiziell in meinem Apartment in Shanghai lebe. Ich kann jedoch nicht in meiner Wohnung wohnen, denn ich möchte sie als Mieteinnahmequelle nutzen, was hoffentlich bald der Fall sein wird. Außerdem möchte ich mit Hong verheiratet bleiben, da ich sie doch liebe. Nun schleicht sich auch wieder der Ehevertrag in mein Gedächtnis, der noch immer ohne meine Unterschrift auf meinem Papierestapel friedlich schlummert.

Aber ich muss zugeben, manchmal hat Hongs Internetsucht auch Vorteile, denn sie findet heraus, dass es viele Beschwerden über den Bauträger meines Apartments gibt und die Firma wohl bald pleite ist. Jetzt wird mir klar, warum wir vergeblich versucht haben, die Dokumente zu beschaffen. In der ersten Filiale hatte Hong aufs Heftigste diskutiert, bis die Mitarbeiterin einfach aufgelegt hatte, in der südchinesischen Firma wurde der Anruf gar nicht erst entgegengenommen. Wenn ich nun Pech habe, was in meinem Leben ja eher die Regel als die Ausnahme ist, dann sind die Manager mit meinem Geld über alle Berge und ich habe für nichts bezahlt. Immobilien sind irgendwie nicht mein Geschäft, denn in Thailand läuft's ja auch nicht gut. Nach der Überweisung der Gebühren ist es um den Rechtsanwalt erstaunlich ruhig geworden, keine E-Mail, kein Anruf und keine weiteren Informationen über sein Bemühen, mir Recht und Geld zu beschaffen. Nicht nur in Thailand arbeiten Behörden langsam, aber das grenzt schon an Dreistigkeit, wobei ich mir nicht sicher bin, ob tatsächlich die Behörden Schuld haben oder vielleicht ein betrügerischer Rechtsanwalt. Ich muss dringend den Kontakt herstellen, um hier nicht auch noch ins Leere zu greifen.

Am Wochenanfang erhält Hong einen Anruf eines Mitarbeiters der Regierung, der ihre Beschwerde über den Bauträger prüft. Bereitwillig erzählt sie noch einmal alles und macht den Regierungsbeamten geschickt darauf aufmerksam, dass der Staat keine Steuern geltend machen könne, solange ich nicht das

Eigentum an meiner Wohnung übertragen bekommen habe. Damit stellt sie sicher, dass ich mein Zertifikat bekomme, allerdings mahlen auch hier die Regierungsmühlen langsam. Natürlich müssen wir ein Formular ausfüllen, einige Dinge unterscheiden sich offenbar nicht von Deutschland.

Ein Beschluss der chinesischen Regierung könnte meine Geschäfte als Berater im Automotivebereich in China gefährden, denn in Zukunft können ausländische Automobilteilelieferanten nicht mehr als hundertprozentige Gesellschaften operieren, sondern müssen eine Unternehmenskooperation, ein sogenanntes Joint Venture, gründen. Der Grund ist naheliegend, einheimische Firmen sollen vom Geschäft der Ausländer profitieren, wodurch im Endeffekt natürlich der Staat an den höheren Einnahmen der Firmen und an Wissen aus dem Westen gewinnt. Zudem will die Regierung unterbinden, dass ausländische Beratungsfirmen chinesisches Know-how stehlen. Als ob wir nicht genügend eigenes Know-how hätten, was die Chinesen gern abgreifen würden!

Auf meiner To-Do-Liste landet der Hinweis, mich nach einer hieb- und stichfesten Übersetzung des Originalgesetz umzusehen und mich damit eingehend zu beschäftigen, um herauszufinden, welche Konsequenzen diese Entscheidung in Bezug auf meine Beratertätigkeit nach sich zieht.

Tags darauf machen wir in Shanghai Nägel mit Köpfen, zuerst entern wir die Beschwerdestelle, wo wir ein Formular zum Ausfüllen ausgehändigt bekommen. Erstaunlicherweise dauert es nicht allzu lange, bis wir eingelassen werden und Hong noch einmal den Vorgang schildert. Es stellt sich heraus, dass der Bauträger in Bezug auf die gesperrte Regierungswebseite nicht gelogen hatte. Der junge Beamte versichert, dass sie bald wieder zur Verfügung stehe. Das klingt ja hoffnungsvoll.

Nun wollen wir unser Glück weiter herausfordern und mich bei der für meinen Shanghaier Wohnsitz zuständigen Polizeistation in Xujing-Town registrieren lassen. Die Bescheinigung der Hausverwaltung muss beigebracht werden, also fahren wir zur Wohnung, lassen uns vom Service Center den hinterlegten Schlüssel, die Karte des Hausverwalters und das notwendige

Zertifikat geben. Als ich meine Wohnung betrete, bleibe ich abrupt stehen, so dass Hong gegen mich läuft und die Post auf dem Boden landet. Sie will mich beschimpfen, doch dann fällt ihr auf, warum ich gestoppt habe. Ein Vorhang hängt aus der Schiene heraus, die Abdeckung des Sofas und des Fernsehers sind verändert und das Warmwasser ist abgestellt. In der Post befindet sich der Grund für letzteres, eine unbezahlte Rechnung des Elektrizitätswerks, die einen Verbrauch ausweist, den wir aufgrund unseres Deutschlandurlaubs niemals hätten haben können. Anders als in Deutschland, wo nur unter bestimmten Voraussetzungen und erst nach mehreren Ankündigungen die lebensnotwendige Grundversorgung mit Wasser, Strom und dergleichen gekappt werden darf, wird in China einfach der Hahn abgedreht, sobald nicht gezahlt wurde.

Ich teile Hongs Vermutung, der Hausverwalter habe unsere Wohnung unter der Hand vermietet und das Geld einkassiert. Eine Überwachungskamera hätte stichhaltige Beweise geliefert, nun bleibt offen, was wir gegen den Hausmeister unternehmen können. Gemäß der deutschen Natur schreit der Verstand nach der Polizei, da eindeutige Anzeichen für das unberechtigte Eindringen fremder Personen vorliegen, aber Hong bremst mich aus und hat damit sogar recht, denn wir haben den Schlüssel freiwillig an der Rezeption hinterlegt, damit Interessenten die Wohnung besichtigen können. Ich hatte gehofft, so die Chancen für die Vermietung des Apartments zu steigern, denn der von mir beauftragte Makler scheint sich ja viel Zeit zu lassen. Hong macht mir klar, dass ich sogar Glück gehabt hätte, denn bei Chinesen stehen Moral und Ethik nicht besonders hoch im Kurs und manch einer hat nur die Vermehrung des eigenen Vermögens im Sinn, egal mit welchen Mitteln. Das gilt für Immobilienmakler genauso wie für Rezeptionsangestgellte und Hausmeister, daher sollte man einfach niemandem trauen.

Nachdem ich die notwendigen Unterlagen für meine Registrierung bei der Polizeistation vorgelegt habe, erhalte ich problemlos meine Aufenthaltsbescheinigung, die ich für die Verlängerung meines Führerscheins brauche. Aufgrund meiner Arbeitssituation hätte ich

mir das weitaus schwieriger vorgestellt. Dann steht meiner Mobilität in China ja nichts mehr im Wege ... Doch zu früh gefreut, denn Hongs Erkundigungen waren wohl nicht vollständig, denn ich benötige meinen alten Reisepass, mit dem ich damals den Führerschein beantragt hatte, und auf eine einstündige Personalprüfung kann ich gut und gerne verzichten. Also werde ich hier eine Ehrenrunde drehen müssen.
Endlich kommt der Tag, an dem mein Apartment offiziell mir gehört. Bei der Übergabe vom Bauträger an mich gibt es mal keine Hindernisse, so dass wir wenigstens diesen Punkt auf der Liste abhaken können.
Wir besuchen einen meiner alten Freunde, den ich vor zwanzig Jahren bei meinen ersten Schritten im asiatischen Raum kennengelernt habe und der mittlerweile Chef des German Centers in Shanghai ist. Nach dem üblichen Small Talk über Familie und Pläne kommen wir auf das eigentliche Thema zu sprechen, mein geplantes E-Book über erfolgreiche Geschäfte in China, das er geprüft hat. Ich ernte Lob, muss aber auch Kritik einstecken, woraufhin ich ihn bitte, die kritischen Stellen zu markieren, damit ich sie überarbeiten kann. Immerhin zeugt es nicht von Kompetenz, wenn ein E-Book vor Fehlern strotzt und aufgrund von Korrekturen ständig aktualisiert werden muss.
Der September startet mit erfreulichen Ereignissen, denn bei der italienischen Firma, mit der die die Skype-Telefonkonferenz in Deutschland nicht geklappt hatte, bin ich in der zweiten Runde, denn ich habe eine Einladung ins Werk nach Tianjin erhalten, um mich vor Ort nach den Skype-Gesprächen persönlich vorzustellen.
Leider wird mein erster Erfolg durch die häuslichen Unstimmigkeiten getrübt. Lange blieben wir verschont, doch nun setzen Li Gengnan und Wu Meilan uns wieder unter Druck. Wir werden solange nicht mehr von Li Gengnan bekocht und müssen unsere Wäsche selbst waschen, bis sich endlich ein Baby ankündigt. Zu diesem Thema müssen Hong und ich im kleinen Kreis Kriegsrat halten, denn ein Kind in die Welt zu setzen, nur um Ruhe vor den zukünftigen Großeltern zu haben, halte ich für keine gute Idee.

Es gibt auch wieder die üblichen Streitereien mit meiner Frau, diesmal, weil ich mich nicht nach ihrer Gesundheit erkundigt habe, nachdem sie von ihren Untersuchungen aus dem Krankenhaus gekommen war. Ich hatte es für besser gehalten, nicht zu fragen … dumm gelaufen. Als ich mich dann höflich erkundige, schmollt sie und lässt mich aus Trotz im Dunkeln stehen.

Weiter geht es mit negativen Nachrichten, denn vom deutschen Headhunter aus Shanghai, der mir einen Job bei einer deutschen Firma in Aussicht gestellt hatte, bekomme ich eine Absage, denn ich sei zu alt und würde in China bald in Pension gehen. Ich versuche einen letzten Schritt in ihre Richtung und schlage einen Entsendungsvertrag vor, der andere Voraussetzungen erfüllt als ein lokaler Vertrag. Zudem bin ich mit einer Chinesin verheiratet, da ergeben sich doch sicherlich weitere Sicherheiten für die deutsche Firma. Aber alles für die Katz, denn die Absage sei bereits entgültig.

Aller schlechten Dinge sind offenbar auch drei, denn mich erreicht noch die Information, dass mein vor einem Jahr gestellter Antrag zur Registrierung meines Firmennamens und des Logos nun abgelehnt worden ist, da eine Firma in Südchina denselben Namen in derselben Kategorie ein paar Monate vorher beantragt hatte. Ich entscheide trotzdem, den Namen und das Logo in China zu benutzen, denn die Wahrscheinlichkeit, dass ich von der südchinesischen Firma verklagt werde, ist sehr gering. Falls es doch passieren sollte, kann ich ja immer noch Änderungen vornehmen.

Hong faselt ständig davon, mir ihre Dienste in Rechnung zu stellen, da sie sich immer um meine Probleme kümmern müsse. Als Rechtsanwältin würde sie gut verdienen, aber aufgrund der hohen Belastung sei sie nun psychisch krank und könne nicht mehr in ihrem Job arbeiten. Nachdem dieses Thema abgehakt ist, wirft sie mir vor, ich könne auch keinen Job als General Manager bekommen, da ich zu schwach wäre, um jemanden unter Druck zu setzen. Sie könne das viel besser, das sähe man daran, wie ich mich von ihr gängeln lasse. Zum Schluss gibt es noch den hilfreichen Tipp, ich müsse besser Chinesisch sprechen und verstehen, denn der Small Talk mit Reinigungs- und Wachpersonal bringe mehr Informationen als das mittlere Management.

Nun konzentriere ich mich auf mein Gespräch in Tianjin, damit ich endlich wieder in Lohn und Brot stehe und mir Hongs Nörgeleien nicht mehr anhören muss, wenigstens den Teil um meinen Job.

Als ich rechtzeitig zum vereinbarten Termin erscheine, muss ich mit Entsetzen feststellen, dass die Verhandlungen zur Übernahme des Werks noch gar nicht abgeschlossen sind und gerade Preisverhandlungen zwischen dem chinesischen Vermieter und der italienischen Delegation laufen. Auch die Vertragskonditionen sind offenbar noch nicht endgültig geklärt. Dummerweise ist dem Vermieter bekannt, dass die Italiener am Freitag aufgrund einer Konferenz wieder in Italien sein müssen und wird nach chinesischem Geschäftsgebaren den Preis nicht verringern und stattdessen den Zeitdruck seiner möglichen Geschäftspartner gnadenlos ausnutzen. Auch die als gut bezeichneten Beziehungen zur Regierung sind nichts wert, als ich erfahre, dass der Sohn des Vermieters ein Regierungsbeamter ist.

Der Sinn meiner Vorschläge, die Differenz des Preises auf andere Weise auszugleichen, wie zum Beispiel durch eine Unterstützung für Familienmitglieder, die in Italien studieren oder arbeiten möchten, erschließt sich den Italienern nicht und sie lassen die Gelegenheiten verstreichen.

Als Gäste des Vermieters in einem Fischrestaurant machen sie so ziemlich alles verkehrt, was man nur verkehrt machen kann. Sie lehnen den Reis ab, der zu jedem chinesischen Gericht gehört, und wollen stattdessen Nudeln, aber diese sollten bissfest und nicht so weich sein wie in einer chinesischen Suppe. Meine Ratschläge beachten sie nicht und fragen auch noch nach italienischen Restaurants in der Umgebung, womit sie mich an Deutsche erinnern, die auch im Ausland nur das essen wollen, was sie zuhause bekommen.

Schade, dass ich erst mitten im Gespräch hinzugestoßen war, man hätte einige dieser bösen Fettnäpfchen vermeiden können.

Am nächsten Morgen holt Hong mich vom Bahnhof in Suzhou ab und ich berichte von dem zweistündigen Interview, dass die

Italiener im Anschluss an das Abendessen im Hotel mit mir geführt haben. Ich war super vorbereitet, hatte auf jede ihrer Fragen eine Antwort und geizte nicht mit meinen Erfahrungen.

Auch ich habe die Möglichkeit, meine Fragen loszuwerden, ausgiebig genutzt und mir wurde schnell klar, dass die Firma so gut wie kein Know-how auf dem asiatischen Markt vorweisen kann. Sie wollen sich eine Woche für die Entscheidung für oder gegen mich Zeit lassen und so langsam beschleicht mich der Gedanke, dass ich zu viel preisgegeben haben könnte und die Italiener ihrem Vorstand meine kostenlosen Informationen als ihre Ideen präsentieren zu können.

Einziger Lichtblick an diesem Tag war meine zufällige Entdeckung beim Internetstöbern, dass der Beschluss der chinesischen Regierung bezüglich der Beratergeschäfte im Automotivebereich nur ein Gerücht war und vom Staat dementiert wurde.

Kaum sind wir zuhause, gehen die Anschuldigungen wieder los. Ich solle mich ja gründlich waschen, besonders unten herum, denn ich habe doch sicherlich die Vorzüge eines 4-Sterne-Hotels ausgenutzt und mit mindestens einer Frau geschlafen. Auch der Verschwendung wurde ich bezichtigt, weil ich aus Versehen die Schüssel, in der Hong das Duschwasser für die Toilettenspülung auffängt, umgestoßen hatte.

Ansonsten verläuft der Tag erstaunlich ruhig und ich kann ausgiebig schlafen, um fit für den letzten Wochentag zu sein.

Ich muss ich mich um Mahnungen kümmern, da ich noch kein Geld vom Auftraggeber aus Deutschland erhalten habe, und einige andere lästige Büroarbeiten hinter mich bringen. Hong bietet sich erstaunlicherweise an, den Botengang zur Post zu erledigen, doch meine Freude schlägt schnell um, denn sie fordert Benzinkostenerstattung und eine Vergütung ihres Zeitaufwandes. Netterweise gibt sie sich mit elf Renminbi zufrieden, aber nicht ohne mich darauf hinzuweisen, ich solle doch Mitarbeiter einstellen, die diese Arbeiten für mich erledigen könnten. Im Stillen denke ich, dass ich nirgends so preiswerte Mitarbeiter finden werde. Auch das Wort Ehevertrag reibt sie mir unter die

Nase, bevor sie sich auf den Weg macht.

Am Abend nach einer dreistündigen Fahrt mit dem Schnellzug treffe ich mit meinem Freund Anton in Ningbo, der mich mit einer herzlichen Umarmung empfängt. Die Einladung galt auch für Hong, aber sie hatte sich gegen diesen Besuch entschieden und mich allein geschickt. Antons Wohnung befindet sich auf seinem Fabrikgelände für Outdoor-Bekleidung, was den täglichen Arbeitsweg ins Chefbüro erheblich verkürzt. Das Abendessen gibt es in der Kantine, danach machen wir es uns auf seiner Terrasse gemütlich, trinken Wein und unterhalten uns über unsere Geschäfte. Vielleicht ergibt sich ja eine für beide Seiten lukrative Zusammenarbeit.

Am nächsten Morgen gibt es ein typisch deutsches Frühstück mit Marmelade, Weißbrot, Quark und Milch mit Schokopulver, eine willkommene Abwechslung für mich. Bei Antons Betriebsleiter habe ich nun Gelegenheit, meine Geschäftsideen zu präsentieren. Mit meinem Fachwissen im Bereich der Prozessverbesserung habe ich ihn am Haken und er bittet um weitere Unterlagen.

Mir wird ein kleiner Einblick in den Prozessablauf und in die Herstellung von exklusiver Outdoor-Bekleidung gewährt. Trotz des heute beginnenden dreitägigen Mittherbstfestivals arbeiten noch viele Arbeiterinnen an den Nähmaschinen, schneiden zu, prüfen die Qualität oder verpacken. Da automatisierte Abläufe hier nicht umgesetzt werden können und noch viel zu tun ist, muss Anton Überstunden anordnen und die Arbeiterinnen entsprechend bezahlen, damit sie bleiben. Zur Motivation darf die Belegschaft Kleidung preiswerter kaufen, er lädt sie ab und zu an Feiertagen zum gemeinsamen Abendessen ein, unterstützt die Ausbildung der Kinder und bringt die Kinder der Immigranten, deren Schulen während der Schulferien geschlossen sind, in einem Schlafsaal unter.

Ich erfahre, dass Auswanderer hier nicht unbedingt hoch gehandelt werden und einige Nutzflächen leer stehen, die für die Automation oder Bildung in Englisch vermietet werden könnten.

Unser Gespräch wird leider durch mein Taxi unterbrochen, das mich zum Bahnhof bringt. Hong holt mich nach der mehrstündigen

Zugfahrt ab und hat gleich eine Neuigkeit für mich. Der Familienrat, bestehend aus Vater, Mutter und ihr, habe beschlossen, mich in Geschäftsdingen nicht mehr zu unterstützen, da ihre Mutter endlich Ruhe brauche.
Warum fühle ich mich gerade wie ein Verbrecher, dessen Urteil außergerichtlich gefällt wurde?
Zur Abwechslung bekomme ich zum Wochenanfang die Schelte von meiner Schwiegermutter, die unsere mitternächtlichen Spaziergänge rügt. Böse Geister könnten gesundheitlichen Schaden anrichten, daher hielte sich auch Hongs Husten trotz Medikamenten so hartnäckig. Aha, böse Geister also, ich bin überrascht, dass die Paranormalität erst nach so langer Zeit hervorgekramt wird. Li Gengnan stimmt seiner Frau natürlich zu.
Zur Feier des Mondfestes werden am Mittag »Yu Nai«, kartoffelähnliche Knollen mit harter Schale, serviert. Offenbar gilt die Regel, nicht mehr für uns zu kochen, bis Hong schwanger ist, nicht an Feiertagen. Yu Nai, die ein bisschen wie Süßkartoffeln schmecken, findet man nur an wenigen Orten in China, so dass in diesen Regionen nur zu besonderen Anlässen zubereitet werden. Um die Besonderheit dieses Gemüses hervorzuheben, wird seitens meiner Schwiegereltern ausführlich über die aufwändige Zubereitung und den hohen Preis referiert. Und wenn man schon mal so schön dabei ist, kann man sich auch noch über die allgemeinen Preissteigerungen für Lebensmittel beklagen, was Hong dazu verleitet, mir zum wiederholten Mal unter die Nase zu reiben, ich müsse meinen Anteil dazuzahlen. Dass ich bereits dreitausend Renminbi, rund vierhundert Euro, monatlich zahle, bleibt unerwähnt.
Um mich zu beruhigen, gehe ich allein laufen, doch als ich zurückkomme, ist die Erholung binnen Sekunden dahin. Meine Schwiegereltern warten bereits an der Tür, da wir auswärts zu Abend essen. Schön, dass ich darüber informiert worden bin!
Ich mache mich schnell fertig, bin aber trotzdem noch zu langsam und werde wieder angezählt. Die Fahrt wird für mich zum Spießrutenlauf und ich wäre am liebsten aus dem fahrenden Auto gesprungen. Li Gengnans Ärger aufgrund fehlender Enkelkinder

steigt immer mehr und meine Zukunft im Haus meiner Schwiegereltern ist wohl nur eine Frage der Zeit und der Zeugungsfähigkeit meiner Spermien. Zudem hätten er und Wu Meilan meiner Heirat mit Hong nur zugestimmt, weil endlich Nachwuchs her sollte und ein Ausländer immer noch besser als Inzucht sei. Das sitzt!

Hong toppt alles noch in ihrer berühmten Taktlosigkeit, indem sie mir an den Kopf wirft, sie hätte mich nur geheiratet, um ihre Ruhe zu haben. Eine Drohung schickt sie gleich noch hinterher, beim ersten nicht mit ihr abgesprochenen Schritt vor die Tür säße ich mit all meinen Habseligkeiten aus Haus und Garage auf der Straße. Meine Hand am Türgriff zittert, doch ich zögere.

Meine Frau, ganz in ihrem Element, nutzt das aus und beschimpft mich nun wegen meiner Unordnung. Überall würde etwas von mir herumliegen oder stehen, sie wünsche sich die Ordnung von früher wieder, als ich noch nicht bei ihr wohnte. Warum ich nicht alles irgendwo verschwinden lassen könne, so dass sie es nicht mehr sehen müsse.

Meine Finger umklammern den Türgriff und gewappnet warte ich auf die nächste Standpauke, doch Hongs Repertoire scheint für den Moment erschöpft zu sein.

Trotz unseres Streits vor zwei Tagen habe ich mit Hong geschlafen. Versöhnungssex soll ja angeblich der Beste sein. Ob sie das wohl auch so sieht?

Die italienische Firma bietet mir einen lokalen Vertrag an mit einer täglichen Kündigungsfrist während der sechs-monatigen Probezeit, die dann danach auf einen Monat angehoben wird. Zudem kann das für mich bedeuten, dass mit sechzig Jahren Schluss für mich ist und ich danach kein Arbeitsvisum, sondern nur noch ein Ehevisum bekommen kann. Ein Entsendungsvertrag, der mir Arbeit bis zum deutschen Rentenalter ermöglichen würde, wird kategorisch abgelehnt, so dass mir nur noch der Versuch bleibt, ein paar für mich vorteilhafte Konditionen wie deutsche Sozialversicherungen sowie Übernahme der Kosten für Wohnung und Auto herauszuschlagen. Ich bin gespannt, was davon akzeptiert wird.

Hong findet natürlich gleich ein Haar in der Suppe und erklärt, dass wir wegen der monatlichen Kündigungsfrist kein Auto leasen oder eine Mietwohnung mieten können, denn in China muss ein Auto mindestens ein Jahr im Voraus bezahlt werden, die Wohnung mindestens drei Monate. Wo bleibt da der Vorteil eines Leasing-Fahrzeugs?

Nachts mache ich kaum ein Auge zu, da mir Gedanken über den Arbeitsvertrag mit der neuen Firma durch den Kopf schwirren. Habe ich die Freiheit Leute einzustellen und zu entlassen? Kann ich Veränderungen selbst herbeiführen oder muss ich jedes Mal die Firmenzentrale um Erlaubnis bitten? Wie hoch ist das Budget? Wie viele Urlaubstage werde ich haben? Welchen Verhandlungsspielraum kann ich ausreizen? Wo liegt die Grenze des Zumutbaren für die Italiener?

Mein Bett und ich, wir lieben uns, aber der Wecker will das nicht akzeptieren.

Hong tischt mir zum Frühstück Informationen über Korruption in China auf. Chinesen würden bereits in der Schulzeit und in der Ausbildung darauf getrimmt, für die Regierung und nicht für Firmen zu arbeiten. Mitarbeiter in der Buchhaltung solcher Nichtregierungsfirmen erhielten eine Provision vom Finanzamt, wenn sie die Steuerlast der Firmen erhöhen, statt zu senken, wie es die Firmeninhaber gern hätten. Ausländische Firmen und deren Mitarbeiter seien besonders stark betroffen.

Ich horche auf, denn nun weiß ich endlich, warum meine frühere Freundin Vickey bei ihrer Arbeit in der Buchhaltung immer gut betucht war und warum ich bei meinen Bestrebungen zur Steuereinsparung während meiner Tätigkeiten in chinesischen Firmen keinerlei Unterstützung erhielt.

Auf dem Bau liefe es ähnlich ab, ergänzt Hong. Alle Beteiligten von der Bank, über Privatkapitalgesellschaften bis hin zum Bauträger und den Handwerkern tauschten Provisionen aus, wodurch der Verkaufspreis in die Höhe schnelle und der arme unwissende Endkunde in gutem Glauben die gesamte Korruption zum eigentlichen Wert seines Eigentums mitfinanziere.

Nun bin ich wieder dran, denn Li Gengnan ist verärgert über die hohen Kosten für das Essen. Wir würden zu viel essen und immer nur teure Sachen wie Meeresfisch verlangen. Hong meint darauf, ich solle mein Essen selber zahlen, da ich ja nicht richtig zur Familie gehöre. Als ich mit Hungerstreik drohe, fügt sie noch hinzu, da ich ja auch kostenlos hier wohne, könne ich wie ein Wachhund vor der Tür schlafen und das Haus im Auge behalten.

Bisher dachte ich immer, man zeige Stärke, wenn man an etwas Schwierigem festhalte, doch allmählich glaube ich, loslassen bedeutet wahre Stärke. Andererseits sollte man besser nicht den Kopf hängen lassen, wenn einem das Wasser bis zum Kinn steht.

Wir erledigen ein paar Dinge in der Stadt und kehren gut gelaunt zurück, doch wieder einmal wurde ich nicht über den Tagesplan informiert und muss mir Li Gengnans Genörgel über die halbstündige Verspätung anhören. Hongs Paten haben zum Abendessen eingeladen und ich packe noch schnell einen halbtrockenen Rotling aus Franken als Geschenk ein. Trockene Weine trinken Chinesen bekanntlich nicht sehr gerne.

Die Sitzordnung am runden Restauranttisch ist maßgeblich und ich lande zwischen dem Paten und meinem Schwiegervater, ihre Frauen sitzen neben ihnen. Der Schwiegersohn des Paten namens Xiao Yao hat den schlechtesten Platz am Drehtisch erwischt, nämlich mit dem Rücken zur Tür. Vermutlich geschah das mit Absicht, denn er ist bereits mehrmals fremdgegangen, kann aber aufgrund seiner hochrangigen Funktion bei der örtlichen Polizei und seiner finanziellen Beteiligung an dem Familien-Hotel nicht aus dem Familienverband hinausgeworfen werden.

Meinen Wein stelle ich nach der feierlichen Übergabe in einen Kübel mit Eis kalt, obwohl ich es besser weiß, aber es gibt keinen speziellen Weinkühler. Allerdings halten sich nur Xiao Yao und ich an den süffigen Wein, alle anderen bevorzugen Tee, Wasser oder Saft.

Das Ergebnis der Vertragsverhandlungen zum Arbeitsvertrag stellt mich nicht zufrieden, denn nur die Hälfte der geforderten Zulagen wurde bewilligt.

Mit Hong spreche ich Für und Wider durch und letzten Endes entscheiden wir uns, dass ich den Vertragsentwurf trotzdem annehmen soll, da sie endlich von zuhause ausziehen möchte. Die Wohnung müssen wir zwar selbst finanzieren, aber mit einem festen Gehalt sollte das möglich sein, wenn wir nicht gerade in ein Luxusapartment ziehen. Kaum steht der Plan, wird er am darauffolgenden Tag durch den Anruf des Headhunters zunichte gemacht, denn die italienische Firma hat noch einmal den Rotstift angesetzt und über Nacht sämtliche Zulagen gestrichen, so dass ich nun weder die Kosten für Versicherungen, Auto und Umzug bekomme. Wieder startet das Gedankenkarussell, da kommen mir Ralfs Tipps bei unserem Treffen genau richtig. Ich bin ihm sehr dankbar und sehe etwas positiver in die Zukunft.

Für persönliche Vertragsverhandlungen fahre ich mich dem Finanzchef Giovanni Ribi zum Meeting nach Tianjin. Dabei werde ich auch das alte Werk anschauen, das noch in diesem Jahr ins fünf Kilometer entfernt neue Werk umziehen soll.
Nach einer erholsamen Nacht im Hotel lerne das zweite Altwerk der Firma kennen, das bereits im Juli gekauft worden war, und das ebenfalls ins neue Werk verlegt werden soll.
Das Abendessen im japanischen Restaurant im 35. Stock des Tianjin Financial Towers in der Stadtmitte bietet einen schönen Ausblick auf den Fluss und die Stadt. Ich genieße die Konversation und fühle mich gut … bis ich mit Hong skype. Ich hatte nicht auf die Uhr gesehen, da ich zum einen einfach nicht dran gedacht habe und es zum anderen wohl sehr unhöflich gewesen wäre, wenn ich beim Abendessen mit meinen neuen Arbeitgebern auf meinem Smartphone herumgetippt hätte. Hong hat dafür natürlich kein Verständnis und führt die Leier der letzten Tage fort. Sie würde mich nicht mehr unterstützen, sie habe keine Lust mehr, Aufgaben für mich zu erledigen und so weiter und so fort.
Beim Frühstück mit Herrn Ribi schildere ich kurz meine Eindrücke der Werksbesichtigung und dass einiges geändert werden müsse, doch der Finanzleiter ist nicht so ganz bei der Sache. Ich erfahre, dass es mehrere Baustellen gibt. Der General Manager hat gekündigt, ein chinesischer Lieferant in Wuxi kann aufgrund eines Streiks nicht liefern und das Warenlager ist bis auf weiteres

geschlossen, da der verantwortliche Manager nach Thailand verschwunden ist. Die Ursache des Streiks in der chinesischen Firma ist nachvollziehbar, denn eine thailändische Firma hat anscheinend die Firma in Wuxi aufgekauft, die Belegschaft allerdings nicht darüber informiert.

Giovanni Ribi will den Sicherheitsbestand im Warenlager vergrößern, um Lieferengpässe zu vermeiden, doch das entspricht nicht der Firmenpolitik, denn dann entstehen hohe Lagerhaltungskosten.

Herr Ribi setzt mir quasi die Pistole auf die Brust, dass ich meinen Arbeitsvertrag bis morgen unterschreiben soll. Bis zum dritten Oktober muss ich eine Wohnung suchen und umgezogen sein, was mir gerade einmal zwei Wochen Zeit gibt. Als ich anbringe, dass eine Wohnungssuche von Ferne doch zu viele böse Überraschungen bergen kann, schlägt Herr Ribi vor, zunächst in ein Hotel zu ziehen, um vor Ort in Ruhe nach einem geeigneten Apartment Ausschau halten zu können.

Nach dem Frühstück verabschiede ich mich, checke aus dem Hotel aus und fahre mit dem Highspeed-Zug zurück nach Suzhou.

Da Hong keine Zeit, oder auch keine Lust, hat, mich vom Bahnhof abzuholen, fahre ich mit öffentlichen Verkehrsmitteln nach Hause. Bis Mitternacht gehe ich den zweiundzwanzigseitigen Arbeitsvertrag durch und markiere meine Änderungswünsche. Morgen will ich nochmal frühere Verträge zum Vergleich heranziehen und Hongs Meinung einholen. Trotz des niedrigen Gehaltes freue mich auf den nächsten Job. Hoffentlich kommt nichts dazwischen.

Die Erkenntnis, dass ich mich zu sehr auf mich selbst fokussiere und dadurch sehr zurückgezogen lebe, schlummert bereits seit längerem tief in mir drin. Heute bricht sie hervor und schlagartig wird mir bewusst, dass ich selbst dieses Gefängnis, diesen Käfig hier in China geschaffen habe. Ich war erfolgreich, im Beruf wie in den Finanzen, und ich wurde von allen respektiert, aber irgendetwas ist schiefgelaufen, nur was? Durch die Scheidung meiner ersten Ehe verschlechterte sich das Verhältnis zu meinem

Sohn zusehends und noch heute arbeiten wir beide daran, diese eiskalte Förmlichkeit auszumerzen und Freunde zu werden.
Ich muss, nein ich will mich ändern, nicht nur meinem Sohn zuliebe, sondern auch für Hong, meine Verwandtschaft und für meine Freunde in Deutschland. Aufgrund der Rückschläge und der Verzweiflung der letzten Wochen und Monate habe ich mich von den Menschen distanziert.
Mit schönen Erinnerungen versuche ich, die düsteren Szenen meiner Vergangenheit zu vertreiben. Glück lässt sich nicht mit Geld oder Gegenständen aufwiegen oder gar bezahlen. Es ist nicht materiell und schwer zu fassen. Es kommt oft als unerwartetes Geschenk und gleitet genauso schnell wieder aus der Hand. Ich versuche, mein Glück aus verschiedenen Blickwinkeln zu beleuchten, um Licht in mein dunkles Ich zu bringen.
Ich setze Glück weder als Ziel in meinen Lebenslauf, noch will ich in meinen Vorträgen und Vorstellungsgesprächen Glück finden. In allen diesen Rollen kommt über die vielen Jahre hinweg jedoch die Frage des glücklich Seins immer wieder als Schlüsselthema auf: Was kann ich tun, um glücklicher zu werden? Was kann ich tun, um meine Lebensqualität zu erhöhen? Was ist in meinen Beziehungen und meiner Arbeit falsch gelaufen? Gibt es Wege, die Konflikte zu reparieren, die ich erschaffen habe?
Der Dalai Lama wusste bereits, dass Menschen soziale Bindungen brauchen und nur in Beziehungen zu anderen Menschen Glück finden werden. Es ist harte Arbeit, diese Beziehungen zu pflegen, aber wir werden dafür mit Zufriedenheit belohnt. Es ist auch ein Trugschluss, dass das Glück immer gegenwärtig sein muss. Es gibt Tage mit viel Glück und welche mit weniger Glück. Vielleicht sind auch Momente darunter, an denen man das Glück vermisst. Es ist wie ein Schmetterling, der sich uns entzieht, wenn wir ihm hinterhereilen. Verharren wir aber in Ruhe und Besinnlichkeit, wird er sich auf uns niederlassen.
Andere hingegen sehen das Glück recht nüchtern, mehr als ein Produkt aus chemischen Reaktionen von Botenstoffen im Nervensystem, den sogenannten Neurotransmittern. Soll ich mich damit zufriedengeben?

Ohne Gut kein Böse, ohne Leid kein Glück. Wäre man immer glücklich, wüsste man das gar nicht, denn es fehlte der Vergleich. Nur wenn man ab und an unglücklich ist, weiß man glücklichere Momente zu schätzen und kann sie auch wieder gehen lassen. Mein Glück beschreibt Befriedigung mit dem Leben als Ganzes, Gefühle mit dem persönlichen Wachstum. Ein positives Denken und eine positive Grundhaltung sind dabei unerlässlich. Ich konzentriere mich nicht auf geistige Probleme, sondern auf geistiges Wohlbefinden. Damit kann ich Krankheiten verhindern und gesund bleiben.

Viele Menschen, darunter ich, sind wirklich nicht glücklich, auch wenn sie es behaupten. Sie führen andere in die Irre, besonders Familienmitglieder, nahestehende Freunde und Arbeitskollegen. Vielleicht dient das als Schutz, um nicht belächelt zu werden. Männer sind sowieso sehr verletzlich, aber in einer Gruppe viel stärker und selbstsicherer.

Ich verkläre meine Vergangenheit, insbesondere die idyllischen Bilder vom Leben auf dem Bauernhof. Aber das sind nur die schönen Erinnerungen an der Oberfläche, die all die schlechten Dinge einschließen und von der Realität fernhalten. Erinnerungen sind wichtig, aber das Hauptaugenmerk sollte auf der Gegenwart und der Zukunft liegen. Ich muss herausfinden, was mich glücklich macht. Ist es Geld? Oder Macht? Vielleicht Zufriedenheit im Jetzt? Auch Gesundheit? Eine harmonische Beziehung? Kann man diese Dinge dem einen Glück endgültig zuordnen oder ändert sich die Definition von Glück innerhalb eines Lebens?

Es wird noch ein langer Weg zu meinem eigenen Glück und ich kann ihn nicht erzwingen. Aber ich habe etwas, dass ich tatsächlich in der Hand habe und ab sofort umsetzen kann: Ich höre auf, mich um Dinge zu kümmern, die außerhalb meines Einflussvermögens liegen, wie Hong und die Änderung der chinesischen Gesellschaft, und entwickle stattdessen eine eigene positive Weltanschauung.

Danksagung

Mein ganz besonderer Dank gilt meiner Frau, die mich bei der Erfindung, Gestaltung und Auswahl der passenden Geschichten tatkräftig unterstützt.
Ebenso vielen Dank an Claudia Speckmann, die das Cover gestaltet hat, und an Manuela Lohse, meine Dienstleisterin rund ums Buch.
Ich danke meinem Vater Richard und meiner Schwester Christine sowie meine Nichten Amelie und Carolin, die immer für mich da waren, und zwar in den schönen Zeiten ebenso wie in den schwierigen. Ich möchte mich sehr herzlich bei den Schwiegereltern bedanken, die mich liebevoll begleitet und professional beim Wohnungskauf in China unterstützt haben.
Alle meine Erlebnisse haben mit Peter Kruse angefangen, meinem Freund aus Shanghai, der mich nie hängen ließ, mir Mut zugesprach und die richtigen Fragen gestellt hat, wenn ich dringend einen Rat gebraucht habe.
Ich danke für das Arbeitsamt, das mir deutlich vor Augen geführt hat, dass Menschen über vierzig in Deutschland keine Zukunft mehr haben.
Ich danke Hans für sein Engagement in meiner Firma, um dem Präsidenten den notwenigen langfristigen finanziellen Erfolg sicherzustellen.
Ich habe Glück gehabt, zur richtigen Zeit am richtigen Ort zu sein und über die Jahre die Entwicklung Chinas miterlebt zu haben.
Viele Firmen, Privat- und Geschäftsleute haben mir wissentlich und unwissentlich mit ihren Informationen zum Buch geholfen, insbesondere die Firmen Schäfer, Weingut Gerhard, Siemens, BMW, General Motors, Opel, Valeo, Grob, WEMA, ZF, Continental, Dr. Schneider, Bosch, Schaeffler, GTEC, DUSA, HSBC, Siloking, Zapi Group.
Ich danke Erika und Claudia mit Familie, die mich in Mödlitz immmer gut versorgt und untergebracht haben.
Ich danke auch meinem Sohn, der mich in IT-Belangen tatkräftig

unterstützt und die Hinternisse in China, die Außenwelt zu erreichen, gekonnt legal umgangen hat.
Ich danke auch Teresa, Anna und Felix, die meine Texte professionell korrekturgelesen haben.
Ich verdanke auch allen in diesem Buch vorkommenden Personen sehr viel. Insbesondere Marissa und Thomas aus Melborne in Australien, Christian Sommer, Michael Bauer, Dongjin Li, Andreas Seidel, Dr. Jasmine Huang, Dr. Röhr, Wang Zhenyu und Olivia Zhang sowie Lothar Wolf aus Shanghai, Ulrich Mäder aus Ningbo, Ran und Carsten Brethauer aus Suzhou, Gerhard aus Wuxi, Tom Mayer aus München, Familie Usner aus Augsburg, Gerhard Horn und Pfarrer Munzert aus dem Landkreis Kronach und Familie Popp aus Wunsiedel in Oberfranken, Weingut Sauer aus Nordheim in Unterfranken.

Aufzählung der Stichworte zur Chinesischen Kultur und zu Chinesische Traditionen (Seite):

Aktien (19,32,91, 96, 110, 126, 132, 138, 142, 190, 196, 228, 261, 293, 297, 302, 317, 324)

Börse (20, 72, 91, 96, 152, 178, 196, 317)
Bankkarte (48, 118, 119, 128)
Baufirma (117)
Bauträger (59, 62, 63, 67, 68, 89, 254, 311, 327, 337, 338, 340, 347)
Baidu (110)
Bedienung (109)
Brutalität (193)

Chinesische Banken (92, 118)
Chinesische Delegation (221)
Chinesische Farben (43, 222)
Chinesische Freundin (109, 305)
Chinesiche Frauen (19, 164, 178, 198, 270, 307)
Chinesische Gesellschaft (26)
Chinesische Gondela (130)
Chinesische Handelskammer (85)
Chinesische Investoren (65, 106)
Chinesisches Jahr (28)
Chinesische Mägen (55)
Chinesische Männer (135)
Chinesische Mitarbeiter (22)
Chinesische Regierung (9, 14, 84, 107, 146, 148, 185, 234, 239, 247, 248, 255, 261)
Chinesische Schimpfwörter (325)
Chinesische Schriftzeichen (292)
Chinesische Studenten (21)
Chinesiche Tierkreiszeichen (28, 200)
Chinesische Touristen (62)
Chinesische Tower Bridge (304)

Chinesische Traditionen (55)
Chinesiche Volkswährung (13)
Chinesische Wirtschaft (92)
Chinesische Witze (30)
Chinesischer Ausgehanzug (271)
Chinesischer Geheimdienst (51)
Chinesisches Familienleben (33, 58)
Chinesisches Neujahr (30-36,40,47,144)
Chinesisches Reisebüro (59)
Ctrip (213)

Diebstahl (143, 319, 338)
Drachenboot-Festival (232, 237, 262)

Fettnäpfchen (333, 342)
Fernsehen (95)
Finanzwirtschaft (27)
Fremdgehen (135, 194, 294)
Frühstück China (15, 44, 55, 62, 82, 136, 203, 205, 219, 222, 229, 242, 271, 295, 315)
Frühstück Deutschland (344)
Frühstückseier (92, 131, 222, 242, 261, 300)

Geschäftsessen (63-65, 89, 269, 334)
Geburtstag (32, 40-43, 103, 127, 199, 202, 261, 263)
Gelbe-Ochsen-Gruppe (35)
Gelber Wein, Reiswein (52, 335)
Geschmacksverstärker (33,55,66)
Gewerbe-Immobilien (175)
Glasnudeln, Nudeln (30,201, 263, 270, 292, 301, 342)
Glutamat (30, 49, 55)

Handy durchsuchen (70, 189, 228)
Highspeed-Zug, Zugtickets (35, 95, 120, 128, 148, 184, 225, 232, 240, 246, 249, 267, 2271, 287-288, 314, 332, 344, 350)

Immobilienkauf für Ausländer (91, 161)
Immobilien (63, 68, 69, 77, 91, 143, 337)
Immobilienpreise (12)
Immobilienmakler (105, 106,'113, 177, 240, 339)
Immobilienlage (142)

Kalligrafie (13)
Katholische Kirche (26)
Kirche (20, 24-26, 187, 205, 296, 320, 322)
Konkubine (39, 135)
Korruption (14,161,192, 223, 298, 347)
Kriminalität (53)

Langlebigkeitsnudeln (201, 263)
Laowai (26)
Laternenfestival, Laternenfest (56, 57)

Mahjong-Spiel, Majiang (42, 193, 220, 261, 301)
Management (121)
Mondfest, Mid-Autumn-Festival, Mittherbstfest (335, 345)
Mondkuchen (335)

Netwerk (121)
Nudeln (30, 270, 292, 301, 342)

Online-Banking (97, 236)

Pflaumenwein (317)
Provisionen, Kommission (88, 106, 120, 122, 182, 186, 212, 257, 292, 299, 347)
Pyjama, Schlafanzug, Ausgehanzug (205, 271)

Qigong (31, 133, 229)
Qingming-Fest (139, 144, 146)

Rechtsanwaltslizenz (87)
Reis (34, 38, 293, 296, 310, 342)
Reisgericht (301)
Reiskocher (91)
Reispreis (293)
Reiskuchen (37)
Reisschnaps (42)

Sachbearbeiter (170, 258)
Sojasauce (311)
Streik (125, 348-350)

TCM, traditionelle chinesische Medizin (30, 31, 152, 195)
Teezubereitung, Teesorten (15, 17, 73, 103, 116, 158, 172, 217, 218, 271, 315)
Tiramisu (195, 202, 223, 261, 263)

Untreue (294)

WeChat- WhatsApp (50)
Wein (17, 52, 55, 65, 66, 109, 137, 158, 202, 238, 264, 290, 296, 334, 335, 344, 347, 338)
Weingut (66, 99, 100, 104, 128, 321, 354)
Weinprobe (321, 322)
Weintransport (334)

Zucker (66, 200, 264)
Zuckerkrankheit (33, 112, 261, 264)

Empfohlene GTEC Ebooks

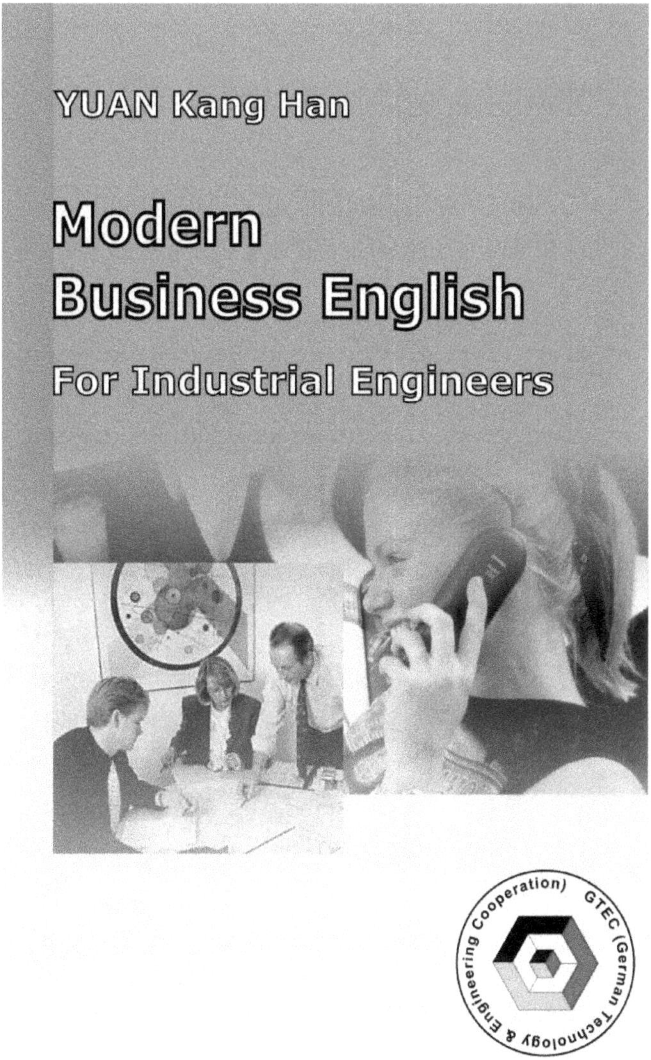

YUAN Kang Han

Modern Business English
For Industrial Engineers

YUAN Kang Han

Modern English Training for Engineers

47 zukunftsorientierte Einsatzgebiete der Computertechnologien in der Industrie

KangHan YUAN
Peter KRUSE

China Business- Die 50 besten Marktlücken

Direkt zum Umsetzen geeignet.

2. Auflage 2017

HIER IST PLATZ FÜR IHRE NOTIZEN:

www.ingramcontent.com/pod-product-compliance
Lightning Source LLC
Chambersburg PA
CBHW070717160426
43192CB00009B/1218